Zeitgeschich

ÜBER DAS BUCH:

Im April 1992 jährt sich zum 60. Mal der Tag der Wiederwahl (10. 4. 1932) Paul von Hindenburgs zum Reichspräsidenten. Ausgehend von diesem geschichtlich bedeutsamen Datum hat sich unter Historikern die Kontroverse entzündet, ob Hindenburg, der Adolf Hitler zum Reichskanzler ernannte, damit eine wesentliche Mitschuld an der Errichtung des Nazi-Regimes zuzuschreiben ist. Werner Masers herausragende Biographie zeichnet souverän und detailkundig ein differenziertes Bild dieser zentralen und umstrittenen Persönlichkeit der deutschen Geschichte. Wissenschaftlich exakt und dennoch leserfreundlich werden Herkunft, Jugend und Ausbildung Hindenburgs sowie sein militärischer und politischer Werdegang geschildert. Schwerpunkte bilden die Zeit des 1. Weltkrieges, in der er, durch die Schlacht bei Tannenberg (1914) zum Mythos geworden, als Generalfeldmarschall und Chef der Obersten Heeresleitung die letzten Jahre des Kaiserreiches entscheidend mitprägte, sowie die Jahre seiner Reichspräsidentschaft (1925–1934).

DER AUTOR:

Professor Dr. Werner Maser (1922 in Ostpreußen geboren) ist einer der bekanntesten deutschen Historiker und Völkerrechtler. Seine Bücher über Hitler, den Nationalsozialismus, das NS-Regime und den Nürnberger Prozeß, die ihm internationalen Ruhm eintrugen, erscheinen in mehr als 100 Ausgaben und Übersetzungen. Seine Hitler-Biographie »Adolf Hitler. Legende – Mythos – Wirklichkeit« ist das am meisten übersetzte Buch über Hitler und das Dritte Reich. Seine Biographie über Friedrich Ebert wurde als beste politische Biographie des Jahres ausgezeichnet. Maser lehrt an der »Martin-Luther-Universität«, Halle-Wittenberg, Geschichte und Völkerrecht; er lebt in Speyer.

Veröffentlichungen (u. a.): *Die Frühgeschichte der NSDAP* (1965 ff.); *Adolf Hitler – Mein Kampf* (1966 ff.); *Adolf Hitler. Legende – Mythos – Wirklichkeit* (1971 ff.); *Hitlers Briefe und Notizen* (1980 ff.); *Nürnberg. Tribunal der Sieger* (1977 ff.); *Das Regime. Alltag in Deutschland 1933 bis 1945* (1983 ff.); *Deutschland. Traum oder Trauma. Kein Requiem* (1984 ff.); *Friedrich Ebert. Der erste deutsche Reichspräsident* (1987 ff.); *Helmut Kohl. Der deutsche Kanzler* (1990); *Zwischen Kaiserreich und NS-Regime. Die erste deutsche Republik* (1992).

Werner Maser

HINDENBURG

Eine politische Biographie

Mit 35 Abbildungen

Zeitgeschichte

Zeitgeschichte
Ullstein Buch Nr. 33160
im Verlag Ullstein GmbH,
Frankfurt/M – Berlin

Ungekürzte, geringfügig veränderte
Ausgabe (auf der Grundlage der
2. Auflage 1990)

Umschlagentwurf:
Hansbernd Lindemann
Unter Verwendung eines
Fotos des Ullstein Bilderdienstes,
Berlin
(Paul von Hindenburg als Reichspräsident am 28. 6. 1933)

Printed in Germany 1992
Druck und Verarbeitung:
Ebner Ulm
ISBN 3 548 33160 2

April 1992

Vom selben Autor
in der Reihe
der Ullstein Bücher:

Friedrich Ebert (34724)

Die Deutsche Bibliothek –
CIP-Einheitsaufnahme

Maser, Werner:
Hindenburg: eine politische
Biographie / Werner Maser. –
Ungekürzte, geringfügig veränd.
Ausg. (auf der Grundlage der 2. Aufl.).
– Frankfurt/M; Berlin: Ullstein, 1992
(Ullstein-Buch; Nr. 33160:
Zeitgeschichte)
ISBN 3-548-33160-2
NE: GT

Inhalt

Anhang

Anstelle eines Vorworts

Kein regierender Fürst, Staatsmann oder exponierter Politiker ist jemals einhellig beurteilt worden und ohne negative „Flecken“ und sich wandelnde Erscheinungsbilder in die Geschichte eingegangen. Friedrich der Große, Napoleon I., Otto von Bismarck und Friedrich Ebert, um an dieser Stelle nur einige der dafür exemplarischen historischen Gestalten zu erwähnen, wurden sowohl zu Lebzeiten als auch danach nicht ausschließlich fair beurteilt, gerühmt und heroisiert, sondern auch erbarmungslos bekämpft, verflucht, verächtlich gemacht und auf Ebenen herabgezerrt, die einer historischen Würdigung niemals standhalten konnten. Immer hat es erst der späteren wissenschaftlichen Auswertung von Dokumenten, der sachgerechten Abwägung vorausgegangener Sachverhalte und auch der proportionsgerechten Bewertung bestimmter menschlicher Dimensionen und deren Einbeziehung in die Erkenntnisprozesse und Urteile bedurft, ehe haltbare Bilder entstanden.

83 deutsche Historiker rühmten Paul von Beneckendorff und von Hindenburg, der sich gewöhnlich nur „von Hindenburg“ nannte, 1932 in einem Aufruf zu seiner zweiten Wahl zum Reichspräsidenten. Sein renommierter Biograph *Erich Marcks* erklärte 1932: „Wer so, durch sich selber, ins Allgemeine hinauswächst, der trägt die Unsterblichkeit in sich.“ Das „Leben Hindenburgs“, so schrieb er, „hat einen zweifachen Gipfel. Den ersten im Weltkrieg: Dort liegt seine weltgeschichtliche, seine persönlich unmittelbarste Leistung, die absolute Höhe seines Daseins. Sie reicht bis 1918; mit seinem 71. Jahre bricht sie ab: eine stolze Kuppe von eigenster Form. Auf den granitenen Mas-

sen, die diese Kuppe krönt, ruht sein ganzes Leben und Wesen; Feldherr ist er nur von 1914 bis 1918, der Soldat aber war sein Kern lebenslang. Was nachher hinzuwuchs, war der Staatsmann; was vor und nach wie im Weltkriege da war, das war die Persönlichkeit, der Mensch. Der Staatsmann: Das war der zweite Hochaufstieg dieses Lebens, der natürliche Zielpunkt dieser Darstellung, die den ganzen Hindenburg in den zwei Gestaltungen, die er annahm, umfassen will."

Theodor Eschenburg resümierte: „Für die Zeitgenossen galt Hindenburg, zumindest bis zur Entlassung Brünings, nicht so sehr als legendäre Figur, als die er jetzt historisch erscheint. Mir ist in jenen Jahren immer wieder aufgefallen, mit welch ehrlichem Respekt von Hindenburg ... gesprochen wurde, und zwar auch von Personen, die ... (seinen) Richtungsvorstellungen mit starkem Mißtrauen begegneten. Man scheute damals nicht die ironisierende oder gar diffamierende Anekdote über politische Persönlichkeiten, aber man mied sie über Hindenburg, wenn man von den Nationalsozialisten und von Kreisen linksradikaler Intellektueller absieht ... Stresemann ... hat mir mehrfach erzählt, daß es zu seinen zeitraubendsten und mühsamsten Aufgaben gehört habe, sich auf die Unterredungen mit Hindenburg zu präparieren ..."

Der Historiker *Walther Hubatsch* schrieb 1966: „Der Historiker soll es vermeiden, mit Annahmen zu arbeiten, mit Möglichkeiten, die niemals Wirklichkeit geworden sind. Im Hinblick auf den Lebensweg und die von dem Ausgang her resultierende Beurteilung Hindenburgs sei dennoch die gedankliche Konstruktion eines solchen irrealen Falles gewagt: Wie würden wir heute das Bild des zweiten und letzten Reichspräsidenten der Weimarer Republik sehen, wenn ihn der Tod bereits im Jahre 1931, im Alter von 84 Jahren, ereilt haben würde? Es besteht wohl kein Zweifel, daß bereits zwei Jahre später gesagt worden wäre, die politische Entwicklung hätte diesen Kurs nicht genommen, wenn Hindenburg noch im Amt geblieben wäre. Aus dieser gedanklichen Konstruktion folgert nun aber, daß es die Tragik Hindenburgs gewesen ist, daß er zwei Jahre zu lange gelebt hat. Denn er sah sich noch einer Aufgabe gegenübergestellt, die weder er noch ein anderer zu meistern imstande gewesen wäre. Diese Überlegung drängt uns die Mahnung auf, Hindenburg nicht nach den Handlungen von 1932/33 zu beurteilen, sondern nach dem, was er von 1866 bis 1931 leistete und was er von Anfang an war und bis ins hohe Alter blieb: die Verkörperung der Pflichterfüllung und der Beständigkeit im Wechsel des Staatslebens."

Am 2. Mai 1919 bat Hindenburg den Reichspräsidenten *Friedrich Ebert,* ihm zu erlauben, in den Ruhestand zu treten. Ebert antwortete noch am selben Tag, verabschiedete ihn und schrieb ihm unter anderem: „Indem ich mein Einverständnis hiermit erkläre, benutze ich diese Gelegenheit, um Ihnen für Ihre dem Vaterlande während des Krieges und in der jetzigen Zeit unter großer Aufopferung geleisteten Dienste den unauslöschlichen Dank des deutschen Volkes auszusprechen. Daß Sie auch in den Zeiten schwerer Not in Treue auf Ihrem Posten ausgeharrt und dem Vaterlande Ihre Persönlichkeit zur Verfügung gestellt haben, wird Ihnen das deutsche Volk niemals vergessen."

Der Reichskanzler und langjährige, vielgerühmte Außenminister *Gustav Stresemann,* der bis zur Wahl Hindenburgs energisch gegen Hindenburg als Reichspräsidenten agiert hatte, erklärte dem US-Botschafter Alanson B. Hougthon bereits am 4. Juni 1925 (sieben Wochen nach der Wahl): „Seine (Hindenburgs) Bemerkungen über Außenpolitik und schon seine früheren Erklärungen atmeten den Geist jener Verständigungspolitik, die die alleinige Grundlage für die Konsolidierung der europäischen Verhältnisse sein kann."

Wilhelm Marx, der 1923 und 1924 von Friedrich Ebert und 1926 und 1927 von Hindenburg zum Reichskanzler berufene Zentrums-Politiker, würdigte Hindenburg: „Die Geschichte kennt wenige Beispiele, in denen ein gleicher Dienst am Vaterlande in so hohem Alter gefordert wurde ... Wir Mitlebenden ... dürfen und wollen ... dem Reichspräsidenten ... in hoher Ehrerbietung Dank aussprechen für ... sein Sorgen und Mühen um das Wohl des deutschen Volkes."

Der von Hindenburgs Vorgänger Friedrich Ebert 1920 zum Reichswehrminister ernannte *Otto Geßler* bezeichnete Hindenburg zwar als eine tragische Gestalt der Geschichte, rühmte ihn jedoch als einen Soldaten und Staatsmann, „der Deutschland bis ins höchste Alter das Beste gegeben hat, das er in seiner großen Art zu geben vermochte".

Eberts, Hindenburgs und Hitlers Staatssekretär *Otto Meissner* attestierte Hindenburg, daß er sein hohes Amt „über neun Jahre lang in vaterländischem Verantwortungsbewußtsein und ruhiger Lebensweisheit mit politischem Taktgefühl und in voller Überparteilichkeit geführt" habe. „Dem deutschen Volk", schrieb Meissner, „war er ein ernster Mahner zur Einigkeit und Sammlung, der über alle Parteigegensätze hinweg als das nationale Symbol seiner staatlichen Einheit und seiner geschichtlichen Tradition, als der Hüter der Verfassung und Wahrer des Rechts empfunden wurde."

Der französische Marschall *Henri Philippe Pétain* bekannte nach Hindenburgs Tod: „Mich trifft der Abschied von diesem großen Soldaten. Er war wohl ein Gegner, aber in unserer soldatischen und charakterlichen Auffassung waren wir über Grenzen und Fronten hinweg ähnlich."

Hans Luther, der noch von Ebert im Januar 1925 berufene Reichskanzler, der auch unter Hindenburg noch einige Monate sein Amt versah, verglich die beiden Staatsoberhäupter und gelangte zu dem Ergebnis: „Beide Männer entfernten sich im Dienst am Ganzen des Reiches und Volkes mehr und mehr von ihrer politischen Ausgangslage und fanden Rückhalt bei solchen Deutschen, die der Linie des Vernünftigen im Rahmen des Möglichen folgten: Ebert bis zum frühen Ende seines Lebens, Hindenburg bis zum Erlahmen seiner geistigen und moralischen Kräfte."

Der sozialdemokratische preußische Ministerpräsident *Otto Braun* erklärte während seiner Zeit im Exil: „Man hat wegen der verhängnisvollen Entwicklung in Deutschland, die heute wie ein Alp auf Europa lastet, viel Schuld auf das Haupt Hindenburgs geladen. Ich kann da nicht ganz mitmachen. Dieser von soldatischem Pflichtgefühl erfüllte Mann nahm ungeachtet seiner monarchischen Grundeinstellung seinen Eid auf die Verfassung ernst und war ehrlich bemüht, seine verfassungsmäßigen Pflichten zu erfüllen. Mehr Schuld trifft jene berufenen Amtsträger, die sich nicht den richtigen Einfluß bei ihm zu wahren wußten, so daß er dem verderblichen Einfluß unverantwortlicher Leute erlag."

Herkunft und Kindheit

Am 4. Oktober 1847, zwei Tage nach der Geburt des Offizierssohnes Paul Ludwig Hans Anton von Beneckendorff und von Hindenburg, heißt es in einer Anzeige der *Zeitung des Großherzogtums Posen:* „Die heute nachmittag erfolgte glückliche Entbindung meiner geliebten Frau Louise, geb. Schwickart, von einem munteren und kräftigen Söhnchen beehrt sich ergebenst anzuzeigen Beneckendorff von Hindenburg, Lieutenant und Adjutant. Posen, den 2. Oktober 1847."

Der Name des Vaters ist nicht korrekt geschrieben. Der Name des „kräftigen Söhnchens" fehlt ganz. Der Vater heißt mit vollem Namen Robert von Beneckendorff und von Hindenburg, der Sohn Paul Ludwig Hans Anton von Beneckendorff und von Hindenburg.

Beide Namen stehen für Traditionen und haben sowohl in der Altmark als auch in der Neumark einen guten Klang, ohne allerdings überregional jedermann bekannt zu sein. Der exklusive Kreis des preußischen Schwertadels, dem nur angehören kann, wer mindestens 16 adelige Ahnen nachzuweisen vermag, wird dem Sproß mit dem doppelten Adelsnamen verschlossen bleiben. Zwar kann er auf eine stattliche Anzahl hervorragender Ahnen verweisen; aber für seine Position im Rahmen der Adelshierarchie ist dies nur von mittelbarer Bedeutung. Hinsichtlich des Erbgutes hingegen, das er weiterzugeben in der Lage ist, wiegt diese Tatsache unmittelbar.

Da gibt es unter seinen direkten Vorfahren beispielsweise den Obermarschall Ahasverus von Brandt (1580–1654), den kurbrandenburgischen Geheimen Kriegsrat Generalmajor Jonas

Hindenburgs Geburtshaus in Posen

Casimir zu Eulenburg (1614–1667), dessen Sohn George Friedrich Freiherr zu Eulenburg, den Obristen der Niederlande, königlich preußischen Landrat und Hauptmann zu Rhein (1641–1699), dessen Sohn, den preußischen Obermarschall und Etatsminister Gottfried Freiherr zu Eulenburg (1676–1742), den Landhofmeister Christoph (seit 1701) Graf von Wallenrodt (1644–1711), den zu seinen Lebzeiten berühmten schwedischen Generalissimus Johann Arend von Goldstein (1605–1654) und den preußischen Kanzler Johann Dietrich von Tettau (1620–1687).

Die Beneckendorffs erscheinen in Dokumenten erstmals 1430[1] auf Altlücken im Kreis Arnswalde in der Neumark, die Altmär-

[1] Die diesbezüglichen Feststellungen sind nicht ausreichend gesichert. Hindenburg selbst nannte das Jahr 1280, sein Biograph Gerhard Schultze-Pfaelzer 1934 das Jahr 1130.

ker Hindenburgs datenmäßig zuverlässig fixierbar im Jahre 1710[2].

Die unmittelbaren Ahnen Pauls aus den Familien Beneckendorff und Hindenburg sind durchweg alt geworden. 86 Jahre wurde sein Vater, 77 Jahre der Großvater, 80 Jahre der Urgroßvater, 68 der Ururgroßvater. Das Durchschnittsalter der ersten männlichen Generation betrug 87, das der zweiten Generation 84 Jahre. Die dritte Generation wurde 73, die vierte 72, die fünfte 66 und die sechste 60 Jahre alt[3].

Louise Schwickart, die 1825 geborene Mutter Paul von Hindenburgs, ist zwar auch ein „Soldaten"-Kind; aber ihr Vater, der 1780 geborene und 1849 verstorbene Generalarzt Karl Ludwig Schwickart, war nicht Truppenoffizier, sondern eben „nur Arzt" – wie Albert Conrad Moennich, der Vater seiner Frau es gewesen ist. Und Louise von Beneckendorff und von Hindenburg ist auch nicht adeliger Herkunft. Ihre Ahnen heißen unter anderem Puhlmann, Schmidt, Pflaum, Tristan(g) Moennich, Berger, Schröder, Bodenschatz, Lerche, Fuchs, Klotz, Franke, Crone, Rudel, Herfort, Schultze, Brede, Drehn, Rubelius und Hoffmann. Strebsame einfache Leute sind es gewesen, Soldaten, Kanzleidiener, Totengräber, Diener, Tafeldecker, Handwerker und Bauern, aber auch einen Fabrikanten und zwei Truppenärzte hat es unter ihnen gegeben.

Der Vater, 1816 kurz nach den Befreiungskriegen auf Gut Neudeck geborenes jüngstes Kind des Landschaftsdirektors Otto Ludwig und Eleonore von Beneckendorff und von Hindenburg, ist zwar bereits als 16jähriger Schüler in Posen zur Infanterie gegangen; aber seine Interessen galten nicht militärischen Rängen, Heldentaten, Kriegen und Schlachten, sondern vor allem der Literatur und Dichtung, der Geographie und Geschichte. Doch zur Finanzierung einer solchen Laufbahn reichten die Einnahmen und das Vermögen seines Vaters nicht aus, der 14 Kinder ernähren mußte. In der Gröbenschen Stiftung in Königsberg in Ostpreußen hat sich der feinsinnige und außergewöhnlich sen-

[2] 1710 heiratete Hans Heinrich von Beneckendorff (1670 bis nach 1722) Scholastia Catharina von Hindenburg. Die Verbindung der Namen zu einem Namen wurde 1789 von Friedrich Wilhelm II. genehmigt.
[3] Die weiblichen Vorfahren wurden nur in der fünften Generation älter.

Das Wappen der Familie von Beneckendorff und von Hindenburg. Oben links: vier Straußenfedern auf einer Krone; oben rechts: zum Flug geöffnete schwarze Adlerschwingen auf einer Krone; auf blauem Hintergrund links oben und rechts unten: schwarzer Büffelkopf mit weißem Nasenring und schreitende rote Hirschkuh vor einem grünen Baum in weißem Feld; links blaue, rechts rote Straußenfedern.

sible Gymnasiast in der Schulbibliothek geradezu „vergraben". Gedichte, Balladen und Bühnenstücke legte er – auch später – oft erst aus der Hand, wenn er sie frei zitieren konnte. In sich gekehrt und auffällig romantisch orientiert, verschenkte er gewöhnlich, was immer er entbehren zu können meinte.

In Posen, wo er als junger Offizier im großbürgerlich aufgeschlossenen Haus des sehr angesehenen Generalarztes Karl Ludwig Schwickart verkehrte und 1845 schließlich dessen Tochter Luise Wilhelmine heiratete, erlebte er zwar die stilisierende Prägekraft des Grenzlandlebens aus nächster Nähe; aber seine Welt blieb – wie schon in Königsberg – die abendländische Kultur. Eine Soldatenkarriere war für ihn, der an keinem Krieg teilzunehmen brauchte und 47jährig als sogenannter Überzähliger Hauptmann in Pension gegangen ist, niemals ein vorherrschendes Anliegen.

Doch ergebenster Diener und Vasall seines Königs ist auch er gewesen. Als 1840 der preußische König Friedrich Wilhelm III. starb, dichtete er: „Ich stand gedankenvoll und einsam / im Glanz und letzten Sonnenlicht / auf Fort Winiarys stiller Höhe / und schaut mit Wehmut in das Tal.“ Auf Gut Neudeck, wo sich zuweilen vier Generationen der großen Familie trafen, sahen die Landarbeiter ihn häufiger in Zivil als in Uniform.

An seine erst nach dem Wiener Kongreß wieder an Preußen gefallene Geburtsstadt Posen mit der preußischen Provinzialregierung, einem Generalkommando und einer großen Garnison kann er sich „nur wenig“ erinnern, wie er später sagt. Sein Vater hat die Provinzstadt mit der zur Hälfte polnisch sprechenden Bevölkerung[4] bald nach Pauls Geburt verlassen müssen, weil er nach Köln und von dort zunächst nach Graudenz und dann nach Pinne versetzt worden ist. Kaum anders verhält es sich hinsichtlich des Umwelteinflusses mit Köln.

Für den preußischen Offizier, der den Anordnungen seiner vorgesetzten Dienststellen gehorsam folgt, werden Garnisonswechsel zuweilen als durchaus angenehm begrüßt, auch wenn die nachfolgenden Ortschaften kleiner und in jeder Hinsicht unbedeutender erscheinen. Gilt für die Offiziere doch: Je kleiner und unscheinbarer der Standort, desto angesehener der Offizier in „des Königs buntem Rock“.

Und auch die Kinder dieser Offiziere vermissen die größere Umgebung keineswegs immer[5]. Paul von Hindenburg erinnerte sich beispielsweise stets gern an den kleinen Ort Pinne bei Posen, in dem sein Vater einige Zeit als Hauptmann seinen Dienst zu versehen hatte. „Pinne ist“, so schreibt er, „ein kleines Städtchen (mit nicht einmal 2000 Einwohnern) mit angrenzendem Rittergut. Letzteres gehörte einer Frau von Rappard, in deren Hause

[4] Etwa zwei Drittel der Bewohner waren Katholiken, rund ein Drittel Protestanten, ein Zehntel Juden.

[5] Während seiner kurzen Zeit in Köln hat Hindenburgs Vater beispielsweise erfahren müssen, wieviel weniger der Offizier dort galt als östlich der Elbe, so daß ihm die Rückversetzung nach Osten nicht nur wegen der Nähe des Familiengutes Neudeck gelegen kam.

wir viel verkehrten. Sie war kinderlos, aber sehr kinderlieb. In der Nähe saß ihr Bruder, Herr von Massenbach, auf dem Rittergut Bialokosz. In dessen großer Kinderschar fand ich mehrere liebe Spielgefährten. Die Erinnerung an Pinne hat sich bei mir stets sehr rege erhalten. Ich besuchte im Spätherbst 1914 den Ort von Posen aus und betrat mit Rührung das kleine, bescheidene Häuschen im Dorfteile, in welchem wir einst ein so glückliches Familienleben geführt hatten."

Daß es sich bei dem kleinen, bescheidenen Häuschen lediglich um eine Gutsarbeiterwohnung handelte, hat weder für die Eltern noch für Paul und seine beiden jüngeren Brüder und für die Schwester eine wesentliche Rolle gespielt. Der adelige preußische Offizier verstand sich nicht als Untertan des Königs, sondern als dessen ritterlicher Vasall, der bei Hofe und in der Armee dienen durfte. Allein das zählte – auch für die nicht so privilegierte Umgebung.

Hindenburgs frühe Kindheit und sein Verhältnis zu Mitschülern haben vor allem seine Aufenthalte in Neudeck und Pinne beeinflußt, wo sein Vater Chef einer in Zivilquartieren untergebrachten Landwehrkompanie war und sowohl für den Milizdienst als auch für den Grenzschutz verantwortlich zeichnen

„Das kleine, bescheidene Häuschen ... in welchem wir einst ein so glückliches Familienleben geführt" haben, nannte Hindenburg das kleine Landarbeiterhaus in Pinne bei Posen, wo er mit seinen Eltern und Geschwistern einen Teil seiner Kindheit verlebte.

mußte. Doch auch Glogau mit seiner alten Festung und dem Militärgefängnis spielte in der Hinsicht eine wesentliche Rolle.

Dort, wo er mit den Kindern aus der Nachbarschaft im Festungsbau, der zugleich auch Wohnsitz der Familie gewesen ist, getollt und den Umgang mit bürgerlichen Kameraden gelernt hat, deren Eltern ärmer und sehr viel weniger angesehen als die seinen waren, entfaltete er – wie sein Vater als Jüngling auch – Gewohnheiten und Verhaltensweisen, die durchaus nicht als selbstverständlich angesehen werden konnten. Von seinem ersten Taschengeld, einem Silbergroschen zu zwölf Pfennig, kauft er auf dem Glogauer Jahrmarkt für seine Großmutter für sechs Pfennige Pomeranzenschalen, für seinen Bruder Otto für drei Pfennige Schokoladenzigarren und für den Rest für seine Schwester einen Gummiball. Er selbst gönnt sich nichts. Einem armen Mitschüler bringt er aus der elterlichen Küche täglich Brot oder Semmeln als Pausenfrühstück zur Schule mit.

Im Elternhaus bemühen sich der kultivierte und feinsinnige Vater, die gern französisch sprechende Mutter und eine Kinderfrau um das Seelenheil des ältesten Sprößlings der Familie. In die Geographie und Geschichte führt ihn sein Vater ein, in die französische Sprache seine Mutter. Den Soldatendrill, wenn vornehmlich lediglich auch nur verbal, hat ausgerechnet die „Kinderfrau“ ins Haus gebracht. Während des Befreiungskrieges mit den preußischen Truppen als Marketenderin mitgezogen, hat sie ihr Sprachenreservoir in der Folgezeit weder ergänzt noch reduziert. Dem kleinen Paul wird das Essen „maulgerecht“ serviert. Ist er zu Unzeiten einmal besonders laut und lebhaft, bekommt er zu hören, daß „Ruhe in der Kompanie“ zu herrschen habe. Dem Alkohol nicht abgeneigt, verwechselt sie – zum Mißfallen der Mutter – die Kinderstube gelegentlich mit dem Kasernenhof, so daß der ihr anvertraute Paul schon früh Wendungen kennenlernt, die erst seit dem Ende der fünfziger Jahre zu seinem – allerdings verfeinerten – Sprachschatz gehören.

Er selbst schreibt über sein Elternhaus: „Das sittlich tief angelegte, aber auch auf das praktische Leben gerichtete Wesen meiner teuren Eltern zeigte auch nach außen hin eine vollendete Harmonie. In gegenseitiger Ergänzung der Charaktere stand neben der ernsten, vielfach zu Sorgen geneigten Lebensauffassung meiner Mutter die ruhigere Anschauungsart meines Vaters.

Beide vereinten sich in warmer Liebe zu uns, und so wirkten sie denn auf diese Weise in voller Übereinstimmung auf die geistige und sittliche Heranbildung ihrer Kinder ein. Es ist daher schwer zu sagen, wem ich dabei mehr zu danken habe, welche Richtung mehr vom Vater und welche mehr von der Mutter gefördert wurde. Beide Eltern bestrebten sich, uns einen gesunden Körper und einen kräftigen Willen zur Tat für die Erfüllung der Pflichten auf den Lebensweg mitzugeben. Sie bemühten sich aber auch, uns durch Anregung und Entwicklung der zarteren Seiten des menschlichen Empfindens das Beste zu bieten, was Eltern geben können: den vertrauensvollen Glauben an Gott den Herrn und eine grenzenlose Liebe zum Vaterlande und zu dem, was sie als die stärkste Stütze dieses Vaterlandes anerkannten, nämlich zu unserm preußischen Königtum. Der Vater führte uns zugleich von früher Jugend an in die Wirklichkeit des Lebens hinaus. Er weckte in uns im Garten und auf Spaziergängen die Liebe zur Natur, zeigte uns das Land und lehrte uns die Menschen in ihrem Dasein und in ihrer Arbeit erkennen und schätzen. Unter ‚uns' verstehe ich hierbei außer mir meinen nächstältesten Bruder. Die Erziehung meiner nach diesem folgenden Schwester lag selbstredend mehr in Händen der Mutter, und mein jüngster Bruder trat erst ins Leben, kurz bevor ich Kadett wurde."

Der Lebensstil der Hindenburgs, wie sie sich unter Weglassung des ersten Namensteiles „von Beneckendorff" gewöhnlich nennen, entspricht nicht unbedingt dem bescheidenen Lebensstandard des nicht besonders begüterten Landadels und der nicht gerade üppig besoldeten Rangklassen der Leutnante und Hauptleute. Zwar müssen sie sich in den Garnisonstädten Posen, Graudenz, Köln, Pinne und Glogau, wo Robert von Beneckendorff und von Hindenburg zunächst als Leutnant und schließlich als Hauptmann stationiert ist, finanziell nach „der Decke strekken"; aber sie können zusätzlich auf Naturalien von ihrem alten und fachgerecht bewirtschafteten westpreußischen Familiengut Neudeck[6] rechnen, wohin sich Pauls Vater nach 26 Dienstjahren und dem Tode seiner Mutter 1863 als pensionierter Major zurückzieht.

[6] Neudeck im Kreis Rosenberg in Westpreußen befand sich auf dem Territorium, das 1919 als Folge des Versailler Vertrages ostpreußisch wurde.

Paul hat diesen Ort auch als Feldmarschall und Reichspräsident noch stets als „die Heimat" beschrieben. Es war „der feste Mittelpunkt auch meiner engeren Familie... dem unser ganzes Herz gehört", resümierte er in seinen „Erinnerungen". Bis 1855 ist er dort gelegentlich bei seinem Großvater, dem Landschaftsdirektor Otto Ludwig von Beneckendorff und von Hindenburg, gewesen, der es bis zu seinem Tode im Jahre 1855 bewirtschaftet hat. Als seine Eltern acht Jahre später dorthin umsiedeln, ist er Kadett in Berlin.

Paul von Hindenburg ist in eine für die Geschichte Europas außerordentlich bedeutsame Zeit „hineingeboren" worden. Rundum bangen die Souveräne um ihre Throne. Revolutionen erschüttern Frankreich, Deutschland, Österreich, Ungarn und Italien. Das Gesicht Europas bekommt neue Konturen, auch wenn neue Nationalstaaten noch nicht entstehen und soziale Veränderungen in den Kinderschuhen steckenbleiben. Nationale Probleme werden jedoch unübersehbar akut. In Böhmen, Siebenbürgen, Südtirol, in Schleswig-Holstein und in Posen, wo Hindenburgs Wiege steht, können sie nicht länger ignoriert werden.

Mehr noch: Die gravierenden historischen Ereignisse beherrschen nicht nur die ganze Ära, sie sind auch ebenso unübersehbar mit Deutschland verknüpft. Was in dieser Zeit in der „großen" Politik geschieht, resultiert aus den zwingenden Anstößen, die aus dem Gefüge des Deutschen Bundes kommen, in dem der Dualismus Preußen-Österreich in seinen verschiedenen Formen die entscheidende Rolle spielt.

Ohne Preußen, wo Friedrich Wilhelm IV. dem friderizianischen Absolutismus und dem Bemühen um Konflikte abgeschworen, dem Beamtentum Chancen eröffnet und dem Volk zu verstehen gegeben hat, daß er gern populär wäre, ist eine Lösung der deutschen Frage nicht vorstellbar. Und so hoffen die zur Zeit Napoleons I. und des Wiener Kongresses noch primär patriotischen, jetzt aber national und „gesamtdeutsch" empfindenden Deutschen, die nicht mehr in verschiedenen Vaterländern, sondern in Deutschland zu Hause sein wollen, daß Preußen, dem sich Hindenburg zeitlebens verbunden gefühlt hat, tatsächlich geeignet sein werde, die Vaterländer auf eine akzeptierbare Weise „zusammenzufassen". Infolge seiner Tradition und Macht kann nur es in der Lage sein, den Willen zur Durchsetzung des Nationalismus zu verkörpern und, anderen Völkern zum Trotz, Macht zu demonstrieren und geltend zu machen. Seiner führenden Gesellschaftsschicht, in der militärisch artikuliertes und orientiertes Elitedenken seit dem Großen Kurfürsten eine sichere Heimstatt hat, braucht der Nationalismus als historische Bewegungsabläufe beeinflussende politische Doktrin nicht kunstvoll aufgepfropft zu werden.

Der bis 1857 herrschende König Friedrich Wilhelm IV., ein am Beginn seiner Regierungszeit mit besonderen Erwartungen begrüßter, hochbegabter christlich-deutscher Romantiker, erscheint vielen als der Monarch, der möglichst bald auch eine deutsche Kaiserkrone tragen solle. Hat er doch 1843 prunkhaft-feierlich des „Tausendjährigen Bestehens des Deutschen Reiches" gedenken lassen und unter anderem auch Ernst Moritz Arndt und Friedrich Ludwig Jahn, den in Mißkredit geratenen liberalen Dichter der Lieder für Deutsche und den als Demagogen vorübergehend inhaftierten nationalen „Turnvater", rehabilitieren lassen. So spricht für viele nicht nur, daß er Hohenzoller und Nachfolger des Großen Kurfürsten und Friedrich des Großen ist. Daß er die ihm im November 1848 von Heinrich von Gagern, dem Präsidenten der seit dem 18. Mai in der Frankfurter Paulskirche tagenden Nationalversammlung, angetragene Kaiserkrone und das erbliche Kaisertum mit der Begründung ablehnt, einen aus „Dreck und Letten gebackenen Reif" nicht tragen zu wollen, stößt – zumal im preußischen Offizierskorps – keineswegs auf einhellige Ablehnung. Ebenso trauern auch nur wenige preußische Militärs der Tatsache nach, daß die von 600 vornehmlich bürgerlichen Abgeordneten ausgearbeitete demokratische Verfassung trotz nationalbetonter Euphorie, Revolution und revolutionärem Druck von unten nicht in Kraft tritt und der deutsche Nationalstaat weiterhin ein Traum bleibt.

Friedrich Wilhelm IV., der designierte Kaiser, der trotz aller „huldvollen Freundlichkeit" stets darauf bedacht ist, als einer der „Fürsten in Deutschland" respektiert zu werden, will von einem „Handelsvertreter", wie Heinrich von Gagern ihm – nach einer späteren Äußerung – 1848 erschienen ist, ebensowenig eine Krone annehmen wie von der Nationalversammlung, die keine Krone zu verschenken habe.

Preußens König, der die nach seiner Auffassung vom Ausland her in Berlin vorbereitete „infamste Revolte, die jemals eine Stadt entehrt hat“, mehr fürchtet als die Macht Österreichs, die er keineswegs als Hindernis bei der Begründung eines Deutschen Reiches ohne Habsburg ansieht, ist 1848 nicht bereit, dem Wunsch des Parlaments zu entsprechen, das die Schaffung einer Verfassung und eines deutschen Nationalstaates auf seine Fahnen geschrieben hat. Daß über die Grenzen der künftigen Nation und über die Frage, wer sie denn festlegen solle, in der Paulskirche nicht zuletzt auch angesichts des Konflikts um Schleswig-Holstein, der Nationalitätenfrage in Posen und der nationalpolitischen Probleme in Böhmen keine Einhelligkeit geherrscht hat, muß gerade Robert von Beneckendorff und von Hindenburg auf besondere Weise tangiert haben.

Viele Deutsche haben frohlockt, als am 21. März 1849 der Aufruf des Königs „An die deutsche Nation“ publiziert wurde und der König – mit einer schwarz-rot-goldenen Binde am Arm – hoch zu Roß auf dem Berliner Schloßplatz erschien. „Eine glorreiche Geschichte“, so ist ihnen pathetisch und kühn verkündet worden, „hebt mit dem heutigen Tage für euch an! Ihr seid fortan wieder eine eigene große Nation, stark, frei und mächtig, im Herzen von Europa! Preußens Friedrich Wilhelm IV. hat sich, im Vertrauen auf euern heldenmütigen Beistand und eure geistige Wiedergeburt, zur Rettung Deutschlands an die Spitze des Gesamtvaterlandes gestellt. Ihr werdet ihn mit den alten, ehrwürdigen Farben deutscher Nation noch heute zu Pferde in eurer Mitte erblicken. Heil und Segen dem konstitutionellen Fürsten, dem Führer des gesamten deutschen Volkes, dem neuen Könige der freien, wiedergeborenen deutschen Nation.“

Daß zwischen den großen Worten und der Wirklichkeit 1849 Welten lagen, spielte für Paul von Hindenburg – auch in der bilanzierenden Rückschau – sowenig eine Rolle wie die Tatsache, daß der zaudernde – und damals eigentlich nur in Schwaben gnädig kritisierte – Preußenkönig Chancen seines Landes ganz offensichtlich vergeben, dem angeschlagenen und zerstrittenen Vielvölkerstaat Österreich jedoch wieder zu einigermaßen neuem Glanz „verholfen“ hat.

Daß sich über diese Phase der Geschichte des 19. Jahrhunderts in den sieben Jahrzehnten später abgeschlossenen „Erinnerungen" des Generalfeldmarschalls nur ein insgesamt sechs Sätze umfassender Passus findet, muß nicht nur den Historiker nachdenklich stimmen. Und nicht nur der Umfang ist es, der betroffen macht. „Im Jahre 1848", so heißt es dort lapidar, „hatte der polnische Aufstand auch auf die Provinz übergegriffen. Mein Vater war mit seinem Regiment zur Bekämpfung dieser Bewegung ausgerückt. Die Polen bemächtigten sich nun vorübergehend der Herrschaft in der Stadt[7]. Zur Feier des Einzugs ihres Führers Miroslawski sollten alle Häuser illuminiert werden. Meine Mutter war außerstande, sich diesem Zwange zu entziehen. Sie zog sich in ein Hinterzimmer zurück und tröstete sich, an meiner Wiege sitzend, mit dem Gedanken, daß gerade auf diesen Tag, den 22. März, der Geburtstag des ‚Prinzen von Preußen' fiel, so daß die Lichter an den Fenstern der Vorderzimmer in ihrem Herzen diesem galten."

Selbst wenn dieser Text großzügig als platte Projektion unerfreulicher Ereignisse akzeptiert wird, die Hindenburgs Eltern ihrem Sohn später aus ihrer Sicht begreiflich zu machen versucht haben, bleibt er beklemmend. Das historische Prisma Hindenburgs, der in der Kriegsgeschichte den besten „Lehrmeister für die höhere Truppenführung" gesehen hat, erscheint frappierend einseitig und nuancenlos, was allerdings vor allem auf die von Hindenburg ausgewählten Helfer bei der Niederschrift seiner soldatischen Memoiren zurückzuführen ist. Der Posener Professor Otto Hoetzsch war einer von ihnen, ein anderer der Oberst und Präsident des Reichsarchivs Mertz von Quirnheim. Hoetzsch[8] bearbeitete die Zeit von 1847 bis 1911, Mertz von Quirnheim die Folgezeit.

Vom bildungsmäßigen Hintergrund des Hindenburg-Vaters und von den künstlerischen und historischen Ambitionen seines Sohnes ist in der Zeit wenig zu spüren. Für die Memoirenschreiber hat dieser Aspekt ganz offensichtlich keine auch nur annä-

[7] In Posen gesellte sich zu den Freiheitsbestrebungen ein abgrundtiefer Haß der polnisch sprechenden Einwohner auf Preußen, das polnischerseits als „Kolonialmacht" diffamiert wurde.
[8] Wie einseitig fixiert Hoetzsch war, beweist nicht zuletzt auch die Tatsache, daß er als Posener die nationalen Fragen einfach ausklammerte. Hätte ihn doch bereits der kleine polnische Adler auf der Brust des Preußenadlers im Wappen Posens zu entsprechenden Betrachtungen geradezu zwingen müssen.

hernd angemessene Rolle gespielt. Hindenburgs Bekenntnis beispielsweise, daß ihn 1859 in der Kadettenanstalt der „Gang der Schlachten, welche ... in Oberitalien geschlagen wurden“, besonders interessierte, ist aus der Perspektive des Hintergrundes der „Mitarbeiter“ zwar nachvollziehbar, soweit es sich um die Herausstellung des Soldaten Hindenburg handelt; daß mit keinem Wort jedoch auch nur angedeutet wird, worum es in den Kämpfen bei Magenta und Solferino ging, ist unentschuldbar. Daß der sardinische Graf Camillo Cavour mit der Unterstützung von Napoleon III. die Österreicher aus dem Lande zu vertreiben und erfolgreich die Bildung des italienischen Nationalstaates einzuleiten vermochte, ist aus dem rückschauenden Nachvollzug der deutschen Geschichte, in die der Feldmarschall eingewoben war, ausgeklammert.

Sowohl für Hoetzsch als auch für Mertz von Quirnheim ist dies nicht einmal angesichts der 1871 von Hindenburg persönlich miterlebten und im Reich emphatisch gefeierten Kaiserkrönung in Versailles ein Kriterium für besondere Überlegungen gewesen. Die nationale Frage, die der historischen Epoche ihr Kolorit gegeben hat, stand außerhalb des Kriterienkatalogs, der Monarchenpräsenz, Kriege und Schlachten als platte Verhunzung der Historie erscheinen lassen muß. Nicht wenige der gravierenden Feststellungen, die Hindenburg schließlich mit seinem Namen gedeckt hat, passen nicht tatsächlich auch zu ihm und in das Bild, das er in sich trug.

Sehr wahrscheinlich allerdings ist, daß Hindenburg nach dem Sturz der Monarchie darauf drang, historische Aspekte, soweit sie politisch umgemünzt werden könnten, konsequent aus seinen „Erinnerungen“ herauszuhalten. Daß er – anders als die „Erinnerungen“ es suggerieren – über die hier ignorierten oder sichtlich vernachlässigten Fragen und Probleme durchaus informiert war, zeigte sich nach seiner Wahl zum Reichspräsidenten.

Wie Hoetzsch die Zeit bis 1911 pur militärisch „themenbezogen“ stilisierte, so hat Mertz von Quirnheim es ähnlich mit der Folgezeit auch getan. Verzeichnungen und unverzeihliche Abstinenz von wesentlichen historischen Details und Zusammenhängen sind charakteristisch. So ließ Mertz von Quirnheim Hindenburg im Zusammenhang mit der Kaiserkrönung im Jahre 1871 beispielsweise schreiben: „Die Freude über das ‚Deutsche Reich‘

brachten wohl unsere süddeutschen Brüder am lebhaftesten zum Ausdruck[9]. Wir Preußen waren darin zurückhaltender." Hindenburgs private Korrespondenz, die nicht darauf angelegt war, irgendwann einmal publiziert zu werden, führt die Behauptung ad absurdum. Doch auch in den „Erinnerungen" selbst hat der süddeutsche Generalmajor dem Generalfeldmarschall in den Mund gelegt: „Nachmittags ... erreichte ich wieder mein Regimentsquartier ... dankbar dafür, daß ich den großen geschichtlichen Augenblick hatte miterleben und meinem nunmehrigen Kaiser zujubeln dürfen."

[9] Zwar haben sich die Süddeutschen 1870/1871 emphatisch engagiert (der spätere Ministerpräsident König Wilhelm II. von Württemberg und Großvater Richard von Weizsäckers, Karl Hugo Weizsäcker, erklärte beispielsweise im November 1870 begeistert: „Wir Württemberger wünschen nichts sehnlicher, als endlich auch einmal ins Feuer geführt zu werden", und der Trierer Karl Marx jubilierte: „Die Franzosen brauchen Prügel"); aber die Behauptung, daß sie dabei lebhafter als die Preußen gewesen seien, ist eine schematisierende Unterstellung.

Kadett von Hindenburg

Am 1. April 1859, sechs Monate vor seinem zwölften Geburtstag, verläßt Hindenburg die Quinta des Glogauer Gymnasiums, um als Kadett nach Wahlstatt zu gehen. Doch noch ehe er sich mit der Eisenbahn auf den Weg macht, verfaßt er ein handschriftliches Testament, in dem er seinen Bruder Otto dazu verpflichtet, an seiner Stelle von nun an einem armen Schulkameraden täglich eine Semmel mitzunehmen. Er teilt seine Spielsachen auf und ermahnt die Geschwister am Schluß seines Nachlasses: „Ruhe und Frieden bitte ich mir für immer aus."

Obwohl seine schulischen Leistungen weder den Hoffnungen seines Vaters noch den Erwartungen der künftigen Schule entsprochen haben, beharren seine Eltern auf ihrer niemals in Frage gestellten grundsätzlichen Entscheidung[1], den – gegenwärtig auch physisch nicht sonderlich robusten – Sohn außerhalb des Elternhauses erziehen zu lassen. Über Lüben und Liegnitz fährt er nach Wahlstatt, in das kleine Dorf bei Liegnitz, in dem im dortigen alten Benediktinerkloster die Kadettenanstalt untergebracht ist, in der seit 1830 vor allem junge Adelige auf den Waffen- und Hofdienst drillmäßig vorbereitet werden. Dort wird ihm, der das Elternhaus mit zwar wehmütigen, aber doch insgesamt kindlichen Hoffnungen verlassen hat, sofort drastisch demonstriert, daß in der von Standesdünkel und Kastengeist durchwirkten Eliteschule primär für Offizierssöhne besondere

[1] „Soldat zu werden war für mich kein Entschluß, es war eine Selbstverständlichkeit", schrieb Hindenburg in seinen Erinnerungen, in denen er gestand, beim Abschied vom Vater geweint zu haben.

„Gesetze“ gelten. Die Empfehlungen seiner Glogauer Lehrer, ihn in die Quarta aufzunehmen, wiegen nichts. Und auch die Tatsache, daß einer seiner Verwandten dem in Wahlstatt lehrenden Leutnant von Wittich[2] ans Herz gelegt hat, sich wohlwollend des zwölfjährigen Offizierssohnes aus Glogau anzunehmen, bleibt – zunächst jedenfalls – ohne Echo.

Sein Zeugnis: „Paul Louis von Hindenburg, geboren den 2. Oktober 1847 zu Posen, Sohn des Hauptmanns und Kompaniechefs Herrn v. Hindenburg hierselbst, evangelischer Konfession, hat die untengenannte Anstalt seit Ostern 1857 besucht und zuletzt ein Jahr in Quinta gesessen. Eine schwere Erkrankung hinderte ihn, während der größeren Hälfte eines Vierteljahres am Unterrichte teilzunehmen; sonst war sein Schulbesuch meist regelmäßig. Sein Fleiß war früher zu loben, ließ aber in letzter Zeit etwas nach. Sein Betragen war, einige Plauderhaftigkeit abgerechnet, gut. Seine Leistungen waren nach der letzten Vierteljahrszensur in der Religion, im Lateinischen, Französischen und in der Geographie hinreichend und im Deutschen gut; nur im Rechnen wollte es ihm nicht gelingen, den Ansprüchen zu genügen. Danach kann er als im allgemeinen für Quarta reif angesehen werden. – Er verläßt die Anstalt, um auf die Kadettenanstalt zu Wahlstatt überzugehen, wozu wir ihm den göttlichen Segen wünschen.“

Nach einer Aufnahmeprüfung wird er nicht nur nicht in die Quarta eingeordnet, sondern sogar in die Sexta zurückgestuft, was zugleich auch heißt, daß er in der verwanzten „Kadettenanstalt“ mit dem mehr als 600 Jahre alten Gemäuer zwei zusätzliche Jahre – jeweils unter vornehmlich zwei Jahre jüngeren Kadetten – zuzubringen haben wird.

Es dauert relativ lange, bis er sich an die neue Umgebung gewöhnt hat. So schreibt er seinen Eltern beispielsweise am 14. August 1859 nach einem Besuch bei ihnen: „Meinem Verspre-

[2] Wittich nahm sich im Laufe der Zeit des jungen Hindenburg an, der auch später mit ihm zusammen (zunächst als Oberstleutnant im Generalstab) Dienst tat und schließlich mit ihm gleichzeitig Kommandierender General wurde. In Wahlstatt unterrichtete er Hindenburg in der Sexta in Geographie. Sechs Jahre später war er (als Major im Generalstab) sein Lehrer „in Selekta im Geländeaufnehmen“ und danach, als Hindenburg seine Ausbildung an der Kriegsakademie absolvierte, unterrichtete Wittich (inzwischen Generalmajor) ihn wiederum.

chen gemäß setze ich mich hin und schreibe. Bis Lüben fuhren wir mit zwei Herren; dort stiegen noch zwei Kadetten ein. Als wir in Liegnitz ankamen, fuhren wir noch eine halbe Stunde nach Wahlstatt. Dort blieb ich den ganzen Abend auf der Stube, und mir war schrecklich bange; ich mußte immer an Zuhause denken, Abendbrot bekamen wir nicht. Von Wäsche fand ich drei Taschentücher, welche rein sind, und ein Paar reine Unterbeinkleider. Diese Nacht habe ich nicht schlafen können, denn die Wanzen bissen mich schrecklich. Jetzt ist wohl in Glogau der Jahrmarkt? – Was der Gedankenstrich hinter Jahrmarkt bedeutet, könnt Ihr Euch denken, nämlich ein Paketchen. Die beiden v. B. habe ich gesehen und ihnen den Gruß aufgetragen. Wir machten sofort nähere Bekanntschaft und gingen zusammen, und teilten uns untereinander, was wir an Eßvorrat hatten, oder wenigstens doch einen Teil davon, dabei tranken wir zusammen eine Flasche Limonade zur Vetternschaft."

Die Wanzen und der Hunger quälen den eindeutig praxisorientierten Kadetten mehr als der Unterricht und der Drill. Seinem zwei Jahre jüngeren Bruder Otto, der ebenfalls eine militärische Karriere anstrebt und einige der Probleme Pauls aus dessen Berichten kennt[3], versucht er zu suggerieren, daß er, wenn er nach Wahlstatt komme, eine schöne Landschaft vorfinden werde, die ihn über den Mangel in den Speiseplänen und über die – persönliche Freundschaften ignorierenden – vorgeschriebenen Sitzordnungen bei Tische hinwegtrösten könne. Am 3. Dezember 1860 schreibt er ihm in einem Brief: „Lieber Otto! Da Du zu Ostern wahrscheinlich einberufen wirst, so will ich Dich im voraus als meinen Kompagnie-Kameraden begrüßen. Wenn wir an einen Tisch kommen, machen wir zusammen Freßkontrakt, wünsche Dir daher zu Weihnachten auch schon Gesellschaftsspiele, Schmöker usw. Auf der Stube, auf welcher ich liege, hat man eine hübsche Aussicht auf das Dorf, auf die Felder, einige Wälder, auf die Weidlach, ist ein Nebenfluß der Katzbach, mit einigen Dörfern, weiter hinten auf die Eisenbahn nach Altwasser oder Glatz, dahinter auch die Striegauer Berge, dann die Altwasser-Berge mit dem Hochwald, und hinten das Riesengebirge mit der Koppe, den beiden Rädern und der Sturmhaube.

[3] Er starb 1908 als Major.

Jetzt muß ich schließen. Schreibe bald Deinem Dich liebenden Bruder Paul, Kadett."

Wie nachhaltig Hindenburg von der Kadettenanstalt geprägt worden ist, deuten seine „Erinnerungen" freimütig an. „Für die humanistische Bildung anderer Schulen, soweit sie sich vorherrschend mit den alten Sprachen beschäftigt" (sic!), memoriert er, „habe ich nur wenig Verständnis. Der praktische Nutzen für das Leben bleibt mir unklar. Als Mittel zum Zweck betrachtet, nahmen meiner Meinung nach die toten Sprachen im Lehrplan viel zu viel Zeit und Kraft in Anspruch, und als Sonderstudium gehören sie in spätere Lebensjahre. Ich wünschte, auf die Gefahr hin für einen Böotier gehalten zu werden, daß in solchen Schulen auf Kosten von Latein und Griechisch die lebenden Sprachen, neuere Geschichte, Deutsch, Geographie und Turnen mehr in den Vordergrund gestellt würden. Muß denn das, was im dunklen Mittelalter das einzige war, an welches sich die Bildung anklammern konnte, wirklich auch noch in heutigen Tagen in erster Linie stehen? Haben wir uns nicht seitdem in harten Kämpfen und schwerer Arbeit eine eigene Geschichte, eine eigene Literatur und Kunst geschaffen? Bedürfen wir nicht, um im Weltverkehr unsere Stellung richtig einnehmen zu können, weit mehr der lebenden als der toten Sprachen?"

Zwar betonte er, das Altertum, das auf ihn – nach seinen Angaben – „von früher Jugend an ... eine große Anziehungskraft ausgeübt" habe, durchaus nicht zu mißachten; doch seine 1918/19 formulierte Wertung[4] der Antike suggerierte eine mehr als nur eigenwillige Perspektive. Für sich spricht seine Feststellung: „Meine Jugendhelden suchte ich bei aller Verehrung des Altertums nur unter meinen eigenen Volksgenossen. Offen und ehrlich

[4] Bemerkenswert ist beispielsweise das Prisma, durch das er die Römer sah. „Roms kluges Erkennen der Vorzüge und Mängel völkischer Eigentümlichkeiten, seine rücksichtslose Selbstsucht, die im eigenen Interesse kein Mittel Freund und Feind gegenüber verschmähte, seine geschickt aufgemachte tugendhafte Entrüstung, wenn die Feinde einmal mit Gleichem vergalten, sein Ausspielen aller Leidenschaften und Schwächen innerhalb der feindlichen Völker, wie es in so kluger Weise ganz besonders den germanischen Stämmen gegenüber angewendet wurde und hier mehr nutzte als Waffengebrauch, fand nach meinen späteren Erfahrungen sein Spiegelbild und seine Vervollkommnung in der britischen Staatsweisheit, der es gelang, all diese Seiten diplomatischer Kunst bis zur höchsten Verfeinerung und Welttäuschung auszubauen."

spreche ich meine Auffassung dahin aus, daß wir nicht so einseitig und undankbar sein dürfen, über der Bewunderung für einen Alcibiades oder Themistokles, für die verschiedenen Katos oder Fabier so manche derjenigen Männer ganz zu übersehen, die in der Geschichte unseres eigenen Vaterlandes eine mindestens ebenso wichtige Rolle gespielt haben wie jene einst für Griechenland und Rom. Ich habe traurige Wahrnehmungen in dieser Beziehung leider wiederholt im Gespräch mit deutscher Jugend gemacht, die mir dann bei aller Gelehrsamkeit doch etwas weltfremd vorkam. Vor solcher Weltfremdheit bewahrten uns im Kadettenkorps unsere Lehrer und Erzieher, und ich danke ihnen das noch heute."

Doch alles dies sind letztlich nachträglich sinnstiftend stilisierte Deutungen eines wandelnden Denkmals, von dem in der Zeit effektvolle „Lehrsätze" erwartet wurden.

Als Kadett haben derartige Gedanken ihn gewiß nicht ständig begleitet und stimuliert, und auch seine Bemerkung, daß der „Frohsinn" unter der „harten Schulung des Kadettenlebens ... nicht gelitten" habe, klingt zu deutlich als rückschauende Erinnerung und Lehrhaftigkeit. Anders dagegen verhält es sich mit seinem Eingeständnis: „Ich selbst war zunächst keineswegs das, was man im gewöhnlichen Leben einen Musterschüler nennt. Anfangs hatte ich eine aus früheren Krankheiten zurückgebliebene körperliche Schwächlichkeit zu überwinden. Als ich dann dank der gesunden Erziehungsart allmählich erstarkte, hatte ich anfänglich wenig Neigung dazu, mich den Wissenschaften besonders zu widmen. Erst langsam erwachte in dieser Beziehung mein Ehrgeiz, der sich mit den Jahren bei gutem Erfolge immer mehr steigerte und mir schließlich unverdientermaßen den Ruf eines besonders begabten Schülers einbrachte."

Die Gedanken eines Zwölfjährigen, zumal eines Spätentwicklers, wie Hindenburg es – auch nach eigenen Angaben – gewesen ist, beschäftigen sich mit Fragen, denen entweder nicht ausgewichen werden kann – oder die auch später in der Erinnerung als „Ereignis" wiederkehren. Bei Hindenburg ist es der Besuch des späteren Kaisers Friedrich im Jahre 1859. „Wir sahen fast alle", schreibt er, „bei dieser Gelegenheit zum ersten Male Mitglieder unseres Königshauses. Noch nie hatten wir beim Parademarsch unsere Beine so hoch geworfen, noch nie bei dem sich hieran anschließendem Vorturnen so halsbrecherische Übungen gemacht als an diesem Tage. Und von der Güte und Leutseligkeit des Prinzenpaares sprachen wir noch lange Zeit." Das Prinzenpaar, das für besonders begabte Kadetten gegebenenfalls Freistellen für die Ausbildung an dieser Kaderschule initiieren kann, wird nicht im Zusammenhang etwa mit einer Unterrichtsveranstaltung in geistigen Fächern erwähnt, sondern als seltener Dekor unter den Zuschauern beim militärischen Drill. Irreführend und voreingenommen allerdings ist die platte Darstellung des Hindenburg-Biographen Wolf J. Bütow, der 1984 behauptet: „Die Schule läuft fast nebenbei und ist das notwendige Übel."[5]

Für die weitaus meisten Absolventen der Kadettenanstalten ist der Monarch die Mitte ihres Denkens geblieben. Nannte Hindenburg Namen, hob er gewöhnlich zugleich auch ausdrücklich hervor, unter welchem König ihre jeweiligen Träger „gedient" haben. Exemplarisch ist seine Bemerkung in den „Erinnerungen" über seinen Bruder Otto: „Auch er wurde Kadett und durfte seinem Könige lange Jahre als Offizier in Krieg und Frieden dienen."

Zwar waltete „die Gnade des Königs" bestimmend über und in der Ausbildung, die davon auszugehen hatte, daß die Geschichte primär aus der vaterländischen Perspektive zu sehen und darzustellen war, wie es Hindenburgs Äußerungen über die Antike ebenfalls deutlich verraten; aber so ungebildet, wie Bütow ganz offensichtlich suggerieren will, verließ kein Absolvent die Anstalt, die sich hilfreich auch der „durchgefallenen" Kadetten nach deren Ausscheiden annahm.

Ostern 1863 wird Hindenburg nach Absolvierung der Sekunda von Wahlstatt nach Berlin versetzt[6], wo er seine Ausbildung am

[5] Dazu paßt nicht zuletzt auch seine indiskutable Behauptung: „Fast alle preußischen Soldaten kennen den Krieg nur vom Hörensagen."

[6] Kurz vor seiner Übersiedlung nach Berlin kam sein Bruder Otto in die Kadettenanstalt in Wahlstatt. Am 9. Februar 1863 berichtete Hindenburg seinen Eltern (noch aus Wahlstatt), daß sie, Otto und er, „ganz gesund" seien und daß es ihnen „ganz gut" ginge. Er freute sich „besonders", daß er in Berlin nicht Klavierstunden zu nehmen brauche, „da diese dort ein teueres und sehr umständliches Vergnügen" darstellen würden. Was er für sich und seinen Bruder wünschte, trug er durch beigefügte eigenhändige Zeichnungen bildlich vor: Pfannkuchen (Fastnacht stand vor der Tür), Brot, Butter, Striezel, Apfelsinen, Schokolade, Rosinen, Backobst, Baumkuchen und Würste.

dortigen Kadettenhaus in der neuen Friedrichstraße fortzusetzen hat. Erstmals in Preußens Hauptstadt, erlebt er Unter den Linden ergriffen und bewegt die Frühjahrsparaden und den Vorbeimarsch auf dem Opernplatz und im Herbst die Herbstparaden auf dem Tempelhofer Feld in Anwesenheit seines „Allergnädigsten Herrn, König Wilhelm I.".

Im Frühjahr 1864, als der preußisch-dänische Krieg beginnt, wird ein Teil seiner älteren Kameraden an die Front geschickt. Er selbst, erst 16jährig, kann zu seinem großen Bedauern noch nicht zu den „Vielbeneideten" gehören, die als vollwertige Soldaten und künftige Offiziere in die Reihen der kämpfenden Truppen eingegliedert werden. Als Ausgleich und hohe Ehre empfindet er nicht ohne Grund, daß er 1865 der inzwischen verwitweten Königin Elisabeth als Leibpage zugeteilt wird. Er versieht diesen Dienst so vorbildlich, daß die Königin ihm eine Taschenuhr schenkt, die ihn schließlich, wie er formuliert, „in drei Kriegen treulich begleitet". Wie spezifisch die Kadetten auf ihren zukünftigen Beruf fixiert sind, verrät die Bemerkung Hindenburgs, daß sie sich über „die politischen Gründe, die zu dem Kriege führten", nicht die Köpfe zerbrochen hätten, während sie „mit glühendem Interesse die kriegerischen Ereignisse" registrierten und „klopfenden Herzens der Einbringung der eroberten Geschütze und dem Siegeszug der Truppen" gefolgt seien.

Inzwischen hat er zwar den 1888 verstorbenen Kaiser Friedrich als Prinzen gesehen und der Königin Elisabeth als Leibpage gedient; aber dem König ist er noch nicht unmittelbar begegnet. Nur aus der Ferne hat er ihn auf dem „Tempelhofer Feld" beobachten können. Daß er der Stunde entgegenfiebert, nach der er stolz berichten kann, endlich auch seiner Majestät „Aug' in Aug'" gegenübergestanden zu haben, bedarf keiner weiteren Erklärung. Als er während des preußisch-dänischen Krieges plötzlich erfährt, daß er sich – zusammen mit anderen Kadetten – ins Schloß zu begeben habe, kann er „die Ehre und das Glück" kaum fassen. Er wird dem König vorgestellt, dem er sowohl seinen Namen als auch den Namen und den Stand des Vaters zu nennen hat. Er erinnerte sich: „Kein Wunder, daß da mancher in der Aufregung erst kein Wort hervorbrachte und dann die Worte durcheinanderwarf. Hatten wir doch noch nie unserem ... Herrscher ... so scharf in das gütige Auge geblickt und seine Stimme gehört.“

Anfang April 1866 verläßt er – nach sieben Kadettenjahren – das Berliner Kadettenkorps als noch nicht 19jähriger Sekondeleutnant, um unmittelbar in das erst wenige Jahre zuvor in Danzig neu etablierte 3. Garderegiment zu Fuß einzutreten. Das „Krieg Spielen“ hat ein Ende gefunden.

Offizier an der Front und in der Garnison

Es ist höchste Zeit, daß die Hindenburgs mal wieder Pulver riechen", hat der 16jährige Kadett von Hindenburg drei Jahre zuvor aus Berlin an seine Eltern auf Gut Neudeck geschrieben und dabei behauptet, „unsere Familie ist darin leider seltsam vernachlässigt".

Zwar trifft zu, daß sein Vater – außer 1848 bei der vorübergehenden Besetzung Posens durch die polnischen Truppen Miroslawskis – an keinen militärisch-kriegerischen Handlungen hat teilnehmen müssen; aber daß die Familie „darin seltsam vernachlässigt" worden sei, ist eine stilisierende Übertreibung, die besonderen jugendlichen Überschwang verrät. Allein 23 Beneckendorffs sind in den hundert Jahren bis zur endgültigen Niederwerfung Napoleons im Dienste der preußischen Krone gefallen. In Kriege gezogen sind sehr viel mehr. Einer von ihnen, Ludwig Ernst von Beneckendorff, kämpfte auf kurfürstlich-sächsischer Seite im Bunde mit Österreich gegen Friedrich den Großen bei Kolin, was ihm die Mißachtung seiner preußischen Sippe eingetragen hat.

Sicher ist: Der junge Hindenburg wartet im Frühjahr 1866 in Danzig ungeduldig auf die Gelegenheit, in die Tat umsetzen zu können, was er in Wahlstatt und Berlin gelernt hat. Die politische Lage im Herzen Europas kommt seinen Hoffnungen entgegen.

Im Wiener Frieden vom 30. Oktober 1864, zu dessen Abschluß Bismarck persönlich nach Wien gereist war, hatte Dänemark die Herzogtümer Schleswig-Holstein und Lauenburg an Österreich und Preußen abtreten müssen. Österreich verwaltete Holstein und sah sich von Preußen bedrängt, das seit 1865 Schleswig, das kleine Herzogtum Lauenburg und den Kriegshafen Kiel allein kontrollierte. Animositäten, versteckte und offene beiderseitige Provokationen blieben nicht aus, und als Preußen schließlich die gemeinsame Verwaltung Holsteins forderte, um die dort nach Bismarcks Behauptung gegen Preußen systematisch betriebene Agitation unterbinden zu können, stellte Österreich in Frankfurt beim Bundestag erfolgreich den Antrag, das Bundesheer gegen Preußen mobil zu machen, was wiederum Bismarck bewog, die Auflösung des Deutschen Bundes zu fordern.

Bismarck dagegen verlangte am 9. April 1866 vom Bundestag, „eine aus direkten Wahlen und allgemeinem Stimmrecht der ganzen Nation hervorgehende Versammlung für einen noch näher zu bestimmenden Tag einzuberufen, um die Vorlagen der deutschen Regierungen über eine Reform der Bundesverfassung entgegenzunehmen und zu beraten: in der Zwischenzeit aber, bis zum Zusammentritt derselben, durch Verständigung der Regierungen untereinander diese Vorlage festzustellen." Daß er mit einer Zustimmung Österreichs nicht rechnen konnte, lag – in seinem Sinne – auf der Hand.

Im April 1866, just in den Tagen, in denen sich Hindenburg von der Berliner Kadettenanstalt verabschiedet, bemüht Österreich sich zwar fieberhaft, Bismarcks Ambitionen noch einmal durch neuerliche Verhandlungen zu stoppen, doch dies mißlingt. Ein Krieg liegt in der Luft. Daß es innerhalb des Deutschen Bundes zu einem Bruderkrieg gegen Österreich kommen wird, belastet Hindenburg sowenig wie viele seiner Kameraden. Österreich, wie Preußen nicht mit seinem gesamten Territorium im Deutschen Bund vertreten, hat Preußen in die Lage versetzt, Bismarcks alten Traum von der Reduzierung der österreichischen Macht zugunsten Preußens realisieren zu können[1], ohne sich mit dem Odium des Friedensbrechers belasten zu müssen.

[1] Preußen, das infolge seiner geographischen Lage in Europa nur eine zweitrangige Macht darstellte, stand stets im Schatten Rußlands wie auch Österreichs, was sich letztlich allerdings als besondere Triebkraft der deutschen Geschichte erwies. 1871 endete durch Bismarcks Politik mit dem preußisch-deutschen Sieg über Frankreich (nach der Niederlage Österreichs bei Königgrätz im Jahre 1866) die 1648 begonnene historische Epoche, in der die Niederlage Österreichs bei Solferino im Juni 1859 bereits eine gravierende Zäsur gebildet hatte.

Die preußischen Militärs gehen mit Bismarck davon aus, daß Frankreich, wenn es denn zwischen Habsburg und Hohenzollern zum Krieg kommt, sehr wahrscheinlich neutral bleiben werde. Mit den an Österreichs Seite fechtenden Hannoveranern, Bayern, Sachsen, Württembergern, Badenern und anderen Gliedern des Deutschen Bundes, so setzen sie voraus, wird das durch die seit vier Jahren betriebene Vermehrung des Heeres gestärkte Preußen militärisch fertig werden. Daß Sardinien im Süden und Rußland im Osten neutral bleiben und ihre drohende Haltung gegenüber Österreich – zum Nutzen Preußens – nicht aufgeben werden, gilt als ebenso sicher wie die Unterstützung Preußens durch Mecklenburg, Oldenburg und einige thüringische Kleinstaaten. Zu alldem kommt ganz offensichtlich, daß Österreich schon infolge seiner ruinierten Wirtschaftslage und leeren Staatskasse einen Krieg nicht wollen kann. Die 2,5 Millionen Mark, die es kurz zuvor von Preußen für das Herzogtum Lauenburg bekommen hat, haben in dieser Situation nicht mehr als die berühmten Tropfen auf dem heißen Stein bedeutet. Bismarck, der zwar auf einen preußischen Sieg spekuliert, aber auch erklärt, daß er mit dem letzten Bataillon fallen werde, wenn Preußen diesen Krieg verliere, sucht die militärische Auseinandersetzung.

Insgeheim wird in Preußen mobil gemacht, und als bekannt wird, daß in Österreich am 6. Mai 1866 die Generalmobilmachung befohlen worden ist, braucht in Berlin nur noch reagiert zu werden. Am 8. Mai ruft der preußische König sein Volk zu den Waffen. Die Mobilmachung läuft mit der Präzision eines Uhrwerkes ab. Jeder Offizier und Soldat weiß genau, was jeweils zu geschehen hat. Am 18. Mai ist das Heer kriegsbereit. Nicht nur die Ergebnisse der Heeresreform, sondern auch die Verwendung von Telegraphen und die totale Einspannung der seit rund 15 Jahren systematisch ausgebauten und erweiterten Eisenbahnverkehrsnetze werden augenblicklich sichtbar. Die sich entfaltende Industrie hat ein möglichst dichtes und weitreichendes Eisenbahnverkehrsnetz benötigt, dem Rechnung getragen worden ist. Generalstabsoffiziere und Bahnbeamte haben gemeinsam Fahrpläne für Truppentransporte zusammengestellt und aufeinander abgestimmt.

Während – mit Hindenburg – die meisten jungen Offiziere auf

baldigen Waffenruhm hoffen, reagiert die Bevölkerung zurückhaltend, unwillig und teilweise auch erregt und sogar empört. Ein Student schießt auf der Berliner Prachtstraße Unter den Linden auf Bismarck. Erstmals in der deutschen Geschichte treten ideologisch orientierte Vertreter des organisierten Proletariats gegen die Staatsmacht auf. In Frankfurt hält der 26jährige Sozialist August Bebel eine flammende Rede gegen Bismarck und die Politik Preußens, das er des Wortbruches, der Vortäuschung nicht tatsächlich gewollter Absichten und der Sucht nach Landraub zeiht.

Hindenburgs persönliche Einstellung ist bis 1870 radikal und gnadenlos militärisch orientiert. „Angesichts des bevorstehenden Entscheidungskampfes zwischen Preußen und Österreich", so heißt es in seinen „Erinnerungen", bewegten „sich unsere politischen und militärischen Gedankengänge völlig in den Bahnen Friedrichs des Großen[2] ... Politisch empfanden wir die Notwendigkeit einer Machtentscheidung zwischen Österreich und uns, weil für beide Großmächte nebeneinander in dem damaligen Bundesverhältnis keine freie Betätigungsmöglichkeit vorhanden war. Einer von beiden mußte weichen, und da solches durch staatliche Verträge nicht zu erreichen war, hatten die Waffen zu sprechen[3]. Über diese Auffassung hinaus war von einer nationalen Feindschaft gegen Österreich bei uns keine Rede. Das Gefühl der Stammesgemeinschaft mit den damals noch ausschlaggebenden deutschen Elementen der Donaumo-

[2] Friedrich der Große eroberte 1740 das österreichische Schlesien, das sich im Falle eines russisch-österreichischen Bündnisses gegen Preußen als besonders geeigneter Aufmarschraum gegen Preußen erwiesen hätte. Von Schlesien aus hätten, wie der Preußenkönig kalkulierte, die Neumark, Hinterpommern, Vorpommern und West- und Ostpreußen durch einen österreichisch-russischen militärischen Vorstoß nach Norden leicht von Brandenburg getrennt werden können.

[3] Hindenburgs Feststellung, daß für „beide Großmächte nebeneinander ... keine freie Betätigungsmöglichkeit vorhanden" gewesen sei, verzeichnet die Geschichte. Tatsache ist, daß sich eine Einigung aller Deutschen in einem Nationalstaat ohne Krieg gegeneinander nicht als möglich erwies. Und Tatsache ist ferner, daß Österreich sich 1866 außerhalb des späteren Kleindeutschen Reiches befand, was zu der Zeit allerdings belanglos war. Die Kontrahenten standen bevölkerungsmäßig ungefähr ausgeglichen gegenüber. Von den rund 41,8 Millionen Deutschen im Jahre 1870 lebten in Preußen und in Mecklenburg, Oldenburg und Thüringen, die 1866 an Preußens Seite gegen Österreich gefochten hatten, ungefähr die Hälfte.

narchie war zu stark entwickelt, als daß sich feindliche Empfindungen hätten durchsetzen können."

Sein Regiment überschreitet – von Schlesien aus – bei Braunau in Böhmen die Grenze[4]. Die Feuertaufe erlebt er bei Soor und Burkersdorf, wo er sogleich eine „Heldentat" vollbringt. Sein Schützenzug erbeutet die militärischen Fahrzeuge der im Kampf gegenüberstehenden österreichischen Infanterie und Ulanen, deren Regimentskasse und das Kriegstagebuch von 1859. Doch dies sieht er später als für den Beginn noch nicht genug an. „Da ich bei Soor nicht viel erlebt hatte", schreibt er, „mußte ich mich damit begnügen, wenigstens Pulver gerochen zu haben und einen Teil jener seelischen Stimmung durchgemacht zu haben, welche die Truppe bei ihrer ersten Begegnung mit dem Gegner ergreift." Daß er am Tage danach mit 60 seiner Grenadiere „das Gefechtsfeld nach Toten" absuchen und sie beerdigen lassen muß, bezeichnet er als „Rückseite der Medaille". Und auch bei der Schilderung dominiert die nüchterne Sachlichkeit des Soldaten: „... eine ernste Arbeit, die dadurch erschwert wurde, daß das Getreide noch auf dem Halm stand."

Hindenburg erlebt den Beginn dieses Krieges, wie es ihm in den theoretischen Übungsstunden der Kadettenanstalten als Idealfall vorexerziert worden ist. Der von Generalstabschef Helmuth Graf von Moltke geleitete Aufmarsch der preußischen Truppen verläuft beispielhaft. Auf fünf Eisenbahnlinien, auf denen täglich zwölf Züge in einer Richtung verkehren, werden Soldaten, Pferde, Geschütze, Munition, anderes Kriegsmaterial und Verpflegung transportiert. Die Preußen, die in synchron laufenden militärischen Aktionen schlagartig Teile Sachsens, Hannovers und Kurhessens besetzt haben und gleichzeitig auch in Darmstadt eingerückt sind, entwickeln eine „affenartige Beweglichkeit", wie die Wiener Zeitung *Die Presse* die Ereignisse am 18. Juni 1866 hämisch kommentiert.

Die durch sächsische Truppen verstärkten und noch wie zu Napoleon Bonapartes Zeit ausgerüsteten Österreicher warten mit 260 000 Mann auf den Angriff der mit modernen Waffen und

[4] Seine später häufig zitierte negative Äußerung über den „böhmischen Gefreiten Hitler" basierte auf der fälschlichen Annahme, daß Hitler 1889 in ebenjenem Braunau geboren worden sei.

Telegraphen versehenen Preußen, die mit drei Armeen mit insgesamt rund 255 000 Mann von Torgau, Görlitz und Neisse aus angreifen. Daß die Preußen so schnell vorankommen, verdanken sie Roon, Bismarck und Moltke, ihrer hohen Moral und der vier Jahre zuvor engagiert befehdeten Heeresreform. Für einen Teil der österreichischen Truppenführung gilt der Krieg bereits als verloren. Einer von ihnen, Ludwig August Ritter von Benedek, der stockkonservative Feldzeugmeister und Führer des österreichischen Hauptheeres, schlägt seiner Regierung vor, Preußen umgehend den Friedensschluß anzubieten. Er muß jedoch weiterkämpfen und sich am Morgen des 3. Juli 1866 zwischen den Flüssen Elbe und Bistritz bei der Festung Königgrätz zur Entscheidungsschlacht stellen.

Das Ergebnis ist ein Debakel. 24 000 der für Österreich fechtenden Soldaten fallen, 20 000 gehen in preußische Gefangenschaft. Johann Christoph Freiherr von Allmayer-Beck, der Direktor des Heeresgeschichtlichen Museums in Wien, schilderte das Ende der Schlacht wie folgt: „Brigade auf Brigade, Korps auf Korps wirft Benedek aus seiner Reserve den vordringenden Preußen entgegen. Trotz höchster Tapferkeit brechen aber die Angriffe, manche oft erst unmittelbar vor dem Ziel, im preußischen Schnellfeuer zusammen. Die Verluste sind unvorstellbar. Auch die Kavallerie wird jetzt zur Attacke aufgerufen, aber lediglich, um den schon unausweichlich notwendigen Rückzug der Armee zu decken. Mit ungeheurem Elan werfen sich die Reiterregimenter, der Stolz des kaiserlichen Heeres, auf den Feind, und es gelingt ihnen, eine Atempause für die abziehende Armee zu erkämpfen. Auch ein Artillerieriegel, gebildet aus den noch vorhandenen Geschützen der Armeegeschützreserve, wehrt sich bis zum letzten Schuß und hilft damit, das vollkommene Chaos zu verhindern. Immerhin hat dieser Tag die Österreicher über 40 000 Mann gekostet, die Preußen hingegen nur rund 9000 Mann. Alles andere ist dann nur noch ein Nachspiel: der Rückzug der Reste der Nordarmee über Olmütz nach Preßburg, die Verlegung des Südheeres an die Donau, der Ausbau eines befestigten Brückenkopfes um Wien."

Hindenburg, der am 3. Juli 1866 bei Rosberitz die Hälfte seiner Soldaten verloren hat, wird von seinen Vorgesetzten zur Auszeichnung mit dem „Pour le mérite" vorgeschlagen – dem höchsten preußischen Orden. Daß er ihn 1866 nicht bekam, bezeichnet er später als richtig und gut. So viel Ehre für einen so jungen Offizier, so argumentiert er, wäre unter den Voraussetzungen nicht gerade förderlich gewesen, was schließlich die nichtssagenden Karrieren der 1866 mit dem „Pour le mérite" ausgezeichneten jungen Militärs generell bewiesen.

Was Königgrätz unmittelbar folgt, hat nur noch den Charakter eines Nachspiels. Die Preußen stehen plötzlich vor Preßburg und Wien, wo die Regierung in ihrer Not erfolglos versucht, ihre südlichen Widersacher, die Italiener, für sich zu gewinnen. In Süd- und Westdeutschland hat sich wie im Fluge herumgesprochen, daß Österreich bereits auf dem Schlachtfeld geblieben sei, auf dem für Österreich auch Hannover und Kurhessen den Tod gefunden hatten[5].

Was politisch und militärisch-strategisch denkende Zeitgenossen sofort besonders bewegte, die Frage nämlich, wie die Österreicher reagiert hätten, wenn die preußischen Truppen nach ihrem glorreichen Waffengang in Wien einmarschiert wären, lag im Prisma des Feldherrn – auch in dessen „Erinnerungen" – außerhalb der Überlegungen. Viele Österreicher waren zwar der Auffassung, daß die Niederlage ihres Heeres in so kurzer Zeit zwar ein verdienter „Denkzettel" für die habsburgische Staatsmacht wäre, die versäumt hatte, die von Politikern und Militärs geforderten Wehrreformen rechtzeitig einzuleiten, die soziale und wirtschaftliche Position des aufstrebenden Bürgertums zu berücksichtigen und der Entwicklung der Technik Rechnung zu tragen; aber durch ein kaudinisches Joch, das die Besetzung ihrer Hauptstadt dargestellt hätte, wäre sie ohne weitere Gegenwehr wohl kaum gegangen.

Daß nach der Schlacht bei Königgrätz, die neben der Völker-

[5] Hannover hatte Mitte Juni mobil gemacht, Kurhessen gar nicht, war jedoch auch für Österreich eingetreten. 48 000 Preußen und Truppenkontingente der mit Preußen verbündeten kleinen Staaten reichten aus, Herr der Lage zu bleiben, auch wenn die Hannoveraner sich in aller Eile mit den Bayern zu vereinigen versuchten. Harburg und Hannover mußten kapitulieren. Auch die 100 000 Mann Süddeutschen unter Prinz Carl von Bayern erwiesen sich schon infolge der schlechten Zusammenarbeit untereinander nicht in der Lage, den Siegeszug der Preußen zu stoppen, die erst die Bayern und dann die Hessen schlugen und am 16. Juli in Frankfurt am Main einzogen, das der inzwischen in Augsburg untergebrachte Bundestag fluchtartig verlassen hatte.

schlacht bei Leipzig bis dahin immerhin zu den größten Schlachten der Weltgeschichte gehörte, Österreichs große Stunde für immer vorbei war, wozu er mit seinen Möglichkeiten selbst auch beigetragen hatte, reflektierte Hindenburg nicht. Es sei denn, seine bereits zitierte knappe Feststellung, daß „einer von beiden", Preußen oder Österreich, „weichen" mußte, wird so verstanden. Die Schlachten durchdachte er, nicht die daraus resultierenden politischen Konsequenzen. So verzichtete er beispielsweise auch darauf, die Österreich im Frieden von Prag auferlegten Kriegslasten und selbst die Auflösung des rund 50 Jahre alten Deutschen Bundes und die Neugestaltung Deutschlands ohne Österreichs Beteiligung zu erwähnen[6].

Die Hindenburgs jedenfalls haben „mal wieder Pulver" gerochen. Der Sohn und der Vater, der als 50jähriger Major a. D. bei der Schlacht von Königgrätz im Lazarett als Johanniter tätig gewesen ist, treffen sich in Prag, worüber Paul von Hindenburg in der für ihn typischen Weise berichtet: „Wir ließen diese Gelegenheit nicht vorübergehen", schreibt er, „ohne das naheliegende Schlachtfeld unseres großen Königs zu besuchen." Fugenlos ins Bild paßt seine Bemerkung: „Die Erinnerung an den Besuch dieses Schlachtfeldes wurde in mir im Verlauf des letzten Krieges (1914–1918) wieder besonders lebendig. Liegt doch ein Vergleich der Lage Preußens 1757 (Beginn des Siebenjährigen Krieges) mit Deutschland 1914 nahe."

Durch den Frieden von Prag treten gravierende Änderungen ein. Der Deutsche Bund wird aufgelöst, die Neugestaltung Deutschlands ohne den Einfluß Österreichs eingeleitet, das der Gründung des – unter preußischer Regie waltenden – Norddeutschen Bundes mit Sachsen und den nördlich des Mains gelegenen Teilen des Großherzogtums Hessen keinen Widerstand entgegensetzen darf. Die bis dahin in Schleswig-Holstein von Österreich wahrgenommenen Rechte gehen an Preußen über, das darüber hinaus Kurhessen, Nassau, Frankfurt am Main und Hannover annektiert.

Hindenburgs Regiment wird nicht wieder nach Danzig verlegt. Es kommt auf dem Umweg über eine Parade als Siegesfeier in

[6] Österreich mußte auf seine Rechte in Schleswig-Holstein verzichten und 20 Millionen Taler als Kriegsentschädigung an Preußen zahlen.

Berlin nach Hannover, was die Offiziere, Unteroffiziere und Mannschaften als Auszeichnung zu verstehen haben und der blinde, bei Langensalza von den Preußen geschlagene Welfenkönig als eine Art Huldigung auffassen soll.

Hindenburg erinnert sich: „Ungern gingen wir hin, als aber nach 12 Jahren die Scheidestunde durch Versetzung des Regiments nach Berlin schlug, da war wohl keiner in dessen Reihen, dem die Trennung nicht schwer wurde. Ich selbst hatte die schöne Stadt, die ich schon 1873 verlassen mußte, so lieb gewonnen, daß ich mich später nach meiner Verabschiedung dorthin zurückzog. Bald hatten wir in dem neuen Standort Bekanntschaften angeknüpft. Manche Hannoveraner hielten sich freilich aus politischen Gründen gänzlich zurück. Wir haben die Treue gegen das angestammte Herrscherhaus nie verurteilt, so sehr wir von der Notwendigkeit der Einverleibung Hannovers in Preußen durchdrungen waren. Nur da, wo das Welfentum im Verhalten einzelner seinen Schmerz nicht mit Würde trug, sondern sich in Ungezogenheiten, Beleidigungen oder Widersetzlichkeiten gefiel, sahen wir in ihm einen Gegner. Immer mehr lebten wir uns im Laufe der Jahre in Hannover ein, das in glücklichster Weise die Vorteile einer Großstadt nicht mit den Nachteilen einer solchen vereinigt."

In Hannover, wo er drei Jahre hindurch Rekruten ausbildet, bekommt der Leutnant von Hindenburg seine erste Dienstwohnung mit „Wohn- und Schlafstube". Und hier begegnet ihm auch seine erste Liebe in Gestalt der 16jährigen Irmengard von Rappard. Sie wohnt in dem in einer Parklandschaft gelegenen, von Wassergräben, Teichen, Hecken und Terrassen umgebenen Schloß Sögeln bei Brahmsche und ist die Tochter eines verabschiedeten Oberstleutnants der hannoverschen Armee, der dem Preußen zunächst keine freundschaftlichen oder gar schwiegerväterlichen Gefühle entgegenbringt. Doch nach der Intervention der – mit der Pinner Familie von Rappard befreundeten – Eltern Hindenburgs ändert sich dies so grundlegend, daß die Beziehung in eine offizielle Verlobung mündet. Doch es gibt kein „Happy-End". Hindenburg muß nach der von Bismarck – im Hinblick auf die Schaffung einer Großmacht Preußen zwischen den „Flügelmächten" England, Frankreich und Rußland – provozierten Kriegserklärung Frankreichs vom 19. Juli 1870 an Preußen in den Krieg ziehen. Als er 1871 nach dem Sieg über Frankreich in seine Garnisonsstadt Hannover zurückkehrt, ist seine schon vorher an der „galoppierenden Schwindsucht" leidende Verlobte nicht mehr am Leben.

Nachdem Bismarck nach dem Sieg über Österreich die Auflösung des Deutschen Bundes und die Entstehung des Norddeutschen Bundes initiiert und Österreichs Einfluß auf die Politik Preußens ausgeschaltet hat, sind seine eigentlichen Ziele für jedermann menetekelhaft sichtbar geworden.

Das letzte Hindernis auf dem Wege zur Gründung des Reiches bildete bis 1870 Frankreich mit Napoleon III., dem Neffen von Napoleon I., als Kaiser. Er stand Bismarcks Plänen im Wege und konnte die Träume von einem deutschen Nationalstaat zu einem Trauma werden lassen. Daß er in Paris und Versailles nicht nur „thronte" und bloß registrierte, was außerhalb der Grenzen Frankreichs geschah, hatte er spätestens seit den fünfziger Jahren fortwährend und aufdringlich bezeugt. Er kannte die Deutschen, ihre Geschichte, Probleme und Mentalität, war in Deutschland aufgewachsen und zur Schule gegangen, hatte 1836 und 1840 gegen den französischen Bürgerkönig Louis Philippe geputscht und war zu lebenslanger Haft verurteilt worden. 1846 nach London geflohen, 1848 zurückgekehrt und nach propagandistischer Einbeziehung der zu der Zeit besonders lebendigen Napoleon-Legende mit überwältigender Mehrheit zum Präsidenten der Republik gewählt, war er 1852 schließlich durch einen Staatsstreich Kaiser der Franzosen geworden.

Napoleons vielzitierte Bemerkung, „daß diese beiden benachbarten Staaten", Frankreich und Preußen, „die vermögens ihrer Bildung und ihrer Einrichtungen an der Spitze der Zivilisation ständen, aufeinander angewiesen seien", lag mehr als ein Dutzend Jahre zurück. Spätestens seit dem deutsch-österreichischen Krieg von 1866, den der auf propagandistisch effektvoll auswertbare politische Tageserfolge eingestellte Kaiser der Franzosen nicht gerade politisch weitblickend für Frankreich genutzt hatte, erschien auf deutscher Seite die Propagandaversion glaubhaft, daß er nach einer Gelegenheit suchen würde, seine Fehler zu revidieren. Doch Bismarck wußte, daß Napoleons Macht und Einflüsse im Laufe der Jahre zunehmend reduziert worden waren. Er hatte gesehen, daß Napoleons Versuch, die

Österreicher – mit Frankreichs Unterstützung – zu einer Revanche gegen den Norddeutschen Bund zu überreden, sowenig ein Erfolg beschieden worden war wie seinem geheimen Bemühen, den Niederlanden Luxemburg abzukaufen. Dies und ruinöse finanzielle Verhältnisse, Disziplinschwierigkeiten in der Armee und ungewöhnlich zahlreiche Stimmenthaltungen bei einem Plebiszit im Frühjahr 1870 bildeten einen Hintergrund, der keinen nahen französischen Angriffskrieg befürchten ließ.

Plötzlich aufgetretene Dynastie-Probleme schufen Verhältnisse, die von der preußischen Krone im Sinne Bismarcks genutzt werden konnten. Nach „Vorwarnungen" von Anfang 1869 und Zwischenverhandlungen vom Sommer 1869 und von Februar 1870 kam aus Spanien ein neuerliches Angebot an einen Sproß aus einer Seitenlinie der Hohenzollern, den Thron der verjagten Königin Isabella zu besteigen. Der katholische, mit einer portugiesischen Prinzessin verheiratete Erbprinz von Hohenzollern-Sigmaringen sollte – auf Wunsch der Spanier – die Krone annehmen, die ein Prinz des Hauses Orléans auf Napoleons Druck ebenso ausgeschlagen hatte wie der König von Portugal und ein italienischer Prinz, die von sich aus verzichteten.

Einen Hohenzollern als Nachbarn wollte und konnte Napoleon nicht gutheißen. Er ließ seinen Außenminister am 6. Juli 1870 in der Kammer drohend erklären, daß Frankreich nicht tatenlos zusehen könne, wenn das Gleichgewicht Europas dadurch gestört werde, daß ein Hohenzoller den spanischen Thron besteige. Frankreich befürchtete die Wiedergeburt des Reiches Karl V., der 1519 als Enkel des Habsburger-Kaisers Maximilian Österreich, Steiermark, Kärnten, Krain, Tirol, Vorderösterreich am Rhein und die habsburgischen burgundischen Besitzungen geerbt, in Frankfurt gegen den französischen König Franz I. die Kaiserwahl gewonnen und schließlich mehr Territorien in seiner Hand vereinigt hatte, als es seit den Tagen des karolingischen Reiches jemals der Fall gewesen war.

Napoleon, 62 Jahre alt, schwer krank und immer noch auch unter den drei Jahre zuvor in Mexiko erlittenen finanziellen Verlusten und Demütigungen leidend, die ihm die Vereinigten Staaten von Amerika nach der Proklamation des unter seinem Schutz stehenden mexikanischen Kaiserreiches mit dem Bruder Kaiser Franz Joseph I. als mexikanischem Kaiser zugefügt hatten, suchte sein Gesicht zu wahren. Nachdem der von seinen Truppen beschützte Maximilian von einem republikanischen Peloton erschossen und Frankreichs Fahne lächerlich gemacht worden war, mußte Napoleon in Europa alles daransetzen, weiterhin als Führer einer einflußreichen Großmacht akzeptiert zu werden. Angesichts der nun entstandenen Situation und Lage meinte er, in der spanischen Thronangelegenheit nicht zurückweichen zu können. Sein Außenminister schickte am 7. Juli 1870 den Botschafter Vincent Graf Benedetti nach Bad Ems, wo sich der preußische König befand. Er sollte zu der Erklärung bewogen werden, niemals wieder einer solchen Thronkandidatur zuzustimmen, was einer unannehmbaren Bevormundung und Demütigung gleichkam.

Wilhelm, der zwar über wenig politischen Instinkt verfügte, hier aber angemessen und entschieden handelte, wies die Forderung zurück und ließ Benedetti ausrichten, daß er die Kandidatur des Erbprinzen Leopold von Hohenzollern-Sigmaringen vorbehaltlos billige und ihn, Benedetti, in dieser Sache nicht mehr zu sprechen wünsche. Hindenburgs späterer Protegé Alfred Graf von Waldersee, der zu der Zeit in Paris als preußischer Militärattaché fungierte, berichtete seinem König einen Tag später: „Ich habe sowohl dem Vater wie den Söhnen (Hohenzollern-Sigmaringen) – zuerst sollte es Fritz, nachher Leopold sein – wiederholt gesagt, daß ich ihnen niemals zureden würde... Sie haben sich... durch Bismarck überreden lassen... Ich habe den Prinzen dringend gebeten, auf das ernsthafteste mit sich zu Rate zu gehen, doch als er dann bei seinem Entschluß beharrte, ihm meine Einwilligung als Familienoberhaupt gegeben."

Bismarck hatte sich und seine Pläne durchgesetzt. Wilhelm warf ihm nachträglich zwar vor, die Sache in Spanien „wie schon manches andere" auf „die leichte Schulter" genommen zu haben; aber er stellte sich, als es darauf ankam, wiederum hinter seinen Bundeskanzler. Und dieser ließ die Dinge in seinem Sinne reifen.

Während Napoleon fieberhaft darauf wartete, daß Wilhelm seine Genehmigung widerriefe, und Bismarck so tat, als hätten Preußen und er mit alldem nichts zu schaffen, rechneten beide mit einem Waffengang. Die französische Presse hatte ihn schon zuvor „in den Lüften" liegen sehen. „Diese Nachricht von einem preußischen König auf dem spanischen Thron", so war beispielsweise in *L'Univers* zu lesen gewesen, „ist der Ton in den Lüften, der dem Krieg vorangeht. Wenn die Deutschen nun einen Fürsten ihrer Rasse und einen Stadthalter ihrer Armeen auf dem spanischen Thron haben, dann haben sie den Ring aus Eisen vom Norden bis zum Süden geschmiedet, der Frankreich zwischen dem Rhein, den Alpen und den Pyrenäen gefangenhält. Das tut nun dieses Preußen, das ebensosehr die Schöpfung unserer Blindheit wie unserer Schwäche als der Geschicklichkeit, der Kühnheit und des Sieges eines Ministers und einer Armee ist. Aber was können wir tun? Wir haben überall die revolutionären Prinzipien auf den Thron gesetzt und haben Gehorsam gegenüber der siegreichen Revolution ringsum gelobt." In anderen Zeitungen war, wie in *Le Pays* beispielsweise, von deutschen „lügnerischen Erpressungen" die Rede, die den „Kelch der Bitterkeit zum Überfließen" bringen müßten. „Die lügnerischen Versprechungen von 1866", so hieß es da, „die Schleswig-Angelegenheit, die Nichtausführung des Vertrages von Prag, die Plünderung Hannovers, die verschleierte Annexion Badens und ganz Deutschlands, das unverschämte Verhalten in der luxemburgischen Frage, eines folgte auf das andere, eines griff in das andere über, unter Mißachtung unserer Sicherheit, unserer Rechte und des europäischen Gleichgewichts."

Von den heftigen französischen Reaktionen aufgeschreckt, verzichtete Karl Anton von Hohenzollern-Sigmaringen, der Vater des Prinzen, am 12. Juli 1870 im Namen seines Sohnes nach wechselhaft verlaufenen und teilweise hochpolitischen Unterredungen, Konferenzen und Absprachen auf die Kandidatur. Doch die Ereignisse nahmen den Verlauf, den der zeitweilig demonstrativ abseits in Varzin weilende Bundeskanzler von Bismarck sich gewünscht hatte.

Schließlich löste ein als „Emser Depesche" in die Geschichte eingegangener Zwischenfall die Explosion aus. Heinrich Abeken, der zwischen Bismarck und dem König als Verbindungsmann fungierte, übermittelte dem Kanzler am 13. Juli 1870 telegrafisch aus Ems, daß der in Bad Ems weilende König es – nach eigenen Angaben – abgelehnt habe, der unzumutbaren französischen Forderung nachzukommen und zu erklären, niemals wieder seine Zustimmung zu einer Inthronisierung eines Hohenzollern in Spanien zu geben. Der Monarch habe den französischen Abgesandten wegen des unzumutbaren Ansinnens nicht mehr empfangen, „sondern ihm ... durch einen Adjutanten sagen ... lassen", daß er dem „Botschafter nichts weiter zu sagen habe".

Bismarck, der Roon und Moltke zum Essen eingeladen und mit ihnen über die Lage beraten hatte, redigierte den Text geringfügig und veröffentlichte ihn, wie der König es ihm „anheimgestellt" hatte. Daß er den Text gefälscht, bis zur Unkenntlichkeit stilisiert und verstümmelt und aus einer „Chamade eine Fanfare" gemacht habe, wie oft behauptet worden ist, trifft nicht zu. Tatsache ist jedoch auch, daß der Text durch Bismarcks Straffung unversöhnlicher als ursprünglich ausgelegt werden konnte.

Bereits am Tage nach der Publikation des Telegramms beschloß ein französischer Ministerrat, die Reserve einberufen zu lassen. Roon und Moltke hatten bekommen, worauf sie hofften. „Der alte Gott lebt noch immer und wird uns nicht in Schande verkommen lassen", hatte Bismarck seinen kurz zuvor noch sehr deprimierten Gast Roon sagen und den 70jährigen Moltke ergriffen frohlocken hören: „Wenn ich das noch erlebe, in solchem Kriege unsere Heere zu führen, so mag gleich nachher die ‚alte Carcasse der Teufel holen'." Am 19. Juli 1870 erklärte Frankreich den Krieg.

Zwar hatten die partikularistischen Bayern zunächst neutral bleiben wollen, weil sie meinten, daß es sich bei dem Streit um eine Sache handele, die allein die Hohenzollern und nicht den ganzen Norddeutschen Bund anginge; aber Johann Sepp, einer der einstigen Führer der Großdeutschen in der Paulskirche, bewirkte das aktive Engagement an der Seite König Wilhelms durch seine Erklärung: „Ich wollte für bewaffnete Neutralität sprechen ... Und jetzt komme ich mir vor wie der Prophet, der ausgezogen war, um zu fluchen, und er mußte segnen ... Zwischen gestern und heute liegen zehn Jahre: Die französische Kriegserklärung ist da ... Wer fragt heute nach dem Anlaß des Krieges? Gestern konnte man noch an das Weh von 1866 denken ... Auch wir haben ein deutsches Herz und halten fest an dem Ausspruch des deutschesten unter den deutschen Fürsten: Wir wollen Deutsche sein und Bayern bleiben."

Die königlich-bayerische Regierung konnte an die Seite Preußens treten. Die Süddeutschen mobilisierten ihre Truppen und stellten sich vertragsgemäß unter den Befehl der Norddeutschen.

Überall brach Jubel aus. Die Liberalen, bis dahin Bismarcks Preußen nicht gerade blind ergeben, standen plötzlich wie ein Mann hinter dem Kanzler. Ludwig Bamberger, einer der gefeierten Liberalen, rief die Mainzer auf, in diesen Krieg wie in einen Gottesdienst zu ziehen. „Zeigt euch", beschwor er seine „in Einigkeit um den Altar des Vaterlandes gescharten" Landsleute, „als eine einzige Familie, die ihr Teuerstes geleitet auf den Weg der letzten schweren Entscheidung; begrüßet, behandelt, entlasset sie in Liebe und Treue als Brüder und als Helden!" Selbst Karl Marx frohlockte: „Die Franzosen brauchen Prügel", und Friedrich Engels warnte die Arbeiterschaft davor, jetzt womöglich nur passiv zuzusehen und Urlaub von der Geschichte zu nehmen.

Ganz Deutschland jubilierte und sang, trunken von nationaler Seligkeit, Hoffmann von Fallerslebens „Deutschland, Deutschland über alles", das Lied, das über Nacht zum Lied der Deutschen wurde.

So begann dieser Krieg, der letzte deutsche „Kabinettskrieg", als Verteidigungskrieg.

Wie Hindenburg reagiert hat, ist nicht aus erster Hand übermittelt. Da über die Situation jedoch nicht nur in den preußischen Offizierskasinos und Kasernen erregt diskutiert wurde, kann als sicher gelten, daß er sich sowohl dort als auch im Hause seines politisch hellhörigen künftigen Schwiegervaters, des Oberstleutnants a. D. von Rappard, auf seine Weise mit den Ereignissen auseinandergesetzt hat. Er selbst überlieferte lediglich nüchtern: „Bei Ausbruch des Krieges 1870 rückte ich als Adjutant des 1. Bataillons ins Feld."

Doch wie auch immer es sich im Detail verhalten haben mag: Dies war die den Generalen, Obristen, Stabsoffizieren, Offizieren, Unteroffizieren und Mannschaften selbstverständlich nicht differenziert vertraute Geschichte, vor deren Hintergrund sie ins Feld zogen.

Drei deutsche Armeen mit Moltke als Chef des Generalstabes eröffneten die Offensive. Am 4. August wurden die unter MacMahons Kommando kämpfenden Franzosen bei Weißenburg und am 6. August bei Wörth nach verlustreichen Gefechten zurückgeworfen. Die nach Metz ausweichenden französischen Truppen wurden verfolgt und nach erbitterten Kämpfen bei Vionville, Mars-La-Tour, Gravelotte und St. Privat in die Festung Metz gedrängt.

Am 9. August 1870 schreibt Hindenburg aus der Nähe von Saargemünd an seine Eltern: „Zum ersten Mal begrüße ich Euch von Frankreich aus, und Gott sei Dank, wie günstig stehen unsere Chancen, der Feind überall geschlagen und wird es mit Gottes Hilfe auch ferner werden. Die Erfolge haben jetzt schon unsere Erwartungen übertroffen, eine Schlacht bei Wörth, 6000 Gefangene, 30 Geschütze, 4 Kugelspritzen, 3 Adler genommen, und drei bedeutende Gefechte bei Weißenburg, Saarburg und Forbach gewonnen, das ist zu herrlich. Wir sitzen jetzt hier im vierten Biwak... und haben hier heute Ruhetag. Abends 6 Uhr ist Divisions-Gottesdienst auf freiem Felde."

Auf eine differenzierte Darstellung der Schlachten und Gefechte kann an dieser Stelle verzichtet werden. Wesentlich ist lediglich, wie Hindenburg sie sah – und welche Konsequenzen er aus seinen Einsichten und Erfahrungen zog.

Am 19. August, einen Tag nach den Kämpfen bei St. Privat, rekapituliert Hindenburg in einem Brief an die Eltern: „Im Anschluß an meine heute abgeschickte Karte wiederhole ich noch einmal, daß ich Gott Lob und Dank nur durch ein Wunder erhalten bin. Wir waren gestern sehr scharf im Gefecht und haben besonders beim Sturm auf St. Privat de la Montagne ganz entsetzliche Verluste gehabt... Unser braves Regiment hat soeben 12 Offiziere und zwei Feldwebel bestattet, außerdem sind 23 Offiziere verwundet... Die Chassepots und Mitrailleusen haben entsetzlich gewirkt... Die beiden anderen Bataillonsadjutanten sind tot, der Regimentsadjutant verwundet, und ich bin es daher geworden. Unsere erste Kompagnie hat 120 Mann verloren, das zweite Bataillon und Füsilier-Bataillon ist jedes nur noch 200 Mann statt je 1000 Mann stark... Gottes Gnade hat sichtlich über mir gewaltet, ich bin die ganze Zeit mit meinem Kommandeur nicht vom Pferde gestiegen, und hat nur das Pferd meines Kommandeurs eine Mitrailleusen-Kugel ins Bein und ich eine Flintenkugel an den Stiefelschaft bekommen. Der Kampf im Dorf mit Bajonett und Kolben bei Abend war entsetzlich, Haufen von Leichen, das Ganze in Flammen und rasende Wut auf beiden

Seiten. Ich begreife selbst nicht, wie ich bei der ganzen Aktion so kaltblütig bleiben konnte. Ich habe öfter nach der Uhr gesehen und alle Gefechtsmomente an Ort und Stelle gleich auf dem Pferde notiert, zum Eisernen Kreuz werde ich eingereicht, ob ich es bekomme, ist etwas anderes. Mein Bataillons-Kommandeur führt das Regiment, drei Hauptleute die Bataillone. Jede Kompagnie hat nur einen Offizier oder Vizefeldwebel, früher hatte jede vier Offiziere. Das Resultat der Schlacht ... wissen wir noch nicht genau, jedenfalls sind die französischen Korps nach Metz gegangen, wo sie zerniert und ausgehungert werden sollen, während wir nach Paris ziehen."

In den „Erinnerungen" des Feldherrn erscheinen die Ereignisse in einem anderen Licht. Da ist er nach wie vor noch der Offizier aus Berufung, der dem blutigen Gemetzel auf dem Schlachtfeld freudigen Herzens entgegenfiebert. „Über die Kriegslage erfuhren wir (am 17. August 1870) soviel wie nichts", heißt es dort. „So marschierten wir ... in eine uns noch ziemlich unklare Lage hinein ... Der Gefechtslärm belebt ... bei uns alles. Die Nerven beginnen sich neu zu spannen, das Herz wieder stärker und freudiger zu schlagen ... Wir marschieren auf und erhalten ... den Befehl, die Fahnen zu enthüllen. Es geschieht unter dreifachem Hurra; ein ergreifender Augenblick!" Der Kampf findet einen „heldenhaften Abschluß ... Ein ungeheurer Jubel bemächtigt sich unser."

Doch ganz hat Hindenburg den Ablauf seiner Entwicklung auch da nicht ignorieren lassen. „Weichere Seiten menschlichen Gefühls", so ließ er Hoetzsch reflektieren, haben sich am Morgen nach dem Gefecht bemerkbar gemacht. Als er „die Trümmer" seines Regiments vor sich gesehen habe, sei er zu der Erkenntnis gelangt: „Man denkt dann nicht nur an das, was im Kampfe genommen wurde, sondern auch an das, was dieser Erfolg gekostet hat."

Wie die Briefe an seine Eltern zeigen, ist der Enthusiasmus spätestens Anfang September verebbt, als der entscheidende Kampf um Sedan entbrennt. „Wir sind", so schreibt er am 2. September 1870, „also gestern wieder in der Schlacht gewesen und haben glänzend gesiegt. Unsere Verluste sind beim Regiment unbedeutend ... Die Franzosen wurden buchstäblich umfaßt, ein Teil floh nach Sedan hinein, der Rest hielt sich tapfer auf einem bewaldeten Plateau, das hierauf von allen Seiten mit Granaten befeuert wurde. Später gingen wir von allen Seiten vor und machten zahllose Gefangene, von denen viele so perfide waren, auf unsere Offiziere zu schießen ... Die Granaten hatten furchtbar gewütet ... Ich sah mir heute die Geschichte an, ganze Gespanne französischer Artillerie lagen tot, Reiter noch auf ihren Pferden und ein Stabsoffizier mit Adjutant und beide Pferde tot nebeneinander ... Tausende von Gewehren, viele Kanonen und Mitrailleusen ... nahmen die Garde Füsiliere ... Unter den Gefangenen nahmen wir viele Turkos und Zuaven, reine Bestien. Erstere hatten sich zur Deckung gegen die Granaten bis an den Hals in die Erde eingegraben, so daß sie aber immer noch feuern konnten. Das muß man den Franzosen lassen, daß sie sich sehr brav geschlagen haben. Der Kaiser ist gefangen, wie man sagt, und befindet sich beim König. Wenn sich der nach Sedan geflohene Teil nicht bis heute abend auf Gnade oder Ungnade ergibt, dann beginnen 600 Geschütze ihr Feuer gegen das kleine Nest ... Das ist so der gegenwärtige Stand der Dinge, das Gefecht war insofern originell, als wir ... uns bei den Bewegungen vorsehen mußten, nicht auf belgisches Gebiet zu treten."

Dieser ausführliche Bericht, der schwerlich als Protokoll bezeichnet werden kann, endet mit der Feststellung, daß der bewaffnete Widerstand der in Sedan verschanzten Franzosen unsinnig sei, weil ihm kein Erfolg beschieden werden könnte. Ein anderer, ein neuer Hindenburg, ist „geboren".

In den „Erinnerungen" allerdings heißt es: „Diese Fortsetzung des französischen Widerstandes (Anfang September) nach der Schlacht von Sedan hat man bei uns oft nur als eine unnütze französische Selbstzerfleischung angesehen. Ich konnte diesem Urteil nicht beipflichten ... Ich glaube noch heute, daß Frankreich mit einem Versagen seines Widerstandswillens[7] in diesem Augenblick den größten Teil seiner völkischen Würde ... preisgegeben hätte."

Und auch die Schilderung über die Ereignisse, die den 2. September 1870 erinnerungswert erscheinen lassen sollen, reflektieren eine Haltung, die der Brief vom selben Tage an die Eltern nicht einmal ahnen läßt. Der Tag „brachte uns vormittags den

[7] Nach dem Sturz Kaiser Napoleons.

Besuch des Kronprinzen, dem wir die erste Nachricht von der Gefangennahme Napoleons und seiner Armee verdankten, und nachmittags den unseres Königs und Kriegsherrn", so beginnt die Darstellung und fährt fort: „Von dem beispiellosen Jubel, mit dem der Monarch empfangen wurde, vermag man sich kaum eine Vorstellung zu machen. Die Mannschaften waren nicht in Reih und Glied zu halten. Sie umringten ihren heißgeliebten Herrn und küßten ihm Hände und Füße. Seine Majestät sah seine Garden zum ersten Male in diesem Feldzuge; er dankte uns tränenden Auges für das, was wir bei St. Privat geleistet hatten. Das war reicher Lohn für jene schweren Stunden! Im Gefolge des Königs befand sich auch Bismarck. Er ritt in olympischer Ruhe am Ende der Kavalkade, wurde aber erkannt und bekam ein besonderes Hurra, das er schmunzelnd entgegennahm. Moltke war nicht zugegen."

In diesem Feldzug, in dem Hindenburg den Kampf Mann gegen Mann mit noch brutalerer Härte als 1866 unmittelbar erlebte, hat sich in seiner Einstellung zum Krieg ein grundsätzlicher Wandel vollzogen. So schreibt er beispielsweise am 2. September 1870 an seine Eltern: „... man sagt, Wimpffen, der in Sedan (auf französischer Seite) das Kommando übernommen hat, wollte sich nicht ergeben. Es ist rechter Unsinn, er kann ja gar nichts machen." Am 4. Januar 1871 sinniert er: „Alle Herzen sind von dem beseligenden Bewußtsein, daß ... diese nutzlose oder wenigstens unangebrachte Schlächterei der Infanterie" mit dem Beginn „des Bombardements" ein „Ende erreicht". Und am 29. Januar 1871 jubiliert er buchstäblich: „Hurra, Paris hat kapituliert!!! Wir haben heute schon drei Forts und St. Denis besetzt, Waffenstillstand, und so Gott will, bald Friede."

Solche Überlegungen hat es zuvor bei ihm nicht gegeben, auch wenn seine Vorstellungen stets von soldatischer Fairneß bestimmt worden sind.

In Villiers le Bel bei St. Denis, wo sich der Regimentsstab in der Villa des als französischer Veronese gefeierten Malers Thomas Couture befindet, wartet Hindenburg, daß der Krieg, über den er jetzt anders als noch in Königgrätz denkt, endlich zu Ende gehen möge. Da er recht gut Französisch spricht, sich seit seiner Kindheit oft als Zeichner und Maler versucht hat, nutzt er die Umstände in seinem Sinne. Er diskutiert, wie er seinen Eltern berichtet, manchmal tage- und nächtelang mit dem zu Ruhm und Reichtum gelangten Hausherrn über Malerei – und Krieg. Couture, der den preußischen Offizier schnell schätzen gelernt hat, zeichnet ihn feinfühlig und schenkt ihm das Bild, das ihn in voller Felduniform mit Reitstiefeln, Schleppsäbel und Spitzhelm – in aufdringlich nachdenklicher Haltung – zeigt.

Dem Künstler ist nicht verborgen geblieben, wie sein – ihm infolge der Umstände aufgezwungener – „Gast" über den Krieg denkt. Sein Hindenburg ist kein strahlender Held, der nicht erwarten kann, endlich wieder in eine Schlacht zu ziehen.

Hindenburg hat wiederum Glück – und darf als einer der „Auserwählten" in Versailles Bismarcks größte Stunde, die Ausrufung des Kaiserreiches, in Anwesenheit von Kaiser Wilhelm I. unmittelbar erleben. „Nur in aller Kürze viele Grüße und die Mitteilung", schreibt er, „daß ich hierher zur Kaiserkrönung kommandiert bin ... Um 1 Uhr ist die große Cour und Erklärung von Kaiser und Reich in der Galerie des Glaces, und wir sind dann zur Tafel befohlen."

Die persönliche Ankündigung der „Erklärung von Kaiser und Reich", des historischen Ereignisses, das schließlich alle Welt aufhorchen läßt, klingt hier keineswegs wie eine Fanfare. Und der Brief verrät auch nicht, weshalb dies so ist. Offenbar geht Hindenburg davon aus, daß seine Eltern ohnehin wissen, wie und was er denkt und fühlt. Ob Bismarck, der 1870/71 ungefähr so berühmt und populär war, wie Hindenburg es 1914 geworden ist, die deutschen Heere 1870 mit der Absicht in den Krieg hat ziehen lassen, nach einem Sieg über Frankreich den preußischen König zum Kaiser ausrufen zu lassen, interessiert den unpolitischen Offizier von Hindenburg 1871 gewiß nur wenig.

Anders indes dürfte es sich hinsichtlich der von den Hohenzollern und in Bismarcks unmittelbarer Umgebung vor dem 18. Januar eifrig diskutierten Frage gehandelt haben, wie Wilhelm I. nach der Krönung zu bezeichnen sei, ob als „Kaiser von Deutschland", „Deutscher Kaiser" oder aber als „Kaiser der Deutschen". Bismarcks respektlose Formulierung „Nescio quid mihi magis farcimentum esset" (Ich weiß nicht, was mir mehr wurscht wäre), hätte Hindenburg infolge seines streng preußisch-soldatisch geprägten Verhältnisses zum Monarchen strikt verurteilt. Sicher jedenfalls ist dies: Im Gegensatz zu Bismarck, der weniger von

Kein kampfeslüsterner Held, der ungeduldig auf die nächste Schlacht wartet: Leutnant Paul von Hindenburg, wie ihn Thomas Couture 1871 sah.

einem preußischen Militär an sich hatte als der nachmalige SPD-Vorsitzende August Bebel, ordnete Hindenburg der Dynastie zeitlebens keine nur zeitbedingte Funktion zu. Seine persönlichen Erfahrungen in Frankreich nach dem Sturz Napoleon III. haben diese Perspektive nur bestärkt.

Anfang März 1871, ein paar Wochen vor der Schreckensherrschaft der Pariser Kommune, sieht Hindenburg erstmals Paris. Anfang Juni 1871, nach dem Versailler Vorfrieden vom 26. Februar und nach dem Frieden von Frankfurt vom 10. Mai, die Deutschland das Elsaß (ohne Belfort) und Lothringen (mit Metz) und fünf Milliarden Francs als Kriegsentschädigung innerhalb von drei Jahren zugesprochen haben, ist er wieder in Deutschland – und zwar im Zentrum des jungen Kaiserreiches. Vom Tempelhofer Feld aus, wo er als Kadett in Berlin während der Parade seinen König gesehen hat, paradiert er Unter den Linden vor Kaiser Wilhelm I., dem nunmehrigen Souverän für alle Deutschen. Aus Paris hat er, der sich im Jahr zuvor dazu entschied, die Tochter eines Mannes zu heiraten, der ein Feind Preußens und „seines allergnädigsten Königs“ gewesen ist, Erfahrungen mitgebracht, die sein Denken und Handeln fünf Jahrzehnte später – nach dem Sturz der Hohenzollern – maßgeblich bestimmen.

Er hat 1871 als 24jähriger Offizier den Sturz des französischen Kaisers aus nächster Nähe erlebt und aus erster Hand erfahren, wie die Kommune, die er nach 1918 pauschal und undifferenziert mit den Kommunisten gleichsetzt, angesichts der deutschen Siegermacht im Umfeld eine Willkürherrschaft errichtete. Daß sie schließlich von französischen Regierungstruppen, die ihren Dienst auch nach dem Sturz von Napoleon III. gehorsam versahen, vor den Augen Hindenburgs niedergeworfen wurde, erwies sich als Lehrstück für den jungen preußischen Offizier, der die Armee seitdem auch als ein Machtinstrument sah, das gegebenenfalls selbst gegen die eigene Bevölkerung eingesetzt werden müßte.

In seinen Memoiren heißt es darüber unter anderem: „Geschäftsgewandte Franzosen hatten dort Fernrohre aufgestellt, die sie den deutschen Soldaten gegen Entgelt für Beobachtung des Dramas eines Bürgerkrieges zur Benutzung überließen. Ich selbst machte hiervon keinen Gebrauch, sondern beschränkte mich darauf, gelegentlich des täglichen Befehlsempfanges in St. Denis entweder aus einem hochgelegenen Fenster des dortigen Gasthofes ‚Cerf d'or' oder durch Vorreiten auf der langgestreckten Seineinsel bei St. Denis Einblick in die Lage in Paris zu gewinnen. Mächtige Feuersbrünste zeigten von Ende April ab, wohin der Kampf im Inneren der Stadt treiben würde. Ich erinnere mich, daß ich besonders am 23. Mai den Eindruck hatte, als ob das ganze innere Paris der Vernichtung anheimfiele. Die Lage in der Stadt wurde von den herausströmenden Flüchtlingen in den krassesten Farben geschildert... Brandstiftung, Plünderung, Geiselmord, kurz, alle jetzt als bolschewistisch angesprochenen Krankheitserscheinungen eines im Kriege zusammengebrochenen Staatskörpers traten schon damals auf. Die Drohung eines freigelassenen kommunistischen Führers: ‚Die Regierung hatte nicht den Mut, mich erschießen zu lassen, aber ich werde den Mut haben, die Regierung zu füsilieren' sollte anscheinend verwirklicht werden. ... Man sieht, daß das bolschewistische Weltverbesserungsverfahren, wie es in der neuesten Zeit auch bei uns auftrat, nicht einmal Anspruch auf Originalität machen kann."

Der deutschen Sozialdemokratie, die für ihn mehr als für jeden anderen erst durch Friedrich Ebert eine staatstragende Kraft geworden ist, attestiert er: „Ich betrachte es als eine bittere Ironie des Schicksals, daß die einzige politische Partei Europas, die damals, wie ich wohl annehmen darf, in völliger Verkennung der wahren Vorgänge diese Bewegung verherrlichte, zur Zeit in unserem Vaterlande gezwungen ist, mit aller Schärfe gegen kommunistische Bestrebungen vorzugehen. Es ist dies ein Beweis dafür, wohin doktrinäre Einseitigkeiten führen, bis die praktische Erfahrung aufklärend eingreift."

Am 8. Dezember 1918, einen Monat nach dem Sturz von Kaiser Wilhelm II. und dem Ende des verlorenen Ersten Weltkrieges, in dem glorreiche Siege auf sein Konto als Feldherr gebucht worden sind, hat er an Friedrich Ebert geschrieben, der – wie er auch – die „soziale Revolution wie die Sünde" haßt: „Es liegt auf der Hand, daß wir aus diesen Zuständen (gemeint sind: Unruhen, Unsicherheit, Gesetzlosigkeit, Plünderungen, unkontrollierbare Versorgung der Bevölkerung usw.) nur herauskommen können, wenn die Regierung über ein Organ verfügt, das Ihren Anordnungen und den bestehenden Gesetzen rücksichtslose Geltung zu verschaffen vermag. So wie die Verhältnisse liegen, kann dieses Organ nur“ eine „Armee sein ... in der schärfste Disziplin herrscht“.

Von der Kriegsakademie zum Kommandierenden General

Nach der Siegesparade in Berlin zieht Hindenburgs „Garderegiment zu Fuß“ wieder in Hannover ein, wo ihm ein freundlicher Empfang bereitet wird. Vom Tod seiner jungen Verlobten nachhaltig betroffen, versieht Hindenburg still und unauffällig seinen Dienst im Rahmen seines Regiments.

Gegenüber Kameraden äußert er, daß er zwar glaube, nicht das Zeug zu einem großen Mann in sich zu tragen, doch aber hoffe, möglichst bald zur Kriegsakademie abkommandiert zu werden. Da ihn kein besonders intimes Verhältnis zu Theorien und wissenschaftlichen Überlegungen sichtlich auszeichnet, was er weiß und von sich aus auch zugibt, begründet er seinen Wunsch nach akademischen Weihen im Offiziersdienst mit Feststellungen über positive und negative Erfahrungen, die er als Offizier in Adjutantenpositionen in zwei Kriegen erworben hat.

Nach zwei Dienstjahren in der Kaserne hat er sein erstes Ziel erreicht. Die von ihm – wie gefordert – anonym, ohne Namen und Nennung der Truppe eingereichten Arbeiten werden von der Akademie als Voraussetzung für ein Studium akzeptiert. Er wird zur Kriegsakademie abkommandiert, wo er allerdings sogleich betroffen feststellt, „zwangsweise Mathematik“ hören zu müssen, was ihm auch jetzt noch nicht behagt[1]. Neben der Trigonometrie mißfällt ihm auch das obligatorische Studium der „Technik der Landesaufnahme“. Während er die Vorlesungen über alte Gefechtstaktiken anfänglich als unliebsame Pflichtübungen

[1] In seinem Abgangszeugnis des Glogauer Gymnasiums von 1859 hatte es geheißen: „... im Rechnen wollte es ihm nicht gelingen, den Ansprüchen zu genügen.“

über sich ergehen läßt, engagiert er sich sofort, wenn es um Kriegsgeschichte und Waffenkunde geht. Mit der Differenzierung einzelner Fächer, die das fortlaufende Studium bestimmen, ändert sich jedoch auch die Interessenlage Hindenburgs, der hier auch seinen einstigen und ihm besonders gewogenen Wahlstätter Lehrer von Wittich als Dozenten vorfindet.

Seine Beurteilung durch die Lehrer der Akademie, deren Ansprüche und Testate gefürchtet werden, ist exzellent: „Taktik: vorzüglich, belobt I; Befestigung: sehr gut; Geländeaufnahme: gut; Geschichte: sehr gut; Generalstabsgeschäfte: vorzüglich; Kriegsgeschichte: vorzüglich, belobt I; Gesundheitspflege (die gesamte medizinische und soziale Fürsorge): sehr gut; Militärisches Recht: gut; Übungsreise (theoretischer Einsatz von Truppen im Gelände): vorzüglich; Führung: musterhaft. Ein selbständiger, schneidiger Charakter von großer Befähigung. Wird überall Vortreffliches leisten, eignet sich vorzugsweise zur Kommandierung in den Generalstab."

Die Lehrfächer, ihre Kombinationen, die Auswahl und Qualität der Lehrer, zu denen namhafte Historiker (wie der vielgerühmte Geheimrat Duncker) von der Berliner Friedrich-Wilhelm-Universität gehören, und die Begabungen und Engagements der studierenden Offiziere zeichnen Hindenburgs Akademiejahrgang auf eine besondere Weise aus. Drei spätere Feldmarschälle, von Hindenburg, von Bülow und von Eichhorn, befinden sich unter den Kommilitonen.

Der von seinen Lehrern so außergewöhnlich gelobte Paul von Hindenburg verläßt die Kriegsakademie nach dreijährigem Studium als Premierleutnant – mit dem ausdrücklichen Testat, über die Befähigung für den Einsatz im Generalstab zu verfügen. Schon wenige Monate danach muß er es im Großen Generalstab beweisen, in dem die prägende „Handschrift" des Feldmarschalls Helmuth Graf von Moltke nicht übersehen werden kann. Nach einem weiteren Jahr ist er bereits Hauptmann und „etatmäßiges" Mitglied dieses Stabes. Breite karmesinrote Generalstabs-Streifen an den Hosen heben ihn äußerlich und für jedermann sichtbar aus dem Korps der Offiziere heraus, die über diese Ausbildung und Dienststellung nicht verfügen.

Hindenburg identifiziert sich mit seiner „Auserwähltheit", über die er später sagt: „Durch die Friedensschulung der Gene-

Hauptmann im Generalstab (1878)

ralstabsoffiziere war die Gewähr geschaffen, daß im Kriegsfalle ein einheitlicher Zug alle Führerstellen beherrschte, ein einigendes Fluidum alle Führergedanken durchsetzte. Die Einwirkung des Generalstabes auf die Führung war nicht durch bindende Bestimmungen geregelt; sie hing vielmehr in einer unendlichen Mannigfaltigkeit von Abstufungen von der militärischen und persönlichen Eigenart der einzelnen Offiziere ab. Die erste Forderung an den Generalstabsoffizier war, die eigene Persönlichkeit und das individuelle Handeln vor der Öffentlichkeit zurücktreten zu lassen. Er mußte ungesehen schaffen, also mehr sein als scheinen."

Er hält sich inmitten einer Gesellschaft daran, die es seit 1871 als ihre Aufgabe ansieht, „deutsch" mit schillernder Großmannssucht zu identifizieren, in der Phase der (über die aus Frankreich als deutsche Siegesbeute eingeflossenen fünf Milliarden zustande gekommenen) „Gründerjahre" Luftschlösser zu errichten[2] und gegenüber aller Welt auf eine spezifische Weise zu protzen. Er trägt zwar die Streifen an seinen Hosen als Beleg dafür, was er geleistet hat; aber die „feine Gesellschaft", deren Gehabe er verächtlich als peinlichen „Zinnober" charakterisiert, sieht ihn in Stettin, wo er im Generalkommando des 2. Armeekorps seinen Generalstabsdienst versieht, nur, wenn er entsprechenden Begegnungen nicht ausweichen kann.

Die Karriere gedeiht jedoch weiterhin. 1879 richtet sein Korps das von allen Offizieren stets glorifizierte „Kaisermanöver" aus. Der greise Kaiser Wilhelm I. ist nicht nur höchster Gast, sondern auch höchster – und von niemandem zu korrigierender – Kritiker. Der ein halbes Jahrhundert jüngere Hindenburg besteht die Bewährungsprüfung mit Bravour. Er wird als Hoffnungsträger „herumgereicht" und bei der Gelegenheit auch dem zu der Zeit landauf, landab als Sieger über die Türken gefeierten russischen General Skobeleff vorgestellt, der während des Manövers Ehrengast des deutschen Kaisers ist. Der Russe, dem der junge Deutsche mit dem breiten Gesicht besonders gut gefällt, stößt bei

[2] Während beispielsweise von 1850 bis 1870 insgesamt nur 295 Aktiengesellschaften mit rund 2404 Millionen Mark Aktienkapital gegründet wurden, waren zwischen 1870 und 1874, in einem Viertel der Zeit, 857 neue Gesellschaften mit etwa 4290 Millionen Mark buchstäblich aus dem Boden geschossen, von denen bis Ende 1874 77 Gesellschaften mit 441 Millionen Mark wieder eingingen.

Hindenburg auf Ablehnung. Ihm behagt die laute und geschwätzige „Bramarbasiererei“ des russischen Kriegshelden nicht.

Im September 1879 heiratet der 32jährige Hindenburg, der nun einen monatlichen Sold von 283,33 Mark und eine zusätzliche Aufwandsentschädigung von 75 Mark bezieht, die preußische Generalstochter Gertrud Wilhelmine von Sperling. Der Sold gestattet zwar kein üppiges Leben; aber daran sind die preußischen Offiziersfamilien seit jeher gewöhnt. Die jungen Hindenburgs können zudem mit Zuschüssen von Gut Neudeck rechnen, wenn die Mittel aus der Staatskasse aufgebraucht und Naturalienreserven nötig werden. Die ungezählten Konkurse nach den euphorischen Gründerjahren bestätigen Hindenburgs Devise, daß es stets darauf ankomme, mehr zu sein als zu scheinen, des Kaisers Huld zu genießen und jederzeit mit den von der Krone als Sold zur Verfügung gestellten Mitteln solide zu leben.

1881 wird Hindenburg nach Königsberg in Ostpreußen versetzt, wo er beim Stab der 1. Division erstmals mit einer selbständigen Generalstabsposition betraut worden ist. Sein Divisionskommandeur Verdy von Vernois gilt als einer der exzellentesten Clausewitz-Kenner und fähigsten Frontgenerale. Der aus Posen stammende Generalstabsoffizier wird hier von seinem Kommandeur, der während der polnischen Volkserhebungen im Jahre 1863 in Warschau seinen Dienst versehen hat, gezielt mit den besonderen politischen und wirtschaftlichen Verhältnissen im östlichsten deutschen Grenzgebiet vertraut gemacht.

Nach dreijährigem Aufenthalt und Dienst in der ostpreußischen Hauptstadt, in der zu Beginn des vorausgegangenen Jahrhunderts Preußens erster König gekrönt worden ist, muß er in die Nähe seiner Geburtsstadt Posen nach Fraustadt umsiedeln. Die in der preußischen Armee für die Karriereoffiziere vorgeschriebene Übung, von Zeit zu Zeit zu aktuellen „Fronterfahrungen“ in den allgemeinen Truppendienst zurückkehren zu müssen, um den Kontakt zur eigentlichen Basis nicht zu verlieren, ist auch für Hindenburg selbstverständlich. Der Wechsel von der feinsten Umgebung seines Berufes zu einer Truppe, für die es nicht einmal Kasernen gibt, behagt ihm nicht. Sein Füsilier-Bataillon, in dem er als Kompaniechef wirken soll, ist in 33 verstreut liegenden Quartieren untergebracht. Die Rekruten, vornehmlich Posener, die zum großen Teil nicht einmal die deutsche Sprache beherrschen, verlangen – zumal von einem an andere Tätigkeiten gewöhnten Generalstäbler – viel Geduld und besonderes Mitgefühl.

Hindenburgs Erfahrungen aus dieser Zeit: „Die Leute waren fleißig, willig und, was ich besonders hervorheben möchte, anhänglich, wenn man der Schwierigkeiten, die sie bei Erlernung des Dienstes zu überwinden hatten, Rechnung trug und auch sonst bei aller Strenge für sie sorgte. Damals glaubte ich, daß die größere Häufigkeit von Diebstählen und von Trunkenheit bei den Polen weniger mit moralischer Minderwertigkeit als mit vielfach ungenügender erster Jugenderziehung zu erklären sei. Ich bedauere es sehr, daß ich meine gute Meinung von den Posener Polen jetzt zurückstecken muß, nachdem ich von den Greueln gehört habe, welche die Insurgenten Wehrlosen gegenüber verübt haben. Das hätte ich den Landsleuten meiner einstigen Füsiliere nicht zugetraut!"

Der einstige Spätentwickler hat alle seine ursprünglich besser eingestuften Kameraden nicht nur längst eingeholt, sondern überholt und überaus rasch Karriere gemacht. 1885 wird er, was für überdurchschnittliche Kenntnisse und Fähigkeiten spricht, Major im Großen Generalstab und Taktiklehrer an der Berliner Kriegsakademie, deren Bänke er ein Jahrzehnt zuvor noch selbst gedrückt hat. Oberst Alfred Graf von Schlieffen, der spätere Chef des Großen Generalstabes und Autor des berühmt gewordenen Schlieffen-Planes von 1905, der von einem Zweifrontenkrieg gegen das eingekreiste Reich ausging und der deutschen Obersten Heeresleitung empfahl, unter Verletzung der belgischen Neutralität in Frankreich einzumarschieren, ist hier sein Abteilungschef, dem er manche Einsicht verdankt.

Hindenburg, der sich in fremder Umgebung gern wortkarg gibt und sich zurückhält, fällt auch hier auf. Oberst Vogel von Falkenstein, dem Abteilungschef, dem die Formulierung einer grundlegenden und erstmals für alle verbündeten deutschen Armeen verbindlichen Felddienstordnung obliegt, erwählt ihn zum Mitarbeiter, was Hindenburg ein ganzes Jahr lang außerhalb seines Dienstes als Taktiklehrer zusätzlich zu leisten hat. „Der Tag mit vierundzwanzig Stunden", sinnierte er, „scheint oftmals zu kurz. Durcharbeitete Nächte werden zur Gewohnheit."

Er muß, was seinen Anlagen augenfällig entgegenkommt, praktische Erfahrungen textlich umsetzen. Wie intensiv ihn diese „Nebentätigkeit“ beschäftigt und wie sehr er sich mit ihr identifiziert, bezeugen gelegentliche „literarische“ Hinterlassenschaften aus jener Zeit. Als er beispielsweise 1886, nachdem er erstmals dem Prinzen Wilhelm, dem späteren Kaiser Wilhelm II., begegnet ist, ins Riesengebirge in eine Übung zieht und auf Burg Kynast einkehrt, schreibt er aus dem Stegreif ins Gästebuch:

„Der Kynast war als Flankenstellung
Vor Zeiten im Gebirg bekannt,
Als mancher kühne Stegreifritter
Von dort den Kaufmann angerannt.

Doch war er schier seitdem verschollen,
Die Kriegsgeschichte nennt ihn nicht!
Und dunkler Wald ringsum bedeckte
Die wunderschöne Stellung dicht.

Bis eine Schar von Kriegesknechten
Sich heut zu ihm herauf verirrt
Und hoch vom Turme Kunigundens
Das Wechselspiel der Schlacht entwirrt.“

Eine der Folgen seiner Arbeit an der Dienstvorschrift ist eine spürbare Disziplinierung seines Sprachstiles und der schriftlichen Ausdrucksform. Haben schon zuvor keineswegs farbige Elemente seine Sprache beherrscht, so ist dies von nun an noch weniger der Fall. Seine Formulierungen gleichen eingeübten soldatischen Übungen. Nicht Originalität und individuelle Satzprägungen charakterisieren seinen Stil, sondern – ohne Rücksicht auf sprachliche Schönheit gewählte – unmißverständliche Formulierungen. Geradezu schmerzlich pedantisch „kämpft“ er für eine absolut fehlerfreie Interpunktion in Berichten. Nicht selten hält er Offizieren warnend vor, daß nur derjenige geradlinig und effektiv zu denken vermöge, der die Sprache in Wort und Schrift vollkommen beherrsche. Durch die falsche Anordnung eines Kommas im Rahmen einer militärischen Geländebezeichnung, so hat er einmal festgestellt, sei sogar einmal ein Gefecht verlorengegangen. Mit einem ungewöhnlich großen Bleistift, der stets auf seinem Tisch zu liegen hat, verbessert er – bis an sein Lebensende – jedes falsch oder undeutlich geschriebene Wort oder Zeichen. Wer mit der Sprache nicht in seinem Sinne umzugehen vermag, gilt als „zerfahren“ und kann auf Beförderungen schwerlich hoffen.

Als Lehrer für Taktik, was er fünf Jahre lang bleibt, glänzt er unter den Militärs. Nicht wenige seiner erfolgreichen Schüler haben ihn und seine Fähigkeiten zeitlebens gerühmt. Einer von ihnen, Freiherr von Freytag-Loringhoven, der spätere General und Vorgänger Erich Ludendorffs als Generalquartiermeister, ein Balte mit russischem Leutnantspatent, schrieb über seine diesbezüglichen Erfahrungen: „Nur in der angewandten Taktik bin ich wirklich gefördert worden. Hier wurden wir durch den Major von Hindenburg in die Kunst der höheren Truppenführung eingeführt. Seine ruhige, vornehme Art, die Milde, die er auch bei der Beurteilung abwegiger Entschlüsse walten ließ, waren gerade für Anfänger von großem Wert. Er machte nie unnütze Worte, alles, was von ihm kam, trug den Stempel gesunden Menschenverstandes. Kleine taktische Ausflüge in die Umgebung von Berlin, wie sie im Frühjahr unternommen wurden, gaben Hindenburg die Gelegenheit, seinen Schülern auch kameradschaftlich näherzutreten, wie er sich denn überhaupt uns gegenüber stets mehr als älterer Kamerad denn als Vorgesetzter gab.“

Generalfeldmarschall Alfred Graf von Waldersee, zu der Zeit einer der bekanntesten militärischen Exponenten und Verfechter eines deutschen Präventivkrieges zur Verhinderung einer befürchteten Einkreisung des Reiches, bedenkt Hindenburg mit höchsten Weihen. Im Januar 1887 beurteilt er ihn als „hervorragend tüchtigen Generalstabs-Offizier“, der „sich schon jetzt zum Chef des Generalstabes“ eignet, was Helmuth Graf von Moltke, sein größtes Vorbild als Militär, mit „Einverstanden“ bestätigt.

Dank seiner Persönlichkeit und fachlichen Leistungen ist er inzwischen in die elitären Kreise einbezogen worden, in die sich niemand von sich aus begeben kann. Der wegen seiner roten Husarenuniform als „roter“ Prinz bezeichnete Hohenzoller Friedrich Karl, der im deutsch-französischen Krieg bei Vionville, Le Mans und Metz als Truppenführer geglänzt hat, zeichnet ihn besonders aus. Er darf neben dem General von Leßczynski, dem Prinzen Friedrich Wilhelm zu Hohenlohe-Ingelfingen und den späteren Feldmarschällen Graf von Haeseler und Freiherr von der Goltz und anderen „Auserwählten“ an des gern fröhlichen und trinkfreudigen Prinzen Tafelrunden teilnehmen, für die grundsätzlich gilt: „Hier kann alles gesagt werden.“ Als 1888 Kaiser Wilhelm I. stirbt, gehört der Major von Hindenburg zu den Offizieren, die an der Bahre des toten Monarchen Ehrenwache halten dürfen. Ein grauer Marmorblock, auf dem im Berliner Dom der Sarg des Kaisers gestanden hat, liegt später auf seinem Schreibtisch und erinnert ihn an diese Stunden.

Ein Jahr später, kurz nachdem sein einstiger Divisionskommandeur Verdy von Vernois Kriegsminister geworden ist, wird Hindenburg auf Veranlassung Vernois' zum Oberstleutnant befördert, gleichzeitig zum Leiter der Infanterie-Abteilung im Kriegsministerium ernannt und mit der Leitung einer Abteilung des Allgemeinen Kriegsdepartements betraut. Er entwickelt eine Feldpioniervorschrift und Richtlinien für den Einsatz der schweren Artillerie in Feldschlachten.

So engagiert und gewissenhaft er diese Tätigkeiten ausübt, so sehr empfindet er sie, wie er sich zwei Jahrzehnte später ausdrückt, als „bürokratisches Joch“, aus dem er 1893 erlöst wird. Er wird Kommandeur des Infanterieregiments 91 in Oldenburg.

„Der neue Kommandeur führte sich ... gleich damit ein“, berichtete der Politiker, Militärschriftsteller und General von Liebert, „daß er seinen Hauptleuten weiten Spielraum ließ bezüglich der Ausbildung, der Manneszucht, der Bekleidung usw., sich aber ‚den Geist‘ vorbehielt, d. h. die Ausbildung der Offiziere in niederer und höherer Taktik. Und dieses Lehramt übernahm er gründlich. Alles ward auf den Ernstfall, den Krieg, zugeschnitten, Friedensrücksichten gab es nicht. Bei jeder Aufgabe, die er stellte, wünschte er eine offensive Lösung, selbst bei unterlegenen Kräften. ‚Verteidigung ist weiblich, der Angriff männlich‘, pflegte er zu sagen. Und in der Offensive betonte er immer wieder den Geist der Umfassung in einer so rücksichtslosen Art, daß manche seiner Untergebenen stutzig wurden und seine Lösungen der gestellten Aufgaben als zu kühn erachteten ... Er besaß ein großes Maß von Ruhe und Gelassenheit, aus dem Gleichgewicht war er durch nichts zu bringen. Nie wurde er ausfallend, wenn er auch rückhaltlos seine Ansicht aussprach. Die Strenge seines Wesens zeigte sich weniger in seinen Worten als in seiner Haltung und seinen Augen, die dann eine eigentümliche Stahlschärfe annahmen. So fanden ihn wichtige Augenblicke, wo es sich um Entscheidungen handelte, immer im Gleichgewicht. Was er tat, war vorher in Gedanken ganz fertig. Nichts ward unschlüssig hin- und hergeschoben. Der Entschluß trug dann jenes Gepräge absoluter Treffsicherheit, das sich den Beteiligten schon im Gefühl mitteilte. Im Kameradenkreise weilte er gern und ausgiebig, er nahm an den Gesprächen mit Behagen teil. Er sprach selbst wenig, aber mit Nachdruck und immer kernig. Für gute Witze und treffende Bemerkungen hatte er ein behagliches Lachen. Er liebte, alle seine Getreuen um sich zu sehen, er sah nicht gern, wenn einer von den manchmal sich stark verlängernden Liebesmahlen vor ihm heimlich sich entfernte. Um so frischer aber mußte jedermann am folgenden Morgen im Dienst sein. Vom Scheitel bis zur Sohle Edelmann im besten Sinne des Wortes, hatte er ein warmes Herz für alle seine Untergebenen. Wen er einmal kennengelernt, den vergaß er nie. Wer in seinem Befehlskreis stand, wußte sich geborgen."

Er ist aus rein militärischer Sicht so etwas wie der ideale Kommandeur. Militärisch „geht er aufs Ganze“ und ist „ganz Soldat in geistiger Reinkultur“, wie Liebert ihn aus eigener Erfahrung darstellt. Daß er sich Einflüssen entzieht, die er für störend hält, auch wenn sie von gravierender Bedeutung für seine Entfaltung, Beachtung und Einordnung als Persönlichkeit sind, ist die Konsequenz einer seiner Wesenszüge, die ihm als Militär nicht schadeten. So haben beispielsweise der Hofdienst und die Politik, für nicht wenige Militärs erstrebenswertestes Ziel, niemals zu seinen Wunschkategorien gezählt. Disziplinen, die außerhalb des Militärischen und der beiden hier genannten „Territorien“ liegen, sind es bis 1911 noch weniger gewesen.

Wie befremdlich auf ihn zum Beispiel selbst manche technischen Erzeugnisse wirkten, zeigte sich nicht selten. So lehnte er noch als Reichspräsident ab, seinem Staatssekretär Meissner telefonisch Anweisungen zu erteilen. Lieber schickte er ihm, der in unmittelbarer Nachbarschaft tätig war, durch Boten handschriftliche Notizen. Auch die von Hughes entwickelten Mikrophone, die bereits im Gebrauch waren, als er in Stettin seinen Dienst versah, sind für ihn niemals erstrebenswerte Hilfsmittel gewesen.

Die zu der Zeit geführten Diskussionen über Dostojewskis „Dämonen“ und „Brüder Karamasow“, Emile Zolas „Rougon-Marquart“ und „Paradies der Damen“, Gustav Freytags „Ahnen“, Tolstois „Anna Karenina“, Felix Dahns „Kampf um Rom“, Ibsens „Stützen der Gesellschaft“, „Nora“ und „Gespenster“, Nietzsches „Morgenröte“, Oscar Wildes „Bildnis des Dorian Gray“, Hauptmanns „Biberpelz“, Fontanes „Effi Briest“, Heinrich Manns „Schlaraffenland“ und „Professor Unrat“, Thomas Manns „Buddenbrooks“, Shaws „Cäsar und Cleopatra“ und Sigmund Freuds „Psychopathologie des Alltagslebens“ berühren ihn nicht merklich. Nicht einmal für seine stille und heimliche Liebe, die bildende Kunst, scheint er sich Zeit zu nehmen. Feuerbach, Menzel, Leibl und Rodin, die in Deutschland in jenen Tagen in vieler Munde sind, rangieren weit nach der Fachliteratur.

1896 wird Hindenburg Chef des Generalstabes des VIII. Armeekorps in Koblenz. Den Wechsel in die damit verbundene neue außermilitärische Umgebung kommentiert er differenziert: „Der heitere Sinn und das freundliche Entgegenkommen des Rheinländers berührten mich durchaus angenehm; an das leichte Hinweggleiten über ernstere Lebensfragen und eine im Verhältnis zu den Norddeutschen weichere Art des Empfindens mußte ich mich dagegen offen gestanden erst gewöhnen.“

Militärisch verläuft jedoch alles für ihn so fugenlos weiter wie bisher. 1897 findet das Kaisermanöver in Anwesenheit von Wilhelm II. in Hindenburgs Korps statt. Wieder ist Hindenburg einer der Mittelpunkte. „Seine Majestät der Kaiser und König“, so resümiert er später knapp, „war mit den Leistungen in Parade und Felddienst zufrieden.“

Als am Deutschen Eck bei Koblenz das Denkmal des 1888 im Alter von 90 Jahren verstorbenen Kaisers Wilhelm I. feierlich enthüllt wird, ist der imposante 50jährige Generalmajor von Hindenburg die charismatische Gestalt, in der jüngere Kameraden so etwas wie einen „Nachlaßverwalter“ von Wilhelm I. erblicken.

Hindenburg bezieht inzwischen einen Jahressold von rund

Generalmajor von Hindenburg als Chef des VII. Armeekorps in Koblenz (1896)

9000 Mark, was dem Einkommen eines akademisch gebildeten Beamten und Exponenten des höheren Mittelstandes entspricht. Mit ihren zwei Kindern, der 1880 in Stettin geborenen Irmgard Pauline Luise Gertrud und dem drei Jahre jüngeren Oskar Wilhelm Robert Paul Ludwig Hellmuth, der in Königsberg zur Welt gekommen ist, können sich die Hindenburgs zwar auch jetzt noch keinen Luxus leisten; aber sie sind durchaus in der Lage, sich mit ihren monatlichen Einnahmen gelegentlich mehr als der finanziell mit ihnen gleichgestellte Staatsbeamte zu gönnen. Der militärische Apparat eröffnet ihnen Möglichkeiten, die der beamtete Staatsdiener nicht für sich in Anspruch zu nehmen vermag. Während der Beamte beispielsweise jährlich 120 Mark für ein Hausmädchen vom Lande aufwenden muß, kann der Kommandeur geeignete Soldaten für entsprechende Dienste abstellen lassen, ohne sie dafür bezahlen zu müssen. Arztkosten und Ausgaben für Arzneien, die in entsprechend situierten Haushalten um 1890 durchschnittlich 180 Mark im Jahr betragen, entfallen ebenfalls, weil gegebenenfalls der Militärarzt honorarfrei zur Verfügung steht. Gleiches gilt für Handwerkerlöhne und, wenn nötig, auch für Hand- und Spanndienste.

Bereits die daraus resultierenden Ersparnisse reichen aus, beispielsweise die jährlichen Schulkosten von rund 500 Mark für die beiden Kinder zu bestreiten. Angesichts der Jahreslöhne von – zu der Zeit – durchschnittlich 1700 Mark für gute Facharbeiter und bestimmte Handwerker wird deutlich, in welchen Größenordnungen die Familie von Hindenburg denken konnte, die stets auch in ihrem beliebtesten Urlaubsdomizil, Gut Neudeck in Ostpreußen, noch eine „Reservekammer“ fand.

Das Ehepaar von Hindenburg, das in Oldenburg rege mit den dort ebenfalls ansässigen Familien der Kommandeure der Artillerie und der Kavallerie verkehrt und den von ihr besonders gewürdigten Vorzug genießt, gelegentlich auch Gast des Erbgroßherzogs, der königlichen Familie, des Großherzogs und der Großherzogin sein zu können, benötigt zwar zusätzliche Beträge für ebendiesen gesellschaftlichen Verkehr, doch es braucht weder Kredite aufzunehmen noch auf die Annehmlichkeiten zu verzichten, die dem Lebensstandard des höheren Offiziers sein besonderes Gepräge geben.

„Infolge meiner fast vier Jahre langen Verwendung als Generalstabschef eines Armeekorps war ich im Dienstalter so weit vorgerückt", schreibt Hindenburg, „daß meine Ernennung zum Kommandeur einer Infanteriebrigade nicht mehr in Frage kam. Ich wurde daher nach dieser Zeit im Jahre 1900 zum Kommandeur der 28. Division in Karlsruhe ernannt."

Dienstlich hat er bereits mit dem Erzherzog, seinem nunmehrigen Kommandierenden, zu tun gehabt. Als er in Karlsruhe eintrifft, weiß er, was ihm – auch für seine Frau – besonders wichtig erscheint, daß der badische Großherzog, ein Schwiegersohn des Kaisers, ihm ebenso ein „gnädiges Wohlwollen" entgegenbringen werde wie die Großherzogin. Erstmals unterstehen ihm, der nun als Divisionskommandeur offiziell mit „Exzellenz" anzureden ist, gleichzeitig alle drei große Waffengattungen, die Infanterie, die Artillerie und die Kavallerie.

Während seiner Dienstzeit in Karlsruhe stirbt im April 1902 auf Gut Neudeck sein 86jähriger Vater, der in Anwesenheit seines Sohnes, des Generalleutnants Paul von Hindenburg, nicht in Offiziersuniform, sondern im schwarzen Mantel mit dem weißen Kreuz der Johanniterritter beigesetzt wird. Neun Monate danach endet die Dienstzeit in Karlsruhe. Eine neuerliche Beförderung und die Übernahme eines höheren Kommandos stehen bevor.

Im Januar 1903, 40 Jahre nach dem Abschied seines zuletzt noch zum Major beförderten Vaters aus dem aktiven Dienst, wird Hindenburg Kommandierender General des IV. Armeekorps in Magdeburg, das zur Armee-Inspektion des bayerischen Prinzen Leopold gehört. Korps-Kameraden in führenden Positionen sind die Generalleutnante von Ardenne und Max von Prittwitz und Gaffron, ein Vetter der Frau Hindenburgs.

Auch in Magdeburg ist Hindenburg – noch im selben Jahre – wieder der „Ausrichter" des herbstlichen Kaisermanövers, das mit einer Parade auf dem Schlachtfeld von Roßbach beginnt. Ihm, der unerwartet den aus Merseburg eintreffenden Kaiser mit einer Ansprache empfangen muß, was ihm nicht nur nach Ansicht des glänzenden Redners Wilhelm II. ausgezeichnet gelingt[3], wird an Ort und Stelle „Allerhöchste Anerkennung" aus dem Munde des Kaisers zuteil, der ihn erstmals auch der Kaiserin vorstellen läßt. Obwohl während des Manövers durch Verschulden der Führung der 7. Division nicht alles so verlaufen ist, wie

Als Kommandierender General des IV. Armeekorps (1903)

Hindenburg es gewollt hat, ist er souveräner Herr der Lage geblieben. Und er ist es auch danach während der gefürchteten „Manöverkritik". Als ein Hauptmann von seinen Vorgesetzten so drastisch abgekanzelt wird, daß er seine Entlassung befürchten muß, nimmt Hindenburg sich seiner geradezu väterlich an. „Nun, Herr Hauptmann", sagt er, streckt dem gemaßregelten Offizier die Hand entgegen und fordert ihn auf: „Reichen Sie mir zuerst mal Ihre Hand!" Die nächste Zukunft des Hauptmanns ist wieder gesichert.

Welches Gewicht Hindenburg zu der Zeit bereits genießt, bezeugt die Tatsache, daß sich ihm selbst Prinz Leopold von Bayern

[3] Zeugen wie der General von François berichteten später, daß Hindenburg „in Form und Inhalt vollendet" gesprochen habe. Hindenburg, der die Ansprache eigentlich für die Festtafel vorbereitet hatte, gestand unbefangen: „Das mit der Ansprache kam unerwartet, nun bin ich meine Rede los, die ich bei der Festtafel halten wollte. Schadet nichts, dann muß ich mir etwas anderes ausdenken." Er hat es mit gleichem Erfolg getan.

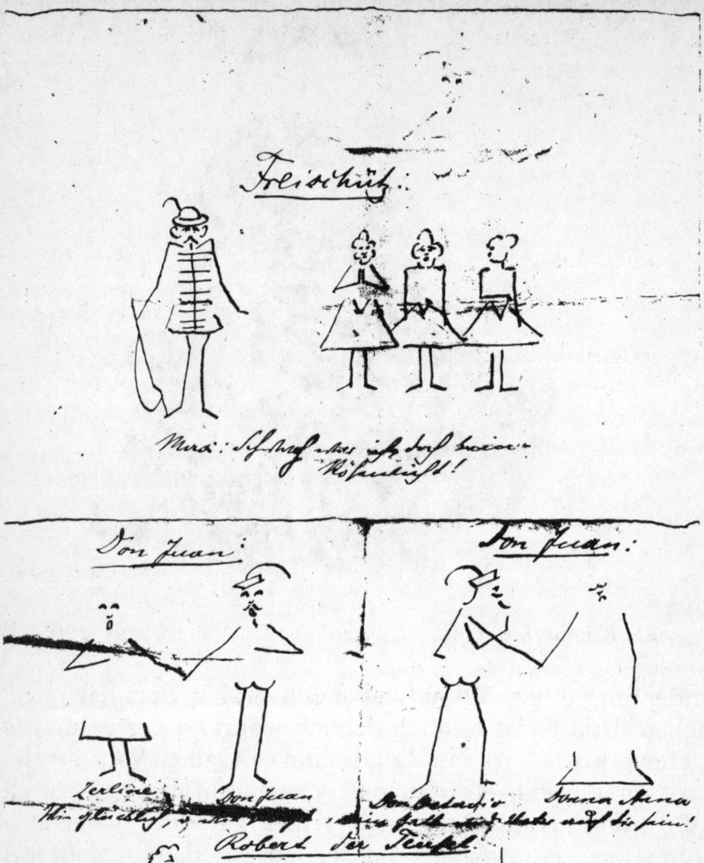

Skizzen zu Opernaufführungen von Carl Maria von Weber („Der Freischütz") und Richard Strauss („Don Juan") von Hindenburg, der gelegentlich in meisterhafter Manier auch vollständige Bühnenbilder entwarf.

freiwillig unterstellt, obwohl dies „dienstaltersmäßig“ umgekehrt der Fall hätte sein müssen. Persönliche Kontakte zu den Höfen von Braunschweig, Dessau und Altenburg, Hofjagden in Letzlingen, Mosigkau bei Dessau, Blankenburg im Harz und im Altenburgischen, Pirschfahrten auf Gütern von Nachbarn und befreundeten Familien spielen jetzt eine weitaus größere Rolle als jemals zuvor.

Der Kommandierende General, der sich in Magdeburg bald mit dem Gedanken des Abschieds vom aktiven Dienst zu tragen beginnt, verdrängt die gelegentlich zu hörenden Bemerkungen über eine Zweitklassigkeit des Standortes, dem er Seiten abgewinnt, die bis dahin nicht gerade seinen Lebensinhalt bestimmten. Theater, Konzerte und Museen erscheinen als Zentren für außerdienstliche Geselligkeiten und werden besonders hervorgehoben. Da „Krieg... nicht in Aussicht“ stand, wie er sich ausdrückte, sah er es mit zunehmender Dauer seines Aufenthaltes in Magdeburg als seine „Pflicht“ an, „jüngeren Kräften den Weg nach vorwärts freizumachen“.

1911 bittet der 64jährige General um seinen Abschied, der ihm gewährt wird. In Hannover, wohin er 1866 versetzt worden war, gedenkt er in der Nähe des Eilenriede-Parks in der Wedekindstraße 15 seinen Ruhestand zu genießen. Seinetwegen könne ja schließlich kein Krieg ausbrechen, antwortet er seinem Arzt, der ihm zur Aufrechterhaltung seiner Gesundheit eine regelmäßige Beschäftigung empfiehlt. Er fährt mit seiner Frau erst einmal nach Italien, um endlich einmal an Ort und Stelle Baudenkmäler zu studieren, die er aus der Literatur kennt.

Doch der Ruhestand befriedigt ihn bald nicht mehr so, wie er, der ja auf eigenen Wunsch in Pension gegangen ist, es erhofft hat. „Die Ruhe meines Lebensabends, den ich in meiner einstigen Garnisonstadt Hannover beschließen wollte“, erinnerte er sich später, „gab mir seit dem Jahre 1911 die Möglichkeit, mich den politischen Vorgängen in der Welt mit Muße zu widmen. Die Beobachtungen, die ich dabei machte, waren freilich nicht imstande, mich mit Befriedigung zu erfüllen.“

Im Vorfeld des Ersten Weltkrieges

Mit der Entlassung Bismarcks hatte auch die von 1875 bis 1890 von ihm praktizierte defensive Außenpolitik des Reiches ihr Ende gefunden. Die schnell weiterentwickelte Militärtechnik und die von Kaiser Wilhelm II. initiierte Politik der angestrebten Bündnisgruppierungen für den Fall eines Krieges hatten die im Reich maßgeblichen militärischen Führungsinstanzen wieder an den 1862 von Bismarck beschrittenen Weg anknüpfen lassen. Die staatsstreichlerisch orientierten Militärs und liberalen Imperialisten wie beispielsweise Max Weber, Friedrich Naumann und Gustav Stresemann[1], die das konstitutionelle System als anachronistisch ansahen und durch eine Entfaltung aller gesellschaftlichen Kräfte im Inneren eine Ausdehnung des Reiches hatten bewirken wollen, kamen nicht zum Zuge.

Das Ergebnis der Tirpitzschen Flottenpolitik hatte wieder zu der traditionellen, von den Reichskanzlern, dem Auswärtigen Amt und dem Generalstab bestimmten Zielsetzung zurückgeführt, die eine etablierte deutsch-österreichische Großmachtstellung in Kontinentaleuropa anstrebte. Der vor allem von Waldersee zur Verhinderung der als „Schicksal" empfundenen Einkreisung propagierte Präventivkriegsgedanke des Generalstabs bestimmte die Politik der deutschen Staatsführung.

[1] Stresemann, der Reichskanzler von 1923 und Außenminister von August 1923 bis Juni 1928, forderte beispielsweise im Februar 1913 „ein abgeschlossenes Wirtschaftsgebiet", das die *Deutsche Arbeitgeberzeitung* zur selben Zeit visionär als „großes Stück Erde im unmittelbaren europäischen Machtbereich ... nicht Wertlosigkeiten wie Südmarokko oder Elsaß-Lothringen", sah.

Da ein Ausgleich mit Rußland auch über eine Neuaufteilung Südosteuropas – infolge der deutschen wirtschaftlichen Expansion im Orient – nicht mehr möglich war, verwarf sie die Sicherungspolitik Bismarcks aus der Zeit von 1875 bis 1890. Wirtschaftspolitische Gesichtspunkte artikulierten ihre Außenpolitik (bis 1912) nur indirekt. Daß sich dies mit dem Beginn des Krieges im Sinne der vor allem von General Erich Ludendorff repräsentierten Rechtsopposition ändern mußte, die eine expansive Hegemonialmachtpolitik in jeder Hinsicht forderte, war eine logische Konsequenz.

Während der Reichskanzler Bethmann Hollweg eine deutsch-österreichisch-ungarische Großmachtstellung im Sinne einer vollen außenpolitischen Handlungsfreiheit und die Wahrung einer militärischen Überlegenheit im europäischen Mächtesystem anstrebte[2], plädierte die von der Strategie und Großdeutschlandvorstellung der Vertreter des sogenannten Neuen Kurses gravierend abweichende Rechtsopposition für den Gewinn eines abgeschlossenen, wehrwirtschaftlich möglichst autarken und blockadesicheren Territoriums von kontinentaler Größenordnung – mit westlichen Teilen Rußlands als wirtschaftlichem und strategischem Hinterland.

Nicht die geographische Lage Deutschlands war es schließlich, die die Flügelmächte England und Frankreich und schließlich auch Rußland bewog, ihre Divergenzen zu begraben und sich trotz aller traditionellen Gegensätze einander zu nähern, sondern die Fehler der deutschen Außenpolitik nach Bismarck, die unterlassene Erneuerung des Rückversicherungsvertrages, die Entscheidung für den aufwendigen Flottenbau und die Brüskierung Englands (seit 1905) auch durch den auf eine Niederwerfung Frankreichs zielenden Schlieffen-Plan[3] und die zwielichtig doppelbödige Politik gegenüber Rußland und Japan. Vor allem

[2] Die Theoretiker und Ideologen hinkten der Realität vielfach weit hinterher. So entwickelte beispielsweise Bethmann Hollweg trotz der für Deutschland ungünstigen Kriegslage sechs Wochen nach Beginn des Krieges – die Marne-Schlacht ging gerade verloren – sein sogenanntes September-Programm, das von einem bevorstehenden Friedensschluß mit Frankreich ausging und sowohl eine militärische und wirtschaftliche Verkleinerung Frankreichs als auch einen „Handelsvertrag“ mit Frankreich forderte, das so geschwächt werden sollte, daß es sich einer Zoll-Union unter deutscher Führung anschließen müßte.

Wilhelm II., Friedrich von Holstein und Tirpitz waren es, die verspielten, was Bismarck trotz aller Bedrohungen im Herzen Europas garantiert hatte: die Sicherheit des Reiches.

Alle aus England bis zur Mitte des ersten Jahrzehnts immer wieder an die Reichsführung herangetragenen Bündnisangebote wurden von Berlin aus, wo ein intensives Engagement für die Rüstungspolitik dominierte, mit Ausflüchten, Vertröstungen und Ablehnungen abgewiesen. Die Vorstellung, daß Deutschland ohne Verschulden der eigenen Staatsführung zwangsläufig eingekreist würde, weshalb strategische Pläne für eine militärische Befreiung aus der „Umklammerung" notwendig seien und das Reich freie Hand behalten müßte, sich weder mit Rußland noch mit Frankreich oder England verbünden dürfte, verstellte nicht nur den Blick und die Bereitschaft zu einem vernünftigen außenpolitischen Arrangement, sondern initiierte als Folge zugleich auch die Haltung der ausländischen Mächte gegenüber dem Reich.

Die Hoffnungen des Reichskanzlers Theobald von Bethmann Hollweg seit 1909, durch eine Beschränkung des deutschen Flottenbaus und durch die Einstufung der strategischen Kriegspläne als überholte Angelegenheiten des Generalstabes wenigstens die englische Neutralität garantiert zu bekommen, scheiterten am Ehrgeiz von Wilhelm II., an den Intentionen des sehr einflußreichen Flottenbauers Tirpitz[4] und am Selbstverständnis des Generalstabes. Waldersees Präventivkriegskonzept und den Schlieffen-Plan auf dem Tisch, ignorierten und unterschätzten sie die potentielle Schwäche des Reiches.

Daß England seinen Partner Frankreich auf dem Kontinent nicht zugrunde gehen lassen und – nach dem raschen Bekanntwerden des Schlieffen-Planes in England – eventuell gar auf den

[3] Ende 1905 hatte der Generalstabschef Alfred Graf von Schlieffen seinen berühmt gewordenen „Schlieffen-Plan" präsentiert, der von einem Zweifrontenkrieg gegen das eingekreiste und vereinsamte Reich ausging und – sowohl unter Verletzung der belgischen Neutralität als auch ohne Frist zwischen der Mobilmachung und dem Kampfbeginn – eine so rasche Niederwerfung Frankreichs vorsah, daß weder England noch Frankreich Zeit finden sollten, rechtzeitig militärisch einzugreifen.

[4] Stärke der Kriegsflotten der Seemächte im Jahre 1913: England 2 029 000 t, Deutschland 950 000 t, USA 940 000 t, Frankreich 646 000 t, Japan 498 000 t, Rußland 331 000 t, Italien 254 000 t, Österreich-Ungarn 198 000 t.

deutschen „Marsch“ durch Belgien warten würde, um Frankreich retten zu können, wurde in Berlin nicht in die außenpolitischen Pläne einkalkuliert.

Während in der Innenpolitik versucht wurde, wenigstens einen Status quo zu erhalten, stand die Außenpolitik wie unter einem undeutlichen und eigentlich konzeptionslosen hypnotischen Zwang. Von der „Einkreisung“ des Reiches war die Rede, vom Schlieffen-Plan, von der Notwendigkeit einer großen Schlachtflotte und vom Krieg, der sicher kommen und Deutschland zugleich von zwei Fronten aus bedrohen würde; aber zielbewußt angesteuert hat die Reichsregierung den Krieg nicht, auch wenn manches dafür zu sprechen scheint. Sie sah ihn als Ultima ratio in ihren Planungen und Überlegungen an und war überzeugt, daß er über kurz oder lang – und wahrscheinlich über die sich seit 1912 ständig verschärfende Krise auf dem Balkan – kommen würde, was letztlich als buntes Vehikel wirkte.

Die „nationalen Verbände“ argumentierten anders als die liberalen Imperialisten, die Vertreter der Schwerindustrie anders als die Generalität. Die Schutzzöllner wiederum nannten andere Erwartungen, Wünsche, Hoffnungen und Ängste als die Großagrarier oder die Geschäftsleute. Und der Kaiser, so laut und widersprüchlich seine Impulse auch immer schienen, hat sich seit 1909 – auf die ihm eigene Art redlich – bemüht, den Krieg zu verhindern.

Die gleichzeitige Nationalisierung und Pluralisierung der Gesellschaft und ihrer Geltungsbedürfnisse offenbarten sich weder in einem einheitlichen politischen System noch in einer homogenen politischen Strategie. Die politischen Parteien, die seit 1912 eine Reichstagsmehrheit noch weniger als zuvor zustande brachten[5], waren der spürbaren Auflösung des Parteienspektrums unterworfen, über die auch die große Zunahme der sozialdemokratischen Mandate nicht hinwegzutäuschen vermochte.

Einen einheitlichen Willen zum Krieg, in dem schon die Mächtegruppierungen eine Niederlage des Reiches voraussetzen muß-

[5] Aus den Reichstagswahlen vom 12. Januar 1912 gingen die Parteien mit folgenden Abgeordnetenzahlen hervor: Konservative 43, Freikonservative 14, Nationalliberale 45, Dänen, Polen, Elsaß-Lothringer 28, Zentrum 91, Fortschrittliche Volkspartei 42, Sozialdemokraten 110, Sonstige 24.

ten, den hat es in Deutschland vor 1914 nicht gegeben[6]. Daß der militante Nationalismus zu der Zeit in Deutschland – vom extremen Alldeutschtum abgesehen – gefährlicher als in Rußland, England oder Frankreich gewesen sei, militanter, aggressiver, gnadenloser, hysterischer, engstirniger und bornierter, widerlegen die historischen Tatsachen. In allen europäischen Staaten glaubten die Menschen, daß die nächste Krise in militärischen Auseinandersetzungen enden würde.

Was den deutschen Nationalismus von den überall grassierenden Zeiterscheinungen unterschied, war seine gegenteilige Wirkung auf die Gesellschaft. Während er in England, Rußland und Frankreich den Zusammenhalt der Nationen förderte, den Antagonismus der Klassen aufhob und die Einheit von Regierten und Regierenden verstärkte, vertiefte er im Reich die Spaltungen und trug – zunächst wenigstens – zur Desintegration des Nationalen bei. Zwischen 1911 und 1914 verstärkten sich alle Widersprüche, wurden diverse eigenwillige Zielsetzungen verfolgt[7] und selbst auf den oberen Etagen der Reichsführung, vom Kaiser, vom Generalstab, vom Auswärtigen Amt, vom Kolonialamt, vom Reichsmarineamt, von den Generalen, von den Admiralen, den Ministern und Diplomaten und von nahezu jeder Regierungsstelle, unterschiedliche Konzepte und Ergebnisse angestrebt.

Die Mächte-Koalitionen lagen offen: Auf der einen Seite standen Deutschland, Österreich-Ungarn und Italien, auf der anderen die Flügelmächte Frankreich und Rußland – und bald auch England, das sich mit Frankreich und Japan und nach dem japanisch-russischen Krieg auch mit Rußland verbündete. Mit dem Verzicht auf die Verlängerung des Rückversicherungsvertrages und der formalen Distanzierung von Rußland, dem aggressiven Flottenbau im Reich, den strategischen Vorbereitungen seines

[6] So standen nach der Neutralitätserklärung Italiens 129 deutschen und österreich-ungarischen Divisionen 196½ russische, französische und englische Feld- und Reservedivisionen gegenüber: 3 161 000 gegen 5 425 000 Mann. Zu Wasser betrug die Überlegenheit der Triple-Entente Frankreich-England-Rußland etwa 2 : 1. Schließlich kämpften im Ersten Weltkrieg insgesamt 30 alliierte und assoziierte Mächte gegen die Mittelmächte Deutschland, Bulgarien, Österreich-Ungarn und Türkei.

[7] Noch sechs Wochen nach Kriegsbeginn erklärte beispielsweise der Zentrums-Politiker Matthias Erzberger: „Eine Verständigung mit England würde im deutschen Volk als eine grausame Enttäuschung aufgefaßt werden."

„Krieg stand nicht in Aussicht“

Als der Kommandierende General Paul von Beneckendorff und von Hindenburg im März 1911 auf eigenen Wunsch aus dem aktiven Dienst ausschied, jedoch „im Innern immer Soldat“ blieb und noch zur Zeit seiner erstmaligen Wahl zum Reichspräsidenten im Frühjahr 1925 die „heutigen Berufspolitiker“ geringschätzte, stand nach seiner Auffassung „Krieg ... nicht in Aussicht“.

Der Kaiser, Generale und Admirale, Politiker und einflußreiche Unternehmer, Historiker sowie namhafte Publizisten und Zeitungen suggerierten andere Versionen.

Der Wirtschaftswissenschaftler und Soziologe Max Weber hatte bereits 1895, ein Jahr bevor Hindenburg zum Generalmajor befördert wurde, in seiner Antrittsvorlesung betont, daß die Reichsgründung nicht der Abschluß, sondern der Ausgangspunkt einer deutschen Weltmachtpolitik sein müßte. Hans Delbrück, der Historiker und Herausgeber der Preußischen Jahrbücher, wollte „den gebührenden Anteil an jener Weltherrschaft ... die das Wesen der Menschheit und ihre höhere Bestimmung den Kulturvölkern zuweist“. Walther Rathenau, der 1922 ermordete Reichsaußenminister, forderte ein zollpolitisch geeintes Europa unter deutscher Vorherrschaft.

Wilhelm II., der den deutschen General Liman von Sanders als Befehlshaber eines türkischen Korps an den Dardanellen „unterbrachte“, erklärte 1913: „Entweder flattert die deutsche Fahne bald auf den Festungen des Bosporus oder mich trifft dasselbe Schicksal des großen Verbannten auf der Insel St. Helena“ – und: „Ich nehme Mesopotamien, Alexandrette, Mersina! Die einsichtigen Türken erwarten dies ‚Schicksal‘ bereits in Geduld.“ Die Deutsche Bank dirigierte ein Unternehmen, das die Anatolische Eisenbahn über 3200 Kilometer von Konya nach Bagdad fortführen sollte.

Der Publizist Hans Plehn schrieb 1913, zwei Jahre nach der für

das Reich unbefriedigend verlaufenen Marokko-Krise, „daß wir uns nur durch einen großen europäischen Krieg die Freiheit zu unserer weltpolitischen Betätigung erkämpfen könnten". Die *Post*, das offizielle Parteiorgan der Freikonservativen, suggerierte im Februar 1914: „Der Vorwand" für einen Krieg „ist gleichgültig ... unsere ganze Zukunft" steht „auf dem Spiele". Die *Berliner Neuesten Nachrichten,* das Sprachrohr der Schwerindustrie, die *Allgemeine Evangelisch-Lutherische Kirchenzeitung,* die *Hamburger Nachrichten* und die *Germania,* die führende Zeitung des deutschen Katholizismus, redeten einem notwendigen Krieg in Europa das Wort.
Helmuth von Moltke, der Schlieffen-Nachfolger als Chef des Generalstabes der Armee, der schon 1910 bereit gewesen war, mit einem englischen Expeditionskorps „abzurechnen" und 1911, „das Schwert zu ziehen", trat für einen Präventivkrieg ein, wofür sich auch sein Stellvertreter Graf von Waldersee aussprach.
Der Reichskanzler Theobald von Bethmann Hollweg, der eine Annäherung an England suchte und eine Distanzierung von Österreich-Ungarn empfahl, hatte sich – nach einem Wort des Admirals von Müller – schon 1912 „an den Gedanken eines Krieges gewöhnt". Moltkes Rat vom 21. Dezember 1912, den Casus belli so zu formulieren, „daß die Nation einmütig und begeistert zu den Waffen greift", resultierte nicht aus Überlegungen ebendieses Tages.
Ob der Kaiser, der Generalstab und der (schließlich auf Betreiben des Generalstabes entlassene) Kanzler aus Sorge um die Erhaltung des Status quo, aus Sorge um die Existenz des Bündnispartners Österreich-Ungarn oder zur Befriedung imperialer Machtgelüste in einen Krieg zu ziehen bereit waren, ist aus dieser Perspektive nicht erheblich. Maßgeblich bleibt – hier – die Feststellung Hindenburgs, der von all denen umgeben war, die über einen Krieg nicht nur nachdachten, daß 1911 „Krieg nicht in Aussicht" stand.

Generalstabes, der Zurückhaltung gegenüber England und dem deutschen Engagement im Nahen Osten folgten die russisch-französische Annäherung und die offenen Gegensätze zwischen Deutschland und England, das – wie schließlich auch mit Rußland – mit Frankreich paktierte. Die britische Diplomatie neutralisierte nicht nur die als unüberwindbar geltenden Gegensätze, sondern unterstützte darüber hinaus die Schwächung Rußlands und die krasse Reduzierung seiner Flotte und brachte danach auch noch ein englisch-russisches Bündnis zustande.

Der sich synchron entwickelnde Gegensatz zwischen Rußland einerseits und Deutschland, Österreich-Ungarn und Italien andererseits war nicht mehr zu übersehen, ein zu befürchtender deutsch-englischer Zusammenprall auf dem Balkan, wo Deutschlands Vertragspartner Österreich-Ungarn danach strebte, Serbien und Montenegro zu annektieren, ebenfalls nicht. Eine Auseinandersetzung der Mittelmächte mit Rußland schoben die englisch-deutschen Spannungen hinaus.

Als wichtigster Brennpunkt der Gegensätze erwies sich der Ferne Osten, wo Deutschland sieben Jahre nach Bismarcks Entlassung den chinesischen Hafen Kiautschou in Besitz genommen, England 1898 Wei-hai-wei besetzt und Japan 1895 Formosa und die Pesadores annektiert hatten. Während die deutsche Führung sich bemühte, die russischen Aggressionsgelüste nach dort abzulenken, Rußlands Kräfte im Fernen Osten zu binden und dessen Bündnispartner Frankreich zu isolieren, ermunterten und unterstützten die USA und England Japan, das sich im Rücken Rußlands befand und die Mandschurei und Korea gegenüber dem Zarenreich behauptete.

Nahezu alle Mächte rüsteten massiv und gezielt. Neue Schnellfeuerwaffen, verbesserte Infanteriegewehre und Feldgeschütze wurden produziert, neue Großkampfschiffe auf Stapel gelegt. Die auf Initiative des Zaren einberufene Haager Friedenskonferenz von 1899, die allerdings keine tatsächlich nennenswerten Ergebnisse hinsichtlich einer Kriegsverhinderung zeitigte, war ein Ausdruck der angespannten Situation.

Zünglein an der Waage, unabhängiger Dritter in jedem Fall und damit in der Lage, sich unter dem Motto der Bündnisfreiheit stets zweifach „verkaufen“ zu können, wie des Kaisers Ratgeber es sich ausgemalt hatten, konnte Deutschland nicht mehr sein.

Die Flügelmächte waren Verbündete. Daß Frankreich im Falle eines Krieges gegen Deutschland nicht von England unterstützt werden würde, war ebenfalls eine Illusion.

Der Deutschen Sorge, seit dem ersten Jahrzehnt des Jahrhunderts „eingekreist" zu sein, war infolge deutscher Versäumnisse bereits eineinhalb Jahrzehnte nach Bismarcks Entlassung tatsächlich zur Realität gediehen. Die deutsche Führung registrierte nicht, daß in Europa immer der mächtigste Staat Englands Verbündeter gewesen war: erst Spanien, dann Frankreich, schließlich Deutschland und zuletzt auch Rußland[8]. Die von 1900 bis 1909 ehrgeizig betriebene „Weltpolitik" hatte das Reich isoliert, die dann folgenden Versuche, bestehende Bündnisse zu unterlaufen oder zu sprengen, oft nicht einmal ausweitbare Prestigeerfolge eingebracht. Anfang 1911, als der Kommandierende General von Hindenburg seinen Abschied nahm und meinte, daß „Krieg nicht in Aussicht" stünde, mußte die Reichsregierung eingestehen, daß ihre 1909 begonnenen diplomatischen Bemühungen, entweder England, Frankreich oder Rußland aus dem Kreis der potentiellen Gegner des Reiches herausbrechen zu können, erfolglos geblieben waren.

Der von den europäischen Staaten weder gewollte noch für einen bestimmten Zeitpunkt geplante Krieg war nach der Ermordung des österreichischen Thronfolgerpaares in Sarajewo am 28. Juni 1914 nicht abzuwenden. Die starren Mächtekoalitionen und Bündnissysteme und deren eingefahrene Politik „bürgten" dafür, daß spontane gravierende Richtungsänderungen unmöglich waren und die eigentlichen Ursachen für diesen Krieg womöglich schlagartig der Vergangenheit angehören konnten[9].

[8] Die im 19. Jahrhundert demonstrierte traditionelle Feindschaft zwischen England und Rußland und das englische Mißtrauen gegenüber Frankreich waren Grundlagen, die eine überlegene deutsche Außenpolitik hätte nutzen müssen, wie die Engländer es für sich immer getan haben. Die Perspektiven waren in London und in Berlin grundverschieden. Während die britische Regierung beispielsweise 1905 den Boden für ein Bündnis mit Rußland zur Stärkung der eigenen Position reifen sah, als in Petersburg und Moskau Streiks ausbrachen, in Polen, im Baltikum, in Riga und in Reval die Polizei Aufstände niederwarf und Zusammenstöße zwischen Polizeieinheiten und der Bevölkerung in Saratow und in Kiew, in Brjansk, Charkow, Tiflis und Barum das Zarenreich erschütterten, suchte die deutsche Regierung nach einer Chance, die Krise in Rußland nutzen und mit freiem Rücken im Osten Rußlands Bündnispartner Frankreich außer Gefecht setzen zu können.

Frankreich wollte Elsaß-Lothringen zurückgewinnen und sich für die Niederlage von 1871 revanchieren. Rußland suchte Wege zu den Meerengen, England nach Möglichkeiten, die unter Wilhelm II. zum internationalen Problem stilisierte Flottenrivalität und die deutsch-englische Konkurrenz im Welthandel und in der Seegeltung abzufangen. Serbien träumte von einem Großserbien, das die südslawischen Teile Österreichs mit Bosnien und der Herzegowina umschließen sollte. Aufpeitschende nationalistische Propaganda und spezifische nationale Bewegungen hatten die kleinen ostmitteleuropäischen Völker dazu gebracht, den übernationalen monarchischen Reichen Probleme zu bereiten. Die Zielsetzungen der von Rußland geführten slawischen, panslawistisch orientierten und auf die Zertrümmerung Österreich-Ungarns ausgerichteten Nationalismen standen innerhalb dieses Kriterienkatalogs nicht unbedingt an letzter Stelle.

Auf den Ablauf der ungezählt oft nachvollzogenen und interpretierten Ereignisse kann an dieser Stelle verzichtet werden. Diese Daten und Fakten genügen: Österreich-Ungarn erklärte Serbien am 26. Juli den Krieg. Die deutsche Reichsregierung forderte Rußland, das seit dem 29. Juli mobil machte, am 31. Juli ultimativ zur Einstellung der gegen Österreich-Ungarn gerichteten Kriegsmaßnahmen auf, erklärte Rußland – nach einem ebenfalls nutzlosen Ultimatum an Frankreich – den Krieg[10] und befahl am 1. August die Mobilmachung[11], der am 3. August die Kriegserklärung an Frankreich folgte. Am 4. August trat England – als Folge der von deutscher Seite verletzten belgischen Neutralität – in den Krieg ein.

[9] Die These Karl Dietrich Erdmanns, daß im Juli 1914 alle beteiligten Großmächte in der Lage gewesen wären, den europäischen Krieg zu verhindern, weil ihn (nach Erdmanns Auffassung) nur die deutsche Regierung gewollt habe, ist angesichts der seinerzeitigen Situation nur gewaltsam nachvollziehbar. Weitaus zutreffender ist (trotz Fritz Fischers „Krieg der Illusionen – Die deutsche Politik von 1911 bis 1914“ von 1969) Lloyd Georges Feststellung von 1920: „Keiner der führenden Männer dieser Zeit hat den Krieg tatsächlich gewollt. Sie glitten gewissermaßen hinein, oder besser, sie taumelten oder stolperten hinein, vielleicht aus Torheit.“

[10] Die österreichisch-ungarische Kriegserklärung an Rußland folgte am 6. August. Am 11. und 12. August erklärten Frankreich und England Österreich-Ungarn den Krieg.

[11] Frankreich hatte bereits die Mobilmachung ausgelöst. Erster deutscher Mobilmachungstag war der 2. August 1914.

Ruhmespforte Tannenberg

Die deutsche Führung befindet sich in einer schwierigen Lage. Das Reich, das theoretisch mit insgesamt 2 147 000 Soldaten gegen 2 382 000 Mann der Ententemächte antreten muß, ist rein rechnerisch allein schon seinen Gegnern im Westen unterlegen. Eine Rückendeckung im Osten gegen Rußland und Serbien seitens seines einzigen Bündnispartners Österreich-Ungarn ist mehr als nur ungewiß. Die russische Armee ist mit 2 712 000, die serbische Armee mit 285 000 Soldaten zum Kampf angetreten. Die Doppelmonarchie verfügt über 1 400 000 Mann unter Waffen.

Carl Clausewitz und Helmuth Graf von Moltke, der Feldherr und Stratege, den Hindenburg nicht nur im deutsch-österreichischen und im deutsch-französischen Krieg besonders bewunderte, hatten die Defensive als die stärkere Kampfart interpretiert, Alfred Graf von Schlieffen dagegen, der 1913 verstorbene Chef des Generalstabes, den Angriff favorisiert, weil er davon ausgegangen war, daß Deutschland infolge der weltweiten Nachschubbasen der Feindmächte keinen längeren Krieg durchstehen könnte. Er empfahl, im Falle eines Krieges sofort alle Kräfte auf einen Gegner zu konzentrieren und ihn entscheidend niederzuwerfen.

Im Westen bilden 1914 die französischen Festungen Verdun, Nancy, Toul, Epinal und Belfort jedoch eine Barriere, die einen Frontalangriff ausschließt. Rußland, wo Napoleon I. sich hundert Jahre zuvor zu Tode „gesiegt" hat, scheidet aus der Perspektive – zunächst wenigstens – aus[1], weil die zaristischen Truppen relativ lange für ihren Transport zur deutschen Ostgrenze benötigen werden. Zudem kann als einigermaßen sicher gelten, daß die – meist mit französischer Unterstützung errichteten – Befestigungsanlagen im Westen des Riesenreiches einen schnellen deutschen Sieg unmöglich machen.

Generaloberst von Moltke, der Neffe des 1891 verstorbenen Hindenburg-Vorbildes und Schlieffen-Nachfolgers als Chef des Generalstabes, läßt die deutsche Armee gegen Frankreich antreten[2]. Sieben Achtel des Westheeres sollen – durch die neutralen Länder Luxemburg und Belgien marschierend – zwischen Metz und Südholland in Nordfrankreich einfallen, in einer großen Umfassungsbewegung Paris umgehen und das französische Feldheer an die Schweizer Grenze drängen.

Die Entscheidung wird im Westen erwartet, während die im Osten vom Hindenburg-Verwandten Generaloberst von Prittwitz und Gaffron geführte 8. Armee möglichst umfangreiche russische Kräfte binden und der Armee der Doppelmonarchie die Möglichkeit zur Vorbereitung einer Offensive schaffen soll. Das deutsche Ostheer ist dem Feind zahlenmäßig hoffnungslos unterlegen.

Sechs aktive Infanterie-Divisionen, drei Reserve-Infanterie-Divisionen, zweieinhalb Divisionen aus Festungen, anderthalb Divisionen Landwehr und eine Kavallerie-Division sehen sich bald nach dem Beginn des Krieges 21 russischen Infanterie-Divisionen und zehn Kavallerie-Divisionen gegenüber[3]. Hinzu kommt, daß den deutschen Festungs- und Landwehreinheiten für den Kampf im freien Feld vielfach Artillerie und Maschinengewehre fehlen und auch Sanitätstruppen, Feldküchen und Fernmeldemittel nicht entfernt ausreichen.

Für die Verteidigung der Hunderte Kilometer offener Grenzen zwischen Ostpreußen und Schlesien stehen nur wenige Landwehrtruppen zur Verfügung. Nur Königsberg und das Gebiet an

[1] Militärstrategen sind und waren der Auffassung, daß Deutschland und Österreich-Ungarn nur dann in Ruhe hätten abwarten und defensiv bleiben können, wenn 1914 bis zu 15 Armeekorps zusätzlich zur Verfügung gestanden hätten.

[2] Im April 1913 war im deutschen Generalstab beschlossen worden, den Ost-Aufmarsch-Plan, der (anders als der Schlieffen-Plan) für den Fall gelten sollte, daß Frankreich neutral bliebe, nicht weiter zu bearbeiten.

[3] Die deutschen aktiven Divisionen verfügten zwar über die stärkere Artillerie; aber ihren jeweils 12 Infanterie-Bataillonen standen auf russischer Seite 16 Bataillone gegenüber.

der unteren Weichsel sind mit modernen Festungsanlagen ausgerüstet. Die Grenzen sind offen[4]. Die masurische Seenplatte im Süden des Landes bietet zwar so etwas wie einen natürlichen Schutz vor feindlichen Angriffen aus dem Osten; aber die russische Armee kann theoretisch an den Seen vorbeistoßen und sich im Inneren Ostpreußens vereinen, was die viel zu schwache Verteidigung zwingen muß, hinter die Weichsel zurückzugehen und eine Front zwischen Danzig, unterer Weichsel, Westpreußen, Oder und Oberschlesien aufzubauen und zu verteidigen.

Die Führung der 8. Armee entscheidet sich angesichts dieser Situation dafür, die nun tatsächlich an der Seenplatte vorbeistoßenden russischen Armeen einzeln zu zerschlagen und so eine Vereinigung im weiteren Ostpreußen zu verhindern. Am 14. August erklärt Moltke unmißverständlich und eindringlich im Sinne der Devise für das Westheer: „Wenn die Russen kommen, nur keine Defensive, sondern Offensive, Offensive, Offensive!"

Am 17. August greifen die Russen mit vier Divisionen die 1. deutsche Infanterie-Division frontal an und stoßen gleichzeitig mit zwei Infanterie- und zwei Kavallerie-Divisionen in die Flanken der Deutschen. Am Nachmittag ist das Gefecht entschieden. Die deutsche Division ist der großen Übermacht nicht gewichen, die 2. Division den Russen offensiv in die Flanken gestoßen. Fast 7000 Russen gehen in deutsche Kriegsgefangenschaft. Drei Tage später, am 20. August, stehen nördlich der Seen zwei volle deutsche Korps und Teile eines dritten Korps der russischen Armee des Generals von Rennenkampf gegenüber. Es kommt zur Schlacht bei Gumbinnen, in der die Deutschen schwere Verluste hinnehmen müssen. Nahezu 7000 Tote und Verwundete und ungefähr ebenso viele Vermißte sind die Folge. Doch die Russen haben keinen Boden gewonnen. In allen wichtigen Abschnitten haben sie weichen müssen.

Das Kaiserliche Große Hauptquartier in Koblenz, das nun auf weitere Erfolge auch gegen die südlich der Seenplatte zum An-

[4] Die Russen drangen vom Osten her bis Wehlau, vom Südosten bis Rastenburg und von Süden aus bis Allenstein vor. Überall brandschatzten und plünderten sie, was große Teile der betroffenen deutschen Bevölkerung veranlaßte, ihre Heimat fluchtartig zu verlassen.

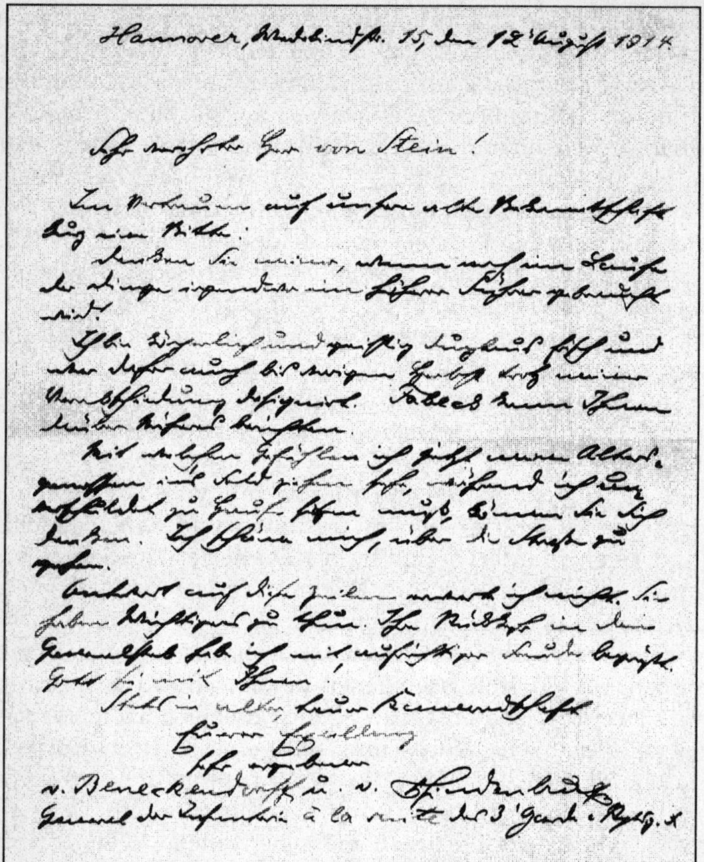

Hannover, Wedekindstr. 15, den 12. August 1914.

Sehr verehrter Herr von Stein!

Im Vertrauen auf unsere alte Bekanntschaft [illegible] eine Bitte:

Denken Sie meiner, wenn noch im Laufe des Krieges irgendwo ein höherer Führer gebraucht wird!

Ich bin körperlich und geistig durchaus frisch und war daher auch bis vorigen Herbst trotz meiner Verabschiedung designiert. [illegible] Ihnen [illegible].

Mit welchen Gefühlen ich jetzt meine Altersgenossen ins Feld ziehen sehe, während ich [illegible] zu Hause sitzen muß, können Sie sich denken. Ich schäme mich, über die Straße zu gehen.

Antwort auf diese Zeilen erwarte ich nicht. Sie haben Wichtigeres zu tun. Ihre Rückkehr in den Generalstab habe ich mit aufrichtiger Freude begrüßt. Gott sei mit Ihnen!

Stets in alter treuer Kameradschaft

Euerer Exzellenz

sehr ergebener

v. Beneckendorff u. v. Hindenburg

General der Infanterie à la suite des 3. Garde-Regts. z. F.

Brief Hindenburgs an den Kriegsminister Hermann von Stein.

Hannover, Wedekindstr. 15, den 12. August 1914.

Sehr verehrter Herr von Stein!

Im Vertrauen auf unsere alte Bekanntschaft kurz eine Bitte:

Denken Sie meiner, wenn noch im Laufe der Dinge irgendwo ein höherer Führer gebraucht wird!

Ich bin körperlich und geistig durchaus frisch und war daher auch bis vorigen Herbst trotz meiner Verabschiedung designiert. Fabeck kann Ihnen darüber Näheres berichten. Mit welchen Gefühlen ich jetzt meine Altersgenossen ins Feld ziehen sehe, während ich unverschuldet zu Hause sitzen muß, können Sie sich denken. Ich schäme mich, über die Straße zu gehen.

Antwort auf diese Zeilen erwarte ich nicht. Sie haben Wichtigeres zu thun. Ihre Rückkehr in den Generalstab habe ich mit aufrichtiger Freude begrüßt. Gott sei mit Ihnen!

Stets in alter, treuer Kameradschaft
Euerer Exzellenz
sehr ergebener
v. Beneckendorff u. v. Hindenburg
General der Infanterie à la suite des 3. Garde-Rgts. z. F.

griff angetretene Narew-Armee des russischen Generals von Samsanow hofft, erhält am 21. August jedoch die Meldung, daß von Prittwitz dabei ist, die Schlacht abzubrechen und zurückzugehen, was heißt, daß nun doch noch mit der Vereinigung der beiden russischen Armeen und damit bald mit dem Verlust Ostpreußens und wohl auch Westpreußens gerechnet werden muß. Prittwitz und seinen Generalstäblern haben die Nerven versagt[5]. Noch in der Nacht des 21. August wird er abgesetzt. Und auch Graf Waldersee, der Chef seines Generalstabes, muß gehen.

Am 22. August wird aus dem Brüsseler Hauptquartier der deutschen 2. Armee der Generalmajor Erich Ludendorff in großer Eile nach Koblenz geholt und zum Chef des Generalstabes der 8. Armee ernannt. Der Süden Ostpreußens „brennt". Ludendorff, für rasche Entscheidungen bekannt, befiehlt noch von dort aus, sämtliche Rückzugsmärsche einen Tag lang zu unterbrechen und zu halten.

Hindenburg, der sich als General im Ruhestand in Hannover lediglich aus Berichten der Presse über die Lage an den Fronten informieren kann, hat sich beim Artilleriegeneral, Kriegsminister und derzeitigen Generalquartiermeister Hermann von Stein bereits am 12. August darüber beklagt, daß er daheim sitzen müsse, während einige seiner Altersgenossen „ins Feld" gezogen seien. „Ich schäme mich", so hat er geschrieben, „über die Straße zu gehen". Seine Bitte, an ihn zu denken, „wenn ... im Laufe der Dinge irgendwo ein höherer Führer gebraucht wird", ist nicht ungehört verhallt[6]. Am 22. August erreicht ihn gegen 15.30 Uhr die telegrafische Anfrage aus dem Großen Hauptquartier: „Sind Sie bereit zur sofortigen Verwendung?" Seine soldatisch knappe Reaktion: „Bin bereit."

Noch ehe seine Antwort auf dem Tisch des Kaisers liegt, trifft bei ihm um 15.45 Uhr ein zweites Telegramm ein. Ihm wird mitgeteilt, daß General Ludendorff mit einem Extrazug zu ihm

[5] In seinen „Erinnerungen" ließ Hindenburg von Prittwitz und Gaffron nicht so negativ aussehen. „Der Gegensatz in den Anschauungen zwischen der Obersten Heeresleitung und dem Armee-Oberkommando", so schrieb er, „hatte den Wechsel in den führenden Stellen der 8. Armee veranlaßt."

[6] Am 9. November 1914 bedankte Hindenburg sich bei Stein mit den Worten: „Ich bin Ihnen aufrichtig dankbar dafür, daß Sie mich ausgegraben haben, und glücklich darüber, wieder etwas leisten zu können."

nach Hannover kommen und ihn zu seinem „Bestimmungsort bringen" werde. Hindenburg, der noch nicht weiß, welche Position ihm zugedacht worden ist, bereitet sich auf die Übernahme einer außergewöhnlichen Verantwortung vor; denn ein General des Stabes als Kurier läßt Großes ahnen. Bis der von Generaloberst Helmuth von Moltke eingewiesene Ludendorff in Hannover eintrifft, weiß Hindenburg nicht, was ihm bevorsteht. „Wohin, ahnte ich nicht", schrieb er seinem Sohn zwölf Tage später[7]. Daß er sofort Maximilian von Prittwitz und Gaffron, den in Ostpreußen gescheiterten entfernten Verwandten seiner Frau, ablösen und die 8. Armee übernehmen soll, teilt ihm Ludendorff erst in Hannover auf dem Bahnhof mit.

„Gegen 3 Uhr nachts fuhr ich", so berichtet er in seinen „Erinnerungen", „in der Eile nur unfertig ausgerüstet, zum Bahnhof und stand dort erwartungsvoll in der mäßig beleuchteten Halle." Wie ahnungslos der eben reaktivierte Kommandierende General zu dieser Zeit tatsächlich noch ist, läßt bereits seine Bekleidung erkennen. Er empfängt Ludendorff nicht in der feldgrauen Uniform, sondern in einer Litewka, zu der er eine schwarze Hose angezogen hat. „Meine Gedanken", so erinnerte er sich, „rissen sich von dem heimischen Herde, den ich so plötzlich verlassen mußte, erst völlig los, als der kurze Sonderzug einfuhr. Ihm entstieg mit frischem Schritte General Ludendorff, sich bei mir als Chef des Generalstabes der 8. Armee meldend. Der General war mir bis zu diesem Augenblick fremd gewesen... Er klärte mich zunächst über die Lage an unserer Ostfront auf, über die er... von Moltke... informiert worden war."

Mit dem Sonderzug fahren sie zum Armeehauptquartier nach Marienburg, um an Ort und Stelle ihre Positionen anzutreten. Trotz der geradezu katastrophalen Lage in Ostpreußen, an der eben erst zwei renommierte Generale gescheitert sind, ist Hindenburg nicht aus der Ruhe zu bringen. „Unser Gespräch hatte kaum mehr als eine halbe Stunde in Anspruch genommen. Dann begaben wir uns", schrieb er, „zur Ruhe. Die dazu verfügbare Zeit nutzte ich gründlich aus."

[7] Die (vor allem bis 1945) in den meisten Publikationen über Hindenburg verbreitete Version, daß Hindenburg durch ein drittes Telegramm detailliert eingewiesen worden sei, deckt sich nicht mit den Tatsachen.

Generalmajor Ludendorff, ein kluger, schnell heftig werdender, ungeduldiger Hitzkopf mit großem persönlichem Mut, lernt sofort eine Seite seines künftigen Chefs kennen, die ihn zur Zurückhaltung und Disziplin zwingt. Hindenburg strahlt souveräne Sicherheit aus, kann zuhören, Situationen rasch und präzise erfassen und ebenso schnell Schlüsse ziehen – und er vermag zu schlafen, wann und wo immer er es will, was nicht zuletzt auch für seine Stabilität und Unerschütterlichkeit spricht. Daß dieser körperliche Titan auch ein Gigant als Feldherr sein wird, kann Ludendorff in dieser Stunde jedoch noch nicht einmal ahnen.

Am Sonntag, den 23. August trifft Hindenburg nach dem Abschied „von Muttern", wie er seinem Sohn Oskar am 3. September schreibt, gegen 15 Uhr in Marienburg ein, wo Ludendorff und er wie „Königsmörder", unliebsame Eindringlinge und Besserwisser „frostig" empfangen werden, wie Ludendorff berichtete. Hindenburg, den dies nicht anficht, telegrafiert gegen 16 Uhr nach Koblenz, daß er „den Befehl über die 8. Armee übernommen" habe, läßt sich differenziert über Einzelheiten und Zusammenhänge informieren und bezieht die Ergebnisse seiner Recherchen in seine Aktionspläne ein. Anders als sein Vorgänger und Graf Waldersee, ist er auch an dem Ort, an dem jenen die Nerven „durchgegangen" sind, die Ruhe selbst[8]. Am späten Abend des 23. August geht er auf dem Westufer der Nogat, die „Abendsonnenstrahlen" genießend und die Mauern der Marienburg betrachtend, wie ein Tourist spazieren. Ein ungewöhnlicher Zufall nützt ihm nicht unwesentlich. „In der Brieftasche eines gefallenen russischen Offiziers", überlieferte er, „war ein Schriftstück gefunden worden, aus dem die Absichten der gegnerischen Führung hervorgingen. Danach hatte die Armee Rennenkampf, die Masurischen Seen nördlich umgehend, gegen die Linie Insterburg-Angerburg vorzurücken. Sie sollte die hinter der Angerapp angenommenen deutschen Streitkräfte angreifen, während die

[8] Oberstleutnant Max Hoffmann, der sich, seine Bedeutung und Rolle, weit überschätzende erste Generalstabsoffizier der 8. Armee, der die Armee in der Zeit des Interregnums (vom Fortgang des Generals von Prittwitz und Gaffron bis zum Eintreffen Hindenburgs und Ludendorffs) stellvertretend führte, wollte die Truppen des russischen Generals Samsonow lediglich abfangen und über die Grenze zurückdrängen, was Hindenburg als Stückwerk ablehnte.

Narew-Armee[9] über die Linie Lötzen-Ortelsburg den Deutschen die Flanke abzugewinnen hatte. Die Russen planten also einen konzentrischen Angriff auf die 8. Armee, für welchen die Armee Samsonows aber jetzt schon erheblich weiter nach Westen ausholte, als ursprünglich beabsichtigt war."

Hindenburg, der hofft, daß der Wille der zahlenmäßig unverhältnismäßig hoch überlegenen russischen Truppen nicht „der Kühnheit" des Planes ihrer Führung entsprechen werde, muß davon ausgehen, daß er den 800 000 angreifenden russischen Soldaten zunächst lediglich 210 000 deutsche Verteidiger und den 1700 russischen Geschützen nicht mehr als 600 eigene schwere Waffen entgegenstellen kann. Sich der unbedingten Verteidigungsbereitschaft seiner Soldaten bewußt, der „braven West- und Ostpreußen", die in ihrem „Rücken die Heimat, Weib und Kind, Eltern und Geschwister, Hab und Gut" in Gefahr wissen, wie er sich ausdrückt, wagt er es, der von Alexander Wassiljewitsch Samsonow geführten dichten Masse lediglich eine hinhaltend kämpfende „dünne Mitte" gegenüberzustellen und an den beiden Flügeln „wuchtige Gruppen", auch aus „Kindern des bedrohten Landes", zum „entscheidenden Angriff" antreten und durch schwache Kräfte zusätzlich auch noch die aus dem Nordosten drohende Rennenkampf-Armee durch Täuschungsmanöver von Offensivabsichten abhalten zu lassen. Nach der Vernichtung der Samsonow-Armee will er, dann mit „freien Händen", „den zweiten Feind... Rennenkampf" niederwerfen.

Der Aufmarsch zur Schlacht hat am 24. August in Anwesenheit Hindenburgs begonnen, der mit seinem engeren Stab von Marienburg zum Generalkommando des XX. Armeekorps nach Gilgenburg gefahren ist und ab sofort auch die Armeekorps nicht mehr von Marienburg, sondern von Riesenburg aus führt. Das XX. Armeekorps, das bis zum 23. August – quer zur Angriffsrichtung Samsonows kämpfend – die südlichen Zugänge nach Ostpreußen verteidigt hat, schwenkt nach rückwärts ab

9 „Narew-Armee", weil sie vom Narew aus – mit Warschau als Stützpunkt in der Nähe der deutschen Grenzen – in Marsch gesetzt worden war. Rennenkampfs Armee, die als „Njemen-Armee" (und wechselweise auch als „Wilna-Armee") bezeichnet wurde, war vom Njemen – mit den Festungen Kowno und Grodno als Basen – nach Ostpreußen gekommen.

und nimmt, mit dem Blick nach Osten, eine neue Front ein. Zum dritten Male, nach den Schlachten von Stallupönen und Gumbinnen, weichen die Deutschen aus und suggerieren nun der russischen Führung, daß die 8. Armee schwer angeschlagen sei. Da durch die Schwenkung des XX. Armeekorps eine Lücke zur Seenplatte entstanden ist, stoßen die Russen, die am 24. August Bischofsburg genommen haben, nach Norden vor, um sich mit Rennenkampfs Front vereinigen zu können. Hindenburg wartet auf sein I. Armeekorps, das aus technischen Gründen nicht zeitgerecht – und auch nicht in der gewünschten Reihenfolge – herangeführt werden kann.

Vor dem 26. August kann er nicht mit seinem planmäßigen Einsatz rechnen. So läßt er den Chef des XX. Armeekorps durch Ludendorff anweisen: „Das Korps muß sich in seiner Stellung bis zum letzten Mann halten ... Rückzug hat dieselbe Wirkung" wie eine Niederlage. Nach Koblenz läßt er kabeln: „Stimmung ist entschlossen, wenn auch schlimmer Ausgang nicht ausgeschlossen." Am 25. August fangen die Funker der Festung Thorn zwei unverschlüsselte russische Funksprüche auf. Aus einem von ihnen geht hervor, daß General Rennenkampfs Armee weiter in Richtung Westen vorgeht und am 26. August die Linie Gerdauen-Allenburg-Wehlau erreichen soll. Daß sie den Auftrag hat, sich mit Samsonows Truppen zu vereinigen, ist dem anderen Funkspruch zu entnehmen, der sich als vollständiger Operationsbefehl Samsonows erweist und unter anderem feststellt, daß sich die Masse der Samsonow-Verbände gegen das XX. deutsche Armeekorps zu wenden und es zu vernichten habe.

Derweilen ist Rennenkampf mit knapp zehn Infanterie-Divisionen und starken Kavallerieverbänden weitere 20 Kilometer nach Westen vorgedrungen. Er ist seines Sieges so sicher, daß er darauf verzichten zu können meint, nach Süden – zu Samsonow – hin sorgfältig aufzuklären und genug Truppen anzusetzen.

Hindenburg nutzt diese Unterlassungssünde des Russen sofort und befiehlt dem XVII. Armeekorps und dem I. Reservekorps risikobewußt, schnell vor Rennenkampf zurückzuweichen, auf den Schutz im eigenen Rücken weitgehend zu verzichten, sich auf Samsonows Armee zu konzentrieren und sich möglichst rasch offensiv gegen das – im Augenblick verhalten agierende – russische VI. Korps zu wenden.

Hindenburg und Ludendorff riskieren sehr viel. Sie wollen mit dem Großteil ihrer Kräfte die Narew-Armee vollständig einkesseln, obwohl sie unter den Voraussetzungen den 13 Rennenkampf-Divisionen der Njemen-Armee nur eine eigene Kavallerie-Division entgegenstellen können. Doch Hindenburg vertraut auf seine Kenntnisse und Fähigkeiten als Feldherr – und auf Gott, wie er oft betont. Er ist überzeugt, daß der russische Oberbefehlshaber General Schilinski, der Vorgesetzte Samsonows und Rennenkampfs, das I. Armeekorps Hindenburgs als Besatzung der Ostseefestung Königsberg wähnt und die von den russischen Truppen gewonnenen drei Grenzschlachten als auch die zahlenmäßige Überlegenheit des eigenen Heeres als Garantie für weitere Erfolge und Bestätigung der Richtigkeit seiner Strategie und Taktik verstehen und Hindenburgs Entscheidungen und Ludendorffs Maßnahmen nicht vorausahnen werde. Alles, was Hindenburg plant und entscheidet, ist genial und bestätigt, daß er nirgendwo noch besser hätte handeln können.

Er hat das XVII. Armeekorps und das I. Reserve-Armeekorps zurückweichen lassen und den Russen so suggeriert, daß er sich mit einem Korps hinter die Weichsel zurückziehen werde, daß Rennenkampf dies als „Einladung" betrachten müsse, von seinen fünf Armeekorps ein oder zwei Korps in Richtung Königsberg zum Angriff auf die ostpreußische Hauptstadt in Marsch zu setzen, beträchtliche Truppenteile am linken Flügel verhalten und schließlich in den Raum des russischen Stützpunktes Warschau transportieren zu lassen – und eventuell zwei Korps und die Kavallerie-Division in Reserve zu halten. Hindenburgs Voraussage, daß Rennenkampf sich angesichts der von ihm vermuteten Lage mit seinem Vormarsch Zeit lassen werde, wird durch das Verhalten des Russen bestätigt. Samsonow marschiert mit zwei Armeekorps nach Norden, um auf Rennenkampfs Truppen zu stoßen und mit ihnen die Deutschen niederzuwerfen.

Hindenburg läßt sein I. Armeekorps – mit der Eisenbahn – bis auf sechs Kilometer an die russischen Stellungen transportieren.

Am Abend des 25. August hat er jedoch erst teilweise erreicht, was er anstrebte. Nur Teile des Korps stehen hinter dem rechten Flügel des XX. Armekorps und sind bereit, in die linke Flanke der Samsonow-Armee zu stoßen. Dem Korps fehlen noch die eigenen Kavallerie-Verbände, die Hälfte der leichten und die

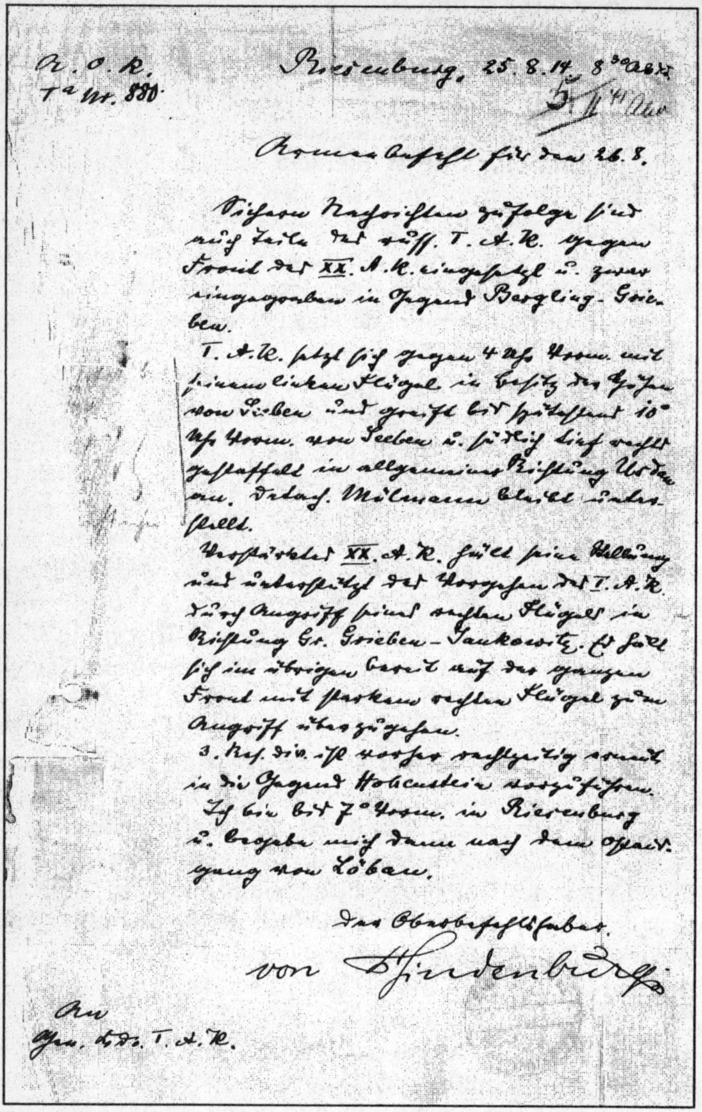

A.O.K. 8
Ia Nr. 880.

Riesenburg, 25.8.14. 8³⁰ Abds.
5 II 41 Uhr

Armeebefehl für den 26.8.

Sicheren Nachrichten zufolge sind auch Teile des russ. I. A.K. gegen Front des XX. A.K. eingesetzt u. zwar eingegraben in Gegend Bergling-Grieben.

I. A.K. setzt sich gegen 4 Uhr vorm. mit seinem linken Flügel in Besitz der Höhen von Seeben und greift bis spätestens 10 Uhr vorm. von Seeben u. südlich links rechts gestaffelt in allgemeiner Richtung Usdau an. Detach. Mülmann bleibt unterstellt.

Verstärktes XX. A.K. hält seine Stellung und unterstützt das Vorgehen des I. A.K. durch Angriff seines rechten Flügels in Richtung Gr. Grieben–Jankowitz. Es hält sich im übrigen bereit auf der ganzen Front mit starkem rechten Flügel zum Angriff überzugehen.

3. Res. Div. ist vorher rechtzeitig soweit in die Gegend Hohenstein vorzuführen.

Ich bin bis 7 Uhr vorm. in Riesenburg u. begebe mich dann nach dem Ostausgang von Löbau.

Der Oberbefehlshaber.
von Hindenburg

An
Gen. Kdo. I. A.K.

Armeebefehl Hindenburgs für den Beginn der Schlacht bei Tannenberg

A. O. K. *Riesenburg, 25. 8. 14*
[Armee-Ober-Kommando] *8^{30} abds.*
Ia Nr. 880

Armeebefehl für den 26. 8.

Sichern Nachrichten zufolge sind auch Teile des russ. I. A. K. [Armeekorps], gegen Front des XX. A. K. [Armeekorps] eingesetzt, und zwar eingegraben in Gegend Bergling–Grieben.
I. A. K. setzt sich gegen 4 Uhr Vorm. mit seinem linken Flügel in Besitz der Höhen von Seeben und greift bis spätestens 10 Uhr Vorm. von Seeben und südlich tief rechts gestaffelt in allgemeiner Richtung Usdau an. Detach.[ement] Mülmann bleibt unterstellt.
Verstärktes XX. A. K. hält seine Stellung und unterstützt das Vorgehen des I. A. K. durch Angriff seines rechten Flügels in Richtung Gr. Grieben–Jankowitz. Es hält sich im übrigen bereit, auf der ganzen Front mit starkem rechten Flügel zum Angriff überzugehen.
3. Res. Div. [Reserve-Division] ist vorher rechtzeitig erneut in die Gegend Hohenstein vorzuführen.
Ich bin bis 7 Uhr Vorm. in Riesenburg u. begebe mich dann nach dem Ostausgang von Löbau.

Der Oberbefehlshaber
von Hindenburg

An
Gen. Kdo. [Generalkommando] I. A. K. [Armeekorps]

gesamte schwere Artillerie. Doch Hindenburg läßt seine Soldaten trotz heftiger Einwände seines einstigen Generalstabschefs Hermann von François, der auf die Artillerie warten möchte[10], am Morgen des 26. August zum Angriff antreten.

Am Abend des 25. August, um 20.30 Uhr, hat er als Oberbefehlshaber der 8. Armee knapp und präzise den Armeebefehl formuliert, der die große Entscheidung auf dem Schlachtfeld erzwingen soll. Es gibt kein „Zurück“ mehr, kein „Wenn“, „Aber“ oder „Eventuell“. Am 26. August um 4 Uhr früh, so befiehlt er, hat das I. Armeekorps zum Angriff anzutreten, zunächst die Höhen von Seeben zu nehmen und „bis spätestens 10 Uhr“ vormittags in Richtung Usdau anzugreifen. Das XX. Armeekorps weist er an, nicht nur seine Stellung zu halten, sondern zugleich auch den Angriff des I. Armeekorps durch einen Angriff seines eigenen rechten Flügels zu unterstützen. Außerdem hat es sich bereitzuhalten, gegebenenfalls „auf der ganzen Front mit starkem rechtem Flügel zum Angriff überzugehen“. Die 3. Reserve-Division ist rechtzeitig nach vorn zu führen. „Ich bin“, so endet der von ihm mit „Der Oberbefehlshaber von Hindenburg“ unterschriebene Befehl, „bis 7 Uhr Vorm. in Riesenburg u. begebe mich dann nach dem Ortsausgang von Löbau.“

Schon der erste Schlag, so hat er beschwörend erklärt, habe „durchgreifend“ zu sein, wenn die „Gefahr für unsere Heimat“ nicht fortbestehen und „das Brennen und Morden in Ostpreußen“ nicht ungerächt bleiben solle. Er will sofort „ganzes Handeln“ erzwingen und die deutschen Festungen Thorn und Grau-

[10] Den vorausgegangenen Zusammenbruch des – unzureichend von der Artillerie unterstützten – XVII. Armeekorps bei Gumbinnen vor Augen, hatte François beim Armee-Oberkommando beantragt, für sein Korps den Angriffstermin selbst bestimmen zu wollen, was Hindenburg nicht gestattete. Auch ohne die erwartete Artillerie hatten dann seine – um 13 Uhr zum Angriff angetretenen – Truppen schließlich innerhalb von zwei Stunden die Höhen von Seeben genommen, was von Hindenburg bereits für „gegen 4 Uhr“ früh befohlen worden war. François, von Hindenburgs sicherem Instinkt beeindruckt, berichtete später: „Es war eine hervorragende Leistung unserer Infanterie ... In den ... Ostpreußen (lebte) ein Zauberwort von großer Gewalt, das hieß: ‚Heimatliebe‘ ... Die Ostpreußen kämpften ... in ihrer Heimat und für ihre Heimat, und das gab ihnen eine unwiderstehliche Angriffskraft.“ Bezeichnend für die Haltung der Ostpreußen war beispielsweise ein Befehl des Obersten Hell, des Chefs des Allensteiner Korps, der sein eigenes Haus auf Gut Groß-Grieben in Brand schießen ließ, weil sich in ihm Russen verschanzt hatten.

denz nach gewonnener Feldschlacht überflüssig machen. Der Obersten Heeresleitung in Koblenz hat er lapidar gemeldet: „Vereinigung der Armee am 26. August beim XX. AK (Armeekorps) für umfassenden Angriff geplant."

Am 26. August um 5.30 Uhr wird Hindenburg vom I. Armeekorps gemeldet, daß der um 4 Uhr begonnene Angriff gut vorankomme. Befriedigt fährt der Oberbefehlshaber um 8 Uhr an die Front, wo er entsetzt feststellen muß, daß er angelogen worden ist. Der Angriff des Korps, das um 10 Uhr früh befehlsgemäß bereits die russische Hauptstellung bei Usdau[11] nehmen sollte, hat noch nicht einmal begonnen. Offensichtlich hat die Führung des Korps durch den „Boykott" des höheren Befehls versucht, Zeit zu gewinnen und das Eintreffen der Artillerie und der Munitionskolonnen abzuwarten, was Hindenburg empört.

Doch diese Truppe ist tatsächlich noch nicht soweit. Nicht nur die Artillerie und die Munitionskolonnen, sondern auch Teile der Infanterie befinden sich noch auf der unter Feindbeschuß liegenden Eisenbahn, die ihre Fahrt immer wieder unterbrechen und den mitfahrenden Soldaten die Möglichkeit zum unmittelbaren Eingriff in das Gefecht geben muß. Dem Kommandeur der 1. Infanterie-Division beispielweise, die im Laufe des Vormittags bis an die russischen Gefechtsposten herangeschoben wird, stehen erst acht Infanterie-Bataillone und vier Artillerie-Feldbatterien zur Verfügung. Anders die 41. Infanterie-Division des XX. Armeekorps. Sie hat die eine Brigade der russischen 2. Division über den Haufen gerannt und vollständig vernichtet. Zwar drängt Hindenburg mit zunehmender Auffüllung des I. Armeekorps immer energischer darauf, den ohne Verve begonnenen und zum Stehen gekommenen Angriff wiederaufzunehmen; aber das Korps erreicht die russischen Hauptstellungen bei Usdau erst am Abend – nicht schon, wie Hindenburg befohlen hat, mehrere Stunden zuvor. Die Führung des XX. Armeekorps hat – den Befehl Hindenburgs für abwegig haltend – den Angriffsbefehl gar nicht erst befolgt.

[11] Die Höhen von Usdau galten als Schlüsselpunkt. Verloren die Russen sie, stürzte der Eckpfeiler ein, der ihre Oberhand über die Deutschen in dieser Situation und Lage garantierte. Der russische Korps-Kommandeur Blagowjetschenski, der sie nicht hatte halten können, fiel bei der russischen Führung denn auch in Ungnade. Vgl. Anm. 15, S. 108

Der erste Tag der Schlacht ist für Hindenburg und Ludendorff eine schwere Enttäuschung. Zwar sind die im Norden eingesetzten beiden Korps, die Hindenburg von der Front gegen Rennenkampf in großer Eile abgezogen hat, nach Gewaltmärschen und erfolgreichen Gefechten gegen das VI. russische Armeekorps und die ihm unterstellte Kavallerie-Division, die sie zurückgeworfen haben, befehlsgemäß herangerückt, doch der 26. August endet als erster Tag der Schlacht insgesamt düster. Lediglich die Überzeugung, daß die Russen die ihnen drohenden Gefahren auch jetzt noch nicht erkannt haben, läßt Hindenburg zuverlässig hoffen, daß die eigenen Operationen verspätet fortgesetzt und die eigentlichen Ziele erreicht werden können. „Nach menschlichem Ermessen", so meldet er am Abend nach Koblenz, „wird der Angriff erfolgreich sein." In seinen „Erinnerungen" hat er über diese Situation geschrieben: „Wir überwinden die Krisis in uns, bleiben dem gefaßten Entschlusse treu und suchen weiter die Lösung mit allen Kräften im Angriff."

Auf russischer Seite waren Samsonow und sein Stab, dem der englische General Knox als Attaché angehörte, am 26. August bis gegen 16 Uhr noch guter Dinge gewesen. Im Hotel auf dem Neidenburger Marktplatz einquartiert, wurde über den geplanten großen Schwenk der Narew-Armee nach links gesprochen und frohen Feierstunden entgegengesehen, bis „plötzlich ein Offizier in den Saal trat und dem Chef des Generalstabs der Armee ... ein Telegramm überreichte", wie Knox in seinen Memoiren berichtete. General Artamanow, der Kommandeur des I. russischen Korps, teilt mit, daß seine Truppe von zwei oder drei deutschen Divisionen angegriffen werde und in heftige Kämpfe verwickelt worden sei. Telefonisch wies Samsonow Artamanow an, „bis zum letzten Mann zu halten". Samsonow, so heißt es bei Knox, „äußerte sich nach Rückkehr (vom Telefon) zur Tafel zuversichtlich, sein Chef (des Stabes) aber war bereits nervös geworden".

In Allenstein, wohin Samsonow sich am 27. August begeben will, haben die Russen Proklamationen angeschlagen, in denen es heißt: „An Euch, Preußen, wenden wir, Repräsentanten Rußlands, uns als Herolde des vereinigten Slawentums." Die Ostpreußen stehen noch unter dem Schock der vor Hindenburgs Eintreffen erlittenen Niederlagen der deutschen Armee. Ein großer Teil des von Einwohnern entblößten Landes ist verwüstet. Im Osten sind die Russen bis auf 35, im Südosten bis auf 65 und im Süden bis auf rund 70 Kilometer Luftlinie an die Hauptstadt Königsberg herangekommen.

Aus Hohenstein, wo die Deutschen das russische Korps des Generals Martos in schwere Kämpfe verwickelte haben, wird Samsonow von Martos am 27. August um Hilfe gebeten, die ihm durch das XIII. russische Korps zuteil werden soll.

Im Stab der 8. deutschen Armee herrscht Unklarheit über die Absicht der Rennenkampf-Armee. Am Tage zuvor hat ein deutscher Beobachter aus der Luft gesehen, daß Kosakenpatrouillen Rennenkampfs umgeschwenkt sind, und gemeint, einen Schwenk der ganzen Armee zu beobachten, was Hindenburgs Pläne gefährden muß. „Da erhebt sich", schildert Hindenburg fünf Jahre danach, „scheinbar von Rennenkampfs Seite drohende Gefahr. Man meldet eines seiner Korps im Vormarsch über Angerburg. Wird dieses nicht den Weg in den Rücken unserer linken Stoßgruppe finden ... Die Frage drängt sich uns auf: Wie wird die Lage werden, wenn sich bei solch gewaltigen Räumen und bei dieser feindlichen Überlegenheit die Entscheidung noch tagelang hinzieht ... Sollten wir nicht doch gegen Rennenkampf uns wieder verstärken und lieber gegen Samsonow nur halbe Arbeit tun?"

Ludendorff, durch die unverhofften Informationen irritiert, will nun die schwachen eigenen Truppen gegen Rennenkampf verstärken und den in Vorbereitung befindlichen konzentrierten Schlag gegen Samsonows Narew-Armee unterlassen. Doch Hindenburg, der in seinen Memoiren von einer „Krisis" spricht, beharrt letztlich auf seiner Entscheidung, und sie bringt schließlich den großen Sieg. Rennenkampf, so resümiert er, ist „nur in der Phantasie eines Fliegers in unserem Rücken marschiert". Samsonow wird eingekreist, nachdem seine Absicht, den Rückzug anzutreten, nicht mehr realisiert werden konnte. Schon in der Nacht des 28. August hat Ludendorff der Obersten Heeresleitung nach Koblenz telefonisch gemeldet, daß an einem Sieg der 8. Armee nicht mehr zu zweifeln sei. Am 29. August ist der Ring geschlossen.

Während Rennenkampf – sehr langsam – weiter auf Königsberg vorrückt, wird Samsonows Armee in einer bis dahin bei-

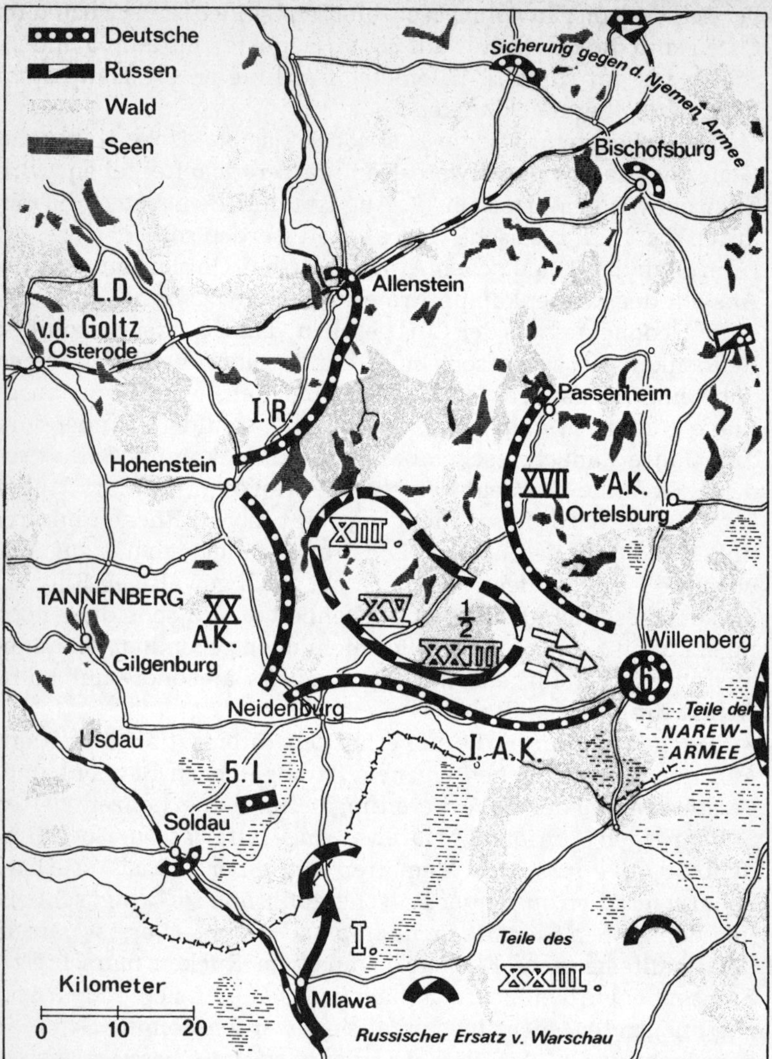

Die Frontlage am vorletzten Tag der Schlacht von Tannenberg (29. August 1914). Der Großteil der von Samsonow geführten russischen Armee ist von Hindenburgs Truppen östlich von Tannenberg zur Vernichtung eingekesselt.

Mit Schnellzuggeschwindigkeit trafen wir Sonntag den 23. 3 Uhr nachmittags in Marienburg ein. Es kam darauf an, die Armee, die zwischen Allenstein und Gumbinnen verzettelt war, wieder in die Hand zu bekommen und dann zu schlagen.
Montag den 24. nachmittags stand ich bereits bei Gilgenburg auf dem Gefechtsfelde der Allensteiner Gruppe. Dieser Tag und der 25. waren Tage banger Erwartung.
Endlich am 26. war alles, auch unter Ausnutzung der Bahn, so zusammen, daß eine Wechselwirkung aller Teile möglich war.
Die an diesem Tage beginnende dreitägige Schlacht bestand in einem konzentrischen Vorgehen aus der Linie Lautenburg – Gilgenburg – Hohenstein – Allenstein – Bischofsburg gegen den von Süden eingedrungenen Feind (Narew-Armee). Hieran schloß sich am 30., 31. und 1. die Verfolgung, bei welcher der Ring immer enger geschlossen und auch die Südseite zugemacht wurde.
Das Ergebnis ist, daß das XIII., XV., XXIII. und halbe VI. russische Korps eingekesselt, daß I. (linker Flügel) und andere halbe VI. (rechter Flügel) zu fluchtartigem Rückzuge gezwungen waren. Bis jetzt sind 87 000 Gefangene festgestellt und abtransportiert, darunter 2 Kommandierende Generale (XIII. und XV.). Die Zahl der Geschütze und Fahnen läßt sich schwer feststellen, weil viel in den Wäldern liegen geblieben und dort teilweise von den Russen vernichtet und in die Seen und Sümpfe geworfen ist.
Glücklicherweise ließ mich die russische Wilna-Armee, die über Gumbinnen um die Seen herum kam, während der ganzen Zeit in Ruhe.

Hindenburgs Schilderung der Schlacht von Tannenberg in einem Brief an seinen Sohn Oskar vom 3. September 1914.

spiellosen Vernichtungsschlacht gnadenlos und verheerend niedergeworfen. Der Schlieffen-Schüler Generaloberst Paul von Beneckendorff und von Hindenburg, der vom Kaiser mit dem „Pour le mérite“ ausgezeichnet wird, hat eine zeitgenössische gigantische Version des Hannibal-Sieges über die Römer bei Cannae Wirklichkeit werden lassen.

Der Generalquartiermeister der 8. Armee meldet der Obersten Heeresleitung militärisch nüchtern: „Unsere Truppen in Preußen unter Führung des Generalobersten von Hindenburg haben die vom Narew herangezogene (Samsonow-)Armee in der Stärke von fünf Armeekorps und drei Kavalleriedivisionen in dreitägiger Schlacht ... geschlagen und verfolgen sie über die Grenze.“

Samsonow, der geschlagene und gedemütigte Gegner, irrt zu Fuß, ohne Landkarten und Kompaß, zunächst von den Generalen Wjalow, Postowski und Filinow, dem Oberst Lebedew, einem Oberstleutnant, zwei Kapitänen, einem Leutnant und seinem Burschen Kuptschik begleitet, von seinen Soldaten unbemerkt, von der Stätte, die er als glorreicher Sieger verlassen zu können gehofft hat. Westlich der Chaussee Willenberg-Chorshelle erreichen die Flüchtenden gegen 3 Uhr nachts das Guts-Vorwerk Karolinenhof. Samsonow, total gebrochen, demoralisiert und hoffnungslos, erschießt sich – ein wenig abseits von seiner Begleitung – im Dickicht des Gutswaldes, den deutsche Soldaten von zwei Seiten aus beschießen. Waldarbeiter beerdigen Samsonow als unbekannten Russen[12]. Mehrere Generale, 92 000 russische Offiziere aller Ränge, Unteroffiziere und Mannschaften gehen in deutsche Kriegsgefangenschaft. 350 Geschütze und nahezu alle Munitionskolonnen sind in die Hände der 8. Armee gefallen.

Hindenburgs Meldung vom 31. August an den Kaiser zeigt deutlich, daß selbst er zu der Zeit noch nicht das ungeheure Ausmaß seines Sieges übersehen kann. Er hat gemeldet, daß drei russische Korps vernichtet, zwei zur Flucht gezwungen und 60 000 Gefangene eingebracht worden seien. „Die Kriegsbeute“, so heißt es in der Meldung, sei „im einzelnen noch nicht zu übersehen“. Der Kaiser, der ihn und die von ihm geführte 8. Ar-

[12] Auf Antrag seiner Frau wurde seine Leiche später wieder ausgegraben und nach Rußland überführt.

mee telegrafisch gerühmt hat, „sich für immer den Dank des Vaterlandes erworben“ zu haben, ernennt ihn am 31. August zum Generaloberst und verleiht ihm das Eiserne Kreuz Erster Klasse.

Am Tage zuvor hat Hindenburg aus Osterode an seine Frau geschrieben: „Ich habe S. M. (Seine Majestät) gebeten, die dreitägigen Kämpfe von Mittwoch bis Freitag, denen sich Sonnabend und heute die Verfolgung anschloß, die Schlacht bei Tannenberg zu nennen. Bei Tannenberg... wurde 1410 das Ordensheer von den Polen und Litauern vernichtet. Jetzt, nach 504 Jahren, kam die Revanche.“

Ein Mythos, der alles überstrahlt, ist innerhalb einer Woche „geboren“ worden. Doch er, der jetzt in aller Munde nicht nur in Deutschland ist, zeigt sich demütig und gibt allein „Gott die Ehre“. Seiner Frau versichert er am 31. August: „Aber übermütig werde ich nicht; das brauchst du nicht zu fürchten. Ich gebe Gott die Ehre!“[13]

Nach der Schlacht bei Tannenberg feiert er kein Gelage, sondern geht im befreiten Allenstein, wo er sein neues Hauptquartier aufgeschlagen hat, in die Kirche neben dem alten Ordensschloß. Dort singt er mit seinen Soldaten „Großer Gott, wir loben Dich“, kniet neben ihnen nieder und betet mit ihnen[14].

Obwohl er den glorreichen Sieg als „Revanche“ für 1410 gefeiert sehen will, ist ihm persönliche Rache fremd, auch wenn aus einigen seiner offiziellen Äußerungen, die er vor und zu Beginn der Schlacht bei Tannenberg formuliert hat, durchaus auch gegenteilige Feststellungen herausgelesen werden können. Was er tatsächlich fühlt und denkt, offenbart er eigentlich nur seiner Frau. Am 31. August, nach der großen Schlacht, berichtet er ihr

[13] Konrad von Studt, dem preußischen Minister für geistliche, Unterrichts- und Medizinalangelegenheiten von 1889 bis 1907, schrieb er am 27. August 1915 als Antwort auf eine Huldigung: „Gott der Herr hat mich im abgelaufenen Jahr wunderbar gnädig geführt; er sei auch ferner mit mir zum Nutzen des teueren Vaterlandes!“

[14] Als Reichspräsident sagte er am 9. Oktober 1928 in seiner Tischrede anläßlich der Taufe seines Enkels Paul-Gebhard von Hindenburg: „Mein Sohn und ich können meinem Enkelsohn einen weltberühmten Namen mit ins Leben geben. Das verdankt er nicht meinen persönlichen Verdiensten, sondern der Gnade des allmächtigen Gottes, der Anerkennung meines kaiserlichen Herrn und der Wahl meines deutschen Volkes.“

beispielsweise: „Unter den Gefangenen befindet sich ... General Martos. Die Begegnung mit ihm war ergreifend. Er wurde gestern Abend mit seinem Adjutanten in mein ... Hotel per Auto gebracht, um heute abtransportiert zu werden. Ich ging zu ihm, ließ ihm per Dolmetscher sagen, wie sehr ich es bedauere, ihm unter solchen Verhältnissen zu begegnen, wie es ihm aber dabei als Trost dienen möge, daß wir die Tapferkeit seiner Truppe bewundert hätten, und nahm seine Hand in meine beiden Hände. Da wandte sich der arme, alte, mit Ehrenzeichen der Tapferkeit geschmückte Mann um und weinte bitterlich."[15]

Die Geschichte, namentlich die Zeitgeschichte, kennt nur verschwindend wenige Sieger, die dem gefeierten Feldherrn von Tannenberg legitim an die Seite gestellt werden können.

Mit der Schlacht bei Tannenberg ist Ostpreußen jedoch immer noch nicht frei von Russen. Noch steht von Labiau im Norden bis Johannisburg im Süden kein deutscher Soldat. Noch hat General Rennenkampf mit seiner Njemen-Armee wesentliche Teile des Landes in der Hand. Von Rößel und Rastenburg bis in die Nähe von Bischofsburg bei Tannenberg sind seine Reiterabteilungen infolge der – gegen ihn – „dünnen" deutschen Gegenwehr vorgedrungen. In ihren meisterhaft ausgebauten und von schwerer Artillerie gesicherten Verteidigungsstellungen bei Wehlau am Pregel, bei Allenburg und Gerdauen an den Ufern der Flüsse Alle und Omet, bei Nordenburg und Angerburg bis hin zu dem größten nördlichen Masurischen See, dem Mauersee, warten sie auf den Angriff der deutschen Truppen. Rennenkampf, ein seit dem russisch-japanischen Krieg, in dem er reichen Lorbeer ernten konnte, in Rußland als erfolgreicher Feldherr gefeierter Balte deutscher Abstammung[16], hat den Großfürsten Nikolai Nikolajewitsch, den russischen Generalissimus und Oberstkommandierenden der nach Westen in Marsch gesetzten russischen Truppen, neben sich.

[15] General Martos, der Kommandeur des XV. Korps der Narew-Armee, der das besondere Vertrauen Samsonows besessen hatte, entging durch seine Gefangennahme den Konsequenzen, die seine – nicht in Gefangenschaft geratenen – Kameraden Blagowjetschenski (VI. Korps) und Artamanow (I. Korps) über sich ergehen lassen mußten. Blagowjetschenski, der die Höhen von Usdau nicht hatte halten können, wurde seines Postens enthoben und nicht mehr eingesetzt, Artamanow zu lebenslanger Kerkerhaft verurteilt.

Die Deutschen bluffen ihren Gegner und täuschen so lange starke Einheiten vor, bis die Sieger von Tannenberg in Gewaltmärschen herangerückt sind, um auch sie vernichtend zu schlagen. Am 3. September hat Hindenburg an seinen Sohn geschrieben: „Glücklicherweise ließ mich die russische Wilna-Armee... während der ganzen Zeit in Ruhe. Sie macht jetzt kehrt; hoffentlich hole ich mindestens noch Teile ein." Hindenburg hat Glück gehabt, die Wilna-Armee dagegen nicht. Am 8. August entbrennt die Schlacht auf der ganzen Linie. In der Nacht vom 9. zum 10. September dringen deutsche Patrouillen bei Gerdauen in russische Stellungen ein, die bereits geräumt sind.

Zwar kann Hindenburg für die Umklammerung der Russen, deren Formationen vom Kurischen Haff bis zu den Masurischen Seen reichen, hier nicht beide Flügel vorschieben, wie er es bei Tannenberg getan hat; aber auch diese Schlacht will er durch einen Flankenangriff schlagen und gewinnen. Er rollt die Njemen-Armee von ihrer linken (südlichen) Flanke bei Angerburg und von den Masurischen Seen her auf, was härteste Anforderungen an seine Truppen stellt. In einem Bericht des I. Armeekorps, das der Generaloberst – wie schon in der Schlacht bei Tannenberg – am rechten Flügel zum Angriff angesetzt hat, heißt es beispielsweise: „Die Truppen haben Marschleistungen bis zu 60 Kilometer täglich auszuhalten und... trotzdem jeden Tag noch Kämpfe geliefert."

Als Rennenkampf erkennt, daß seine Armee von den Verbindungslinien abgeschnitten zu werden droht, gibt er den Befehl zum eiligen Rückzug in Richtung auf Goldap und wartet auf Reserven (Grodnoer Reservearmee mit dem XXII. Armeekorps und Teilen des VI. Armeekorps und des III. Sibirischen Armeekorps), die auf russischer Seite von Grodno aus problemlos herangeführt und eingesetzt werden können; aber bei Lyck scheitern sie am 11. September blutig an der deutschen Abwehr.

„Ungeduld zielt auf Erfolg", schreibt Hindenburg ein paar Jahre danach, Rennenkampfs Ungeduld aber „bringt Verwirrung und Auflösung". Zwar täuschen die Russen auch jetzt noch

[16] Rund 300 000 deutschstämmige Russen kämpften während des Ersten Weltkrieges auf russischer Seite gegen die Mittelmächte, unter ihnen 39 der insgesamt 225 Befehlshaber der Fronttruppen und 17,5 % der Offiziere des Generalstabes.

Überlegenheit und Siegeszuversicht vor, doch das ist nur noch fahler, künstlich aufgesetzter Schein. Ihr Schicksal ist besiegelt, der überstürzte Rückzug zur Memel und zur Landesgrenze bei Schirwindt ihre letzte Aktion und Reaktion auf ostpreußischem Boden. Überall werden sie auf ihrem Rückmarsch niedergemacht, und Hindenburg kann der Obersten Heeresleitung[17] am 14. September melden: „Die Wilnaer Armee... ist durch die Schlacht an den Masurischen Seen und die sich daran anschließende Verfolgung vollständig geschlagen. Die Grodnoer Reservearmee hat im „Gefecht bei Lyck schwer gelitten. Der Feind hat starke Verluste an Toten und an Verwundeten... Die Kriegsbeute ist außerordentlich." 40 000 Mann und 150 Geschütze sind in deutsche Hände gefallen.

Zwar ist es infolge des überstürzten Rückzuges der Russen und der – auch vom Regen zusätzlich aufgeweichten Wege – nicht gelungen, die Rennenkampf-Armee überall einzuholen und so vollkommen zu vernichten, wie es mit der Samsonow-Armee geschehen ist; aber Hindenburg hat sie restlos vertrieben. Ostpreußen ist wieder feindfrei.

General Rennenkampf und der Großfürst Nikolai Nikolajewitsch sind dem Beispiel Samsonows nur zum Teil gefolgt. Sie haben sich nicht erschossen, sondern in Zivilanzügen die Flucht ergriffen, während die Armee von Hindenburgs Truppen bis ins russische Gouvernement Suwalki hinein verfolgt wird.

Und der Sieger, dem am 31. August im Telegrammstil aus Koblenz befohlen worden ist, „Aufgabe der 8. Armee wird sein, Ostgrenze von Armee Rennenkampf zu säubern... Verfolgung des... Gegners"? Er schreibt später unter anderem: „Am 15. September waren die Kämpfe beendet. Die Schlacht an den Masurischen Seen schloß auf russischem Boden[18], nach einer Verfolgung von über 100 km... innerhalb von 4 Tagen." Nur mit knapper Not ist der Südflügel der Rennenkampf-Armee zuletzt noch auf russischem Boden einer Einkesselung durch ihre Verfolger entgangen.

[17] Die OHL war inzwischen von Koblenz nach Luxemburg verlegt worden.
[18] Die flüchtenden Rennenkampf-Truppen erreichten russischen Boden am 12. September 1914.

Retter des deutschen Ostens

Ostpreußen, seit Sommer 1919 auch Hindenburgs Heimat, ist wieder frei von Feinden. Was angesichts der zahlenmäßigen Überlegenheit des russischen Gegners auf den Schlachtfeldern als schier unvorstellbar gegolten hat, ist innerhalb eines Monats durch Hindenburg Wirklichkeit geworden. Der „unauslöschliche Dank des deutschen Volkes", wie Friedrich Ebert, der erste Reichspräsident der Republik, ihm Anfang Mai 1919 prophezeit, ist ihm – zu der Zeit jedenfalls – sicher. Und als er am 27. November 1914 auch noch Generalfeldmarschall wird, schwappen Dankesbezeugungen und Begeisterung derart über, daß ihn selbst in seinen Hauptquartieren bergeweise schriftliche Huldigungen nicht nur beglücken, sondern auch buchstäblich belästigen.

Doch er nimmt alles als Gottes Fügung auf sich, beantwortet persönlich ungezählte Briefe und bleibt der wortkarge, anscheinend unnahbare Mann, der immer wie ein Denkmal seiner selbst wirkt. Daß Maler und Bildhauer, die ihn nun bedrängen, sich von ihnen künstlerisch darstellen zu lassen, ihn denn auch als ein „Monument" sehen wollen, gefällt ihm nicht. „Früher", so weist er in seinem Hauptquartier einen Porträtisten zurecht, „hat mich auch keiner für monumental gehalten."

Er will bleiben, was er immer gewesen ist, ein gottesfürchtiger Protestant, der seine „Pflicht für König und Vaterland" getan und mit seinen Pfunden nach biblischem Gebot gewuchert hat. „Noch ist mir immer wie ein Traum", hat er seiner Frau am 30. August nach der Schlacht bei Tannenberg geschrieben, „welch' eine Wendung durch Gottes Fügung... Gott gebe mir

Kraft, mein Amt zum Segen von König und Vaterland zu versehen. Das ist mein inniges Gebet."

Selbst in dieser Zeit fühlt er sich verpflichtet, persönlich auf Briefe zu antworten. Seine Antworten auf Fragen sind – trotz der sehr geringen Zeit, die ihm zur Verfügung steht –, meist genügend ausführlich. Unpersönlich wirkt keines seiner Schreiben, auch wenn er sich oft weit über Gebühr über grammatikalische und orthographische Fehler der Briefschreiber ärgert und falsche Interpunktionen – wie schon als junger Generalstabsoffizier – als Zumutung und Beweise für charakterliche Mängel empfindet[1]. Korrespondenzpartner, die er persönlich kennt, erfahren Anteilnahme und persönliches Engagement. Er fragt nach den Kindern oder Enkeln, gratuliert zu festlichen Anlässen und bedauert Mißgeschicke. Den Ehefrauen seiner Briefpartner entbietet er – über sie – Handküsse, versichert sie als Kavalier der „alten Schule" der „unbegrenzten Verehrung" und legt ihnen „respektvollste Empfehlungen zu Füßen".

Wer immer mit Hindenburg zu tun hat, begreift rasch, daß er eine Verkörperung des sursum corda ist, der ruhigen Beherztheit, die keinen Widerspruch duldet. Immer, auch in schwierigen Situationen an der Front, wirkt er konzentriert, gesammelt und ungewöhnlich charismatisch. So engagiert sich beispielsweise auch sein erster Generalstabsoffizier Max Hoffmann, der sich vom Kaiser, von der Obersten Heeresleitung, von Hindenburg und Ludendorff total verkannt und unterschätzt wähnt und seine eigene „Bedeutung" daher bei jeder nur möglichen Gelegenheit kraß stilisierend herauszustellen versucht[2], dem erdrükkenden Einfluß seines Chefs zu entziehen bemüht – er erliegt ihm zwangsläufig doch immer.

Von Stimmungen läßt Hindenburg sich nicht irritieren. Er folgt unbeirrbar seinen Zielen, auch wenn sie zuweilen nur über die Bereitschaft zur Akzeptierung immenser Wagnisse erreicht

[1] Nicht selten hat er bei der Lektüre derartiger Briefe geäußert, daß er wohl nur im Grabe seine Ruhe finden würde.

[2] Trotz seiner bemerkenswerten militärischen Kenntnisse und Begabungen sah Hoffmann sich außerstande, die tatsächlichen Proportionen zu begreifen. Seiner Frau schrieb er nach den Schlachten bei Tannenberg und an den Masurischen Seen beispielsweise: „Hindenburg hat an allen Siegen im Osten so viel Anteil wie unsere Tochter Ilse" – was keines weiteren Kommentars bedarf.

Der gefeierte Sieger Hindenburg (sitzend: dritter von links) im Kreise seines Stabes und einiger Gäste nach der gewonnenen Winterschlacht an den Masurischen Seen im Insterburger Hotel „Dessauer Hof“, in dem im August 1914 die russischen Feldherrn Paul Edler von Rennenkampf, Großfürst Nikolai Nikolajewitsch und General Graf Schuwalow ihr Hauptquartier aufgeschlagen hatten.

werden können. Sichtlich – zumal in der Zeit – negative Seiten oder Aspekte sind an ihm nicht auszumachen. Niemals mißglückt ihm eine Äußerung zu seinem Nachteil. Immer überlegt er, von spezifisch konservativem Wertedenken geleitet, zuvor genau, was er sagen will.

So sieht das faßbar authentische Bild von ihm aus, als ihm Mitte September 1914 von der Obersten Heeresleitung mitgeteilt wird, daß Ludendorff sofort nach Breslau zu gehen habe, wo eine neue Armee aufgestellt werde. Noch ehe er den Versuch unternehmen kann, den tüchtigen Generalstäbler zu halten, mit dem er nach seinen großen Erfolgen im Insterburger Hotel „Dessauer Hof“ logiert, erreicht auch ihn von der OHL, bei der Helmuth von Moltke am 14. September wegen des Scheiterns der deutschen Operationen an der Marne durch Erich von Falkenhayn ersetzt worden ist[3], aus Luxemburg die Order, sich umgehend als Nothelfer nach Breslau zu begeben und dort die 9. Armee zu übernehmen.

Auf der Autofahrt nach Breslau, so erinnert er sich ein halbes Jahrzehnt danach, findet er Zeit, mit etwas Abstand von den Ereignissen „ernsten Gedanken" zu folgen und die Konsequenzen der grausigen Kämpfe noch einmal zu sehen. Rauchgeschwärzte Trümmer von Häusern, völlig niedergebrannte Wohnstätten und mühsam wieder zurückkehrende Flüchtlinge erscheinen vor seinen Augen. „Es ist mir", sinniert er in seinen Memoiren, „wie wenn Kants Lehre vom kategorischen Imperativ hier nicht nur gepredigt, sondern auch besonders ernst verstanden und auf die Welt der Wirklichkeit und des Schaffens übertragen worden ist."

An der österreichisch-russischen Front in Galizien, an der fünf Armeen[4] unter dem Oberbefehl des inzwischen zusammen mit Rennenkampf aus Ostpreußen geflohenen Großfürsten Nikolai Nikolajewitsch aufmarschiert sind, sieht es nach den österreichischen Siegen bei Krasnik und Zamose Komarow in der letzten August-Woche düster aus. Die 3. österreichisch-ungarische Armee hat Lemberg aufgegeben, in der zweiten Schlacht um Lemberg auch den Kampf bei Rawa Ruska abgebrochen, sich hinter die Flüsse Weichsel und Dunajec zurückgezogen und damit Ostgalizien preisgegeben. Schwere russische Angriffe richten sich gegen die Karpatenpässe in Richtung Ungarn. Mitte September, als die beiden deutschen Feldherren aus Ostpreußen

[3] Der lange Zeit vom Ruhm seines großen Onkels profitierende Chef des Generalstabes der Armee, Helmuth von Moltke, dessen Wort in Berlin und beim Generalstab bis September 1914 ein großes Gewicht hatte, hatte noch am 13. März 1914 an seinen österreichischen Kollegen Conrad von Hötzendorf geschrieben: „Alle Nachrichten, die wir aus Rußland haben, weisen nicht auf eine zur Zeit beabsichtigte aggressive Haltung hin. Ich glaube nicht, daß Rußland in nächster Zeit eine Gelegenheit zum Krieg gegen Österreich oder, was dasselbe sagen will, gegen uns suchen oder herbeiführen wird... Noch viel weniger als von Rußland ist jetzt von seiten Frankreichs eine aggressive Haltung zu erwarten. Frankreich ist augenblicklich in einer militärisch sehr ungünstigen Lage." England, so hatte Moltke gemeint, würde einen europäischen Krieg zwar nicht entfachen, ihn aber auch nicht verhindern, wenn er ausbräche.

[4] Die Russen waren den Wünschen Frankreichs nicht nachgekommen, den Schwerpunkt ihres Kampfes gegen das Deutsche Reich zu richten. Großfürst Nikolai Nikolajewitsch versprach den Franzosen jedoch, ihre Ostfront gegen die Deutschen durch Operationen an der deutschen Ostfront zu entlasten und nach Möglichkeit auch weiterhin Berlin im Visier zu behalten.

zu Hilfe gerufen werden, ist auch die Festung Przemysl von den Russen eingeschlossen[5].

Als Hindenburg drei Tage nach Ludendorff – wiederum mit dem Auto – in der schlesischen Hauptstadt eintrifft, hat sein Generalstabschef bereits Vorarbeiten geleistet, die seine und seines Oberbefehlshabers Handschrift tragen. Während die inzwischen merklich geschwächte 8. Armee weiterhin Ostpreußen schützen soll, obliegt Hindenburg als Chef der neu aufgestellten 9. Armee nicht nur, den Feind an einer ihm bis dahin unbekannten Front zu schlagen, sondern mit der eifersüchtig seine Feldherrnmöglichkeiten hemmenden und verbissen auf eigene Befehls- und Machtbefugnisse pochenden Truppenführung des arg bedrängten Bündnispartners Österreich-Ungarn zusammenzuarbeiten. 48 Jahre zuvor hat er gegen den nunmehrigen Partner im Felde gekämpft und von ihm seine „Feuertaufe" empfangen. Daß die Leistungsfähigkeit der von den Deutschen als „Kamerad Schnürschuh" gehänselten Soldaten verschiedener Nationalitäten nicht entfernt an die Kampfbereitschaft der deutschen Armeen heranreicht, weiß er[6], noch ehe er es selbst erleben muß.

Die Österreicher, die in den ersten Wochen des Krieges gegen die Russen schwere Verluste erlitten und viele ihrer jungen Offiziere und Unteroffiziere verloren haben, sehen in den Preußen, den Feinden von 1866, nicht gerade ihre Brüder. Hindenburgs und Ludendorffs Operationsvorschläge werden von ihren Truppenführern durchweg so uneinsichtig als „unmöglich" zurück-

[5] Die Festung fiel jedoch nicht. Nachdem der Feldmarschalleutnant von Kusmanek, der Kommandant der Festung, entrüstet abgelehnt hatte, die eingekesselte Festung zu übergeben, versuchten die Russen erfolglos, sie gewaltsam zu nehmen, was sie bis zu ihrem Rückzug von Przemysl am 11. Oktober 1914 insgesamt 70 000 Mann kostete.

[6] In seinen Memoiren schrieb er über die Leistungsfähigkeit der Österreicher schon zur Zeit des ersten Zusammentreffens mit ihnen: „Sie entsprach schon damals den Anforderungen, die wir an unsere eigenen Kräfte zu stellen gewohnt waren, nicht mehr vollständig. Der Hauptgrund lag ... in der außerordentlichen Erschütterung, die das Heer bei seiner ... überkühnen, rein frontalen Operation ... in Galizien und Polen erlitten hatte. Man hat nachträglich behauptet, daß die ... Offensive damals das Ergebnis hatte, den Ansturm der russischen Heeresmassen zu brechen ... Jedenfalls erholte sich das russische Heer nach den damals erlittenen Verlusten, das östereichisch-ungarische aber nicht mehr, ja, es schlug der kühne Unternehmungsgeist ... in eine dauernde Überempfindlichkeit gegenüber der russischen Masse um."

gewiesen, daß Hindenburg den Erfolg bereits zu Beginn der „Zusammenarbeit" als äußerst gefährdet ansieht. Sosehr sie in ihrer Not dem Eintreffen der Preußen – wie Wellington 1815 bei Waterloo im Kampf gegen Napoleon I. – entgegengefiebert haben, sowenig sind sie doch bereit, die Ratschläge der erfolgreichen deutschen Feldherren zu akzeptieren.

Gemeinsames Ziel jedenfalls soll die Einnahme der Festung Warschau sein. Die Vorbereitungen und der Aufmarsch funktionieren trotz vieler Schwierigkeiten einigermaßen planmäßig. Die Offensive jedoch wird zu einer riskanten Operation. Im Prisma Max Hoffmanns, der die Ereignisse in Hindenburgs unmittelbarer Umgebung erlebt und sie seiner Frau brieflich schildert, erscheint sie schier hoffnungslos. „Die Russen", so schreibt er, „haben sich mit vier Armeen auf uns geworfen. Das heißt, sie wollten das tun. Wir sind ihnen mit kolossalen Märschen und einer Frechheit, von der die Geschichte sprechen wird, zuvorgekommen, haben ihre Vortruppen zurückgeworfen und lassen sie nun nicht über die Weichsel. Seit drei Tagen schwere Kämpfe, überall Übergangsversuche großen Stils, und wir sind so schwach! Es ist wohl die schwerste Zeit des Feldzugs, die ich durchgemacht habe; Tag und Nacht die Aufregung und permanent die Aufregungen und Paniken ... Ludendorff und ich stützen uns gegenseitig, und der Feldherr sagt: ‚Mit Gott, ich weiß es auch nicht besser!'"

Hindenburg, der sich zwar als betont realistisch denkender Feldherr immer schnell anzupassen vermag, ist äußerst unzufrieden. Nicht nur die unzureichenden Leistungen der Verbündeten, die von ihnen ständig ausgehenden Querelen und die Beschneidung der Kompetenzen als Folge der Bündnisvorgaben stören ihn, sondern auch „der Dreck", der ihn, seinen Stab und die ganze 9. Armee umgibt. „Dreck in jeder Form, nicht nur in der Natur, sondern auch in den sogenannten menschlichen Wohnungen und an deren Bewohnern selbst", schreibt er Jahre danach und folgert: „Mit Überschreiten unserer Grenze waren wir geradezu in einer anderen Welt."

Aus seinem Studium der französischen Literatur über Napoleons Rußland-Erfahrungen aus dem Jahre 1806 hat er zwar gewußt, wie er ausdrücklich betont, daß der „Dreck" im Osten ein „besonderes Element der dortigen Kriegführung" darstellt; aber die persönlichen Erfahrungen, denen er sich ab Herbst 1914 – nicht sehr weit von seinem Geburtsort Posen entfernt – ausgesetzt sieht, machen ihn doch betroffen. Selbst wenn er den „Dreck ... in den sogenannten menschlichen Wohnungen" ignoriert, den Morast auf den Feldern und die Grundlosigkeit der Wege und Straßen muß er proportionsgerecht in seine Operationspläne einbeziehen.

Während sich die Russen, aus Galizien kommend, auf der einen Seite der Weichsel auf Warschau zubewegen, marschieren die Deutschen und Österreicher auf der anderen Seite des Flusses demselben Ziel entgegen. Um den Angriff der Truppen der verbündeten Mittelmächte aufzuhalten, treten die Russen ihnen in der Umgebung von Iwangorod mit starken Kräften entgegen, die über die Weichsel gehen.

„Die Absicht des Gegners ... uns längs der Weichsel zu fesseln, während ein entscheidender Stoß aus Warschau heraus uns dem Verderben entgegenführen soll", faßt Hindenburg später kurz zusammen, ist ein großer Plan des Großfürsten Nikolai Nikolajewitsch und muß an der ganzen Ostfront eine Katastrophe heraufbeschwören, wenn die Operation gelingt. Hindenburg entschließt sich, die Weichsellinie zu halten, die südwärts stehenden Truppen auf dem linken Flügel zu konzentrieren und die Russen südlich von Warschau zu schlagen, bevor aus dem Inneren Rußlands weitere Kräfte herangeführt werden können. Doch die von Österreich-Ungarn erbetene Unterstützung in Form eines sofortigen Angriffes auf Warschau links der Weichsel bleibt aus. Präzise Notlösungsvorschläge Hindenburgs und Ludendorffs werden ebenfalls nicht akzeptiert.

Die Russen drängen hektisch und massiv, die Österreicher lassen sich Zeit. „Eile tut not", so beginnt Hindenburg die Rekonstruktion der Verhältnisse, die er umrißhaft wie folgt schildert: „Wir bitten ... Österreich-Ungarn, alles, was es an den Truppen frei hat, sofort links der Weichsel gegen Warschau zu lenken. Das k. und k. Armeeoberkommando zeigt für die Lage durchaus richtiges Verständnis, erhebt jedoch zugleich Bedenken, die gerade dieser Lage wenig entsprechen. Österreich-Ungarn, zu dessen Hilfe wir herangeeilt sind, ist bereit, uns zu unterstützen, aber nur auf dem langsamen und daher zeitraubenden Wege einer Ablösung unserer an der Weichsellinie zurückgelassenen Truppen. Dadurch wird freilich eine Vermischung deutscher und österreichisch-ungarischer Verbände vermieden, aber man bringt die ganze Operation in die Gefahr des Mißlingens, Gegenvorstellungen unsererseits führen zu keinem Ergebnis. So fügen wir uns denn den Wünschen unserer Verbündeten."

Die Lage ist mehr als bedenklich. Die Truppen der Mittelmächte laufen akute Gefahr, von den Russen umschlungen und infolge der großen zahlenmäßigen Überlegenheit der Russen, die den 18 gegnerischen Divisionen 60 eigene Divisionen entgegenstellen, überrannt und vernichtet zu werden.

Aus „Warschau heraus", berichtet Hindenburg, der keine unnötigen Opfer will, „quellen immer neue Truppenmassen, und auch weiter unterhalb überschreiten solche die Weichsel. Von unserer langgestreckten Kampflinie an der Stirnseite aufgehalten, droht die sich immer weiter nach Westen entwickelnde feindliche Überlegenheit um unsere linke Flanke herumzuschlagen... Unsere ganze Operation kommt in Gefahr... zu scheitern... Man könnte vielleicht sagen, sie ist schon gescheitert, da im Süden der oberen Weichsel, in Galizien, der erhoffte Erfolg nicht errungen wird."

Hindenburg, der stets historische Schlachten bis ins Detail hinein vor Augen hat und wie Friedrich der Große bei Leuthen nicht die Mitte der feindlichen Front, sondern deren empfindliche Flanke als Angriffsziel gewählt hat, muß sich der drohenden Umklammerung entziehen und befiehlt deshalb in der Nacht vom 18. zum 19. Oktober, „das Schlachtfeld von Warschau... dem Gegner zu überlassen". Siege um jeden Preis will Hindenburg nicht.

„Nicht nur soldatische und wirtschaftliche Bedenken gibt es, die rein menschlichen belasten am schwersten", so rechtfertigt er, der die deutschen Truppen seit seiner Ernennung zum Obersten Feldherrn im Osten nach dem deutschen Stopp im November an der Ypern-Front in Belgien nicht mehr als 8. oder 9. Armee, sondern als „Soldaten des Ostheeres" anspricht, seine Entscheidung.

Er plant nun, vom Süden her einen entscheidenden Schlag gegen den stärksten Teil der russischen Heeresgruppe im großen Weichselbogen zu führen, wobei er voraussetzt, daß August von

Mackensens Truppen dem Angriff der Russen standhalten und die Verteidigungslinien der Österreicher nicht zusammenbrechen. Doch der Ehrgeiz der österreichisch-ungarischen Truppenführer, „ihrerseits einen großen Schlag auszuführen" und die Russen während ihrer Weichsel-Übersetzungen bei Iwangorod zu überraschen und empfindlich zu dezimieren, läßt den Plan des deutschen Generaloberst zur Makulatur werden. Der Versuch der Österreicher, die historische Blücher-Operation vom 26. August 1813 an der Katzbach bei Wahlstatt zu kopieren und die Russen bei den Weichselübergängen von Iwangorod während des Uferwechsels zu vernichten, scheitert kläglich. Anstatt den Feind zu überraschen und zu schlagen, werden die Österreicher blutig abgewiesen und zur Flucht gezwungen.

Hindenburg, dem es zwar gelingt, die Russen nach erbitterten Gefechten wieder auf ihre Übergangsstellen zurückzuwerfen, sieht sich gezwungen, seine unmittelbaren Offensivpläne aufzugeben und sich vom Feind zu lösen, um auf diese Weise wenigstens die Freiheit des Handelns zu behalten. Der Generaloberst, der sich zwar besorgt fragt, was die „Heimat sagen" wird, „wenn sich unser Rückzug ihren Grenzen nähert", bleibt bei seinem Entschluß. In dieser Situation sieht er im Verzicht auf den geplanten eigenen Angriff die beste Lösung.

„Der Entschluß", so überliefert er, „reift in mir in unserem Hauptquartier zu Radom, zunächst nur in Umrissen, aber doch klar genug, um für die weiteren Maßnahmen als Richtlinie zu dienen. Mein Generalstabschef wird diese festhalten, seine titanische Kraft wird für ihre Durchführung alles versorgen, des bin ich gewiß."

Ludendorff, der Hindenburg in diesen Tagen ein besonders wertvoller Helfer ist, läßt die zuvor genommenen Ortschaften während des – am 27. Oktober begonnenen – Rückzuges niederbrennen, Eisenbahnen zerstören und Nachschubwege nach Möglichkeit unbrauchbar machen, um den Vormarsch der vorwärtsdrängenden Russen zu erschweren.

Hindenburg setzt voraus, daß der von ihm befohlene, planmäßig ablaufende Rückzug bei der Truppe kein Trauma auslösen wird. Anders dagegen sieht es bei dem Bundesgenossen aus. Dort sind die in seinen Reihen fechtenden Tschechen, Slowaken, Slowenen, Galizier und Ruthenen nur schwer bei der bedrängten

Fahne zu halten[7]. Zwar kämpfen die Deutschösterreicher so zuverlässig wie die Ungarn und die Kroaten; aber angesichts der russischen Übermacht ist dies nur ein schwacher Trost. Wie in Ostpreußen erfahren und in Manövern seit jeher geübt, so verläßt Hindenburg sich auch jetzt – an dieser Front – darauf, daß nur der Angriff den dringend nötigen Erfolg gegen den stärkeren Feind bescheren könne.

Bestimmte Mängel und Unvorsichtigkeiten auf russischer Seite gleichen einige Relationen manchmal wenigstens ansatzweise aus. So funken die Russen beispielsweise trotz der schnell wechselnden Fronten und der ständigen Überraschungen weiterhin unverschlüsselt, was den militärischen Führern der Mittelmächte gelegentlich ermöglicht, Befehle und Weisungen mitzuhören, so daß sie zuweilen noch rechtzeitig die Möglichkeit finden, bestimmte Nachteile abzuwenden. Doch die statistisch meßbare große Überlegenheit des Feindes stellt dennoch die höchsten Ansprüche an die Truppenführer der Mittelmächte, die im Gegensatz zu den Russen nicht zuletzt auch gezwungen sind, höchst sorgsam mit Menschen und Material umzugehen.

Wilhelm II., der Hindenburgs Feldherrnkunst zu würdigen weiß, ernennt ihn am 1. November 1914 zum Oberbefehlshaber über die deutschen Streitkräfte im Osten und erweitert seine Befugnisse auch hinsichtlich seines Befehlsbereiches in den deutschen östlichen Grenzgebieten. Die Führung der 9. Armee wird, was Hindenburg erheblich entlastet, General August von Mackensen übertragen, der in der zweiten November-Hälfte den weit überlegenen rechten Flügel der Hauptmacht des Großfürsten Nikolai Nikolajewitsch bei Lodz entscheidend schlagen kann. Der Oberbefehlshaber der deutschen Streitkräfte im Osten läßt sein neues Hauptquartier in seiner Geburtsstadt Posen einrichten.

Indessen lauern die Armeen der russischen Westfront auf den Befehl, tief in Deutschland einzudringen. Wie die deutsche Führung einem aufgefangenen Funkspruch entnommen hat, wollen die Russen am 14. November mit ihrem Angriff auf das Reich

[7] „Ich wußte", heißt es in Hindenburgs „Erinnerungen", „die... untere Führung fest in unserer Hand und hatte das unbedingte Vertrauen, daß von den Truppen das Menschenmögliche geleistet wurde."

beginnen. Hindenburg will ihnen zuvorkommen. Er stützt sich auf seine zwischen Thorn und Gnesen aufmarschierten beiden Armeen und läßt Mackensen am 11. November mit seiner 9. Armee zum Angriff gegen die Russen antreten, die ihren Plan zum „Aufbruch nach Berlin" augenblicklich verwerfen und sich mit allen Kräften gegen die deutsche Offensive wenden müssen.

Damit ist nicht nur Schlesien gerettet. In dem als „Schlacht bei Lodz"[8] in die Geschichte eingegangenen Feldzug hat die russische Offensive wiederum ihr Ende gefunden.

Noch spektakulärere Erfolge sind Hindenburg und Ludendorff infolge der begrenzten Kräfte und der nur tropfenweise von der Westfront eintreffenden – und von ihren Kämpfen um Ypern meist auch noch ermatteten – Einheiten nicht möglich. Zwar gelingt es ihnen, noch vor dem Kälteeinbruch die russische „Dampfwalze" (Hindenburg: „Fluten halb Asiens") zum Stehen zu bringen und sie auch noch nach Osten zurückzudrängen; aber endgültig entschieden ist an der Ostfront noch nichts. Der Winter legt die Front weitgehend still. „... lähmende Fesseln um die Tätigkeit von Freund und Feind", charakterisierte Hindenburg die Lage und folgerte aus der Rückschau: „Die Frage war: Wer wird diese Linien in den kommenden Monaten zuerst aus ihrer Erstarrung lösen?"

Doch noch bevor der Winter mit seiner im Osten üblichen Härte hereinbricht, wird Hindenburg, nicht einmal hundert Tage nach seiner Reaktivierung, am 27. November 1914 Generalfeldmarschall[9].

Jetzt, zum Warten verurteilt und am Rande des westlichen

[8] Hindenburg hat seine Operationen um Lodz stets als seine kühnste und schwerste strategische Leistung während des ganzen Krieges bezeichnet, auch wenn die Schlacht nicht so ans Ende gebracht werden konnte, wie es bei Tannenberg der Fall gewesen war. Die von den Russen bereits eingezingelten deutschen Divisionen haben nicht nur die Umklammerung durchbrochen, sondern dem Feind zusätzliche schwere Verluste (rund 250 000 Mann, einschließlich der etwa 80 000 Gefangenen) zugefügt.

[9] Wilhelm II. besuchte – vom Großen Hauptquartier an der Westfront kommend – zu der Zeit kurz Ostpreußen, wo er Abordnungen der Truppen begrüßte, Hindenburg rühmte und den unter seiner Führung kämpfenden Soldaten seinen „Kaiserlichen Dank" aussprach. Den polnischen Kriegsschauplatz besuchte er am 2. Dezember. Dabei traf er sich in Breslau mit der Führungsspitze der österreichisch-ungarischen Armee, unter der sich der Thronfolger Erzherzog Karl Franz Joseph und der Chef des Generalstabes (Conrad von Hötzendorf) befanden.

H. Qu. Posen, Schloß, 27. 11. 14.
Wollte Dir immer einen Brief schreiben und eingehender, als per Telegramm, zum E. K. 1. gratulieren. Bin aber in diesen Tagen zu beschäftigt mit den Kämpfen um Lodz, um Zeit und Ruhe zu finden. Soll später nachgeholt werden. Heute nur die Mitteilung, daß ich General-Feldmarschall geworden bin. Innige Grüße! Gott befohlen! In Liebe Dein treuer Vater.

Feldpostkarte Hindenburgs an seinen Sohn.

Kulturkreises festgehalten, spricht er an Abenden im Kreise seines Stabes und in Anwesenheit gelegentlicher Gäste gern über Bildungswerte und über die Welt der Bildung, mit deren Inhalten er weitaus besser vertraut ist, als er leichthin merken läßt.

Die Briefe des Malers Hugo Vogel, der den Feldherrn häufig porträtierte, offenbaren angesichts der überlieferten schriftlichen Hindenburg-Darstellungen geradezu verblüffende Details. So hat Hindenburg seinen „Professor“ immer wieder scherzend aufgezogen, ihn im Zusammenhang mit der bildenden Kunst jovial und sachkundig geschulmeistert und sich trotz der von ihm ausgehenden natürlichen Monumentalität Vogel gegenüber in einer Weise offenbart, die nicht so recht in das gängige starre und unnahbare Heldenbild passen will. Während der Porträtist beispielsweise so präzise wie nur irgend möglich malen muß, während selbst Ludendorff geradezu ängstlich darauf bedacht sein muß, die vom „Chef“ festgesetzten Tischzeiten einzuhalten – was beiden zuweilen Probleme besonderer Art beschert –, läßt Hindenburg solche Tugenden durch sein Verhalten und Auftreten nicht nur als schlichte Selbstverständlichkeit erscheinen, sondern ebenso auch als Rahmen für Entspannung und erfrischende Sammlung.

Des Kaiserreiches Generalfeldmarschall

In der Zwischenzeit ist General Rennenkampf in Rußland abgelöst[1], die 1914 auf ihn gesetzte Hoffnung und Erwartung auf General Siewers übertragen worden. Die russischen Armeen sind auf Exerzier- und Übungsplätzen technisch und moralisch aufgerüstet, in großzügigster Weise durch Heeresteile aus Asien neu aufgestockt und systematisch zum Rachezug gegen Hindenburg motiviert worden. 200 000 Mann stehen bereits zur Zeit des Jahreswechsels von 1914 auf 1915 in Ostpreußen, wo die östlichen Grenzgebiete seit Herbst ohnehin von ihnen besetzt sind.

Schwache deutsche Einheiten halten ihre Stellungen an den Masurischen Seen und der Angerapp und verhindern größere Operationen, ohne jedoch die verlorenen Territorien wieder nehmen zu können. Teile der infolge des Zusammenbruchs der Offensive an der Westfront[2] freigewordenen deutschen Korps wer-

[1] Rennenkampf, der nach dem japanisch-russischen Krieg Oberkommandierender des Militärbezirks Wilna gewesen war, mußte nach seinem Scheitern in Ostpreußen ein Kommando in Polen übernehmen. Ihm wurde nach der Vernichtung seiner Armee an den Masurischen Seen vorgeworfen, den Durchbruch dreier deutscher Divisionen verschuldet und mit seinen Truppen nicht schnell genug operiert zu haben. Tatsächlich konnte davon ausgegangen werden, daß ein energischeres Vorgehen seinerseits vom Südosten her die eingeschlossenen deutschen Divisionen am Durchbruch gehindert (und sie vielleicht sogar vernichtet) haben würde.

[2] Hindenburg sah im „Scheitern unseres ersten Operationsplanes im Westen zwar eine schwere Gefahr“; aber er war auch überzeugt, „daß dadurch ... keineswegs die Fortführung des Krieges für uns aussichtslos“ geworden war. Anderenfalls, so betonte er, hätte er sich schon im Herbst 1914 verpflichtet gefühlt, der Obersten Führung „bis zu meinem Allerhöchsten Kriegsherrn“ die Aussichtslosigkeit klarzumachen.

den auf Veranlassung Hindenburgs, der nicht nur Ostpreußen befreien, sondern eine strategisch bedeutende Operation führen will, unter größter Geheimhaltung seit Weihnachten nach Ostpreußen transportiert und in der Linie Ortelsburg–Tilsit zum Angriff bereitgestellt, während im Weichselbogen südlich von Warschau deutsche Truppenteile durch Scheinaktionen den Feind abzulenken und zu täuschen versuchen, was so vollkommen gelingt, daß sich die russische Führung veranlaßt sieht, unmittelbar alle verfügbaren Reserven nach dort zu transportieren. Zudem zieht sie einen Teil ihrer Garde und der Kosaken-Einheiten zur Niederhaltung von Unruhen – vor allem – in Petersburg ab, was Hindenburgs Plänen auch entgegenkommt.

Er steht mit seinen Plänen, Rußland jetzt militärisch zu vernichten und auf diesem Wege Truppen für den Kampf im Westen freizubekommen, nahezu allein da. In seinen „Erinnerungen" heißt es: „Ich glaubte, die Frage, ob wir Rußland niederzwingen konnten, im Winter 1914/15 bejahen zu dürfen, und stehe noch heute auf diesem Standpunkt. Freilich: Das Ziel war nicht in einem einzigen großen, ins Ungeheure gesteigerten ‚Sedan' zu erreichen, wohl aber in einer Reihe solcher oder ähnlicher Schlachten. Hierfür ... bot ... die Führung der russischen Armeen günstige Vorbedingungen. Tannenberg hatte dieses bewiesen; Lodz hätte es beweisen können, vielleicht mit noch gewaltigeren Zahlen wie Tannenberg, wenn wir nicht damals den Kampf in Polen gegen gar zu große Überlegenheit hätten auf uns nehmen müssen und sozusagen mitten im Siege aus Mangel an Kräften steckenblieben."

Doch der Kaiser, Falkenhayn und die ganze Oberste Heeresleitung verweisen auf Napoleons Erfahrungen und fürchten den weiten russischen Raum. Falkenhayn, dem Hindenburg sich immer noch fügen muß, entscheidet: „Begrenzte Offensive." Hindenburgs Truppenanforderung wird ignoriert. Er muß sich daher darauf beschränken, kurz hintereinander „sedanähnliche" Schlachten zu schlagen. Zwar meint auch der Kaiser – im Gegensatz zu Falkenhayn – allmählich zu erkennen, daß sich der Schwerpunkt der Kriegführung nach dem Osten zu verlagern beginnt; aber für Hindenburg ist damit nichts gewonnen. Er muß mit dem, was er hat, zufrieden sein – und doch siegen, wie die Heimat und die Soldaten es von ihm gewohnt sind und erwarten.

Hindenburg und Ludendorff, die sich hinsichtlich der Planung und Durchsetzung militärischer Operationen prinzipiell fügen müssen, haben in der Zwischenzeit nicht nur militärische Siege aufzuweisen. Ludendorff ist in den eroberten russischen Gouvernements aus eigener Vollmacht – bis August 1915 – so etwas wie der Chef auch einer zivilen Verwaltung geworden. Hindenburgs Städteordnung ist von den Letten, Litauern, Weißrussen, Polen und Juden rasch als eine Regelung angenommen worden, die ihnen Nutzen bringt[3]. Sie haben an die Deutschen 50 Prozent weniger als bis dahin an die Russen abzuliefern. Gerichte, Schulen, die Post und die Verwaltung funktionieren nach deutschen Vorgaben. Es gibt Soldatenheime, Bäder, Entlausungsanstalten, Büchereien, Kinos, Theater und Bordelle und gut redigierte Zeitungen in deutscher, litauischer, lettischer, polnischer und jiddischer Sprache. Hindenburg, dessen „Politik" vor allem die von ihm als überall schnell einsetzbar, wandlungs- und anpassungsfähig gelobten Juden für die Unterstützung der deutschen Besatzungsmacht gewonnen hat, ist inzwischen zum Fachmann für Ackerbau, Viehzucht und Forstwirtschaft geworden, und – was dem Kaiser besonders imponiert – das Reich braucht keine Zuschüsse mehr an den „Oberost" zu leisten.

Der Krieg an der Front stagniert indes. Den ganzen Januar 1915 hindurch lautet der tägliche Bericht der deutschen Heeresleitung nahezu gleichbleibend: „In Ostpreußen keine Veränderung."

Die Sümpfe und die Masurischen Seen sind zugefroren und erlauben Hindenburg, der den taktischen Erfolg durch einen Stoß gegen beide russischen Flügel zu erringen sucht, die Verschiebung selbst der schweren Artillerie auf diesen Wegen. Da der motorisierte Verkehr infolge der Anfang Februar einsetzenden Oststürme und starken Schneefälle unmöglich wird, haben er und Ludendorff rechtzeitig eine große Anzahl von Schlitten und Schlittenkufen bereitstellen lassen.

Am 8. Februar kommt es zu ersten kleineren Zusammenstößen mit den überraschten Russen, am 10. Februar zu vereinzelten Gefechten. 2100 gefangene Russen, 13 Geschütze, 14 Maschinen-

[3] Am 27. August schrieb Hindenburg an Konrad von Studt: „Die Zivilverwaltung Polens habe ich an ein immediates General-Gouvernement abgegeben."

gewehre und Ausrüstungsgegenstände sind die erste deutsche Beute in dieser nun entbrennenden Schlacht in „Eiseshauch und Totenstarre“, wie Hindenburg sich noch Jahre später fröstelnd und angewidert ausdrückt. Zügig werden russische Stellungen genommen, der verunsicherte Feind stellenweise zur wilden Flucht gezwungen. Täglich erhöht sich die Anzahl der Gefangenen, deren Zahl zuletzt 150 000 Mann ausmacht. Am 11. Februar sind es 4000 bei Stallupönen, unmittelbar danach, nach der Einnahme von Eydtkuhnen, Wirballen und Kibarty, 10 000. 80 Feldküchen, Verpflegung und Munition, Geschütze, Maschinengewehre und noch einmal 2100 Gefangene werden buchstäblich im Handumdrehen eingebracht. Zwei russische Divisionen sind rasch entweder aufgerieben oder aus der Hauptkampflinie verschwunden. Der rechte russische Flügel wird in kurzer Zeit völlig geschlagen, was die Truppe zur Massenflucht veranlaßt. Der am 13. Februar nach Lyck zu Hindenburg gekommene Kaiser hat Gelegenheit, seinen Generalfeldmarschall und dessen Truppen aus nächster Nähe zu beobachten.

Die 14 Tage dauernde Schlacht, die „Winterschlacht in Masuren“, übertrifft schließlich nicht nur die Dauer, sondern auch das Ergebnis der Schlacht bei Tannenberg. Die mit 370 Bataillonen gegen 70 deutsche Bataillone angetretenen Russen haben 150 000 Mann verloren. Doch die Operation Tannenberg ist für Hindenburg als Feldherr ein weit größeres Wagnis gewesen.

„Begrenzte Offensive“ hatte Falkenhayns Weisung gelautet. Hindenburg läßt eine deutsche Armeegruppe vom Memelland aus in Litauen einfallen und bis über Schaulen hinaus bis zum baltischen Kriegshafen Libau vordringen. Ein deutsches Kavalleriekorps schwärmt bis zur Nähe der Düna aus. Mackensen eröffnet eine größere Offensive in Nordgalizien, wirft die Russen, von denen nach dem 1. Mai innerhalb von sechs Wochen rund 500 000 in Gefangenschaft gehen, über den San und über den Dnjestr. Doch die Österreicher versagen. Die Russen haben ihre Front in Galizien überrannt und sie rund 60 Kilometer zurückgeworfen. Ein ganzes österreichisch-ungarisches Korps aus Tschechen und Slowaken ist zu ihnen übergelaufen. In Hindenburgs Stab herrscht Bestürzung. Hoffmann, der gern am Denkmal Hindenburg rüttelt, tut es diesmal nicht. „Es ist ziemlich aufregend“, schreibt er, „Ludendorff (ist) natürlich sehr angespannt.

Der einzige, der wahrhaft olympische Ruhe bewahrt, ist Hindenburg."

Dennoch hadert Hindenburg mit den Voraussetzungen, die nach seiner Auffassung überflüssig sind, weil die Befolgung seiner – von der obersten Führung verworfenen – Pläne eine andere Lage geschaffen hätte. Er bleibt nach außen hin zwar stoisch ruhig und unverdrossen; aber er ist – was besonders dem Maler Hugo Vogel auffällt, der sein Gesicht, seine Psyche und sein Verhalten genau studiert hat – doch erschüttert, spricht im vertrauten Kreis über die politischen und militärischen Kriegsziele und sagt offen, daß er alles andere als einen triumphalen Frieden wünsche. Der Frieden, der ihm in diesen Tagen vorschwebt, soll lediglich den Einsatz „decken" und das nationale Dasein garantieren.

Wieder muß Hindenburg als Retter erscheinen. Mitte Juni sind Galizien und die Bukowina – dank Hindenburg – wieder frei. Wieder drängt Hindenburg den Kaiser und Falkenhayn, im Osten endlich eine gravierende Entscheidung herbeiführen zu lassen. Doch es bleibt beim OHL-Konzept.

Zu den Schwierigkeiten, mit denen Hindenburg an der Front seitens der Österreicher konfrontiert wird, gesellt sich die abweichende Vorstellung und hinhaltende Rückendeckung durch die Oberste Heeresleitung[4]. Erich von Falkenhayn mag Ludendorff nicht, und auch der Feldmarschall ist nicht der Feldherr, dem er sich unbedingt verbunden fühlt. Zwar weiß der Kaiser dies aus Bemerkungen seines Generalstabschefs, der die an ihn gerichteten Berichte Hindenburgs gern mit hämischen Randbemerkungen zu versehen pflegt; aber er läßt ihn noch gewähren.

Als Falkenhayn Ludendorff zu sich zitiert, der ihn über die Operationspläne Hindenburgs informiert, nach den gescheiterten Versuchen bei Ypern in Belgien, den Wettlauf zum Meer zu gewinnen, die Entscheidung des Krieges nicht im Westen, sondern nach einer angemessenen Truppenverstärkung im Osten zu suchen, stellt er sich entschieden gegen Hindenburg. Doch es kommt auf Ludendorffs Vorschlag im Osten zur Bildung eines einheitlichen Oberkommandos Ost. Erich Ludendorff wird

[4] „Es wäre eine Lust, Soldat zu sein, wenn unsere OHL und die Österreicher besser wären", schrieb Hoffmann.

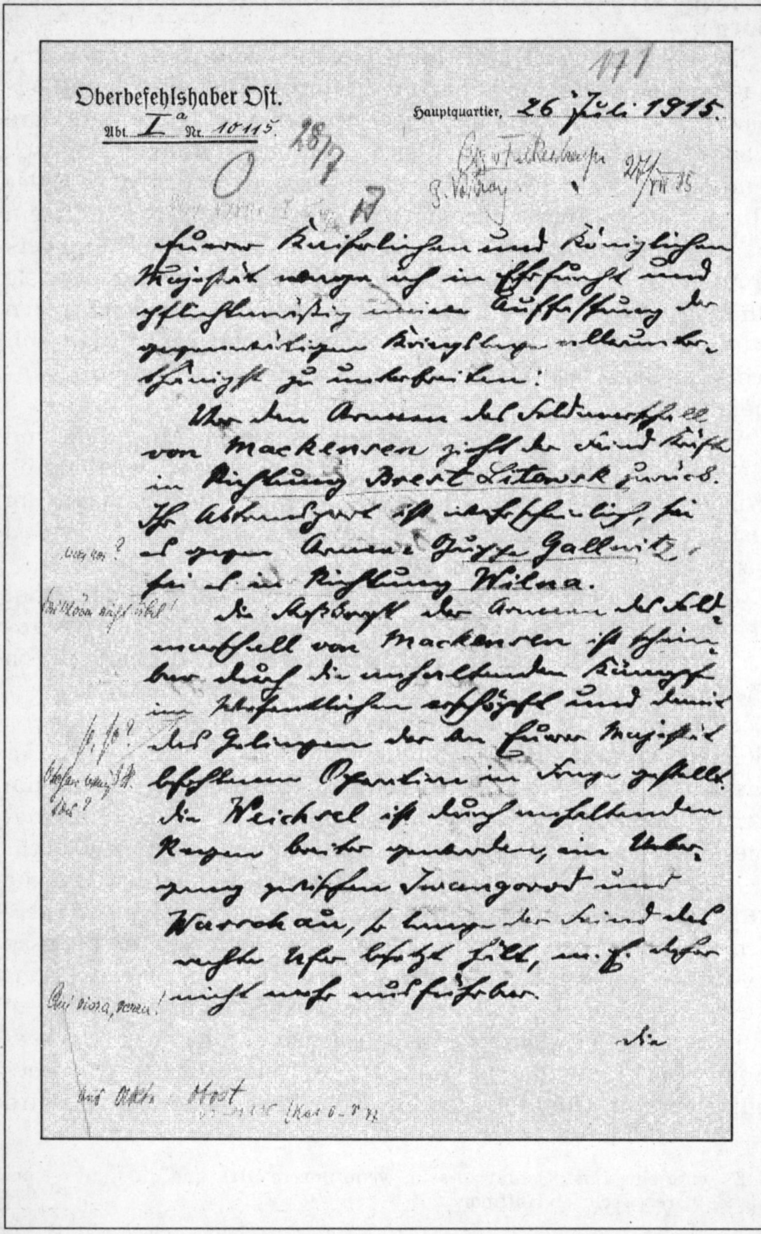
Oberbefehlshaber Ost.
Abt. Ia Nr. 10115.

Hauptquartier, 26 Juli 1915.

Euerer Kaiserlichen und Königlichen Majestät wage ich in Ehrfurcht und pflichtmäßig meine Auffassung der gegenwärtigen Kriegslage alleruntertänigst zu unterbreiten:

Vor den Armeen des Feldmarschalls von Mackensen zieht der Feind Kräfte in Richtung Brest Litowsk zurück. Ihr Abtransport ist wahrscheinlich, sei es gegen Armee-Gruppe Gallwitz, sei es in Richtung Wilna.

Die Stoßkraft der Armeen des Feldmarschall von Mackensen ist scheinbar durch die anhaltenden Kämpfe im Wesentlichen erschöpft und damit das Gelingen der an Euerer Majestät befohlenen Operation in Frage gestellt. Die Weichsel ist durch anhaltenden Regen breiter geworden, ein Übergang zwischen Iwangorod und Warschau, so lange der Feind das rechte Ufer besetzt hält, m. E. daher nicht mehr ausführbar.

Die

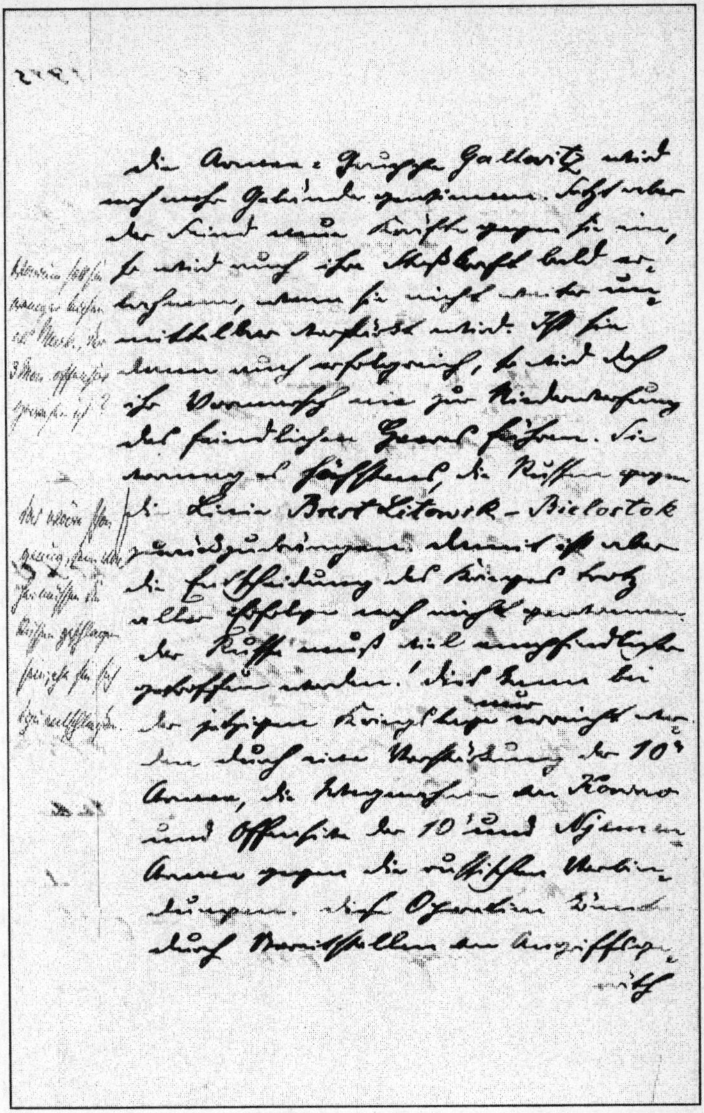

Die Armee-Gruppe Gallwitz wird noch mehr Gelände gewinnen. Setzt aber der Feind neue Kräfte gegen sie ein, so wird auch ihre Stoßkraft bald erlahmen, wenn sie nicht weiter unmittelbar verstärkt wird. Ist sie dann auch erfolgreich, so wird doch ihr Vormarsch nie zur Niederwerfung des feindlichen Heeres führen. Sie vermag es höchstens, die Russen gegen die Linie Brest Litowsk – Bielostok zurückzudrängen. Damit ist aber die Entscheidung des Krieges trotz aller Erfolge noch nicht gewonnen. Der Russe muß viel empfindlicher getroffen werden! Dies kann bei der jetzigen Kriegslage nur erreicht werden durch eine Verstärkung der 10. Armee, die Wegnahme von Kowno und Offensive der 10. und Njemen Armeen gegen die russischen Verbindungen. Diese Operation wird durch Bereitstellen der Angriffsgruppe

sich

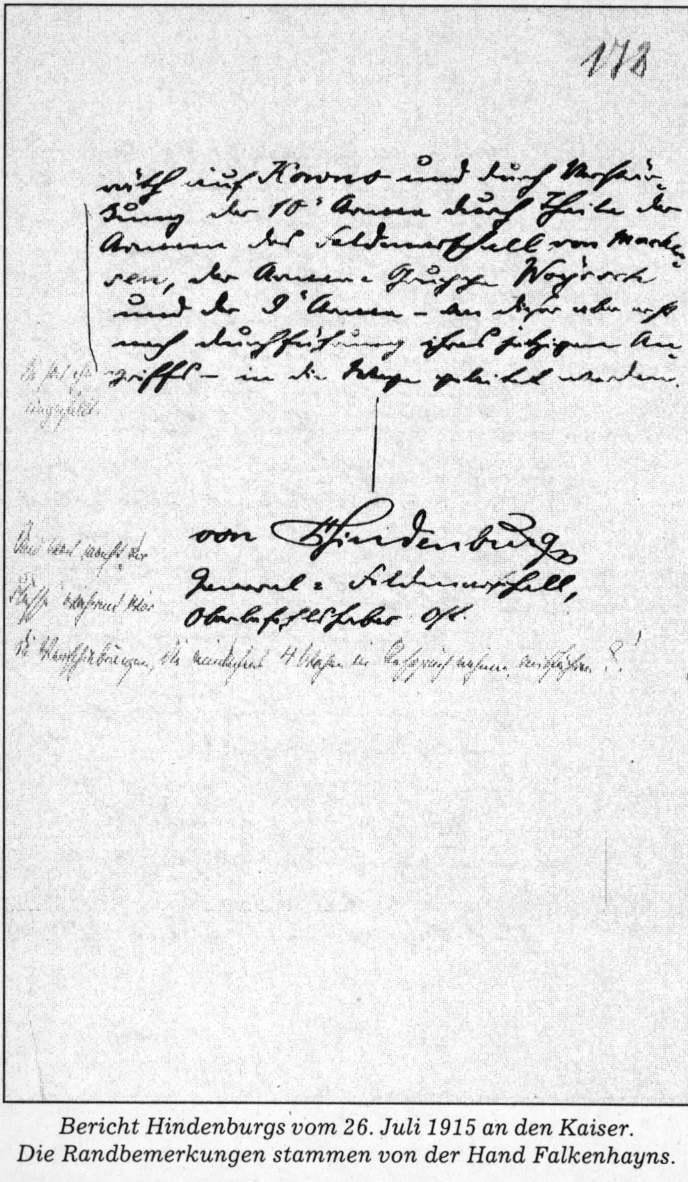

178

nicht auf Kowno und durch Verschiebung der 10. Armee durch Theile der Armeen des Feldmarschall von Mackensen, der Armee-Gruppe Woyrsch und der 9. Armee – diese aber erst nach Durchführung ihres jetzigen Angriffs – in die Lage gebracht werden.

von Hindenburg
Generalfeldmarschall,
Oberbefehlshaber Ost.

Bericht Hindenburgs vom 26. Juli 1915 an den Kaiser.
Die Randbemerkungen stammen von der Hand Falkenhayns.

	Hauptquartier, 26. Juli 1915
	Euerer Kaiserlichen und Königlichen Majestät wage ich in Ehrfurcht und pflichtgemäß meine Auffassung der gegenwärtigen Kriegslage alleruntertänigst zu unterbreiten:
na, na?	*Vor den Armeen des Feldmarschall von Mackensen zieht der Feind Kräfte in Richtung Brest Litowsk zurück. Ihr Abtransport ist wahrscheinlich, sei es gegen Armee-Gruppe Gallwitz, sei es in Richtung Wilna.*
das wäre nicht übel!	*Die Stoßkraft der Armeen des Feldmarschall von Mackensen ist scheinbar durch die anhaltenden*
so, so?	*Kämpfe im Wesentlichen erschöpft*
Woher weiß H. das	*und damit das Gelingen der von Eurer Majestät befohlenen Operation in Frage gestellt.*
Qui vivra, verra!	*Die Weichsel ist durch anhaltenden Regen breiter geworden, ein Übergang zwischen Iwangorod und Warschau, solange der Feind das rechte Ufer besetzt hält, m. E. daher nicht mehr ausführbar.*
Warum soll sie weniger leisten als Mack., der 3 Mon. offensiv gewesen ist?	*Die Armee-Gruppe Gallwitz wird noch mehr Gelände gewinnen. Setzt aber der Feind neue Kräfte gegen sie ein, so wird auch ihre Stoßkraft bald erlahmen, wenn sie nicht weiter unmittelbar verstärkt wird. Ist sie dann auch erfolgreich, so wird doch ihr Vormarsch nie zur Niederwerfung des feindlichen Heeres führen.*
Das wäre schon genug, denn vorher müssen die Russen geschlagen sein, ehe sie sich dazu entschließen.	*Sie vermag es höchstens, die Russen gegen die Linie Brest Litowsk–Bielostok zurückzudrängen. Damit ist aber die Entscheidung des Krieges trotz aller Erfolge noch nicht gewonnen. Der Russe muß viel empfindlicher getroffen werden! Dies kann bei der jetzigen Kriegslage nur erreicht werden durch eine Verstärkung der 10. Armee, die Wegnahme von Kowno und Offensive der 10. und Njemen-Armee gegen die russischen Verbindungen. Diese Operation könnte durch Bereitstellen von Angriffsgeräth auf Kowno und durch Verstärkung der 10. Armee*
Sie hat ihn eingestellt.	*durch Theile der Armeen des Feldmarschall von Mackensen, der Armee-Gruppe Woyrsch und der 9. Armee – von dieser aber erst nach Durchführung ihres jetzigen Angriffs – in die Wege geleitet werden.*
Und was macht „der Russe", während wir die Verschiebungen, die mindestens 4 Wochen in Anspruch nehmen, ausführen?	*von Hindenburg* *General-Feldmarschall,* *Oberbefehlshaber Ost.*

„Chef Oberost", Hindenburg Oberbefehlshaber aller deutschen Truppen an der Ostfront, was nicht nur die deutschen Operationen unter eine neue Führungsinstanz stellt, sondern auch den Verkehr mit den militärischen Führern des Bundesgenossen erleichtern soll. Die Österreicher kennen von nun an eine offizielle deutsche Koordinationsadresse, an die sie sich in besonderen Situationen umweglos wenden können.

Falkenhayn jedoch rückt nicht von seinen Vorstellungen ab. Er befürchtet, wie er seine Haltung rechtfertigt, im Osten eine „Fortsetzung ins Uferlose", und er ärgert sich – wie Wilhelm II. allerdings auch – über den überall immer aufdringlicher werdenden Kult um Hindenburg. Am 2. Juli schließlich reisen der Kaiser und Falkenhayn zu ihm nach Posen, wo sie mit ihm in seinem Hauptquartier „Schloß Posen" zusammentreffen. Das Ergebnis: Nicht Hindenburgs großer Plan, sondern der „kleine Plan" des Kaisers und Falkenhayns soll durchgesetzt, Warschau genommen[5] und schließlich preußisch werden. Hindenburg gehorcht.

Am 26. Juli 1915 unterbreitet er dem Kaiser handschriftlich, wie er die Kriegslage sieht. Er rät, die Erschöpfung der eigenen Truppen in die Überlegungen einzubeziehen, und erklärt, daß die Russen, von Mackensens Armeen bedrängt, sich in Richtung Brest-Litowsk zurückziehen und wahrscheinlich abtransportiert werden. Des kaiserlichen Widerspruchs gewiß, prophezeit er, daß die von General Max von Gallwitz geführte Armee-Gruppe die ihr gesteckten Ziele nicht erreichen werde, wenn sie ohne Verstärkung bleibe. Und er sagt dem Kaiser auch bei allem Respekt, den er ihm „in Ehrfurcht" entgegenbringt, daß der von ihm und Falkenhayn befohlene Angriff ohne angemessene Truppenstärke nicht die nach seiner Auffassung unbedingt notwendigen Folgen haben könne. Der von der OHL befohlene „Vormarsch" werde weder „zur Niederwerfung des feindlichen Heeres führen" noch – „trotz aller Erfolge" – die „Entscheidung des Krieges" bringen.

Der Kaiser und Falkenhayn glauben nach den schnell aufeinanderfolgenden Siegen der Truppen Hindenburgs dennoch, den richtigen Weg zu gehen und das bessere militärische Rezept

[5] Warschau wurde am 5. August von deutschen Truppen besetzt.

gewählt zu haben. Die Deutschen nehmen Anfang August Warschau. Am 20. August fällt Nowo-Georgiewsk (Modlin). 85 000 Russen geraten in Gefangenschaft. Kowel kommt am 23. August, Brest-Litowsk am 25. August, Bialystok und Olita am 26. August in deutsche Hand. Grodno wird am 2. September erobert, während die bis zur Schlacht bei Tarnopol vom 6. bis 19. September ebenfalls erfolgreichen österreich-ungarischen Armeen im Süden die Festung Luck in Wolhynien einnehmen, den Styr überschreiten und Dubno und Brody besetzen.

Doch schon Mitte September zeigt sich, daß Hindenburgs Vorschläge und Warnungen nicht schadlos ignoriert worden sind. Nach der Einnahme des Bahnknotenpunktes Baranowitsche und der Eroberung Wilnas am 18. September werden die deutschen Angriffe infolge fehlender Kräfte zum Stehen gebracht. Die geplante Umfassung der Russen scheitert. Die Schlacht kann nicht siegreich beendet werden. Der Oberbefehlshaber Ost hat recht behalten. Doch schadenfroh und von Genugtuung erfüllt ist er keineswegs. Das Gegenteil ist der Fall.

Augenblicklich haben auch die Maßnahmen der russischen Führung bestätigt, daß die Deutschen mit Hindenburgs Plänen besser fahren würden. Der aus vielen Wunden blutende Bär, wie der passionierte Waidmann Hindenburg sich ausdrückt, ist nahe daran, seinen Verletzungen zu erliegen, und sucht nach Auswegen aus seinem Dilemma. Großfürst Nikolai Nikolajewitsch, der Neffe des Zaren, auf den die Führung trotz der schweren Niederlagen bei Tannenberg, an den Masurischen Seen und in der Winterschlacht an den Masurischen Seen ihre Hoffnungen setzte, wird am 5. Sptember 1915 abberufen und auf ein nebensächliches Kommando im Kaukasus abgeschoben. Der Zar selbst, der sichtlich geringere Voraussetzungen als sein Neffe für die Besetzung der freigewordenen Position mitbringt, übernimmt notgedrungen den Oberbefehl in der Hoffnung, nicht plötzlich durch eine großangelegte deutsche Offensive zur Kapitulation gezwungen zu werden.

Hindenburg sagt täglich, was getan werden müßte; aber seine Vorschläge verhallen unberücksichtigt. Und so bleibt es auch nach der Abwehr der von Mitte Dezember 1915 bis Mitte Januar 1916 von den Russen geführten massiven Angriffe zwischen den Karpaten und den Pripjetsümpfen, bei denen die Truppen des

Lagebesprechung im Hauptquartier der Obersten Heeresleitung: Generalfeldmarschall Paul von Hindenburg mit dem Kaiser und Generaloberst Erich Ludendorff.

Zaren schwere Verluste erleiden, wie es auch in der zweiten März-Hälfte bei ihren – von deutscher Seite – abgewiesenen Offensiven zwischen den Flüssen Duna und Beresina der Fall ist.

Erst nachdem jetzt auch – seit Anfang Juni – im Westen bei Verdun und an der Somme trotz größter Anstrengungen nicht erreicht wird, was der Kaiser und Falkenhayn erhofft und angestrebt haben, und die Russen zur Entlastung der Westalliierten zu einer umfassenden Offensive auf Kowel und Lemberg, auf die Bukowina, auf Baranowitsche und auf Mitau angetreten und teilweise erfolgreich geblieben sind[6], ändert sich dies.

Am 28. August 1916 erreicht Hindenburg die Aufforderung, sich umgehend zu einer Besprechung über die militärische Lage zum Kaiser zu begeben. Am 29. August trifft er in Begleitung

[6] Insgesamt verloren die Russen – trotz ihrer Geländegewinne in Wolhynien und Galizien – bis Mitte September 1916 rund eine Million Mann.

Ludendorffs aus Brest-Litowsk in Pleß in Oberschlesien ein, wo Wilhelm II. ihn erwartet.

„Auf dem Bahnhof", berichtet er, „empfing mich im Auftrage des Kaisers der Chef des Militärkabinetts. Aus seinem Munde erfuhr ich zuerst die für mich und General Ludendorff beabsichtigten Ernennungen. Vor dem Schlosse in Pleß traf ich meinen Allerhöchsten Kriegsherrn selbst, der das Eintreffen Ihrer Majestät der Kaiserin, die von Berlin aus kurz nach mir Pleß erreicht hatte, erwartete. Der Kaiser begrüßte mich sogleich als Chef des Generalstabes des Feldheeres und General Ludendorff als meinen Ersten Generalquartiermeister. Auch der Reichskanzler war von Berlin aus erschienen und augenscheinlich von der Veränderung in der Besetzung der Chefstelle, die ihm Seine Majestät in meiner Gegenwart mitteilte, nicht weniger überrascht als ich selbst." Sein Nachfolger als „Oberost" wird der Feldmarschall Prinz Leopold von Bayern, dessen Generalstabschef Max Hoffmann, der engen Kontakt zu Ludendorff und der Obersten Heeresleitung hält.

Falkenhayn, der das Vertrauen der Armee nicht mehr besitzt, verabschiedet sich frostig von seinem Nachfolger mit den knappen Worten: „Gott helfe Ihnen und unserem Vaterland." Weder er noch der Kaiser erklären Hindenburg, wieso er auserwählt worden ist, das höchste Amt im Rahmen der militärischen Führung zu übernehmen[7]. Seiner Frau berichtet Hindenburg: „Noch ist es mir immer wie ein Traum, und ich kann sagen: Welch eine Wendung durch Gottes Fügung!"

Falkenhayn hatte „gemault", nachdem ihm bekannt geworden war, daß der Kaiser Hindenburg und Ludendorff zu einer Besprechung zu empfangen gewünscht habe. Wilhelm, einigermaßen sicher, daß Hindenburg zur Verfügung stehen würde, ließ ihn gehen.

In Pleß, wo Hindenburg seit dem 29. August 1916 als Chef des Generalstabes des Feldheeres „residiert", erfährt er „einige Zeit" nach dem Positionswechsel, daß der Reichskanzler Theo-

[7] In der kaiserlichen Kabinettsorder vom 29. August 1916, in der Wilhelm II. sich bei „dem siegreichen Beschützer unserer Ostfront" bedankt, heißt es unter anderem: „Ich ... bin überzeugt, daß ich diese Stellung in keine besseren Hände legen kann."

bald von Bethmann Hollweg und der österreichisch-ungarische Außenminister Stephan Graf von Burián Rajecz am 12. und 13. August in Wien beschlossen haben, ein Königreich Polen ins Leben zu rufen[8]. Hindenburg ist froh, mit der „Mißgeburt", wie er das künstlich von zwei vorübergehenden Besatzungsmächten mitten im Kriege geschaffene Gebilde nennt, nicht unmittelbar zu tun zu haben, was ihm nicht erspart geblieben wäre, wenn der Kaiser ihn nicht unmittelbar zu sich geholt hätte.

Fünf polnische Divisionen aus freiwilligen Soldaten sollten als Dank für die Gründung der Monarchie schließlich auf der Seite der Mittelmächte kämpfen; aber noch Ende September 1917 standen in der polnischen Legion nicht mehr als 3000 Polen unter Waffen. Die „übrigen neuntausend waren von Österreichern eingeschmuggelte Galizier"[9].

„Für diese Gesellschaft", resümierte Hindenburg, „habe ich natürlich gedankt." Der Kelch, womöglich auch noch so etwas wie Herr über einen König von Polen zu werden, war rechtzeitig an ihm vorübergegangen[10].

[8] Das Königreich Polen, dessen Schaffung ein mögliches Friedensengagement mit Rußland endgültig zur Illusion werden ließ, wurde am 5. November 1916 proklamiert.

[9] Diese 9000 Mann konnten nur hinter der Front verwendet werden.

[10] Die Exekutive verblieb in den Händen der Generalgouverneure in Warschau und Libau. Allerdings hat sich Hindenburg (zuweilen gegen die Interessen Österreichs) bis zu seinem Ausscheiden im Mai 1919 engagiert. Seine „Ansichten" (so beispielsweise in einem Aktenstück vom 24. Januar 1917 zur Ostpolitik der Obersten Heeresleitung) waren gelegentlich Diskussionsgrundlage amtlicher Korrespondenzen zwischen dem Generalgouverneur von Warschau und dem Reichskanzler.

„Generalissimus“

In Pleß, dem oberschlesischen Städtchen, das schon bald nach dem Beginn des Krieges als gelegentlicher Sitz der deutschen Obersten Heeresleitung vorgesehen worden war, weil sich im nahe gelegenen österreichisch-schlesischen Teschen das österreichisch-ungarische Armee-Oberkommando befand, hat Hindenburg es mit den ihm gleichgestellten Chefs der verbündeten Heere zu tun. Da Wilhelm II. 1916 von den Staatsoberhäuptern[1] und Regierungen der verbündeten Mächte mit der Führung der gemeinsam gebildeten Obersten Kriegsleitung betraut worden ist, befindet sich in den Händen Hindenburgs das größte Gewicht[2]. Er macht die Chefs der verbündeten Heere mit den leitenden Gesichtspunkten der gemeinsamen Kriegführung vertraut und multipliziert auf diesem Wege wesentliche eigene Vorstellungen.

Im Gegensatz zu den Aufenthalten in den Hauptquartieren in Ostpreußen, in Schlesien und in Polen, in denen ein regelmäßiger Tagesablauf kaum möglich war, kann Hindenburg, der sich gern an feste Regeln und Richtlinien haltende Frühaufsteher, die Dienstgeschäfte hier nach einem regelrechten Dienstplan ablaufen lassen. Nach der Lektüre der Morgenmeldungen geht er täg-

[1] Von Kaiser Franz Joseph, vom bulgarischen König und vom Padischah der Osmanen.

[2] Hindenburg war nun eigentlich Generalissimus; aber er nannte sich nicht so, weil er dem Kaiser nicht womöglich einen Wallenstein-Komplex suggerieren wollte. Ludendorff, der umgehend die Offiziere zu sich holte, die ihm besonders gefielen, nannte sich als Chef des Generalstabes von nun an Generalquartiermeister.

lich um 9 Uhr früh zu Ludendorff und bespricht mit ihm die jeweilige Lage. Er läßt nicht seinen Untergebenen zu sich kommen, sondern geht selbst zu ihm. „Meist handelte es sich" bei den Besprechungen, überliefert er, „nicht um lange Aussprachen. Wir lebten beide ununterbrochen in der Kriegslage und kannten gegenseitig unsere Gedanken. Die Entschlüsse fielen daher meistens auf Grund etlicher weniger Sätze, ja, manchmal genügten einige Worte, um das gegenseitige Einverständnis festzulegen, das dem General als Grundlage für die weiteren Ausarbeitungen diente."

Danach folgt ein rund einstündiger Spaziergang, wobei sein Adjutant ihn begleitet. Gäste, die sich anschließen und ihm ihre „Schmerzen" schildern dürfen, erfahren dabei gelegentlich so etwas wie eine pastorale Seelsorge. Manche „sorgende Seele", sagt er, habe er „läutern" können. Nach diesen Ausflügen erscheinen bei ihm Ludendorff und die Abteilungschefs, um ihm vorzutragen und sich von ihm einweisen zu lassen. Täglich beantwortet er bergeweise Post, wobei ein Offizier ihm behilflich ist. „In dieser Korrespondenz spielte Poesie wie Prosa eine Rolle, Begeisterung und ihr Gegenteil zeigte sich in allen möglichen Abstufungen. Es war sehr schwer", erinnert er sich, „einen Zusammenhang zwischen den mir vorgetragenen Anliegen und meiner dienstlichen Stellung zu finden." Er wird gebeten, Probleme der Müllabfuhr einer Provinzstadt zu lösen, einen verlorengegangenen Taufschein herbeizuschaffen und durch autoritären Rat Fragen zu klären, die lokale oder regionale Instanzen nicht zu beantworten und zu lösen vermögen. Dieser Aufwand belastet ihn zwar zusätzlich; aber er freut sich über das „naive Vertrauen" auf seinen „persönlichen Einfluß" und hilft, wo immer er kann[3]. Mittags ist er regelmäßig beim Kaiser, um seinen Vortrag zu halten.

[3] „Wo ich Zeit und Gelegenheit hatte", berichtete er, „half ich gern, wenigstens mit meiner Unterschrift." In Insterburg, wo 1915 die Möbel und Utensilien des Hotels „Dessauer Hof", in dem er eine Zeitlang sein Hauptquartier aufgeschlagen hatte, infolge der Verschuldung als Folge der Kriegsereignisse im Auftrage des Finanzamts zwangsversteigert werden sollten, unterband er diese Aktion kurzerhand und drohte den Beamten des Finanzamtes schlimme Konsequenzen für den Fall an, daß sie sich nicht an seinen „Befehl" hielten. Das Hotel und die Einrichtung blieben in den Händen des Besitzers.

Als Chef des Generalstabes des Feldheeres.

Obwohl er im Kaiser so etwas wie die höchste weltliche Autorität erblickt, der er sich widerspruchslos zu beugen bereit ist, führt er in Pleß als Chef des Generalstabes des Feldheeres eine Umgangsform ein, die ihm bis dahin mit Sicherheit als suspekt und unvorstellbar erschienen wäre. Seine Position selbstbewußt herausstellend, trägt er persönlich dem Kaiser nur dann noch vor, wenn es sich „um wichtigere Beschlüsse“ handelt. In allen anderen Fällen überläßt er diese Funktion Ludendorff, der zu schweigen hat, sobald sein Chef das Wort ergreift. Werden neue Operationspläne vorgetragen, begnügt sich der Kaiser „allermeist“ mit den „Begründungen“ Hindenburgs, dem er rückhaltlos vertraut – und von ihm auf Umwegen attestiert bekommt, über ein ausgezeichnetes Gedächtnis für Kriegslagen zu verfügen und sich durch „größte Genauigkeit“ beim Studium der Lagekarten auszuzeichnen.

Bei Tische hat jeder Offizier des Stabes ebenso wie jeder Gast absolut pünktlich zu sein und sich an die von Hindenburg „auf das unbedingt nötige Maß“ beschränkte Zeit zu halten. Von den meisten Offizieren erwartet ihr Feldherr, daß sie täglich „eine 16stündige Arbeitszeit“ durchstehen. Den wechselhaften Nachmittagsdiensten folgen das um 20 Uhr beginnende Abendessen und ein von Ludendorff jeweils pünktlich um 21.30 Uhr einzuleitendes „gruppenweises Zusammentreffen in Nebenräumen“, in denen „meist sehr lebhaft“ über dienstliche und private Belange aller Art diskutiert wird. Übereinstimmend schildern einstige Gäste, daß dabei alle dienstliche Steifheit abgestreift und nicht selten gescherzt und gelacht worden sei. „Der Frohsinn kam zu seinem Recht. Diesen zu unterstützen, hielt ich“, sagt Hindenburg, „für eine Pflicht gegenüber meinen Mitarbeitern.“ Neuerliche Lagebesprechungen, zeichnerische Lagefestlegungen für die einzelnen Frontabschnitte und Auswertungen von Tagesmeldungen schließen sich den abendlichen „privaten“ Zusammenkünften an. Zu Bett gehen der immerhin 70jährige Hindenburg und seine Offiziere „nie vor Mitternacht“. Daß ein so – einem elitären Internat nicht unähnlicher – dirigierter Kreis von Männern, deren „Leben, Arbeit, Denken und Fühlen ... völlig ineinander“ aufgeht, fugenlos und effektvoll funktionieren muß, ist selbstverständlich.

Kaum ein Tag vergeht, an dem Hindenburg sich nicht auch

zahlreichen und meist bunt zusammengewürfelten Gästen widmen muß. Kirchliche Würdenträger, Politiker, Handwerker und Arbeiter, deren „schwielig kräftige Hände“ er gern drückt, Industrielle, Bürokraten, Wissenschaftler, Beamte und einfach Neugierige tragen ihm ihre Pläne, Sorgen und Probleme vor. Maler und Bildhauer porträtieren ihn. Schriftsteller begleiten – und schildern ihn. Journalisten berichten über ihn. Autographensammler und Archivare bitten um handschriftliche und andere Unterlagen. Prominente Zeitgenossen wie der Luftschiffbauer Graf Zeppelin[4] und die Fliegerhelden Boelcke[5] und Richthofen schildern ihm ihre Erlebnisse. „... so blieb kein Stand und kein Stamm seitab von uns, und ich glaubte den gemeinsamen Pulsschlag von Heer und Heimat“, so schloß er seinen Bericht über den Pleßer Tagesablauf, „von unseren Verbündeten und uns selbst oft in nächster Nähe zu fühlen.“

Mit Hindenburg ist zwar der genialste und erfolgreichste deutsche Feldherr auf die höchste Stufe der militärischen Karriereleiter gestellt worden; aber es existieren Hindernisse, die seine Möglichkeiten einschränken. Die verbündeten Mittelmächte verfügen über keine tatsächlich einheitliche Führung. Die beiden Monarchen, die offizielle Spitze, betreiben nicht nur eine unterschiedliche Außenpolitik, sondern verfolgen auch verschiedene Kriegsziele, so daß sie de facto als oberste Kriegsherren und Koordinatoren für die auseinanderdriftenden Ressorts der politischen und militärischen Leitung ausfallen. Die nach den Erfahrungen der Frühjahrs- und Sommerereignisse an den Fronten gebildete und in den Händen von Wilhelm II. liegende „Oberste Kriegsleitung“ ist nicht viel mehr als ein Notbehelf, zumal die Generalstabschefs der beiden Monarchien zunehmend gegensätzliche Auffassungen verfechten. Hindenburg ist befugt, „im Auftrage der Obersten Kriegsleitung“ Anweisungen heraus-

[4] Da die deutsche Führung seit 1915 Zeppelin-Luftschiffe (zunächst mit einem Inhalt von 32 000 und bald auch mit 38 000 Kubikmetern) für nächtliche Angriffsflüge auf Ziele in Paris, London und Südengland einsetzte, war Graf Zeppelin zwangsläufig nicht nur ein Gast, der mit Hindenburg über nebensächliche Fragen zu sprechen hatte.

[5] Boelcke fiel am 28. Oktober 1916. Die Flieger spielten für die deutsche Kriegführung eine ähnliche Rolle wie die Luftschiffer. Sie hatten (als „Kampfgeschwader“) vornehmlich die Luftoffensive zu sichern, was als geschlossener Einsatz erstmals im Frühjahr 1916 bei den Kämpfen um Verdun geschah.

Hindenburg am 27. Mai 1917 beim Oberkommando der 6. Armee im Gespräch mit dem Oberbefehlshaber der Armee, General der Infanterie Otto von Below.

zugeben und Vereinbarungen mit den verbündeten Heereschefs zu treffen.

In seinen „Erinnerungen" schreibt er, die negativen Aspekte nobel ignorierend: „Bei dem großen Entgegenkommen und der verständnisvollen Mitarbeit der ... Chefs der verbündeten Heere konnte ich die Anwendung meiner neuen Rechte auf einzelne besonders wichtige kriegerische Entscheidungen beschränken." Doch ganz verschweigt er nicht, was eigentlich auch unbedingt nötig gewesen wäre. „Die Behandlung gemeinsamer politischer und wirtschaftlicher Fragen", so überliefert er, „fiel nicht in den Bereich dieser Obersten Kriegsleitung." Seine Bilanz: „Meine Aufgabe bestand sonach im wesentlichen darin, den Verbündeten die leitenden Gesichtspunkte für die gesamte Kriegführung zu geben und ihre Kräfte und Tätigkeit zur Erreichung des gemeinsamen Zieles zusammenzufassen. Unser aller Interesse würde es entsprochen haben, wenn die Oberste Kriegsleitung unter Zurückstellung der einzelnen Sonderinteressen, ja selbst unter Preisgabe einzelner für die Entscheidung nebensächlicher Rücksichten, einen durchschlagenden Erfolg auf einem der Hauptkriegsschauplätze hätte erzwingen können. Im unabänderlichen Wesen des Koalitionskrieges lag es aber, daß unserer Obersten Kriegsleitung durch Rücksichten aller möglichen Art hierin oft Schwierigkeiten bereitet wurden."

So ist die „Oberste Kriegsleitung" trotz Hindenburg eine Instanz, die nicht halten kann, was ihre Bezeichnung verspricht.

Scherzhaft hat Hindenburg seiner Frau nach den Schlachten bei Tannenberg und an den Masurischen Seen einmal geschrieben, daß ihr „Alter noch berühmt" werden würde; aber das, was er inzwischen geworden ist, Generalfeldmarschall, Chef der Obersten Heeresleitung, engster Vertrauter und Berater des Kaisers in militärischen Fragen, höchste Autorität für alle deutschen, österreichischen, ungarischen, bulgarischen und türkischen Militärs im Rahmen der Gesamtkriegführung, das hat niemand auch nur entfernt ahnen können. Niemals zuvor in der Geschichte ist ein Feldherr und Stratege so schnell so populär geworden, so dauerhaft Zentralfigur für Verehrung und Heroisierung geblieben wie er. Nicht von ungefähr schrieb sein Biograph Erich Marcks, dem weder Befangenheit noch Glorifizierungsneigungen nachgesagt werden können, im August 1932, daß sich bei Hindenburg einfach „alle Eigenschaften seiner Menschlichkeit... im Heroischen" entlüden.

Doch gravierend verändert hat Hindenburg sich während seines singulären Höhenfluges nicht. Niemals ist er sich selbst letzte Instanz gewesen, niemals in Gefahr geraten, jemand zu sein oder zu werden, mit dem er nicht stets hätte identisch sein können oder sein wollen.

Ein Versuch, seine militärischen Leistungen detailliert nachzuvollziehen und für den Laien faßbar darzustellen, kann nicht Aufgabe dieser Biographie sein. Sagte er doch selbst allein schon über die von ihm 1914 in Ostpreußen und in Polen geleiteten Schlachten: „In dem Wechsel zwischen Angriff und Verteidigung, Umfassen und Umfaßtsein, Durchbrechen und Durchbrochenwerden zeigt dieses Ringen auf beiden Seiten ein geradezu verwirrendes Bild."

Da die Berufung Hindenburgs zugleich zu einer der maßgeblichsten Zäsuren in der Geschichte des Ersten Weltkrieges wurde, seit der nahezu alle wichtigen militärischen und militärpolitischen Ereignisse auf Ideen und Entscheidungen Hindenburgs zurückgingen, ist es unmöglich, im historischen Nachvollzug so differenziert zu verfahren, wie es in dieser Biographie bis hier geschehen ist. Die Darstellung muß sich für die Folgezeit daher auf exemplarische Details und Zusammenhänge beschränken, die angesichts ihrer Fülle jedoch auch nur stichwortartig skizziert werden können.

Eine seiner ersten maßgeblichen Entscheidungen unterbindet die Fortsetzung eines unsinnigen Opferganges an der Westfront. Er veranlaßt den Kaiser, seinem Vorschlag auf Einstellung der von seinem Vorgänger Falkenhayn verbissen verfolgten Angriffe auf Verdun zuzustimmen. „Es ließ sich", sagte er, „klar überblikken, daß das Unternehmen in jeder Hinsicht aussichtslos geworden war und seine Fortsetzung uns weit größere Verluste kostete, als wir dem Gegner beizubringen imstande waren." Augenblicklich wird offenbar, daß er über die charismatische Statur verfügt, unbeschadet nicht nur weltweit engagiert beobachtete Angriffe einzustellen, sondern auch Gelände preisgeben zu lassen, wenn es darum geht, Menschenopfer zu ersparen.

„Als mir die Leitung der Operationen übertragen wurde", überliefert Hindenburg, „hielt ich die Stimmung in unserer Heimat zwar nicht für verzagt, aber doch für ernst. Kein Zweifel, daß man dort durch manche kriegerische Vorgänge der letzten Monate enttäuscht war." Die SPD, die bei Kriegsausbruch der Bewilligung der Kriegskredite zugestimmt hat, ist seit März 1916 in zwei Lager gespalten. Der unter dem maßgeblichen Einfluß des ostpreußischen Rechtsanwalts Hugo Haase stehende linksradikale Flügel bereitet nicht nur dem SPD-Vorsitzenden Friedrich Ebert, sondern auch der Reichsregierung besondere Probleme. Zwar kann die auf Ebert hörende SPD auf die von Eberts Freund Karl Legien geführten Gewerkschaften rechnen und den mit der Regierung eingegangenen „Burgfrieden" garantieren; aber der im Juni 1916 unter der Parole „für Liebknecht"[6] durchgesetzte erste größere Streik seit Kriegsbeginn kann bereits als ein Menetekel angesehen werden.

Daß die innenpolitische Lage in Rußland nicht mehr sonderlich stabil ist, weil die Masse der Bauern und Arbeiter angesichts der russischen Niederlagen und Verluste an den Fronten für revolutionäre Visionen und Ideologien ebenso anfällig geworden ist wie ein Großteil des Militärs, kann für die deutsche Führung nicht viel mehr als eine schwache Hoffnung darstellen[7]. Zudem ist „die Vorhand", wie Hindenburg sich ausdrückt, inzwischen „überall in den Händen unserer Gegner"[8]. Nach Ostpreußen ist er im August 1914, wenn auch gerade noch in letzter Stunde, so aber doch immerhin rechtzeitig gerufen worden. Nach Pleß indes hat der Kaiser ihn zu spät geholt, zumal seine operativen Vor-

[6] Der linksradikale Sozialdemokrat Karl Liebknecht war am 1. Mai 1916 verhaftet worden.

[7] Österreich-Ungarn war bereits merklich angeschlagen. Bulgarien bereitete keine großen Probleme, hielt sich jedoch eben nur. Die Türkei stellte, was die deutsche Führung überraschte, gute Soldaten. Den an zwei Fronten kämpfenden verbündeten Mittelmächten mit insgesamt sechs Millionen Soldaten standen zehn Millionen Mann der Entente-Mächte gegenüber.

[8] Nach den erfolglosen Kämpfen um Verdun (mit 373 000 französischen und 337 000 deutschen Toten), der gescheiterten Offensive gegen die Italiener und der Brussilow-Offensive (von Anfang Juni bis Anfang September 1916) im Osten (Kowel, Lemberg, Bukowina, Baranowitsche, Mitau und Zborow-Brody) war das Gesetz des Handelns an allen Fronten auf die Entente-Mächte übergegangen. Rumänien, dem von den Entente-Mächten Siebenbürgen, die Bukowina und das Banat versprochen worden war, hatte die für die Entente-Mächte positive Situation zum Anlaß genommen, am 27. August 1916 gegen Österreich-Ungarn in den Krieg einzutreten. Danach folgten Kriegserklärungen Deutschlands, der Türkei und Bulgariens an Rumänien.

schläge bis August 1916 ignoriert worden sind. Die Schuld liegt bei Wilhelm II.

Sowenig Hindenburg die politische Lage während der Kriege von 1866 und 1870/71 beachtet hat, so intensiv tut er dies zielgerichtet, seit er – neben dem Kaiser – an oberster Stelle der Kriegführung steht. In seinen „Erinnerungen" sagt er dazu: „Weder bei meiner Tätigkeit in den höheren Führerstellen des Ostens noch bei meiner Berufung in den Wirkungskreis als Chef des Generalstabes des Feldheeres hatte ich das Bedürfnis und die Neigung, mich mehr als unbedingt notwendig mit gegenwärtigen politischen Fragen zu beschäftigen. Freilich hielt ich in einem Koalitionskrieg mit seinen unendlich vielen und mannigfaltigen auf die Kriegführung wirkenden Entscheidungen eine völlige Zurückhaltung der Kriegsleitung von der Politik für unmöglich."

Die erste Oberste Heeresleitung unter Moltkes Führung hat Fehler begangen, die zweite zu lange unter Falkenhayns Regie gestanden und auch nicht rechtzeitig erfaßt, was hätte getan werden müssen. Bestimmte Fehler, Unterlassungen und Zeitvergeudungen kann auch Hindenburg nicht mehr wiedergutmachen. Dazu sind die Truppen bereits zu sehr geschwächt und heruntergewirtschaftet, ist die „Heimatfront" nicht mehr euphorisch genug.

Hindenburg dagegen läßt General Falkenhayn etwas wiedergutmachen. Nachdem die Rumänen Ende August 1916 in Siebenbürgen eingedrungen sind, Kronstadt und Hermannstadt besetzt und in der Bukowina mit dem linken Flügel der Russen Verbindung aufgenommen haben, gibt er Falkenhayn die Chance, sich beim Kaiser wieder in ein besseres Licht zu setzen. Er läßt Falkenhayn mit seiner Armee zwischen dem 10. und 14. November die Rumänen aus den siebenbürgischen Pässen hinauswerfen, am Szurduk- und Vulkanpaß durchbrechen und danach in die Kleine Walachei eindringen, während Generalfeldmarschall von Mackensen[9] vom Süden her über die Donau mit deutschen, bulgarischen und türkischen Truppen siegreich die Dobrudscha

[9] Die Mackensen-Operation war noch von Falkenhayn angeordnet worden. Hindenburg, der den Rumänen primär „die Vorhand in der Dobrudscha" abgewinnen wollte, erteilte lediglich noch strategische und taktische Anweisungen.

durchquert, so daß ganz Westrumänien durch die beiden Heeresgruppen abgeschnürt wird.

Hindenburgs Plan, den Sieg durch eine Zangenbewegung zu erreichen, ist schnell aufgegangen. Und noch etwas hat er bewiesen: Erstmals haben – dank seiner Regie – alle vier Verbündeten, Deutschland, Österreich-Ungarn, Bulgarien und die Türkei, ihre Eigeninteressen der gemeinsamen Aufgabe untergeordnet. Noch einmal jubilieren die Deutschen in der Heimat – und verdrängen ob dieser neuerlichen effektvollen Hindenburg-Erfolge die Rückschläge an der Westfront. Am 5. Dezember kapitulieren die Rumänen am Argesfluß, am 6. Dezember 1916 ist Bukarest, zur Überraschung der deutschen Führung eine „offene Stadt", in den Händen der Sieger. „Das Verhängnis brach über Rumänien herein", sagt Hindenburg, „weil seine Armee nicht marschierte, weil seine Führung nichts verstand, und weil es uns doch noch gelang, ausreichende Kräfte in Siebenbürgen rechtzeitig zu versammeln."

Trotz der sich in diesen Tagen noch einmal ausbreitenden Euphorie bleibt Hindenburg nüchtern. Früher als jeder andere führende Militär und der Kaiser hat er erkannt, daß ein Sieg der Mittelmächte nicht mehr möglich ist, wenn nicht grundsätzlich neue Wege gegangen werden. Und er sagt es in aller Ruhe auch dem bestürzten Kaiser, der sich nun mit „tiefernstem Pflichtbewußtsein Gott und den Menschen gegenüber ... der Lösung" der vom US-Präsidenten Woodrow Wilson und dem deutschen Kanzler Bethmann Hollweg bereits in der zweiten Hälfte des Jahres 1916 angeregten „Friedensanregung" hingibt, wie Hindenburg schreibt.

Die den USA von den Mittelmächten am 12. Dezember 1916 mit der Bitte um Information der Entente-Mächte zur Kenntnis gegebene Friedensdeklaration[10] ist über Hindenburgs Schreib-

[10] In ihr hieß es unter anderem: „Deutschland und seine Verbündeten, Österreich-Ungarn, Bulgarien und die Türkei ... wurden ... gezwungen, zu den Waffen zu greifen ... Sie gehen nicht darauf aus, ihre Gegner zu zerschmettern oder zu vernichten. Getragen von dem Bewußtsein ihrer militärischen und politischen Kraft und bereit, den ihnen aufgezwungenen Kampf nötigenfalls bis zum äußersten fortzusetzen, gleichfalls aber von dem Wunsche beseelt, weiteres Blutvergießen zu verhüten, schlagen" sie vor, „alsbald in Friedensverhandlungen einzutreten und dem Kampfe ein Ende zu machen."

tisch gegangen. Er mißtraut der „Unparteilichkeit" Wilsons, dem bekannt ist, daß die Reichsführung den vom Admiralstab der Marine zunächst bereits für Herbst 1916, von Hindenburg jedoch auf den 1. Februar 1917 verschobenen Beginn des uneingeschränkten U-Boot-Krieges auszulösen gedenkt. Sein Augenmerk hat er vor allem darauf gerichtet, Heer und Heimat vor „irgendwelchem Schaden" zu bewahren. Seine Überzeugung, daß „der Krieg mit Amerika" „nicht mehr zu verhindern" ist, steht für ihn zwar erst seit Ende Januar 1917 fest; aber in seine militärischen und strategischen Überlegungen hat er dies bereits 1916 einbezogen[11].

Nachdem die Oberste Heeresleitung am 9. Januar 1917 in Pleß zum letzten Male über die Frage des unbeschränkten U-Boot-Krieges beraten und der von Hindenburg energisch unterstützte Admiralstab der Marine dem Kaiser – entgegen den Intentionen des Kanzlers Bethmann Hollweg – die Zustimmung zum uneingeschränkten U-Boot-Krieg abgetrotzt hatte, war auch ein Quartierwechsel geboten. Die höchste deutsche militärische Führungsinstanz hatte keinen Grund mehr, in Pleß zu bleiben und weiterhin die Gastfreundschaft des Fürsten von Pleß in Anspruch zu nehmen. Rumänien war niedergeworfen. Der mit dem 1. Februar 1917 terminierte Beginn des neuartigen U-Boot-Krieges ließ die Nähe der obersten Kommandozentrale geraten erscheinen. Der Wiener Bündnispartner blieb nicht in seinem Quartier. Das österreichisch-ungarische Oberkommando zog nach Baden bei Wien, weil Kaiser Karl, Franz Josephs Nachfolger, sich in der Nähe der politischen Behörden seines Landes aufhalten wollte. Im Februar 1917 verlegte die OHL ihren Sitz nach Bad Kreuznach.

Die Vorbehalte Hindenburgs gegenüber dem Engagement Wilsons sind durch die Reaktionen der Alliierten bestätigt worden. Die Entente-Mächte lehnen die Vorschläge der Mittelmächte ab, die sich (zumindest bis April 1917) die Möglichkeit zum Friedensschluß mit Rußland bereits durch die Proklamierung[12] des Königreiches Polen verbaut haben. Die Westmächte, die Europa

[11] Den Eintritt Amerikas in den Krieg auf seiten der Entente-Mächte akzeptierte Hindenburg auch nach dem Krieg nicht als vorauszusehendes sicheres Kriterium für die Niederlage der Mittelmächte.

nach eigenem Ermessen neu gestalten möchten, denken nicht daran, jetzt noch, wie von den Deutschen vorgeschlagen, den Status quo als Grundlage für Friedensverhandlungen zu akzeptieren. Sie bezeichnen die deutschen Vorschläge am 30. Dezember 1916 als „angebliche Friedensvorschläge" und versichern, daß keiner von ihnen „einzeln die Waffen niederzulegen" gedenke.

„In Wirklichkeit", so heißt es in der Antwortnote, „ist die durch die Zentralmächte gemachte Eröffnung weiter nichts als ein wohlberechneter Versuch, auf die Entwicklung des Krieges einzuwirken und zum Schlusse einen deutschen Frieden aufzunötigen... Sie versucht endlich, vor den Augen der Welt im voraus neue Verbrechen zu rechtfertigen: Unterseebootskrieg, Deportationen, Zwangsarbeit und gewaltsame Aushebung von Staatsangehörigen gegen ihr eigenes Land, Neutralitätsverletzung. In voller Erkenntnis der Schwere, aber auch der Notwendigkeiten der Stunde lehnen es die alliierten Regierungen ... ab, sich mit einem Vorschlage ohne Aufrichtigkeit und ohne Bedeutung zu befassen..."

Während die Alliierten überzeugt sind, die im Prinzip zum Frieden bereiten Mittelmächte eingeschlossen halten und letztlich zur Kapitulation zwingen zu können, wird von der Obersten Heeresleitung ein Coup vorbereitet, der Rußland aus der feindlichen Allianz herausbrechen soll. Zar Nikolaus II., der mit der deutschen Prinzessin Alice von Hessen-Darmstadt verheiratete Vetter von Georg V. von England, ist im März 1917 zur Abdankung gezwungen und mit seiner Familie nach Sibirien verbannt worden[13]. Ebert hat Ludendorff auf die Idee gebracht, den in der Schweiz in Emigration lebenden Wladimir Iljitsch Lenin nach Rußland zu schaffen und durch ihn die russische Westfront zum Zusammenbruch bringen zu lassen.

Mit Hindenburgs Zustimmung wird Eberts Vertrauter Alexander Parvus-Helphand damit beauftragt, den spektakulären Transport über Skandinavien unter höchster Geheimhaltung

[12] Seit April 1917 hoffen Hindenburg, Ludendorff und Ebert, daß Lenin, den sie aus der Schweiz nach Petersburg geschafft haben, noch Voraussetzungen für ein deutsch-russisches Arrangement schaffen kann.
[13] Am 16. Juli 1917 wurden sie in Jekaterinburg ermordet.

vorzubereiten. Am 9. April 1917 hat Ebert ihm aus Kopenhagen handschriftlich noch einmal sein „volles Vertrauen" zugesichert, ihm gestattet, in seinem und des SPD-Vorstandes Namen „mit russischen Genossen" zu sprechen, „soweit es sich um die Fragen handelt, die wir wiederholt in Ihrer Wohnung erörtert haben". Sieben Tage danach ist Lenin in Petersburg[14].

Ebert, Hindenburg, Ludendorff und dem Gewerkschaftsführer Carl Legien ging es darum, durch eine russische Revolution die im Osten kämpfenden deutschen Truppen für eine Entscheidungsschlacht in Frankreich freizubekommen. Die deutschen Truppen sollten augenblicklich gefahrlos an die Westfront transportiert und dort unmittelbar eingesetzt werden können, ohne daß vom Osten her noch irgendwelche Angriffe zu befürchten wären. Da die deutschen Ostarmeen und die in Frankreich und Belgien stehenden deutschen Soldaten zusammen ungefähr dem Kontingent der Westmächte entsprachen, hätte dies mit Sicherheit genügt, die bislang von schwächeren deutschen Kräften durchweg geschlagenen Alliierten zu Friedensverhandlungen mit vernünftigen Angeboten – ohne deutsche Gebietsforderungen – zu bewegen.

Italien war am Ende, Frankreich total erschöpft, England schwer angeschlagen, der deutsche U-Boot-Krieg nicht unterbunden und die unmittelbare Präsenz der USA auf den Schlachtfeldern noch Programm. Territoriale Konzessionen gegenüber Frankreich und die Zusicherung, Belgien wieder vollständig herzustellen, wie der Papst es später auch vorschlug, hätten in dieser Situation eine solide Basis für Friedensverhandlungen dargestellt. „Es war die letzte Möglichkeit", schrieb Winston Churchill, der in der britischen Kriegführung in maßgeblichen Positionen mitwirkte und genau wußte, was die Alliierten in der Situation noch zurückweisen könnten.

Für die kämpfenden Nationen stand bis zum Frühsommer 1918 der Sieger noch keineswegs fest, so daß die deutsche Entscheidung einmal mehr das als „typisch deutsch" zu bezeichnende antiwestliche Ressentiment offenbar werden ließ, das in

[14] Rund ein Jahr später, am 3. März 1918, setzte er die Unterzeichnung des Brest-Litowsker Friedensvertrages mit 116 gegen 86 Stimmen (und 26 Enthaltungen) im Obersten Rätekongreß durch.

Identitätskrisen immer wieder maßgebliche Weichenstellungen ausgelöst hat.

Lenin indes ist eigene Wege gegangen. „Nach meiner Auffassung", sinnierte Hindenburg nach dem Kriege, „trieben Lenin und Trotzky aktive Politik nicht wie Unterlegene, sondern wie Sieger, indem sie die politische Auflösung in unseren Rücken und in die Reihe unserer Heere tragen wollten. Der Friede drohte unter solchen Verhältnissen schlimmer zu werden als ein Waffenstillstand... Die Oberste Heeresleitung darf für sich in Anspruch nehmen, daß sie die Gefahren erkannte und vor ihnen warnte."

Durch das im In- und Ausland mit großer Anteilnahme registrierte Interesse am Engagement Friedrich Eberts und der von ihm seit Kriegsbeginn souverän geführten SPD hat sich die Friedensdiskussion 1917 von der diplomatischen Ebene zugleich horizontal und vertikal verlagert. Seit April 1917 drängt Ebert auf eine Konferenz der sozialistischen Führer im neutralen Ausland, um auch den Vertretern Frankreichs, Englands, Belgiens, Hollands, Italiens und Rußlands die Möglichkeit zu einer ungefährdeten Teilnahme zu bieten. Im Juni findet unter seiner Regie und geistigen Führung zwar eine Zusammenkunft in Stockholm statt; aber Eberts Ziele werden nicht erreicht. Die Behörden der Entente-Mächte haben den sozialistischen Führern ihrer Länder die Pässe verweigert.

Am 14. Juli 1917 trifft Ebert sich mit Hindenburg und Ludendorff im Berliner Gebäude des Großen Generalstabes und erwirkt ihre Zustimmung zu einer von ihm stichwortartig vorgetragenen und mit ihnen diskutierten Friedensresolution, die der Reichstag – nach der Bearbeitung durch Exponenten der SPD, der Fortschrittlichen Volkspartei, des Zentrums und zeitweilig auch der Nationalliberalen Partei – schließlich am 19. Juli 1917 mit 212 gegen 126 Stimmen annimmt.

Der Text: „Der Reichstag erklärt: Wie am 4. August 1914 gilt für das deutsche Volk auch an der Schwelle des vierten Kriegsjahres das Wort der Thronrede: ‚Uns treibt nicht Eroberungssucht.' Zur Verteidigung seiner Freiheit und Selbständigkeit, für die Unversehrtheit seines territorialen Besitzstandes hat Deutschland die Waffen ergriffen. Der Reichstag erstrebt einen Frieden der Verständigung und der dauernden Versöhnung der

Völker. Mit einem solchen Frieden sind erzwungene Gebietserwerbungen und politische, wirtschaftliche und finanzielle Vergewaltigungen unvereinbar. Der Reichstag weist auch alle Pläne ab, die auf eine wirtschaftliche Absperrung und Verfeindung der Völker nach dem Kriege ausgehen. Die Freiheit der Meere muß sichergestellt werden. Nur der Wirtschaftsfriede wird einem freundschaftlichen Zusammenleben der Völker den Boden bereiten. Der Reichstag wird die Schaffung internationaler Rechtsorganisationen tatkräftig fördern. Solange jedoch die feindlichen Regierungen auf einen solchen Frieden nicht eingehen, solange sie Deutschland und seine Verbündeten mit Eroberung und Vergewaltigung bedrohen, wird das deutsche Volk wie ein Mann zusammenstehen, unerschütterlich ausharren und kämpfen, bis sein und seiner Verbündeten Recht auf Leben und Entwicklung gesichert ist. In seiner Einigkeit ist das deutsche Volk unüberwindlich. Der Reichstag weiß sich darin eins mit den Männern, die in heldenhaftem Kampfe das Vaterland schützen. Der unvergleichliche Dank des ganzen Volkes ist ihnen sicher."

Die Einflüsse Hindenburgs und Ludendorffs sind leicht herauszulesen. Ebert steht hinter Hindenburg und Ludendorff, was eine Erklärung der SPD vom 21. Juli 1917 noch einmal bezeugen soll. Sie will die kolportierten Negativberichte über die Stockholmer Konferenz ad absurdum führen und der kriegsmüden Bevölkerung des In- und Auslandes zugleich deutlich machen, daß die deutschen Sozialdemokraten nach wie vor zu ihren Prinzipien stehen.

„Wir", so heißt es in dieser Erklärung, „betrachten es ... als die wichtigste Pflicht der Sozialdemokratischen Partei Deutschlands wie der Sozialisten aller Länder, die Machtträume eines ehrgeizigen Chauvinismus zu bekämpfen, die Regierungen zum klaren Verzicht auf jegliche Eroberungspolitik zu drängen und so rasch wie möglich entscheidende Friedensverhandlungen auf dieser Grundlage herbeizuführen. Kein Volk darf durch den Friedensschluß in eine demütigende und unerträgliche Lage gedrängt werden, sondern jedem muß die Möglichkeit gegeben sein, durch freiwilligen Beitritt zu einer überstaatlichen Organisation und Anerkennung einer obligatorischen Schiedsgerichtsbarkeit den dauernden Bestand des künftigen Weltfriedens sichern zu helfen."

Ebert, der davon ausgeht, daß das Reich sich nur verteidige, wirft den Regierungen der Entente-Mächte vor, den Krieg dadurch zu verlängern, daß sie den Frieden, wie er ihm und der Obersten Heeresleitung vorschwebt, nicht akzeptieren. An ihre Adresse gewandt, erklärt er im Sinne auch der Obersten Heeresleitung kategorisch: „Solange die Gegner nicht zum Frieden bereit sind, stehen wir zur Verteidigung unseres Landes."

Eine der Enttäuschungen hinsichtlich der Siegeshoffnung geht von der deutschen Marine aus, die seit 1905 immer wieder als kriegsentscheidender Faktor gerühmt und unterstützt worden ist. Zu Beginn des Krieges hat die deutsche Führung eine enge britische Blockade und operative Entscheidungen in der Nordsee erwartet, wo 1914 das Kräfteverhältnis Deutschland/Großbritannien 1 zu 1,8 für Großbritannien lautete. Infolge der von Winston Churchill initiierten britischen Fernblockade zwischen den Shetland-Inseln und Norwegen und des Verzichts auf die Seeschlacht hat sich diese Erwartung als Fehlschluß erwiesen. Die Ostsee als Kriegsschauplatz und der Kreuzerkrieg in ausländischen Gewässern sind Randerscheinungen geblieben, so daß sich die militärische Führung des Reiches schließlich zum „Kleinkrieg" mit Minen- und U-Booten entschied, durch den das Kräfteverhältnis zu seinen Gunsten verbessert und einer Entscheidungsschlacht durch die Hochseeflotte der Weg bereitet werden sollte.

Infolge des englischen Blockadekrieges, der zum geltenden Seekriegsrecht und der (von Großbritannien 1914 noch nicht ratifizierten) Londoner Deklaration von 1909 im Widerspruch steht, und der Erklärung der britischen Regierung vom 2. November 1914 an die neutralen Mächte, daß die Nordsee als Kriegsgebiet zu betrachten sei, hat die deutsche Führung im Februar 1915 den U-Boot-Handelskrieg gegen England ausgelöst. Im Februar 1916 ist der U-Boot-Krieg gegen bewaffnete Handelsschiffe verschärft worden, im Mai 1916 die Verschärfung jedoch wieder zurückgenommen und die Rückkehr zum Kreuzerkrieg nach völkerrechtlichen Regeln für den Fall versprochen worden, daß sich auch England daran halten werde. Dadurch ist der U-Boot-Krieg bis Anfang 1917 wieder merklich eingeschränkt worden.

Nach der Ablehnung des deutschen Friedensangebotes durch

die Entente-Mächte hat Ludendorff vom Auswärtigen Amt gefordert, daß der U-Boot-Krieg von nun an „mit aller Schärfe einsetzen“ müsse. Bethmann Hollweg, der mit den Sozialdemokraten überzeugt gewesen ist, daß diese Entscheidung nicht den Sieg, sondern die Kriegsbeteiligung der USA und damit die Niederlage der Mittelmächte bringen werde, hat sich den Militärs am 9. Januar 1917 wider bessere Einsicht unterworfen.

Wilhelm II. hat in mancher Hinsicht zwar die Auffassung seines Kanzlers geteilt[15], die Generale und Admirale letztlich jedoch gewähren lassen, zumal er überzeugt ist, daß die USA nach Europa weder „fliegen“ noch „schwimmen“ könnten, weshalb „ein für allemal Schluß mit Verhandlungen mit Amerika“ sei, wie er Mitte März 1917 auf den Rand eines an das Auswärtige Amt gerichteten Schreibens notiert hat. Max Weber wirft ihm denn auch vor: „Gegen die U-Boot-Demagogie muß eingeschritten werden mit Keulenschlägen von oben, sonst weiß ich nicht, wozu wir ‚Monarchie‘ heißen.“

Doch selbst wenn Bethmann Hollweg bereit und in der Lage gewesen wäre, sich den Militärs zu widersetzen, hätte er sich nicht erfolgreich auch mit dem Reichstag anlegen können, dessen Mehrheit Matthias Erzberger zu einer Stellungnahme gegen den Kanzler überredet hatte. So kapitulierte der Kanzler und versprach, alles zu unternehmen, um „Amerika draußen zu halten“[16]. Im Amt blieb er zunächst nur, um „nach außen hin Geschlossenheit“ zu demonstrieren, wie er sich ausdrückte.

Anfang Februar 1917 ist von der deutschen Marine mit dem uneingeschränkten U-Boot-Krieg gegen Handelsschiffe sowohl der Feinde als auch der neutralen Mächte begonnen worden[17]. Am 3. Februar bricht der US-Präsident Woodrow Wilson die diplomatischen Beziehungen zu Deutschland ab. Am 2. April, vier Tage vor der amerikanischen Kriegserklärung an das Reich,

[15] Wilhelm II. hat sich lange gegen den uneingeschränkten U-Boot-Krieg gesträubt, was Tirpitz veranlaßte, seinen Abschied zu nehmen.

[16] Bethmann Hollwegs Versuch, dem US-Präsidenten vorweg die deutschen Maßnahmen zu erklären, erreichte Wilson erst am 31. Januar 1917, eine Woche nachdem er im Senat noch für einen „Frieden ohne Sieg und den Stachel der Rache“ eingetreten war.

[17] Deutsche U-Boote versenkten vom 1. Februar bis zum Jahresende 1917 rund sechs Millionen Bruttoregistertonnen feindlichen Handelsschiffsraumes.

erklärt er vor dem US-Kongreß, daß der „gegenwärtige deutsche Unterseebootkrieg gegen den Handelsverkehr ... ein Krieg gegen die Menschheit", ein Krieg „gegen alle Nationen" sei – und die USA nun „daran" wären, „den Fehdehandschuh dieses natürlichen Feindes der Freiheit aufzunehmen".

Der vom Admiralstab der Marine nach Hindenburgs Einzug in die Oberste Heeresleitung zunächst besonders intensiv gepflegte und seit 1917 in die Tat umgesetzte Gedanke, die Entente-Mächte durch einen uneingeschränkten Kaperkrieg der U-Boot-Waffe in die Knie zu zwingen, ist nach den Reaktionen der Alliierten erst recht zu einer Ultima ratio der Kriegführung geworden.

Hindenburg hat die Diskussionen um den uneingeschränkten U-Boot-Krieg mit Fragen von Frontsoldaten populär gemacht: „Der Gegner überschüttet uns mit amerikanischen Granaten, warum versenken wir nicht seine Transportschiffe? Haben wir denn nicht das Mittel dazu? Rechtsfragen? Wo und wann denkt denn der Gegner an Recht?" Solche Fragen, so sagte er, sind lange schon vor dem 29. August 1916 an die politische und militärische Führung des Reiches gestellt worden. Er sah in dieser Art der Marine-Kriegführung „am Beginn des Jahres 1917 das einzige Mittel ... für eine siegreiche Beendigung des Krieges", nachdem Friedenslösungen nicht zustande gekommen waren. Der Admiralstab war zunächst zwar nicht in der Lage; konkrete Angaben auf Hindenburgs Frage zu machen, in welchem Zeitraum mit Erfolgen dieser Art des U-Boot-Krieges zu rechnen sei; aber er drängte und erklärte, daß die Schätzungen und Berechnungen sehr günstig seien.

Hindenburgs Furcht, sich durch diese Art des Krieges „neue Gegner auf den Hals zu ziehen", was er infolge „der ... so hochgespannten Kriegslage" unter keinen Umständen riskieren möchte, zerstreut die Marineleitung letztlich durch ihre Haltung und Zuversicht. Er will dieses 1917 „noch einzige Mittel" zur Erringung eines siegreichen Kriegsendes einsetzen und rechtfertigt dies mit Hinweisen auf „den Mut der Verantwortung" bei Friedrich dem Großen in der Schlacht bei Leuthen, bei Napoleon I. in der Schlacht bei Waterloo.

„Wenn ein Feldherr auf dem Schlachtfelde seine letzten Reserven in den Kampf schickt", argumentiert er, „so tut er nichts anderes, als was sein Vaterland mit Recht vom ihm fordert: Er nimmt die Verantwortung auf sich und beweist den Mut zum letzten entscheidenden Schritt, ohne den der Sieg nicht zu erringen wäre. Ein Führer, der es nicht auf sich nehmen kann oder will, die letzte Kraft an den Erfolg zu setzen, ist ein Verbrecher an dem eigenen Volk."

Doch das Reich hat – wenn zu der Zeit allerdings auch faktisch nicht viel mehr als nur mehr formell – neben der militärischen Führung in Form der Obersten Heeresleitung eine politische Führungsinstitution: die Reichsregierung! Und beide vereinigt der Kaiser verfassungsgemäß in Personalunion in seinen Händen. Aber er ist nicht in der Lage, sie souverän zu koordinieren, was die OHL in ihrem Sinne nutzt. In Bethmann Hollweg, dem meist auf Ausgleich bedachten und keineswegs militärisch oder gar militaristisch denkenden Kanzler, sehen sowohl Hindenburg als auch Ludendorff nicht ohne Grund einen Gegenspieler, der ihnen nicht nur Schwierigkeiten bei der Durchsetzung ihrer militärischen Forderungen, sondern auch beim Kaiser persönlich Probleme bereitet. Deshalb wollen sie, daß er in dieser Situation augenblicklich gehen soll. Sie stellen Wilhelm II. vor die Alternative: Er oder wir!

Seiner Frau, die Hindenburg mit „meine Herzensalte" anspricht, schreibt er am 12. Juli 1917: „Scheint doch B(ethmann) durch den nach unserer Ansicht von ihm selbst herbeigeführten Wunsch ... ihn im Amt zu lassen, tatsächlich zu bleiben. Jedenfalls haben L(udendorff) und ich heute unser Abschiedsgesuch eingereicht. Geht B(ethmann) doch, so wird es hinfällig, bleibt er, so hilft es doch vielleicht im Verein mit den Abschiedsgesuchen des Kriegsministers und der 5 konservativen Minister dazu[18], ihn nachträglich zu beseitigen."

Am selben Tag hat Hindenburg den Kaiser schriftlich um seine Verabschiedung gebeten. Ich bitte „alleruntertänigst um Entlassung aus dem Dienst", heißt es in seinem Gesuch, das er mit der Erklärung begründet:

[18] Hermann von Stein (preußischer Kriegsminister), August von Trott zu Solz (preußischer Kultusminister), Friedrich Wilhelm von Loebell (preußischer Innenminister), August Leutze (preußischer Finanzminister) und Klemens Frhr. von Schorlemer-Lieser (preußischer Landwirtschaftsminister).

„Kriegführung und Politik – äußere und innere – stehen in so enger Wechselwirkung zueinander, daß nur durch völlige Übereinstimmung beider der endgültige Sieg errungen werden kann. Zwischen dem Reichskanzler und mir bestehen aber unüberbrückbare Gegensätze. Ich erblicke in seinen Anschauungen und Handlungen eine ernste Gefahr für Thron und Vaterland. Dies macht mir ein nutzbringendes Zusammenarbeiten unmöglich, während ich andererseits dem unheilvollen Wirken nach Lage der Dinge nicht entgegenzutreten vermag. Nach gewissenhafter Prüfung unterbreite E. M. ich daher die alleruntertänigste Bitte, mich von meiner verantwortungsreichen Stellung entheben zu wollen. Ich glaube in diesem Augenblick meinem Allergnädigsten Kaiser, König und Herrn durch diesen schweren Herzens getanen Schritt am treuesten zu dienen."

Der Kaiser, der sich zeitlebens wie ein antiker König und Mittler zwischen Gott und Volk fühlte, Karl des Großen Titel „Dei Gratia Imperator" ins Gegenteil verkehrte und als junger Monarch – gegen Bismarck gemünzt – gedroht hat, jeden „in den Sand zu strecken" und zu „zerschmettern", der sich seiner Arbeit entgegenstellte, hat eine entscheidende Schlacht verloren. Geschlagen hat sie Hindenburg, der ihm noch am 26. Juli 1915 von der Front seinen Lagebericht mit der Formel „Euerer Kaiserlichen und Königlichen Majestät wage ich in Ehrfurcht und pflichtmäßig meine Auffassung ... alleruntertänigst zu unterbreiten" andiente. Jetzt, im Sommer 1917, nachdem das tägliche Zusammensein seit Ende August 1915 manches beschädigt und nicht wenig auch vom bloßen Respekt abgeschliffen hat, lautet die Formel lediglich: „E. K. u. K. M."

Zwar hat auch Bismarck – allerdings dem salopp-forschen „Jüngling" – Wilhelm einmal widersprochen und sich geweigert, ihm die Entscheidung zu überlassen, wen er in seinem Haus empfangen dürfte; aber 1917 sind die Gewichte extrem anders gelagert. Bevor und während Bismarck gehen mußte, war Wilhelm II. der Kaiser; jetzt ist er es eigentlich nur noch zum Schein. Längst bestimmt sein „Generalissimus" von Hindenburg sogar, wer – und wer nicht mehr – Kanzler des Reiches sein darf. Und Wilhelm weiß dies spätestens seit dem Sommer 1917. Er weiß, daß nur noch Hindenburg beispielsweise Frontrücknahmen befehlen kann, ohne dafür vom Volk und vom Militär verdammt zu werden. Hindenburg ist zuletzt auch der einzige Mensch, der seinem entsetzten und erschütterten 59jährigen Souverän 15 Monate später, am 9. November 1918, ins Gesicht sagen kann: „Das Heer hält nicht mehr, die Truppen stehen nicht mehr zu S. M. Es gibt keine treuen Truppen mehr."

Doch soweit ist es noch nicht.

Am 21. Februar 1916 waren, wie Erich von Falkenhayn empfohlen hatte, sechs deutsche Divisionen bei Verdun, von 1200 Geschützen und Kanonen auf einer Frontlänge von 13 Kilometern unterstützt, zu einem Angriff angetreten, der Frankreich ausbluten und aus der Entente herausbrechen sollte. Doch nach einem halben Jahr sind nicht nur die Franzosen ausgeblutet: Mehr als 350 000 Tote, Gefangene und Verwundete zählten sie, 280 000 die Deutschen. In der am 24. Juni 1916 von den Engländern und Franzosen mit 104 Divisionen begonnenen Offensive an der Somme, die zwar die deutsche Front auf einer Breite von 40 Kilometern rund zwölf Kilometer eindrückte, jedoch nicht aufbrach oder gar niederwarf, verloren die Deutschen und die Engländer bis zum Ende der Schlacht am 26. November jeweils mehr als 400 000 und die Franzosen auch noch einmal 200 000 Mann.

Da weder der französische General Joffre noch Hindenburgs Vorgänger Falkenhayn, die in Frankreich gegeneinander die Entscheidung des Krieges in kurzer Zeit hatten herbeiführen wollen, ihre Ziele erreicht haben, ist der westliche Kriegsschauplatz zu einem martialischen Materialverbrauch ohne Beispiel und ohne tatsächliche Chancen für strategische Lösungsmöglichkeiten verkommen. Der im Herbst 1916 gerufene Generalfeldmarschall von Hindenburg, der im Westen das „Cannae" von Tannenberg noch einmal wiederholen sollte, ist zu spät in seine Position berufen worden. Zwar ist mit ihm als Chef des Generalstabes und Erich Ludendorff als erstem Generalquartiermeister in breiten Schichten der Bevölkerung noch einmal – zumal nach dem raschen Sieg über Rumänien – neue Siegeshoffnung aufgekeimt, die erhoffte operative Wende jedoch weder eingeleitet noch erzwungen worden.

Zwischen Arras und Soissons ist die deutsche Front im Februar und März 1917 planmäßig bis zur „Siegfriedstellung" zurückgenommen worden, die aus psychologischen Erwägungen schließlich den Namen „Hindenburglinie" erhalten hat. Die englisch-französischen Offensiven sind – wie bis dahin – wieder am deutschen Kampfeswillen gescheitert. Die Engländer blieben im April und Mai 1917 bei Arras, im Artois und in Flandern, die Franzosen zur selben Zeit an der Aisne und in der Champagne vor den deutschen Linien liegen. Kampfesmüde, am Ende ihrer Kraft und von sozialistischen Agitatoren aufgeputscht, meuterten die französischen Truppen vorübergehend auf breiter Front. Doch Hindenburg ist überzeugt, daß der Krieg trotz der eigenen Erfolge im Westen und Osten infolge des schon 1914 steckengebliebenen Westfeldzuges bereits in den ersten Wochen und Monaten verloren worden ist.

Daß seine Strategie, wäre sie denn befolgt worden, den Sieg gebracht hätte, können jetzt weder er noch Ludendorff beweisen.

Letzter Hoffnungsträger

Seit 1916 plagt viele Deutsche der Hunger. 1916 sind in den Großstädten pro Kopf der Bevölkerung noch 130 Gramm Eiweiß und 1 344 Kalorien als Tagesrationen berechnet worden, im Frühjahr 1917 nur noch 30 Gramm Eiweiß und 1100 Kalorien, was heißt, daß der notwendige Minimalsatz von 2569 Kalorien nicht einmal mehr zur Hälfte erreicht wird. Schwächeanfälle und nachlassende Arbeitsleistungen zeigen sich überall. 1915 hatte die Zunahme der Sterbefälle in der Bevölkerung nach Feststellungen des Reichsamtes des Inneren 9,5 Prozent betragen. 1916 waren es 14 Prozent, 1917 dann 32 Prozent und 1918 schließlich sogar 37 Prozent. Um 55 Prozent stieg die Zunahme der Todesfälle bei den sechs- bis fünfzehnjährigen Kindern.

Der Devise Friedrich Eberts folgend, daß für die Kriegführung die „gesamte Volkskraft" auch durch die „Gewährung gleicher Rationen" erhalten werden müsse, haben der Vorstand der von den Feindmächten gelegentlich als „Partei des Kaisers" diffamierten SPD und die sozialdemokratische Reichstagsfraktion dem Reichskanzler Bethmann Hollweg am 28. Juni 1917 durch eine Denkschrift vor Augen geführt, daß „viele Millionen ... am quälenden Gefühl des Hungers" leiden, unter „den Augen der Behörden" Wucher „mit den Gemüse- und Obstpreisen" getrieben wird und nicht nur unter der Zivilbevölkerung, sondern „auch bei den Truppen die Kriegsmüdigkeit um sich" greift, was zur Folge habe, daß der „Glaube an die Möglichkeit eines entscheidenden Sieges ... mehr und mehr erschüttert" werde.

Hindenburg kann sich der Problematik nicht entziehen. In seinen Memoiren heißt es unter anderem: „Während des Krieges mußte sich die Oberste Heeresleitung mit einzelnen innerstaatlichen Aufgaben, besonders auf wirtschaftlichem Gebiete, beschäftigen. Wir suchten diese Aufgaben nicht; sie drängten sich, mehr als mir erwünscht war, an uns heran. Die innigen Beziehungen zwischen Heer und Volkswirtschaft machten es uns unmöglich, die wirtschaftlichen Heimatfragen von der Kriegführung durch eine Grenzlinie ähnlich einer solchen zwischen Kriegsgebiet und Heimat zu trennen."

Nachdem 1917 im Westen[1] keine maßgebliche Schlachtenentscheidung und Kriegswende erzwungen werden konnte, sollte versucht werden, dies im Frühjahr 1918 unter großem Aufwand zu inszenieren. Rein militärisch, „frei von politischen Gesichtspunkten", wie Hindenburg sich ausdrückt, erwartet er von den Bundesgenossen dabei lediglich, daß sie weiterhin „durchhalten". Wir „selbst wollen", überliefert er, „im Westen die Kriegsentscheidung erringen. Für eine solche bekamen wir nunmehr (als Folge der Revolution in Rußland) unsere Ostkräfte frei, oder hofften sie wenigstens bis zum Eintritt der besseren Jahreszeit frei zu bekommen", was im Westen eine zahlenmäßige deutsche Überlegenheit schuf[2].

Hindenburg, der immer wieder bedauert, 1915 nicht in die Lage versetzt worden zu sein, die Russen endgültig zu schlagen, fällt der Entschluß, 1918 im Westen mit einem großen Angriff zu beginnen, nicht leicht. „Was hat der Gegner", fragt er, „mit allen seinen zahlenmäßigen Überlegenheiten, mit seinen Millionen von Menschenopfern schließlich erreicht? Örtliche Gewinne von etlichen Kilometern Tiefe waren die Frucht monatelanger An-

[1] An der Ostfront hatten die im Dezember 1917 in Brest-Litowsk unter Mitwirkung des einstigen Hindenburg-Generalstäblers Generalmajor Max Hoffmann (als Vertreter der Obersten Heeresleitung) begonnenen Friedensverhandlungen eine gravierende Wende eingeleitet. Im Frieden von Brest-Litowsk (vgl. Anm. 14, S. 152) vom 3. März 1918, den Vertreter des Reiches, Österreich-Ungarns, Bulgariens und der Türkei einerseits und der jungen Sowjetmacht andererseits unterzeichneten, wurde unter anderem festgelegt: Beendigung des Kriegszustandes zwischen den Unterzeichnern, Räumung bestimmter Gebiete von deutschen und russischen Truppen, Demobilisierung, Achtung der politischen und wirtschaftlichen Unabhängigkeit, Entlassung der Kriegsgefangenen, gegenseitiger Verzicht auf Ersatz der Kriegskosten und Wiederaufnahme diplomatischer und konsularischer Beziehungen.

[2] Die artilleristische Überlegenheit und die Überlegenheit in der Luft blieben jedoch auf der Seite der Alliierten.

strengungen... Mit bloßen sogenannten Materialschlachten konnten wir ein entscheidendes Ziel nie erreichen. Wir hatten für... solche Kämpfe weder die Kräfte noch... die Zeit."

Der massenweise Einsatz unverbrauchter und gut ausgerüsteter Amerikaner steht außerdem bevor. Der bekundete Wille der Truppe, endlich aus den Erdlöchern und aus dem zermürbenden Abwehrkampf herauszukommen, und seine „felsenfeste" Überzeugung, die „Sache" erfolgreich ans Ende bringen zu können, haben den Feldherrn schließlich dazu bestimmt, die Entscheidung zum „letzten Waffengang" zu suchen.

Sein Augenmerk ist vorsorglich darauf gerichtet, sich nicht in einer „Materialschlacht" festzurennen. Durch einen überraschenden Schlag will er die feindliche Front aufreißen und danach endlich wieder frei operieren. Sicherheitshalber plant er jedoch „weitere Schläge an anderen Stellen der feindlichen Widerstandslinien" für den Fall ein, daß der große erste Schlag nicht den erwarteten Erfolg bringt. „Als kriegerisches Ideal schwebte mir natürlich", resümierte er in seinen „Erinnerungen", „von vornherein ein völliger Durchbruch der gegnerischen Linien vor, ein Durchbruch, der uns das Tor zu freien Operationen öffnen würde. Dieses Tor sollte in der Linie Arras–Cambrai–St. Quentin–La Fère aufgeschlagen werden."

Hindenburg hat die gegen die britischen Verbände gerichtete Angriffsfront nicht aus politischen Erwägungen festgelegt. Er ist davon ausgegangen, daß die Engländer „ungewandter im Gefecht" als die Franzosen seien. Der Engländer, so charakterisiert er den Verbündeten Frankreichs, „verstand nicht, rasch wechselnde Lagen zu beherrschen. Er arbeitete zu schematisch... Auch ein mehrjähriger Krieg konnte diese mangelnde Vorbereitung („der Friedensschulung") nicht völlig ersetzen". Allerdings: „Was dem Engländer an Gefechtsgewandtheit fehlte, ersetzte er... durch seine Zähigkeit im Festhalten seiner Aufgabe und seines Zieles, sowohl im Angriff wie in der Verteidigung."

Hindenburg beabsichtigt, die seit der Flandernschlacht noch besonders stark auf dem nördlichen Flügel der sich vom Meer bis in die Gegend südlich von St. Quentin ausgebreitete Front der Engländer, von denen sich eine schwächere Kräftegruppe im südlichen Umfeld von Cambrai befindet, durch eine „taktische Zange vom Norden und Osten her" zu „zerdrücken". Unser „Angriffskampf bedurfte aber", schreibt Hindenburg, „nicht nur der materiellen Vorbereitung, sondern auch der taktischen Schulung ... Neue Grundsätze (wurden) festgelegt und in zusammenfassenden Vorschriften ausgegeben."

Alles, was an kampffähigen deutschen Truppen an die Westfront verlegt werden kann, ist dort auf Hindenburgs Veranlassung zusammengezogen worden[3]. Die Oberste Heeresleitung hat ihr Quartier am 8. März 1918 von Bad Kreuznach nach Spa in Belgien verlegt, was Hindenburg Gelegenheit gibt, „nach 47 Jahren wieder für längere Zeit unter französischer Bevölkerung" zu weilen.

Die letzten Lagebesprechungen finden am Abend des 18. März in Spa statt. Hindenburg, der in den nächsten Tagen den Beginn der am 10. März 1918 unter dem Deckwort „Michael" im Detail festgelegten Großoffensive als Überraschungsschlag auslösen will, muß erleben, daß ihm der Wettergott einen Strich durch die Rechnung zu machen droht. Heftige Regenböen haben eingesetzt und gefährden die erwartete Unterstützung aus der Luft. „Der größte Teil des 20. März verging in Sturm und Regen. Die Aussichten für den 21.", dem inzwischen angesetzten Angriffstermin, „waren unsicher, örtliche Nebel wahrscheinlich", protokollierte er und fuhr fort: „Trotzdem entschlossen wir uns am Mittag für den Beginn der Schlacht am Morgen des folgenden Tages."

Am 21. März 1918 begann die deutsche Offensive. In der Picardie zwischen Arras und La Fère traten fast 200 Divisionen zum Angriff gegen die Alliierten an, die in diesem Augenblick zusammen an zahlenmäßiger Stärke nur geringfügig überlegen waren. Große Anfangserfolge waren das Ergebnis. Zwar mißlang der Versuch, die Engländer von den Franzosen zu trennen; aber die britischen Kräfte wurden empfindlich reduziert. Schon am zweiten Tag fielen „Hunderte von feindlichen Geschützen, ungeheure Mengen Schießbedarf und sonstige Beute jeder Art" in deutsche Hand, notierte der Generalfeldmarschall, der sich von „zurückkehrenden Generalstabsoffizieren" über lokale Einzel-

[3] Darunter befanden sich auch die einsatzfähigen Truppen aus Rußland, die nach dem Waffenstillstand vom 15. Dezember 1917 von dort abgezogen werden konnten.

heiten informieren ließ. Allein 90 000 Offiziere, Unteroffiziere und Soldaten gerieten in deutsche Gefangenschaft.

Doch das anvisierte Ziel wurde in den nächsten beiden Wochen nicht erreicht, die Front der Engländer wieder relativ rasch geschlossen. Enttäuscht notiert Hindenburg: „Der 5. April ... bringt Rückschlag und Enttäuschung ... Die ‚Große Schlacht' in Frankreich ist zu Ende."

Die Entscheidung der Westmächte, ihre ganzen Kräfte in Frankreich und Belgien von nun an dem französischen General Ferdinand Foch als Generalissimus zu unterstellen, ließ die deutsche Oberste Heeresleitung, deren Ziel nach wie vor blieb, die Engländer von den Franzosen zu trennen und die Franzosen von den Gefechtsfeldern fernzuhalten, auf denen sich deutsche und englische Truppen gegenüberstünden, weiterhin hoffen, den Krieg noch keineswegs endgültig verloren zu haben. Die deutschen Erfolge sprachen für sich. Im April 1918 beispielsweise konnten im Abschnitt von Lys südlich von Ypern noch einmal große Geländegewinne erzielt werden, auch wenn die erzwungene Situation infolge des Nachschubmangels und der Verschleißerscheinungen bei der Truppe nicht die volle operative Auswertung erlaubte. Im Mai und Juni siegten sie zwischen Soissons und Reims, zwischen Montdidier und Noyon, im Juni und Juli an der Marne und in der Champagne. Doch die letzte Schlacht vermochten sie nicht siegreich für sich zu entscheiden.

Die Präsenz der kriegswirtschaftlich eine unerschöpfliche Substanz androhenden Amerikaner auf dem Schlachtfeld, der massierte Einsatz der seit 1916 erprobten britischen Tanks gegen die Infanterie und die Ermüdung der deutschen Truppen, deren aus Rußland kommende Kontingente nicht frei von revolutionären Vorstellungen waren, zwangen die OHL im Juli und August 1918, die Front hinter die Vesle zurückzunehmen. „Offenkundig war", schrieb Hindenburg, „daß die amerikanischen Massen sich nunmehr ununterbrochen nach Frankreich ergossen. Unsere U-Boote waren nicht imstande, diese Bewegung zu verhindern oder abzuschwächen ... Die Gegner stellten angesichts der unbedingten Notwendigkeit einer raschen und umfassenden militärischen Hilfe für Frankreich und England alle Rücksichten auf ... Wirtschaftsbedürfnisse ihrer Länder zurück. Wir mußten uns mit dieser Tatsache abfinden."

Am 2. August ging Soissons wieder verloren. Zwischen dem 8. und 11. August gelang den Engländern ein tiefer Einbruch in die deutsche Front, die bis zur Straße Amiens–Saint Quentin zurückgenommen werden mußte, was Ludendorff treffend mit „schwarzer Tag des deutschen Heeres“ umschrieb. „Über die politischen Wirkungen unserer Niederlage am 8. August gab ich mich“, sinnierte Hindenburg, „keinen Täuschungen hin. Unsere Kämpfe vom 16. Juli bis 4. August konnten im Ausland wie in der Heimat als die Folge einer nicht geglückten, kühnen Unternehmung angesehen werden... Das Mißgeschick am 8. August stellte sich dagegen vor aller Augen dar als die Folge einer offenkundigen Schwäche... Die militärische Lage war... ernst geworden.“

Der Feind hatte aus den deutschen Fehlern – vor allem in technischer Beziehung – des Jahres 1917 gelernt. Er hatte, wie der Feldmarschall registrierte, „in den letzten Operationen diejenige Taktik gegen uns angewendet, mit der wir ihn wiederholt gründlich geschlagen hatten... Er wagte... unsere Taktik, weil er die Schwächen unserer Verteidigungsfront erkannt hatte.“

Zwar hoffte die Oberste Heeresleitung, die deutschen personellen und materiellen Verluste wieder wettmachen zu können; aber dies gelang nicht, während die Streitkräfte des Feindes vor allem aus den USA geradezu beliebig ergänzt werden konnten.

Am 13. August erklärt Hindenburg dem Reichskanzler Georg Graf Hertling in Spa, daß die militärische Lage „zwar ernst“ sei, „daß aber nicht vergessen werden“ dürfe, daß deutsche Truppen noch tief in Feindesland stünden. Am nächsten Tage informiert er den Kaiser im gleichen Sinne und empfiehlt, mit „einem wirklich offiziellen Friedensschritt unsererseits“ zu warten, bis „eine Besserung in unserer... militärischen Lage“ eintritt. Mitte August 1918 zweifelt der Marschall nicht daran, daß es doch noch gelingen könne, einen „befriedigenden Abschluß des Krieges“ zu erreichen. Er hofft, daß die Truppe durchhält und „die Heimat... Kraft genug“ hat, sie zu unterstützen und die „jetzige Krisis zu überwinden“.

Sorge um die „Erhaltung unserer Waffenehre“ spielt für ihn zu dem Zeitpunkt „keine ausschlaggebende Rolle“ mehr; „denn unser Heer“, so resümiert er, „hatte diese Ehre in den vier Kriegsjahren so fest begründet, daß diese uns, mochte kommen was wollte, nicht mehr entrissen werden konnte". Im September kämpften die Deutschen zwischen der flandrischen Küste und dem Saint-Mihiel-Bogen gegen eine ungewöhnliche Übermacht, der es jedoch nirgendwo gelang, die deutsche Verteidigungsfront zu durchbrechen. Doch noch im November verlief die Front in Elsaß-Lothringen südlich der französisch-belgischen Grenze, und Sedan und Maubeuge waren immer noch in deutscher Hand.

Die Hoffnungen der Deutschen, die nach wie vor an einen Siegfrieden oder doch wenigstens an einen Verständigungsfrieden glaubten, gingen von der Vorstellung aus, daß der immer erneut mit großen und teilweise illusionären Erwartungen betrachtete deutsche U-Boot-Krieg Großbritannien letztlich an den Verhandlungstisch zwingen werde.

Die Erfolge konnten derartige Wunschvorstellungen durchaus stützen. So waren trotz der relativ ruhigen und für U-Boot-Operationen ungünstigen Wasseroberfläche während der Sommermonate von deutschen U-Booten im Mai 1918 immerhin 600 000, im Juni 521 000, im Juli 550 000, im August 420 000, im September und im Oktober je rund 440 000 Bruttoregistertonnen feindlichen Schiffsraumes versenkt worden. Offen gaben englische Regierungsstellen zu, sich in einer Krise zu befinden, und der US-Kriegsminister erklärte, daß er infolge mangelnden Schiffsraumes Schwierigkeiten habe, weiterhin amerikanische Truppen nach Europa zu transportieren. Die deutsche Marineführung schien optimistisch[4]. „So hätte der Unterseebootkrieg menschlicher Berechnung nach", schrieb der Vizeadmiral Kirchhoff nach dem Krieg, „unbedingt fertiggebracht... England mit den U-Booten an den Verhandlungstisch zu zwingen

[4] Die deutsche Oberste Heeresleitung hatte im Frühjahr 1917 die Meutereien der französischen Truppen zu spät erkannt – und daher nicht ausgenutzt. In der eigenen Marine, der eigentlichen „Schirmenden Wehr" des Kaisers, lagen die Verhältnisse jedoch auch nicht mehr so, wie es 1914 der Fall gewesen war. 361 Jahre Haftstrafen innerhalb der Kriegsflotte allein bis Ende 1917 konnten sowenig ignoriert werden wie die von Matrosen gebildeten unerlaubten „Menage- und Beschwerdekommissionen" auf Kriegsschiffen und die disziplinwidrigen Landgänge beispielsweise der Besatzungen der „Pillau" und der „Prinzregent Luitpold" in den ersten beiden Augusttagen. Schon am 6. Juni 1917 waren Matrosen in den Hungerstreik getreten, den sie am 19. Juli wiederholten. Urteile wegen „Kriegsverrats" und „Aufstandes im Kriege" gehörten bereits 1917 zu den Konsequenzen.

und damit den Weltkrieg für uns siegreich zu beenden ... Doch dann kam der Niederbruch ... so plötzlich von niemand erwartet."

Am 30. September 1918, zwei Tage nach der von Hindenburg ausgehenden Forderung der Obersten Heeresleitung an die Regierung, dem Feind sofort einen Waffenstillstand und Frieden anzubieten und den Rücktritt des Reichskanzlers zu veranlassen, nimmt Wilhelm II. das Rücktrittsgesuch des seit 1. November 1917 als Kanzler fungierenden Zentrumspolitikers Graf von Hertling an und ersetzt ihn am 3. Oktober durch seinen Vetter, den als klug und „fortschrittlich" geltenden badischen Thronfolger und Reitergeneral Max von Baden. „Ich wünsche", so lautet ein dem Kaiser von Ludendorff aufgedrängter Erlaß, „daß das deutsche Volk wirksamer als bisher an der Bestimmung der Geschicke des Vaterlandes mitarbeite. Es ist daher mein Wunsch, daß Männer, die vom Vertrauen des Volkes getragen sind, in weiterem Umfange teilnehmen an den Rechten und Pflichten der Regierung." Er hat, wie ihm noch von Ludendorff aufgenötigt, nun die „Kreise" zur Regierungsverantwortung zu ermuntern versucht, „denen wir", wie Ludendorff behauptete, „es in der Hauptsache zu verdanken haben, daß wir soweit gekommen sind".

Max von Baden, der Hindenburg persönlich gut kennt, wird vom Kaiser telegrafisch angewiesen, „die Friedensbitte ... sofort nach Washington weiterzugeben, da die Armee nicht einmal mehr 48 Stunden warten" könne. Am 3. Oktober drohen Hindenburg und Ludendorff aus Spa: „Die Oberste Heeresleitung bleibt auf ihrer am ... 28. September gestellten Forderung der sofortigen Herausgabe des Friedensangebotes an unsere Feinde bestehen ... Noch steht das deutsche Heer festgefügt und wehrt siegreich die Angriffe ab. Die Lage verschärft sich aber täglich und kann die Oberste Heeresleitung zu schwerwiegenden Entschlüssen bringen ... Jeder Tag kostet tausend Soldaten das Leben."

Am 5. Oktober wird Wilson gebeten, einen sofortigen Waffenstillstand „herbeizuführen".

Die Agonie der wilhelminischen Herrschaft hat sichtlich begonnen. Die militärische Führung sieht keinen anderen Ausweg mehr.

Der US-Präsident, dem die inzwischen vollzogene Umwandlung des Deutschen Reiches in eine parlamentarische Monarchie nicht ausreicht, besteht auf der Erfüllung von Forderungen, die bei der Reichsregierung und bei der Obersten Heeresleitung auf Widerstand stoßen. Am 14. Oktober erklärt Wilson in einer Note, daß die USA nicht bereit seien, mit der „Macht, welche bis jetzt das Schicksal der deutschen Nation bestimmt" habe, Waffenstillstandsverhandlungen zu führen. Sein Ultimatum: „Die deutsche Nation hat die Wahl, dies zu ändern... Es ist unumgänglich, daß die gegen Deutschland assoziierten Regierungen unzweideutig erfahren, mit wem sie es zu tun haben."

Ludendorffs Versuch, Friedrich Ebert einzuspannen und von ihm das Volk noch einmal „hochreißen" zu lassen, beweist mehr als lange Abhandlungen, wie sehr die Möglichkeit zur Gestaltung der Ereignisse nicht nur dem Monarchen bereits aus der Hand geglitten ist.

Ebert bemüht sich zwar, die Situation zu retten; aber er tut es nicht auf die Weise, die Ludendorff vorschwebt. Er läßt sich nicht wie ein Soldat in die Pflicht nehmen, sondern reagiert so, wie sein Gewissen es ihm befiehlt. Am 22. Oktober sagt er im Reichstag: „Verhängnisvoll und völlig unhaltbar ist die ganz absolutistische Stellung des Großen Generalstabs, der verfassungsmäßig weder dem Reichskanzler noch dem Reichstage verantwortlich ist... Für das persönliche Regiment und für die Politik der gepanzerten Faust ist kein Raum mehr in Deutschland. Die Befehlsgewalten und alles, was darauf aufgebaut ist, muß der Verantwortlichkeit des Reichskanzlers und des Reichstags unterstellt werden. Soll die neue Demokratie nicht Kulisse und Dekoration sein, so kann als Zentralgewalt nur ein Wille herrschen, das ist die vom Volksvertrauen getragene Volksregierung."

Ebert hat zwar die Ausschaltung der diktatorischen Macht der Obersten Heeresleitung und eine gravierende Umstrukturierung der Regierungsverhältnisse gefordert, die „monarchischen Autoritäten" jedoch kaum angetastet. Immer noch ist die Monarchie auch für ihn die legitime und erhaltenswerte Staatsform, was den führenden Militärs Hindenburg und Ludendorff die nunmehr notwendig gewordene Zusammenarbeit mit ihm wesentlich erleichtert. „Gewiß, es wäre bequemer für uns", hat er im Reichstag gesagt, „draußen zu stehen und unsere Hände in

Unschuld zu waschen. Aber in der Schicksalsstunde des deutschen Volkes wäre eine solche Politik vor der Geschichte, vor der Nation und nicht zuletzt vor der Arbeiterklasse nie und nimmer zu verantworten. Wir sind in die Regierung hineingegangen, weil es heute um das ganze Volk, um seine Zukunft... geht. Wir wissen, was wir mit unserem Schritt gewagt haben. Gelingt es uns aber, die Schauer des Krieges auch nur um einige Tage zu verkürzen und dadurch Zehntausenden das Leben zu retten, so wäre uns das Rechtfertigung und Genugtuung genug. Hätten wir durch Verweigerung unserer Mitarbeit auch nur den Schimmer einer Friedensmöglichkeit vernichtet, so hätten wir unverantwortlich gehandelt."

Die Militärs sind längst am Ende. Ludendorff hat vier Tage nach Eberts Erklärung im Reichstag „den Hut" nehmen und seine militärischen Vollmachten an den politisch liberalen General Wilhelm Groener abtreten müssen. In den ersten Novembertagen bricht die Monarchie sichtlich zusammen. In Stuttgart, Hannover und Köln reißen „Arbeiter- und Soldatenräte" die politische Macht und vollziehende Gewalt an sich. Straßenkämpfe beherrschen Magdeburg, Demonstrationen Hamburg, Braunschweig, Halle und Leipzig, Revolten Karlsruhe, Essen, Breslau und Königsberg in Ostpreußen. Kiel befindet sich seit dem 4. November in der Hand der seit dem 28. Oktober meuternden Matrosen, die auf den Kriegsschiffen „Thüringen", „Helgoland", „Seydlitz", „Derfflinger" und „Von der Tann" die Einstellung der Kriegshandlungen fordern.

Ein paar Monate danach schreibt Hindenburg über diese Tage: „Der Zusammenbruch zeigt sich von Ende Oktober ab überall; nur an der Westfront wußten wir ihn immer noch zu verhindern. Schwächer wurde dort der feindliche Andrang, matter aber freilich auch unser Widerstand. Immer kleiner wurde die Zahl der deutschen Truppen, immer größer wurden die freien Lücken in den Verteidigungsstellungen. Nur wenige frische deutsche Divisionen, und Großes hätte geleistet werden können. Vergebliche Wünsche, eitle Hoffnungen! Wir sinken, denn die Heimat sinkt. Sie kann uns kein neues, frisches Leben mehr geben, ihre Kraft ist verbraucht! General Groener begibt sich am 1. November zur Front. Das Zurücknehmen unserer Verteidigung in die Stellung Antwerpen–Maas ist unsere demnächstige Sorge. Der Entschluß ist einfach, die Ausführung schwer. Kostbarstes Kampfmaterial liegt noch feindwärts dieser Linie, doch kostbarer als dessen Rettung ist für uns die Zurückführung von 80 000 Verwundeten in den vorwärts befindlichen Lazaretten ... Dauernd kann freilich die jetzige Lage nicht mehr gehalten werden. Dazu sind unsere Kräfte nunmehr zu schwach und zu müde geworden. Dazu ist der Druck zu stark, der von den frischen amerikanischen Massen auf unsere empfindlichste Stelle im Maasgebiet ausgeübt wird ... Der Zusammenbruch ist unvermeidlich ... Das sind meine Eindrücke in den ersten Tagen des November ... Am 9. November ... verkündet (man) im Vaterlande die Thronentsagung seines Kaisers und Königs, ehe der Entschluß dazu von diesem gefaßt ist ... Der Gedanke wird erwogen, mit unseren Fronttruppen in der Heimat Ordnung zu schaffen. Jedoch zahlreiche Kommandeure ... erklären, daß unsere Truppen zwar noch die Front nach dem Feinde behalten werden, daß sie aber die Front gegen die Heimat nicht nehmen würden. Ich bin dem Allerhöchsten Kriegsherrn in jenen Stunden zur Seite. Er überträgt mir die Aufgabe, das Heer in die Heimat zurückzuführen."

Am 9. November 1918 haben sich der Kaiser und sein ranghöchster und erfolgreichster Militär zum letzten Male gesehen. Ein Protokoll schildert die letzte historisch bedeutsame Zusammenkunft. Sein Text:

„Vor dem Kaiser stand der Generalfeldmarschall, etwas abseits General Groener und General von Marschall. Bei unserem Eintritt in das Zimmer sagte der Kaiser: ‚Herr Feldmarschall, wiederholen Sie bitte Exzellenz Scheer, was Sie mir soeben gesagt haben!'

Hindenburg: ‚Das Heer hält nicht mehr, die Truppen stehen nicht mehr zu S. M. Es gibt keine treuen Truppen mehr. Wollte Gott, E. M., es stünde anders!'

Kaiser: ‚Wenn es so ist, wie der Feldmarschall meldet, so kann ich mich doch nicht arretieren lassen! Es bleibt nichts übrig, als abzudanken als Kaiser. Ich bleibe König von Preußen. Aber damit die Herren erfahren, wie ich vom Kanzler bedient worden bin: Prinz Max von Baden hat bereits heut vormittag ohne mein Wissen und ohne meine Ermächtigung meine Abdankung proklamiert[5], als Kaiser und als König. So bin ich von meinem letzten Kanzler bedient worden!'

Chef des Generalstabes
des Feldheeres *Gr.H.Qu., 8. Dezember 1918*
G. Nr. 11780 Geh.

Sehr geehrter Herr Ebert!
Wenn ich mich in nachstehenden Zeilen an Sie wende, so tue ich dies, weil mir berichtet wird, daß auch Sie als treuer deutscher Mann Ihr Vaterland über alles lieben unter Hintanstellung persönlicher Meinungen und Wünsche, wie auch ich es habe tun müssen, um der Not des Vaterlandes gerecht zu werden. In diesem Sinne habe ich mich mit Ihnen verbündet zur Rettung unseres Volkes vor dem drohenden Zusammenbruch. Ich möchte Sie erinnern an Ihren Aufruf vom 9. November, in dem es heißt:

> *„Die neue Reichsregierung kann ihre Aufgabe nur erfüllen, wenn alle Behörden und Beamten in Stadt und Land ihr hilfreich Hand leisten.*
> *Ich weiß, daß es vielen schwer werden wird, mit den neuen Männern zu arbeiten, die das Reich zu leiten unternommen haben, aber ich appelliere an Ihre Liebe zu unserem Volk. Ein Versagen der Organisation in dieser schweren Stunde würde Deutschland der Anarchie und dem schrecklichsten Elend ausliefern.*
> *Helft also mit mir dem Vaterlande durch furchtlose und unverdrossene Weiterarbeit, ein jeder auf seinem Posten, bis die Stunde der Ablösung gekommen ist."*

Auf meinen Wunsch hat sich dann das gesamte Offizierkorps, obschon es seines Eides damals noch nicht entbunden war, sofort der neuen Regierung zur Verfügung gestellt, um die geordnete Rückführung und Demobilmachung des Feldheeres sowie die Durchführung der rigorosen Waffenstillstandsbedingungen zu ermöglichen und das Vaterland vor einer grenzenlosen Katastrophe zu bewahren. Das Offizierskorps tat das in dem festen Vertrauen darauf, daß diese selbstlose Hingabe und Pflichterfüllung den Dank und die Anerkennung des Vaterlandes und die Unterstützung der neuen Regierung bei seinen schweren Aufgaben finden würde. Statt dessen wird seine Autorität durch Anordnungen und Vorkommnisse bedenklichster Art täglich mehr untergraben. Auf Schritt und Tritt ist der Offizier schutzlos Beschimpfungen und Kränkungen ausgesetzt, er ist geradezu als vogelfrei erklärt; kein Wunder, wenn sich des Offizierkorps eine verzweifelte Stimmung bemächtigt hat. Ich verkenne durchaus nicht, daß die Schuld an diesen Zuständen nicht bei der Regierung, die vom besten Willen beseelt ist, zu suchen ist. Ich erkenne vielmehr dankbar an, daß der Erlaß der Regierung vom 11. 11. dem Offizier seine Aufgabe wesentlich erleichtert hat. Es ist aber leider eine unbestreitbare Tatsache, daß die Anordnungen der Regierung von den A.- u. S.-Räten nur soweit und solange befolgt werden, wie es ihnen paßt. Die in dieser Beziehung herrschenden Zustände werden durch die Meldung einer Kommandobehörde besonders klar beleuchtet, in der es heißt:

> *„Einzelne Mitglieder der A.- u. S.-Räte sind vielleicht ihrer Aufgabe gewachsen und vom besten Willen beseelt, Ruhe und Ordnung zu schaffen, so z. B. der erste Vorsitzende des A.- u. S.-Rates in Koblenz. Dieses sind aber Ausnahmen. An anderen Stellen sind zum Teil an Anarchie grenzende Zustände eingetreten. Allem Anschein nach machen sich unlautere Elemente die jetzigen Zustände zunutze und verstoßen unter dem Deckmantel der A.- u. S.-Räte gegen Gesetz und Ordnung. Euer Excellenz werden Meldung haben, wie das Nationalvermögen verschleudert wird teils durch hohe Zulagen an alle im Dienste der A.- u. S.-Räte stehenden Personen, teils durch Ausgabe und Plünderung von Vorräten der Heeresverwaltung...*
>
> *Auf den Straßen hat sich unter der Firma „Straßensicherung" eine Art von Räuberwesen auf Kraftwagen herausgebildet, das in seinem Bereich alles beschlagnahmt, was ihm gut dünkt und hierzu Blanketts von A.- u. S.-Räten bei sich führt. Dies alles erhöht nicht das Vertrauen des Feldheeres und der Bevölkerung zu diesen Organen der neuen Regierung."*

Es liegt auf der Hand, daß wir aus diesen Zuständen nur herauskommen können, wenn die Regierung über ein Organ verfügt, das Ihren Anordnungen und den bestehenden Gesetzen rücksichtslos Geltung zu verschaffen vermag. So wie die Verhältnisse liegen, kann dieses Organ nur die Armee sein und zwar eine Armee, in der schärfste Disziplin herrscht... Soll die Armee ein brauchbares Machtmittel in der Hand der Regierung sein und bleiben, so muß die Autorität der Offiziere sofort mit allen Mitteln wiederhergestellt und die Politik aus dem Heere entfernt werden. Dazu ist ein Erlaß der Regierung nötig, der das klar ausspricht:

1. *Die militärische Kommandogewalt liegt allein bei den Kommandobehörden.*
2. *Das Vorgesetztenverhältnis des Offiziers und die damit zusammenhängenden Bestimmungen sind restlos wiederherzustellen.*

3. Die S.-Räte müssen sofort aus der Truppe verschwinden; lediglich Vertrauensräte können bestehen bleiben, die die Vorgesetzten über die Stimmung der Mannschaften auf dem laufenden halten und deren Wünsche und Beschwerden übermitteln. Eine Mitwirkung dieser Vertrauensräte bei der Ausübung der Befehlsgewalt ist durchaus auszuschließen.

Ich fühle mich aber auch verpflichtet, Sie über die Stimmung aufzuklären, die aus zahlreichen Zuschriften aus dem Feldheere und aus allen anderen Kreisen der Bevölkerung hervorgeht. Diese läuft im wesentlichen auf die Forderung nach sofortiger Einberufung der Nationalversammlung hinaus. Drei Gründe sind es vornehmlich, die für die Notwendigkeit dieser Maßnahmen angeführt werden:

1. *Die Erlangung von Frieden und Brot.*
2. *Die Verhütung eines wirtschaftlichen Zusammenbruchs.*
3. *Die Verhütung eines Auseinanderfallens des Deutschen Reiches.*

Was den ersten Grund anbetrifft, so steht es wohl fest, daß wir ohne gesicherte innere Verhältnisse von der Entente weder Frieden noch Lebensmittel bekommen werden, daß vielmehr unsere Feinde nach Deutschland einmarschieren werden, wenn die jetzigen Zustände nicht bald von Grund auf gebessert werden.

Wie es mit unseren wirtschaftlichen Verhältnissen aussieht, darüber werden die Staatssekretäre des Reichswirtschaftsamtes und des Reichsernährungsamtes die Reichsleitung wohl hinreichend orientiert haben.

Es ist durchaus erklärlich, daß unter diesen Umständen große Teile des Reiches unter der Losung: „Los von Berlin!" dem drohenden Untergang durch rechtzeitige Abtrennung vom Reich zu entgehen suchen. Ein Hinausschieben der Nationalversammlung muß diese Zersetzung beschleunigen.

Meiner Überzeugung nach können nur folgende Maßnahmen uns aus den jetzigen Schwierigkeiten erretten:

1. *Einberufung der Nationalversammlung noch im Dezember.*
2. *Bis dahin bzw. bis zur Durchführung der Beschlüsse der Nationalversammlung alleinige Führung der Geschäfte durch die Regierung und die gesetzlichen Verwaltungsorgane.*
3. *Damit den berechtigten Wünschen der Arbeiterschaft, für die ich volles Verständnis habe, bis zum Erlaß gesetzlicher Vorschriften durch die Nationalversammlung Rechnung getragen wird, sollten den Verwaltungsbehörden zur Beratung tüchtige Männer aus dem Arbeiterstande beigegeben*

werden. Diese hätten keinen selbständigen „Rat" zu bilden, sondern in den Behörden mitzuarbeiten. Damit würde jede Notwendigkeit von „Arbeiterräten" entfallen.

4. *Der Sicherheitsdienst darf lediglich durch die gesetzlichen Polizeiorgane und die bewaffnete Macht ausgeübt werden.*
5. *Sicherung der Anordnungen der Regierung durch eine zuverlässige Polizeitruppe bzw. nach Wiederherstellung der Disziplin durch das Heer.*

In Ihre Hände ist das Schicksal des deutschen Volkes gelegt. Von Ihrem Entschluß wird es abhängen, ob das deutsche Volk noch einmal zu neuem Aufschwung gelangen wird. Ich bin bereit und mit mir das ganze Heer, Sie hierbei rückhaltlos zu unterstützen. Wir alle wissen, daß mit diesem bedauerlichen Ausgang des Krieges der Neuaufbau des Reiches nur auf neuen *Grundlagen und mit* neuen *Formen erfolgen kann. Was wir wollen, ist, die Gesundung des Staates nicht dadurch auf Menschenalter hinauszuschieben, daß zunächst in Verblendung und Torheit jede Stütze unseres wirtschaftlichen und sozialen Lebens vollkommen zerstört wird.*

Ich weiß, daß ich von radikaler Seite angefeindet werde, weil ich mich angeblich in Politik mische. Es war mir aber auch Herzenssache, Vorstehendes Ihnen auszusprechen. Ich wünsche Ihnen Kraft zu entschlußfreudigem Handeln.

gez. von Hindenburg

Paul von Hindenburgs Schreiben vom 8. Dezember 1918 an Friedrich Ebert

Scheer: ‚Die Folgen für die Marine sind unabsehbar, wenn sie keinen höchsten Kriegsherrn mehr hat.‘

Kaiser, düster: ‚Ich habe keine Marine mehr!‘ “

Wilhelm geht in die Emigration nach Holland. Hindenburg veranlaßt, was nun getan werden muß. Zunächst muß er sich jedoch erst einmal damit abfinden, daß Prinz Max von Baden am 9. November das von ihm nur kurzfristig wahrgenommene Kanzleramt dem SPD-Vorsitzenden Friedrich Ebert übertragen hat, ohne – nach der alten oder neuen Verfassung – dazu berechtigt gewesen zu sein. Und mit ihm, mit Ebert, läßt er seinen Generalquartiermeister und Ludendorff-Nachfolger General Wilhelm Groener am 10. November telefonischen Kontakt aufnehmen und ihm ein „Bündnis“ anbieten. Groener überlieferte: „Am Abend rief ich die Reichskanzlei an und teilte Ebert mit, daß das Heer sich seiner Regierung zur Verfügung stellte, daß dafür der Feldmarschall und das Offizierskorps von der Regierung Unterstützung erwarten bei der Aufrechterhaltung von Ordnung und Disziplin im Heer. Das Offizierskorps erwarte von der Regierung die Bekämpfung des Bolschewismus und sei dafür zum Einsatz bereit. Ebert ging auf meinen Vorschlag ein.“

Einen Monat danach, am 8. Dezember, wendet Hindenburg sich schriftlich an Ebert. Er spricht Eberts Vaterlandsliebe und Uneigennützigkeit an und weist noch einmal ausdrücklich darauf hin, daß sich das Offizierskorps der neuen Regierung auf seinen Wunsch hin voll zur Verfügung stelle, wenn die Regierung bereit und in der Lage sei, dem Offizierskorps die unerläßliche „Anerkennung ... und ... Unterstützung“ zu garantieren. „In diesem Sinne habe ich mich mit Ihnen verbündet zur Rettung unseres Volkes vor dem drohenden Zusammenbruch.“

[5] Prinz Max von Baden hatte das Wolffsche Telegraphenbüro – ohne Wissen von Wilhelm II. – am 9. November 1918 gegen 12 Uhr mittags publizieren lassen: „Der Kaiser und König hat sich entschlossen, dem Thron zu entsagen. Der Reichskanzler bleibt noch so lange im Amte, bis die mit der Abdankung ... verbundenen Fragen unter Einsetzung einer Regentschaft geregelt sind. Er beabsichtigt, dem Regenten die Ernennung des Abgeordneten Ebert zum Reichskanzler und die Vorlage eines Gesetzentwurfes wegen der sofortigen Ausschreibung allgemeiner Wahlen für die verfassunggebende deutsche Nationalversammlung vorzuschlagen, der es obliegen würde, die künftige Staatsform des deutschen Volkes ... endgültig festzustellen.“ Ungefähr zur selben Zeit verkündete der Sozialdemokrat Philipp Scheidemann die Republik.

Hindenburgs Problem Nummer eins lautet derzeit: Rückführung der deutschen Truppen aus den von ihnen besetzten feindlichen Territorien[6]. Nach den Bestimmungen des – auf 36 Tage befristeten – Waffenstillstandes vom 11. November 1918 in Compiègne ist das Reich gezwungen, innerhalb von 15 Tagen seine Truppen aus Frankreich, Belgien und Elsaß-Lothringen abgezogen zu haben. Es sei denn, es riskiert die Gefangennahme der deutschen Soldaten durch militärische Einheiten der Entente-Mächte. Deutschland hat, und auch dies ist ohne Hindenburg kaum – oder gar nicht – möglich, das linke Rheinufer innerhalb von 25 Tagen von eigenen Truppen zu räumen und die Städte Mainz, Koblenz und Köln im jeweiligen Umkreis von 30 Kilometern deutscherseits militärfrei zu machen und den alliierten Truppen den jeweiligen Einmarsch störungsfrei zu gewährleisten. Eine neutrale Zone von 30 bis 40 Kilometern ist auf der linken Rheinseite zu schaffen. Sämtliche deutsche U-Boote, sechs Schlachtkreuzer, zehn Linienschiffe, acht kleine Kreuzer und 50 neueste Zerstörer sind auszuliefern und die Minenfelder im Kattegatt zu räumen. Deutsche Schiffe dürfen weiterhin gekapert werden.

Was aus Deutschland geworden wäre, wenn es zu der Zeit weder Hindenburg noch Ebert gegeben hätte, ist nach Abwägung der historischen Ereignisse unvorstellbar.

Ende Dezember, 19 Tage nach der von ihm angewiesenen Heimkehr der – von Friedrich Ebert öffentlich emphatisch begrüßten – ersten deutschen Front-Division aus Frankreich, berichtet Hindenburg in einem Brief an den kontinuierlich mit Fragen und Problemen der deutschen Ostgrenzen beschäftigten ministrablen Konrad von Studt, daß er sich „nach Kräften" bemühe, der Regierung den „Rücken zu stärken und durch Schaffung einer Freiwilligen-Truppe unsere Ostgrenze zu schützen". Die Gegenleistungen der „Regierung", die er mit der „Revolution" identifiziert, moniert er aus seiner Perspektive als oberster militärischer Führer. Zwei Tage vor dem Jahresende beklagt er, daß „die Revolution die Grundfesten unserer Armee

[6] Allein im Osten, im Bereich Oberost, befanden sich deutsche Truppen in Georgien, auf der Krim, im Donaugebiet, in der Ukraine, in Finnland, in der Türkei, in Polen, in Rumänien und in Südungarn.

gründlich erschüttert, indem sie die Autorität des Offiziers systematisch untergrub und jede Disziplin vernichtete". Er empfiehlt seinem Korrespondenzpartner, seine sachkundigen „Bemerkungen und Vorschläge" aus Effektivitätsgründen nicht immer erst an ihn, sondern stets unmittelbar an die „ressortmäßigen Stellen", an den Reichskanzler (jetzt noch in der Person Friedrich Eberts als Vorsitzender des Rates der Volksbeauftragten) und an den Kriegsminister (bis 27.3. 1920 Gustav Noske)[7], zu schicken und ihn, Hindenburg, vorerst lediglich „als Bindeglied" zu betrachten.

Seit Mitte Dezember 1918 weiß er, daß die US-Regierung über ihre Botschaften in den neutralen Ländern hat verlauten lassen, daß sie den Waffenstillstand ignorieren, die Lebensmittellieferungen einstellen und Deutschland militärisch besetzen werde, wenn Ebert nicht gehalten werden könne. Was dies in dieser Situation heißt, liegt auf der Hand.

Weil die „zuverlässigen Regimenter der alten Armee" nicht mehr existieren, wie Hindenburg beklagt, ist es im Osten zum Schutz der deutschen Grenzen nötig geworden, aus demobilisierten Offizieren, Unteroffizieren und Mannschaften Freiwilligenverbände aufzustellen. Da Friedrich Ebert, der einen Antrag der Unabhängigen Sozialdemokraten zur Entfernung Hindenburgs aus der Obersten Heeresleitung schon am 20. November 1918 energisch zurückgewiesen hat[8], ebenfalls für die Erhaltung einer einsatzfähigen und einsatzbereiten Truppe eintritt, können die Werber sich sowohl auf Hindenburg als auch auf Ebert berufen – und bemerkenswerte Erfolge erzielen.

Am 21. November 1918 hat Ebert in sein Tagebuch notiert: „Mit der Armee Mackensen wird nichts anzufangen sein, sie trifft erst in drei Wochen ein. Andere Truppen haben wir nicht zur Entsendung. Irgendwie ein Schutz muß aber geschaffen werden. Diesen Schutz sehe ich nur darin, daß die Generalkommandos und die Arbeiter- und Soldatenräte an der Ostgrenze versu-

[7] Offizieller Reichswehrminister wurde Noske am 13. Februar 1919, zwei Tage nach Eberts Wahl zum Reichspräsidenten. Am 27. März 1920 mußte Ebert ihn auf Druck der SPD entlassen.
[8] Die kommunistische Zeitung *Rote Fahne* forderte wiederholt nicht nur Hindenburgs Entlassung, sondern seine Verhaftung und Bestrafung als „Massenmörder", was Ebert als absolut indiskutabel zurückwies.

chen, aus Bürgern und Soldaten an der Ostgrenze einen Schutz zu schaffen und eine Einrichtung, die im Inneren von Schlesien die Ruhe und die Abwicklung des Wirtschaftslebens nach Möglichkeit gewährleistet. Über die Aufgabe dieser Truppe müßte völlige Übereinstimmung mit der Reichsregierung herbeigeführt werden. Eine Verständigung mit der polnischen Regierung[9] in Posen möchte ich auch empfehlen. Aber eine Truppe müssen wir trotzdem schaffen, sonst können wir nicht sichern, was wir absolut brauchen, um nicht unterzugehen. An dem guten Willen des Ausschusses in Posen und Korfanty zweifle ich nicht; aber man weiß nicht, wie weit sie ihren Willen in die Tat umsetzen können. In der Konferenz in Gleiwitz (die für die nächsten Tage vorgesehen ist und Arbeiter- und Soldatenrat, Industrie und Landwirtschaft umfaßt) müßte versucht werden, im Sinne der Organisation eines Heimatschutzes zu wirken, eine andere Möglichkeit sehe ich nicht."

Vier Wochen danach demonstrieren – von Karl Liebknecht und Rosa Luxemburg aufgeputschte – meuternde, plündernde und raubende Angehörige der zum Schutz der Regierung im Berliner Schloß und im Marstall einquartierten „Volksmarinedivision" unübersehbar drastisch, daß Eberts Bündnis vom 10. November 1918 mit der Obersten Heeresleitung nicht nur für die Sicherung der Grenzen, sondern auch für die Aufrechterhaltung der Ruhe, Ordnung und Regierungsfähigkeit des Reiches die tatsächlich einzige Garantie darstellte. Anstatt die Regierung zu schützen, besetzte die meuternde Soldateska die Reichskanzlei, kappte die Telefonleitungen und stellte sozialdemokratische Volksbeauftragte unter Hausarrest. Erst nach dem Einsatz der mit Hindenburgs Zustimmung von Kassel aus dirigierten disziplinierten Truppe war es schließlich möglich, die im Schloß verschanzten und sich mit allen ihnen zur Verfügung stehenden Waffen wehrenden Meuterer (am ersten Weihnachtstag) zur Kapitulation zu bewegen.

In Übereinstimmung mit Hindenburg läßt Ebert die Kriegsmi-

[9] Das von den Mittelmächten künstlich geschaffene Königreich Polen, die von Hindenburg stets als „Mißgeburt" abgelehnte Konstruktion, bestand nicht mehr. Polen war nach Selbstbestimmungsrecht der Völker frei, seine Teilung annulliert. Probleme bereitete die Tatsache, daß zunächst keine Grenzen zwischen dem Reich und Polen festgelegt waren.

nisterien Preußens, Bayerns, Württembergs und Sachsens weiterhin bestehen und überträgt der ebenfalls weiterhin fungierenden (und am 12. Februar 1919, einen Tag nach der Wahl Eberts zum Reichspräsidenten, von Kassel nach Kolberg in Pommern[10] verlegten) Obersten Heeresleitung den „Grenzschutz Ost". Die von Offizieren geführten Freiwilligenverbände dürfen zwar nirgendwo angreifen; aber sie verteidigen die deutschen Grenzen überall energisch. In Königsberg und in Breslau werden Grenzschutzkommandos eingerichtet und von den Entente-Mächten, die eine Bolschewisierung Europas unter keinen Umständen wünschen, stillschweigend gebilligt.

Die Zusammenarbeit des öffentlich nicht gemeinsam auftretenden und agierenden „Gespanns" Ebert-Hindenburg[11] funktioniert außerordentlich erfolgreich. Bereits vor dem Jahreswechsel von 1918 zu 1919 hat der Sozialdemokrat Gustav Noske auf Eberts Veranlassung in und um Berlin Freiwillige zur Aufrechterhaltung von „Ruhe und Ordnung" rekrutiert. Ein Gesetz zur „Bildung einer vorläufigen Reichswehr" wird am 6. März 1919, drei Wochen nach Eberts Wahl zum Reichspräsidenten, nachträglich verkündet. Bis zur „Schaffung der neuen reichsgesetzlich zu ordnenden Wehrmacht" und der noch nicht bekannten Bestimmungen des in Vorbereitung befindlichen Vertrages von Versailles können die diesbezüglichen Gesetze, Anordnungen und Maßnahmen zwar nur provisorischen Charakter haben; aber sie schaffen Realitäten.

Hindenburg ist nach wie vor ungewöhnlich populär und beliebt. Er wird, seit er in Kolberg residiert, zu Jagden in der Umgebung von Kolberg eingeladen und von Amerikanern gebeten, bald einmal die USA zu besuchen.

[10] In einem Aufruf vom 14. Februar 1919 erklärte Hindenburg, daß er die OHL nach ihrer Beauftragung durch die Reichsregierung, den Schutz der Ostgrenzen zu übernehmen, am 14. Februar nach Kolberg verlegt habe. Er rief die freiwilligen Soldaten auf, entschlossen „an die Arbeit zum Besten des Vaterlandes" zu gehen und sich bewußt zu sein: „Wir müssen hindurch!"

[11] Auch in offiziellen – oder dritten zugänglichen – Schreiben hielten sie sich daran. So war beispielsweise Hindenburgs Formulierung vom 8. Dezember 1918: „Weil mir berichtet wird, daß auch Sie als treuer deutscher Mann Ihr Vaterland über alles lieben unter Hintanstellung persönlicher Meinungen und Wünsche", eine diplomatische Sprache, die den tatsächlichen Sachverhalt verschleiern sollte.

Als Hindenburg, einige Wochen nach Ebert, im Januar 1919 heimkehrende Truppen begrüßt, kann er ihnen bereits zurufen: „Das große Werk ist schon begonnen ... Habt nur noch kurze Zeit Geduld! Helft unserem wunden Vaterlande über seine schwerste Zeit hinweg, rettet es noch einmal durch deutsche Manneszucht und deutschen Ordnungssinn." Sowohl die Regierung als auch die Oberste Heeresleitung werben für Freiwilligenverbände[12].

Noch bevor der deutscherseits von Hermann Bell und Hermann Müller am 28. Juni 1919 unterzeichnete Friedensvertrag von Versailles in Kraft tritt und Deutschland verpflichtet, erhebliche Territorien abzutreten, das rechte Rheinufer in einer Tiefe von 50 Kilometern total zu entmilitarisieren, sein Landheer auf insgesamt 100 000 Mann zu reduzieren, Schiffe, Waffen und Munition abzuliefern, kontrolliert abzurüsten, interalliierte Überwachungsausschüsse zu dulden, Kriegsverbrecher an die Siegermächte auszuliefern[13] und zahlreiche weitere gravierende Maßnahmen zu akzeptieren, bittet Hindenburg den Reichspräsidenten Ebert um seinen Abschied.

[12] Die Freiwilligen erhielten doppelte Löhnung. Die Offiziere wurden meist von den Regimentskommandeuren eingestellt.

[13] Da auch Kaiser Wilhelm II. auf der Liste der auszuliefernden Kriegsverbrecher stand, bot Hindenburg (erfolglos) an, sich an seiner Stelle den Siegermächten zur Verfügung zu stellen.

1919 bis 1925: Symbolgestalt im Ruhestand

Im Jahre 1859, 60 Jahre zuvor, ist Hindenburg als Kadett nach Wahlstatt gegangen. 1911 hat er als Kommandierender General seinen Abschied genommen. Jetzt, 1919, nach dem verlorenen Krieg, will er, der im Kriege zwar besiegte, aber ungebeugte und nach wie vor gefeierte Feldmarschall, als Privatmann nach Hannover zurückgehen, wo er Ehrenbürger geworden ist und von der Stadt eine in der Selhorststraße liegende stattliche Villa zur Verfügung gestellt bekommen hat. Doch dies kann ihm nur der Reichspräsident erlauben, da ein preußischer Feldmarschall grundsätzlich formell auf Lebenszeit im Dienst zu bleiben hat.

Am 2. Mai 1919[1] schreibt er an Ebert: „Herr Präsident! Der Beginn der Friedensverhandlungen veranlaßt mich, schon jetzt der Reichsregierung folgendes zur Kenntnis zu bringen: Ich bin im Wechsel der Zeiten an der Spitze der Obersten Heeresleitung geblieben, weil ich meine Pflicht darin sah, dem Vaterlande in seiner höchsten Not weiter zu dienen. Sobald der Vorfriede geschlossen ist, halte ich aber meine Aufgabe für erfüllt. Mein Wunsch, mich dann ins Privatleben zurückzuziehen, wird bei meinem hohen Alter allgemein verstanden werden, um so mehr, als es ja bekannt ist, wie schwer es mir, meinen Anschauungen und meiner ganzen Persönlichkeit der Vergangenheit nach wurde, in der jetzigen Zeit mein Amt weiter auszuüben."

[1] Dieser Fassung war ein entwurfsweiser Text Hindenburgs vom 26. April vorausgegangen („wie schwer es mir als preußischem Offizier und langjährigem treuen Diener meines Kaisers ... geworden ist ..."), den Ulrich Graf von Brockdorff-Rantzau für nicht sonderlich geschickt gehalten hatte. Er empfahl Hindenburg am 28. April, ihn im Sinne der Fassung vom 2. Mai zu ändern.

Der Reichspräsident, der den alten Soldaten ebenso schätzt wie dieser ihn, antwortet ihm unmittelbar:

„Herr Generalfeldmarschall! Von Ihrem Entschluß, nach Unterzeichnung des Vorfriedens von Ihrer Stellung an der Spitze der Obersten Heeresleitung zurückzutreten, um sich ins Privatleben zurückzuziehen, habe ich Kenntnis genommen. Indem ich mein Einverständnis hiermit erkläre, benutze ich diese Gelegenheit, um Ihnen für Ihre dem Vaterlande während des Krieges und in der jetzigen Zeit unter großer Aufopferung geleisteten Dienste den unauslöschlichen Dank des deutschen Volkes auszusprechen. Daß Sie auch in den Zeiten schwerer Not in Treue auf Ihrem Posten ausgeharrt und dem Vaterlande Ihre Persönlichkeit zur Verfügung gestellt haben, wird Ihnen das deutsche Volk niemals vergessen. Ebert."

In Hannover, wo er seit dem 4. Juli 1919[2] in einer ihm von der Stadt auf Lebenszeit zur Verfügung gestellten Villa mit Garten lebt, versuchen Parteipolitiker zwar wechselweise, ihn vor ihre Karren zu spannen; aber er, der die politischen Parteien für nicht gerade nötige Einrichtungen hält, verweigert sich ihnen ebenso, wie er auch den militärischen Aktivisten Einhalt geboten hat[3], die ihn bedrängten, sich an die Spitze einer Erhebung der altpreußischen Provinzen zu stellen und in Zusammenarbeit mit den Russen als „zweiter York" gegen die Regierung in Berlin vorzugehen. Russischen Emissären hat er unmißverständlich ausrichten lassen, daß „der Feldmarschall keine Politik" treibe. Und daran hält er sich – zum Kummer vor allem von Reaktionären, Revanchisten und Veteranenverbänden – konsequent.

Wo immer er in der Stadt auftaucht, sieht er sich von Bewunderern und neugierigen Passanten umringt, was ihn zu seinem Bedauern schließlich dazu bewegt, seine kränkelnde Frau nicht mehr zu Fuß in die Stadt zu begleiten. Sein Haus wird langsam zu einem nicht selten buchstäblich umlagerten „Hindenburg-Museum". Und auch der Hausherr, dem sich ein pensionierter Oberstleutnant namens von Kügelgen für Adjutantendienste zur

[2] Hindenburg verließ Kolberg am 3. Juli 1919 zusammen mit seinem Generalquartiermeister Wilhelm Groener.

[3] General Otto von Below einer der Wortführer, wurde von ihm kurzerhand entlassen.

Verfügung gestellt hat, kommt sich zwischen all den Orden, Karten, Mappen, Skizzen, Plastiken, Diplomen, Ehrenbürgerbriefen, Fahnen, Säbeln, Dolchen, Fotos, Bildern, Jagdtrophäen und ungezählten Geschenken schließlich selbst bald wie ein lebendes Denkmal vor. Er sucht die Ruhe, geht auf die Pirsch – und kommt sich gelegentlich selbst wie ein Gejagter vor, während seine – ebenfalls zur „Exzellenz" avancierte – charmante und liebenswürdige Frau der drängenden Öffentlichkeit geschickt und oft recht witzig den Tribut zollt.

Besuche von Offizieren werden nach wie vor als „Dienst" verstanden. Als beispielsweise einer der zum „Rapport" erschienenen Offiziere einmal bemerkt, daß es sich bei einem über dem Sofa hängenden Moltke-Porträt offensichtlich um ein Lenbach-Original handele, weist der Feldmarschall ihn barsch darauf hin, daß er „doch nicht wegen Moltke gekommen" sei.

Was Hindenburg – neben der Kriegsniederlage und deren Folgen – bedrückt, ist die Tatsache, daß der nach wie vor von ihm hochverehrte Kaiser ihm grollt und der von ihm stets großzügig und äußerst entgegenkommend behandelte General Ludendorff, mit dem er in Ostpreußen die historischen Schlachten geschlagen hat, seit Oktober 1918 zunehmend intrigiert und auch öffentlich in Verruf gerät. Obwohl Ludendorff sich darüber hinaus gern brüstet, der Feldherr zu sein, dem die großen Siege eigentlich zu verdanken seien, stellt Hindenburg sich vor ihn. In einer Presseerklärung sagt er: „Die Angriffe gegen meinen früheren Mitarbeiter, General Ludendorff, mehren sich. Ohne mich in die Erörterung über das Unberechtigte dieser Angriffe einzulassen, bemerke ich, daß ich für alle Entschlüsse der OHL allein die Verantwortung trage. General Ludendorff hat stets im Einverständnis mit mir gehandelt. Wer Ludendorff trifft, trifft mich!"

Nach wie vor gilt sein Wort – bis in die höchsten Stellen der Reichsführung. Als beispielsweise Wilhelm Groener vom Generalmajor Friedrich Gustav Graf von Waldersee öffentlich beschuldigt wird, sich am 9. November 1918 nicht angemessen verhalten zu haben, ist es ebenfalls Paul von Hindenburg, der seinen einstigen Generalquartiermeister sofort (zunächst einmal im *Hannoverschen Kurier* vom 14. Oktober 1919) in Schutz nimmt. Das auf Groeners Betreiben Ende 1919 zusammengetretene Freiwillige Ehrengericht folgt den Feststellungen des Feldmarschalls und attestiert dem Beschuldigten ehrenwertes Verhalten. Der Reichswehrminister Gustav Noske entläßt – mit Eberts Zustimmung – von Waldersee aus dem aktiven Dienst.

An die Öffentlichkeit gezerrt wird Hindenburg am 18. November 1919 wieder, nachdem er aufgefordert worden ist, vor einem parlamentarischen Untersuchungsausschuß über die Ursachen des Zusammenbruchs im Jahre 1918 auszusagen. Obwohl er dem Ausschuß die Legitimation abspricht, als Gremium für die Wahrheitsfindung fungieren zu dürfen, ist er – zusammen mit Ludendorff – der Einladung gefolgt, weil er die Überzeugung vertritt, daß er als einstiger Oberster Befehlshaber der Armee verpflichtet sei, sich auch weiterhin vor sie stellen zu müssen. Entsprechend fällt seine Erklärung aus. „Es war ein Auftritt", schrieb Erich Marcks 1932, „voll schriller Unmöglichkeit und immerhin voll ironischer Größe; er ward ihm zur Feier, die man, handelte es sich nicht um Hindenburg, scipionisch nennen möchte." Hindenburg erklärt, wie in seinen ungefähr zur gleichen Zeit publizierten „Erinnerungen" entsprechend formuliert, daß die Armee, wie von „dem hinterlistigen Speerwurf des grimmigen Hagen" getroffen, nach dem „versiegenden Quell der heimatlichen Kraft" den Sieg habe verschenken müssen. Daß die Truppe im Felde unterlegen ist, wird – auch von der breiten Öffentlichkeit – ignoriert.

In Hannover beschäftigt er sich nicht nur mit der Geschichte der Neuzeit, mit Kriegen, historischen Schlachten, Festungsanlagen, Taktik und Strategie, sondern auch mit Disziplinen, die ihm seine Kritiker, von denen verbreitet wird, er habe zeitlebens lediglich die Bibel und die Heeresdienstvorschrift gelesen, als Interessengebiete nicht zutrauen. Er zeichnet, malt, liest Bücher primär historischen und geographischen Inhalts und beschäftigt sich – besonders nach dem Tod seiner Frau im Mai 1921 – verhältnismäßig engagiert mit Baudenkmälern, Skulpturen und der Malerei, wobei er nicht zuletzt auch an persönliche Erlebnisse und Erinnerungen anknüpfen kann.

Als junger Oberleutnant und Regimentsadjutant hat er 1871 während des deutsch-französischen Krieges in unmittelbarer Nähe des Dorfes Villiers le Bel bei St. Denis in der Villa des namhaften französischen Malers Thomas Couture sein Quartier aufgeschlagen gehabt und durch ihn einen nicht alltäglichen Kontakt zur Malerei bekommen. Mit Irmengard von Rappard streifte er nach dem preußisch-österreichischen Krieg als junger Liebhaber zeichnend und malend durch die Landschaft beim Schloß Sögeln.

Unmittelbar nach seiner Pensionierung im Jahre 1911 ist er nach Italien gereist, um Baudenkmäler und andere Kunstwerke zu studieren und zu skizzieren. Seine Notizen lassen ihn als guten Beobachter und empirischen Chronisten erscheinen, was sich später auch im Rahmen seines politischen Engagements widerspiegelt. Sachkenner aus seiner unmittelbaren Umgebung haben ihm häufig attestiert, über eine mehr als durchschnittliche zeichnerische und bildnerische Begabung zu verfügen.

Sein spezifisches Verhältnis zu humanistischen Bildungselementen allerdings erfährt auch jetzt keine gravierende Änderung. Anders als bei seinen großen militärischen Vorbildern Helmuth Graf von Moltke[4] und Gerhard von Scharnhorst, die noch enge geistige Beziehungen zur griechischen Antike pflegten, gilt sein Augenmerk mehr der römischen Geschichte. Unmittelbare Kontakte zu Wissenschaftlern sucht er von sich aus nicht. Seine Beziehungen zur Bühnenkunst sind ebenfalls nicht besonders ausgeprägt.

Bis zum Tode seiner Frau, der er während des Ersten Weltkrieges rund 1500 Briefe geschrieben hat, beantworten er und sie bergeweise Post. Seit Mai 1921 tut er dies allein und beklagt sich gelegentlich, „zu Tode korrespondiert" zu werden. Auf die Unterstützung durch Gehilfen, die ihm einmal zur Verfügung gestanden haben, auf die Adjutanten, Ordonnanzen, Posten und Wachen, kann er als „Haushaltsvorstand" eines bürgerlichen Hauses nicht mehr zählen, seit er nicht mehr militärischer Souverän in militärischen Residenzen ist.

Im Sommer 1920 trägt ihm das ein unerfreuliches gefährliches Abenteuer ein. Ein Einbrecher nämlich dringt in seine Villa ein und versucht den Silberschrank zu plündern. Er wird vom Hausherrn überrascht und im Kampf Mann gegen Mann von dem

[4] Hinsichtlich des Staatsbegriffes, der bei – dem liberalen Gedanken durchaus aufgeschlossenen – Moltke noch problematisch und reflektiert erscheint, ist Hindenburg seinem gefeierten Vorgesetzten nicht gefolgt.

Die Ehefrau: Gertrud von Hindenburg, geborene von Sperling (1860 bis 1921).

hünenhaften 73jährigen Feldmarschall zu Boden geworfen. Sein Pistolenschuß[5] verfehlt sein Ziel nur knapp. Hindenburg hält den Gangster so lange fest, bis sein Diener zur Hilfe eilt und die Polizei ruft. Kleinlaut sagt der Einbrecher vor Gericht, um dessen mildes Urteil schließlich auch der Generalfeldmarschall bittet, der kurz zuvor durch „ein gnädiges Telegramm meines Kaisers, Königs und Herrn", wie er sich ausdrückt, „unendlich beglückt" worden ist, daß gegen einen Hindenburg einfach nichts zu machen gewesen sei.

Zwar läßt der Tod der Frau, der Seele seines Hauses, den 74jährigen Pensionär nicht nur noch schweigsamer werden, sondern ihn auch zumindest vorübergehend physisch sichtlich gezeichnet erscheinen, doch er zerbricht nicht daran.

Seine sich alljährlich wiederholenden „Urlaubs-Aufenthalte" im oberbayerischen Gebirge (mit seiner Frau und seinem Sohn ist er 1920 zuletzt im Harz gewesen) unternimmt er nun allein. In der Nähe des – bis zur napoleonischen Zeit als Augustinerabtei dienenden – Klosters Dietramzell, wo die mit den Hindenburgs befreundete Familie von Schilcher über einen ansehnlichen Besitz verfügt, geht er im Hochrevier mit seinem Gastgeber – manchmal auch mit dem bayerischen Herzog Ludwig – auf Gemsenjagd.

Auch wenn er wie der sagenumwobene Kaiser Barbarossa im Kyffhäuser seit Sommer 1919 in Hannover zurückgezogen lebt, ist er gewöhnlich gut und aus erster Hand informiert. Zwar meidet er Berlin, soweit dies möglich ist, obwohl ihn vor allem Angehörige von Veteranenverbänden, im Ruhestand lebende Militärs, Sympathisanten des Kaiserhauses und eigene Anhänger gern ständig dort sähen, doch gänzlich ohne Kontakte zur Reichshauptstadt und zu Regierungsstellen ist er nicht. Daß er bestimmte Beziehungen pflegen muß, resultiert aus dem Zwang der Ereignisse. Der preußische Kultusminister Konrad von Studt sieht in ihm auch nach 1919 immer noch den Feldmarschall, der über unmittelbar umsetzbare politische Macht verfügt. Auch

[5] Dem mit ihm seit Jahren vor allem im Zusammenhang mit der „Ostmarken"- und „Polen-Frage" korrespondierenden preußischen Kultusminister Konrad von Studt schrieb Hindenburg am 16. Juli 1920, daß ihn „die Sache in heutiger Zeit" nicht überraschte. Traurig sei er jedoch, „der Kugel eines Deutschen ausgesetzt gewesen zu sein".

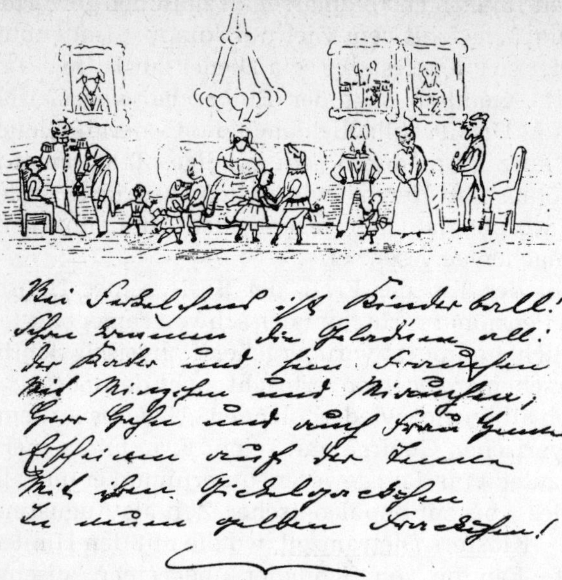

Bei Ferkelchens ist Kinderball!
Schon kommen die Gelad'nen all:
Der Kater und sein Frauchen
Mit Mietzchen und Miauchen,
Herr Hahn und auch Frau Henne
Erscheinen auf der Tenne
Mit ihren Gickelgackchen
Im neuen gelben Frackchen!

Eine der zahlreichen flüchtig hingeworfenen Hindenburg-Zeichnungen mit einem Reim für Kinder. Hindenburg, der Ehrenmitglied der Hans-Thoma-Gesellschaft war, wurde von Kunstkennern häufig geraten, seine Bilder (Porträts, Landschaften, Bühnenentwürfe usw.) ausstellen zu lassen. Er lehnte dies jedoch stets ab.

wenn Hindenburg ihm gelegentlich deutlich zu machen versucht, daß er in Ruhe gelassen werden wolle, soweit es um aktuelle politische Probleme gehe[6], kann er sich weder den ständig an

[6] „Gern hätte ich", schrieb er ihm beispielsweise am 8. 1. 1920, „(Sie) in Berlin ... angesprochen, aber es war mir beim besten Willen unmöglich, weil jede Minute meiner Zeit ... schon im voraus besetzt war."

ihn herangetragenen Informationen entziehen, noch ist es möglich, den von der breiten Öffentlichkeit von ihm erwarteten Stellungnahmen zu zahlreichen gravierenden politischen Ereignissen auszuweichen. Was ihn besonders interessiert und was er unbedingt bis ins Detail hinein wissen muß, wird ihm zuverlässig zugetragen. Der von ihm einmal wohlwollend geförderte General Groener, der als offiziell Parteiloser nach dem Kapp-Putsch Reichsverkehrsminister geworden ist, und Kurt von Schleicher, sein und seines Sohnes einstiger Regimentskamerad, den er Ende 1932 zum Reichskanzler beruft, erweisen sich hierbei als besonders geeignete Quellen.

Während er „in der Provinz" lebt und in Ruhe sowohl über die Geschichte des Reiches als auch über seine eigene Vergangenheit nachdenken will, geschieht sehr viel mehr, als ihm, dem einstigen höchsten deutschen Militär, lieb sein kann:

- ▷ Am 28. Juni 1919, rund acht Wochen nach seiner Verabschiedung vom Amt als oberster Befehlshaber der Armee, haben Frankreich und Großbritannien einen Garantievertrag geschlossen, der Frankreich für die ihm von den angelsächsischen Mächten im Versailler Vertrag vom selben Tage nicht zugestandene Okkupation des linken Rheinufers entschädigen soll. Deutschland wird untersagt, auf dem linken Rheinufer und „auf dem rechten Ufer westlich einer 50 km östlich des Stromes verlaufenden Linie Befestigungen zu behalten oder anzulegen". Eine ständige oder auch nur „zeitweise Unterhaltung oder Ansammlung von Streitkräften" wird ebenso verboten. Und dem Reich wird angedroht, sich der „Störung des Weltfriedens" schuldig zu machen, wenn es diese (ohne seine Beteiligung beschlossenen) Vereinbarungen verletzen sollte. England verpflichtet sich, Frankreich im Falle eines nicht herausgeforderten deutschen Angriffs militärisch beizustehen.
- ▷ Seit Dezember 1919 (bis Januar 1920) versuchen Anhänger Hindenburgs und des Kaisers, Hindenburg für eine Kandidatur als Staatsoberhaupt zu gewinnen, nachdem die Reichsverfassung vom 11. August 1919 in Artikel 41 bestimmt hat, daß der Reichspräsident vom Volk direkt zu wählen ist, was bei der Wahl Eberts (durch die Nationalversammlung) nicht geschehen war[7]. Selbst der Kaiser wird bemüht, in Hinden-

burg zu dringen, doch der Feldmarschall ist nicht bereit, dem vom Parlament mit überwältigender Mehrheit gewählten Sozialdemokraten Friedrich Ebert in den Rücken zu fallen. Am 5. Januar 1920 erklärt Hindenburg kategorisch: „Seine Majestät haben nun also entschieden. Ich weiß, Sie werden es nicht illegal finden, wenn ich trotzdem immer noch große Bedenken habe. Ich kann mich von der Überzeugung nicht freimachen, daß mit meiner Wahl die letzte Patrone zu früh und dafür vergeblich verschossen würde, daß ich selbst, da ich in meiner Stellung allem Übel gegenüber nahezu machtlos wäre, also den an mich geknüpften Erwartungen nicht voll entsprechen könnte – bald auch derartig von meinen Freunden aufgegeben würde, daß das letzte Ideal des deutschen Volkes kläglich unterginge und daß endlich die Entente in meiner Wahl als der eines Repräsentanten des Wilhelminismus und des monarchischen Gedankens einen willkommenen Grund zum Eingreifen, d.h. zum Einmarsch erblicken würde."

▷ Am 9. März 1920, einen Tag nachdem die Presse berichtet hat, daß Hindenburg als Kandidat für eine unmittelbare Reichspräsidentenwahl durch das Volk ins Gespräch gebracht worden sei, treten Abgeordnete der Deutschen Volkspartei und der Deutschnationalen Volkspartei im Parlament mit der Forderung auf, ihm die Kandidatur anzutragen[8].

▷ Am 13. März 1920 putschen der ostpreußische Generallandschaftsdirektor Wolfgang Kapp und der preußische General Walther von Lüttwitz[9], die Ebert und die Reichsregierung

[7] Ebert wurde von 277 der insgesamt 373 Abgeordneten gewählt.

[8] Die öffentlich von den Deutschnationalen verbreitete Version, daß Hindenburg den Kaiser um die Genehmigung gebeten habe, das Amt gegebenenfalls anzutreten, erwies sich als Legende. Hindenburg selbst erklärte am 17. März 1920 nach dem Kapp-Putsch: „Meine Wahl würde daher jetzt mehr schaden als nützen. Ich kann meines Erachtens nicht mehr, wie geplant, der beruhigende und einigende Mittelpunkt werden und glaube, daß diese Erkenntnis sich auch bei denjenigen einfinden wird, welche einst in patriotischer Absicht meine Wahl ins Auge gefaßt haben."

[9] Hindenburg war entsetzt und schaltete sich unmittelbar danach auch mit einem – von Wolffs Telegraphen-Büro verbreiteten – beruhigenden Appell an die Öffentlichkeit ein. Am 17. März forderte er Lüttwitz telegrafisch energisch auf, seine Truppen sofort aus Berlin herauszuziehen und augenblicklich wieder den verfassungsmäßigen Zustand herzustellen.

Bauer zu stürzen und sich zu Trägern der Reichsgewalt zu machen versuchen.

- ▷ Ebert und die Reichsregierung verlassen Berlin fluchtartig.
- ▷ Das Militär ist nicht einhellig „für oder gegen Berlin", stellt sich jedoch bald hinter den Reichspräsidenten.
- ▷ In Sachsen und im Ruhrgebiet kämpfen unmittelbar danach Freikorps gegen Einheiten der „Roten Armee", die nach Ablehnung eines Ultimatums Anfang April schließlich von legalen Reichswehrtruppen niedergeworfen werden.
- ▷ Während der Tagung der Entente vom 18. bis 26. April in San Remo wird bekräftigt, daß Deutschland lediglich 100 000 Mann unter stark eingeschränkter Bewaffnung unterhalten darf und „jeder Gedanke an eine Revision des Friedensvertrages ausgeschlossen" ist.
- ▷ Am 11. Juli 1920 entscheiden sich im ostpreußischen Bezirk Allenstein 98 Prozent und im Bezirk Marienwerder 92 Prozent der Bevölkerung im Rahmen einer Volksabstimmung für den Verbleib beim Deutschen Reich.
- ▷ Die Alliierten setzen auf ihrer Konferenz in Spa fest, wie hoch die jeweiligen Anteile sind, die Deutschland an Reparation in Form von Kohlelieferungen vor allem an Frankreich, an das britische Empire, an Italien und Belgien zu leisten hat.
- ▷ Das vom Reich abgetretene und den Alliierten unterstellte Memelgebiet erhält am 4. Oktober 1920 einen eigenen Staatsrat mit französischem Präfekten.
- ▷ Minister- und Sachverständigenkonferenzen über deutsche Reparationsleistungen und „Pfänderforderungen" seitens der Siegermächte lösen von nun an einander ebenso ab wie Ultimaten und Besetzungsandrohungen.
- ▷ Am 20. März 1921 stimmen 60 Prozent der Wähler in Oberschlesien für den Verbleib Oberschlesiens beim Reich, was den Obersten Rat der Alliierten nicht daran hindert, den wertvollsten Teil des deutschen Industriegebietes mit den Städten Pleß, Myslowitz, Kattowitz, Königshütte, Tarnowitz, Rybnik und Lublinitz im Oktober 1921 Polen zuzusprechen.
- ▷ Auch im Westen des Reiches bleibt es nicht bei beunruhigenden Drohungen. Am 11. Januar 1923 marschieren die Franzosen mit fünf Divisionen und zwei Generalkommandos in Essen ein und besetzen in der Folgezeit das ganze Ruhrgebiet,

was sowohl den am 13. Januar von der Regierung Cuno im Reichstag ausgerufenen – bis zum 26. September 1923 durchgehaltenen – „passiven Widerstand" als auch deutsche Aktionen mit Waffen zur Folge hat.

- ▷ Links- und Rechtsextremisten agieren Hand in Hand. Als der von den Franzosen hingerichtete Rechtsextremist Albert Leo Schlageter, der sich im Partisanenkampf gegen die französische Besatzung besonders hervorgetan hat, am 20. Juni 1923 beerdigt wird, ruft Lenins Vertrauensmann in Deutschland, der Bolschewist Karl Radek, ihm beschwörend nach, daß die Kommunisten „alles tun" werden, um zu verhindern, daß „die Männer wie Schlageter, die bereit waren, für eine allgemeine Sache in den Tod zu gehen", zu „Wanderern ins Nichts" werden. Die Kommunistin Ruth Fischer geifert gegen die Juden und fordert, sie „an die Laterne" zu hängen oder sie zu „zertrampeln". Die Rechtsradikalen Ernst Graf zu Reventlow und Moeller van den Bruck schreiben in den kommunistischen Blättern *Gewissen* und *Rote Fahne*.
- ▷ Politische Morde, keineswegs von jedermann als Verbrechen verstanden, werden seit 1919 in allen Teilen des Reiches begangen. Eines der namhaftesten Opfer ist im Sommer 1922 Außenminister Walter Rathenau, der wenige Wochen zuvor zusammen mit dem Reichskanzler Joseph Wirth in Rapallo mit Vertretern Sowjetrußlands den ersten bemerkenswerten internationalen Vertrag der Republik geschlossen hat.
- ▷ Nicht nur Adolf Hitlers Saat ist aufgegangen. Als er am 8. und 9. November 1923 zusammen mit General Ludendorff putscht und Ebert und die Reichsregierung für abgesetzt erklärt, zählt seine NSDAP mit ihren paramilitärischen Organisationen 55 787 eingetragene Mitglieder, von denen seit 1920 nicht wenige Angehörige des aktiven Militärs sind[10].
- ▷ Am 21. Oktober 1923 läßt Frankreich in Aachen eine separa-

[10] Hindenburgs Reaktion nach dem gescheiterten Putsch: „Daß ich sehr erfreut über das Scheitern des selten dummen Attentatsplanes war, versteht sich von selbst... Das Verhältnis zu Bayern macht mir keine Sorgen mehr – aber mein Ludendorff! Glühende Vaterlandsliebe und unangemessener Tatendrang... haben ihn ins Unglück gestürzt." Mit Friedrich Ebert hatte Hindenburg sich auf die Loyalität des von Ebert – klug kalkulierend – mit der Wahrnehmung der vollziehenden Gewalt ausgestatteten Generals von Seeckt verlassen.

tistische „Rheinische Republik“ ausrufen; am 24. Oktober geschieht ähnliches in Speyer durch die Proklamation eines „autonomen Pfalzstaates“.

Daß es sich bei diesen (herausgegriffenen) Ereignissen, in die in den meisten Fällen auch Militärs verwickelt waren, um Probleme handelte, mit denen der Reichspräsident und die jeweiligen Reichsregierungen fertig werden mußten, entband Hindenburg nicht von Engagements. Zu seiner Genugtuung konnte er jedoch feststellen, daß mit dem Ende des Ruhrkampfes und der Inflation die revolutionären Unruhen in Deutschland verebbten, was ihn in Hannover ruhiger leben ließ. Bis Sommer 1919 hatten sich die Blicke vieler hilfesuchender Deutscher weniger auf Berlin als auf das große Hauptquartier in Wilhelmshöhe gerichtet, wo Hindenburg und Groener noch ihren Dienst versahen. Der Rücktritt des Feldmarschalls änderte nur insofern etwas daran, als von 1919 bis 1924 für viele nicht mehr Wilhelmshöhe, sondern Hannover das Hoffnungszentrum war.

Doch seit Ende 1923 änderte sich die Lage sichtlich. 1924 wurden in Deutschland Verhältnisse etabliert, wie sie noch im Jahr zuvor niemand ernsthaft zu prophezeien gewagt hätte. Der Reichsetat war ausbalanciert, eine vorläufige Großkreditbank zur Überführung ausländischer Kredite errichtet. Die im November 1923 ausgegebene und nach Hjalmar Schachts und Karl Helfferichs Plänen vom industriellen und landwirtschaftlichen deutschen Grundbesitz gedeckte „Rentenmark“ blieb stabil, während die Preise sanken, die Arbeitslosigkeit zurückging und die deutsche Produktion an Gütern und Erzeugnissen unterschiedlichster Art anstieg. Mehr als 70 Verordnungen zur Währungs- und Haushaltssanierung des Reiches waren bis zum Frühjahr 1924 erlassen worden. Ein „Wirtschaftswunder“, wie es nach dem Zweiten Weltkrieg herrschte, kündigte sich an.

Die demokratische Mitte war gestärkt auch aus den Wahlen hervorgegangen. Selbst die Monarchisten schienen sich allmählich an die Republik zu gewöhnen. Ausländische Beobachter meinten gar, in Deutschland Ansätze zu einer weltbürgerlichen Euphorie entdecken zu können. Die Reichsfarben Schwarz-Rot-Gold hatten fundierten Symbolcharakter bekommen, die Verfassungsfeiern ein Engagement offenbart, wie es bis dahin generell unvorstellbar erschienen war.

Friedrich Ebert war nicht nur das Staatsoberhaupt aller Deutschen, denen er – und das war bis dahin singulär in der deutschen Geschichte – unterschiedslos die Chance eröffnete, ihre Interessen und Wertvorstellungen durchzusetzen, sondern er hat ihnen in seiner sechsjährigen Amtszeit auch die Möglichkeit geboten, ihre Identität neu zu definieren. Er hat Deutschland zum Partner seiner einstigen Feinde werden lassen, es vor dem Bolschewismus bewahrt und die unentwegt bedrohte Einheit des Reiches und der Nation erhalten.

Hindenburg hat alles dies ebenso sorgfältig registriert wie die schier unerträglichen Schmähungen und Verleumdungen, denen sich der Reichspräsident Ebert ausgesetzt gesehen hat, dem die Deutschen mehr als nur diesen plötzlichen Wohlstand zu verdanken haben.

Der unglaubliche verbale Unrat, der im Laufe der Zeit über den – im Gegensatz zu seiner robusten Statur – äußerst feinnervigen und sensiblen Staatsmann aus dem Volk ausgeschüttet worden ist, sind an Ebert nicht spurlos vorbeigegangen. Hindenburg, der im Gegensatz zu Ebert offenbar nicht aus der Ruhe zu bringen ist, weiß dies. Wilhelm Groener, Kurt von Schleicher, der General Hans von Seeckt, der seit März 1920 als Reichswehrminister fungierende Otto Geßler und andere Funktionsträger aus Eberts unmittelbarer Umgebung haben ihn informiert.

Am 28. Februar 1925 stirbt Ebert – erst 54jährig – in Berlin nach einer verspäteten Blinddarmoperation[11].

Der überraschende Tod Eberts, dem sich entgegen aller Niedertracht, die ihm widerfahren ist, so bedeutende Kulturschöpfer und Wissenschaftsexponenten wie Thomas Mann und Gerhart Hauptmann, Emil Orlik und Max Liebermann, Max Weber und Hugo Preuß persönlich verbunden und verwandt gefühlt haben, hatte tragische Konsequenzen. Für Ebert, dessen staatsmännische Entscheidungen und Leistungen historischen Ranges anderen Exponenten der Politik und Staatsführung zugeschrieben worden sind, endete zwar ein Martyrium, für das sich ein

[11] Anstatt sich in die Klinik zur sofortigen Operation zu begeben, wie seine Ärzte ihm dringend geraten hatten, ist Ebert, der das Amt des Staatsoberhauptes und dessen Ehre über sein eigenes Leben stellte, nach Magdeburg gefahren, um dort vor dem Gericht „auszusagen“, das über den (von einem Hitler-Vertrauten in die Welt gesetzten) Vorwurf des Landesverrats zu entscheiden hatte.

Großteil seiner Zeitgenossen hätte schämen müssen, für Deutschland indes wurde eine Zukunft eingeläutet, die mit einiger Sicherheit anders ausgesehen hätte, wenn Ebert am Leben geblieben wäre. Daß der Nachfolger wissen mußte, was ihn erwartete, lag auf der Hand.

Hindenburg blickt in dieser Zeit besonders besorgt nach Berlin. Er selbst hegt jedoch keine Ambitionen, sich womöglich – wie im März 1920 von der Deutschen Volkspartei und von der Deutschnationalen Volkspartei vorgeschlagen – auf Eberts Stuhl setzen zu lassen.

Nach der Reichsverfassung müssen Wahlen durch das Volk den Nachfolger Eberts bestimmen. Sieben Kandidaten stellen sich zur Wahl, die am 29. Mai 1925 stattfindet: Heinrich Held, Karl Jarres, Erich Ludendorff, Otto Braun, Willy Hellpach, Wilhelm Marx und Ernst Thälmann.

„Großherzog von Gottes Gnaden“

Am 29. März 1925 hat das Wahlergebnis die von der Weimarer Reichsverfassung für die Wahl des Reichspräsidenten vorgeschriebenen Voraussetzungen nicht erfüllt. Keiner der Kandidaten hat im ersten Wahlgang die geforderte absolute Mehrheit der Stimmen auf sich vereinigen können. 10 416 655 Wähler haben sich für den am 30. November 1923 bis Mitte Januar 1925 als Vizekanzler und Reichsinnenminister fungierenden und sowohl von der Deutschen Volkspartei als auch von der Deutschnationalen Volkspartei als gemeinsamen Kandidaten nominierten Karl Jarres entschieden, 7 802 496 für den sozialdemokratischen preußischen Ministerpräsidenten Otto Braun und 3 887 734 für Wilhelm Marx, den von Friedrich Ebert im Januar 1923 berufenen Zentrums-Kanzler. Der KPD-Vorsitzende Ernst Thälmann hat 1 871 815 Stimmen auf sich vereinigt, der badische Staatspräsident Willy Hellpach 1 568 398, Heinrich Held, der bayerische Ministerpräsident und Kandidat der Bayerischen Volkspartei, 1 007 450, General Erich Ludendorff, als Repräsentant der von dem offiziell staatenlosen NSDAP-Führer Adolf Hitler – nach dessen vorzeitiger Entlassung aus der Landsberger Festungshaftanstalt – wieder unmittelbar dirigierten „völkischen Bewegung“, 285 793 Stimmen. Für die als „Sonstige“ rubrizierten Splittergruppen haben 25 762 Wahlberechtigte gestimmt.

Die Wahl ist als „totes Rennen“ in die Geschichte eingegangen. Die Stimmenaddierungen in sogenannten „Blöcken“, dem „Reichsblock“ (mit den Exponenten Jarres, Held und Ludendorff mit insgesamt 11 709 895 Stimmen) und dem „Volksblock“ (mit den dort maßgeblichen Wortführern Braun, Marx und Hellpach mit zusammen 13 258 628 Stimmen), haben daran nichts zu ändern vermocht. Ein zweiter Wahlgang muß folgen.

Am 26. April 1925 findet er statt. Der „Volksblock" hat sich auf Wilhelm Marx als gemeinsamen Kandidaten geeinigt. Die Kommunisten sind bei Ernst Thälmann geblieben. Die von der Bevölkerung als „Kurfürsten" bezeichneten Wahlmanager, die für den „Reichsblock" die Fäden ziehen, sind in der Zwischenzeit zu der Überzeugung gelangt, daß jetzt die Stunde gekommen sei, den im März 1920 schon einmal von den Deutschnationalen und von der Deutschen Volkspartei als Kandidaten ins Spiel gebrachten Feldmarschall Paul von Hindenburg um ein entsprechendes Engagement fürs Vaterland zu bitten.

Nach den Unsicherheit suggerierenden Ergebnissen der ersten Wahl wollen sie den berühmten Feldherrn als eigenen „Retter des Reiches und der Nation" ins Feld geführt sehen. Daß der inzwischen 77jährige in dem 1918 gestürzten Hohenzoller Wilhelm II. immer noch seinen „gnädigen Kaiser, König und Herrn" sieht, wollen seine Wahlstrategen als Kontinuitätsbewußtsein verbürgende Tatsache ebenso positiv gedeutet wissen wie die Tatsache, daß er sich beispielsweise trotz des von namhaften Militärs im März 1920 inszenierten Kapp-Putsches und des Hitler-Ludendorff-Putsches im November 1923 konsequent aus der aktiven Politik herausgehalten und sich öffentlich stets vor hochrangige „alte Kameraden" gestellt hat, die ins Kreuzfeuer der Kritik geraten sind. Die Erinnerung an seine schon vor dem Ersten Weltkrieg von ihm formulierte Maxime „Für das Vaterland beide Hände, man kann sie mir abhacken, für die Parteien nichts!" paßt aus der Sicht denn auch fugenlos ins Bild.

Und er selbst? Er, der die „neuzeitlichen Berufspolitiker" geringschätzt und dies auch öffentlich sagt, sieht seinen künftigen Platz nicht im Berliner Palais des Reichspräsidenten.

So sträubt er sich denn auch zunächst beharrlich gegen das Ansinnen, Nachfolger Eberts werden zu sollen. Nicht um besonders gebeten zu werden, weist er, dem im Gegensatz zu Ludendorff und Groener trotz des letztlich doch verlorenen Krieges nach wie vor der Mythos des Einmaligen und Großen anhängt, die ihm angetragenen Offerten zunächst zurück. Er ist überzeugt, daß er sich mit dem Staat, wie er sich jetzt darstellt, nicht reinen Gewissens werde identifizieren können. Daß er sich angesichts der von ihm als „Parteiengezänk“ der „neuzeitlichen Berufspolitiker“ charakterisierten Politik seit Ende 1918 für eine solche Aufgabe tatsächlich schon als zu alt und als nicht mehr lernfähig genug fühlt, wie aus gelegentlichen Äußerungen herausgelesen werden könnte, ist zweifelhaft.

Doch dem vor allem im politisch rechten Lager besonders hochgeschätzten Großadmiral Alfred von Tirpitz, der die kaiserliche Marine aufgebaut hat und während des Krieges zum gefeierten Vater der „Vaterlandspartei“ geworden ist, gelingt es schließlich, den knorrigen Alten zur Zusage zu bewegen, nachdem nicht nur der in Doorn im Exil lebende und ausdrücklich befragte Kaiser und auch Dr. Jarres einen solchen Schritt gebilligt haben[1]. Tirpitz' eindringliche Appelle an Hindenburgs Pflichtbewußtsein haben gefruchtet. Da der Feldmarschall keinem der beiden parteipolitisch gebundenen Blöcke angehört, sind viele Deutsche überzeugt, mit ihm gegebenenfalls wieder einen über den Parteien stehenden Reichspräsidenten zu bekommen, der als überall bewunderter Feldherr gewiß auch in der Lage sein werde, dem „destruktiven Parteiengezänk“ ein Ende zu bereiten, das seit 1923 selbst das Amt des Reichspräsidenten nicht ausspart.

Manches scheint für ihre Überlegungen zu sprechen. Eines jedenfalls ist inzwischen offen zutage getreten: Der Parlamentarismus ist spürbar versiegt, die Verfassung zunehmend ausgehöhlt. Der Reichstag hat der Exekutive immer mehr und zunehmende Rechte übertragen, soweit es sich um die Herstellung gesetzgeberischer Mehrheiten handelt. Ein bemerkenswerter Teil der Bevölkerung, der sich 1923 und 1924 bereits für die von Friedrich Ebert repräsentierte parlamentarische Demokratie engagiert hatte, scheint wieder sehnsuchtsvoll auf die Zeit der Monarchie zurückzublicken und sie nostalgisch zu verklären. Ein charismatisch wirkendes, der Monarchie verbundenes Staatsoberhaupt, so argumentieren nun viele, könnte die Kontinuität der deutschen Geschichte sicherlich besser wahren als ein Demokrat. Positiv auslegbare historische Zusammenhänge und

[1] In einem Interview mit dem Berliner Vertreter des amerikanischen Heartpresse-Konzerns vom 21. April 1925 bestritt Hindenburg allerdings, „in dieser Frage ... mit dem Hause Hohenzollern“ Fühlung gehabt zu haben.

Einzelheiten, die sich propagandistisch effektvoll bündeln und personifizieren lassen, brauchen nicht erst erfunden zu werden.

Das Hindenburg-Wahlkomitee ist rasch generalstabsmäßig organisiert – und mit finanzieller Unterstützung besonders aus Kreisen der Industrie im Sinne der konservativen und reaktionären Wahlstrategen tätig. Der kurze, infolge der schlagwortreich agierenden Anti-Hindenburg-Aktionen, die weder mit Persönlichkeiten noch mit ausgewiesenen Fakten sonderlich zimperlich umgehen, jedoch heftig geführte Wahlkampf, in dem Hindenburg selbst nur zweimal persönlich – wie aus höherer Warte – auftritt, hat ihn, den bis dahin in Hannover in aller Stille seinen Ruhm genießenden Heros von Tannenberg, wieder in aller Munde gebracht.

Ostern, am 11. April 1925, erklärt er auf dem Wege über eine „Osterbotschaft an das deutsche Volk" programmatisch: „Vaterländisch gesinnte Deutsche aus allen Gauen und Stämmen haben mir das höchste Amt im Reiche angetragen. Ich folge diesem Ruf nach ernster Überlegung in Treue zum Vaterland... Als Soldat habe ich immer die ganze Nation im Auge gehabt, nicht die Parteien. Sie sind in einem parlamentarisch regierten Staat notwendig, aber das Staatsoberhaupt muß über ihnen stehen und unabhängig von ihnen für jeden Deutschen walten... Wie der erste Präsident auch als Hüter der Verfassung seine Herkunft aus der sozialdemokratischen Arbeiterschaft nie verleugnet hat, so wird auch mir niemand zumuten können, daß ich meine politische Überzeugung aufgebe."

Jetzt will er, der Sieger von Tannenberg, das oberste Staatsamt. Öffentlich kolportierten Gerüchten, daß er plötzlich doch nicht kandidieren wolle, tritt er am 24. April 1925, zwei Tage vor der Wahl, mit der dezidierten Feststellung entgegen, daß sie „falsch" seien.

In einer Rundfunkrede suggeriert er den Wählern, daß in den „letzten Jahren nur immer Trennendes und nicht Einigendes" geschehen sei, was angesichts der Politik Friedrich Eberts nicht den Tatsachen entspricht. Doch seine Wahlredner haben den Boden systematisch vorbereitet und durch effektvoll stilisierte Propagandathesen bei vielen den Eindruck entstehen lassen, daß Eberts Politik der Kompromisse, zu denen er gezwungen gewesen war, weil die SPD ihm seit Juni 1920 keine Kanzler und seit

November 1923 nicht einmal mehr einen Reichsminister aus ihren Reihen zu stellen bereit gewesen ist, das Staatswesen zu einer unhaltbaren „Vorläufigkeit" verurteilt gehabt habe. Daß gerade Ebert es gewesen ist, dem die Deutschen die Erhaltung der Einheit des Reiches und der Nation verdanken, lügen sie ins Gegenteil um. Die auf beiden Seiten heftig streitenden Demagogen, die der wortkarge Kandidat zutiefst verachtet, sind nicht erfolglos geblieben.

Wie inmitten des Schlachtgetümmels von 1914 und 1915 in Ostpreußen, so behält er selbst jedoch auch jetzt so sehr seine Ruhe, daß seine Wahlmanager zuweilen meinen, daß er, wenn er erst einmal Reichspräsident sei, manches buchstäblich verschlafen werde. Erfahren allerdings haben sie rasch, daß er sich keineswegs jedes Wort in den Mund legen und sich zum Popanz machen läßt. Betroffen und verärgert müssen sie zuweilen zur Kenntnis nehmen, daß er das Gegenteil von dem sagt, was sie im Wahlkampf so eilfertig und mundgerecht als Tatsachen verbreitet haben. So gesteht er zu ihrer Bestürzung – im Gegensatz zur vielzitierten „Dolchstoßlegende" – ein, daß „Deutschland ... in der großen Entscheidung des Weltkrieges unterlegen" sei, das deutsche Volk aber nicht aufzugeben gedenke. Es ist entschlossen, so sagt er, „dieser Tatsache Rechnung zu tragen und ihre Folgen auf sich zu nehmen bis zu der Grenze, die durch die unbedingten Lebensnotwendigkeiten seiner selbst gezogen ist ... Ebensowenig wie unser Volk auf die Dauer der Kostgänger der Welt sein darf, wollen wir dauernd Sklaven sein ... Ich erkläre vor der ganzen Welt, daß es immer mein heiligstes Bestreben sein werde, neue Kriegsschrecken fernzuhalten und den Kriegsopfern der Vergangenheit nach Kräften zu helfen."

Zwar hat er denen, die im Wahlkampf unterstellten, daß seine Wahl „Krieg bedeuten" werde, diese Besorgnis nicht genommen; aber sie haben nun aus seinem Mund ausdrücklich gehört, daß er nicht Revanchegelüste hege, sondern stets „friedliche ... Lösungen" anstreben werde. Seine exponierten Wahlhelfer, vornehmlich einstige Generalstäbler und andere Offiziere aus seiner alten Umgebung, sind – wie er jetzt selbst auch meist – in Zivil aufgetreten, was bestimmte propagandistische Effekte nicht verfehlt hat.

Der „Großherzog von Gottes Gnaden", wie der Wahlkandidat

in diesen Tagen häufig bezeichnet wird, erscheint selbst im Prisma seiner Gegner durchaus nicht mehr als die zu scherenschnittartig einseitig festgelegte, zuwenig flexible und nicht ausreichend wandelbare Gipfelfigur der Gegenwart, die auf dem Feld der Politik und Staatskunst zwangsläufig Schaden anrichten und scheitern müsse. Die gegen ihn gerichtete Polemik hat ihr Ziel spürbar verfehlt. Was Hindenburg leisten soll, wird von mehr als der Hälfte der Wähler längst nicht mehr als utopische Zielsetzung abgetan.

Wie der 1914 in der Öffentlichkeit unbekannte General von Hindenburg bereits in den ersten Kriegstagen in aller Welt zum festen personifizierten Begriff geworden ist, so soll er nach dem frühen Tod des ersten Reichspräsidenten als künftiger Inhaber des höchsten Staatsamtes augenblicklich die Geschicke des Reiches und der Nation in stabile Bahnen lenken. Die Propaganda kann an bekannte Fakten anknüpfen. Mit Hindenburgs Namen verbinden seine Wahlstrategen die Vision, daß es unter seiner Regie weder politische Ängste, wirtschaftliche Nöte noch quälende Sorgen geben werde.

Viele Deutsche sind ohnehin auch ohne diese Propagandaargumente überzeugt, daß der alte Monarchist von „Hause aus" besser als Ebert geeignet sei, die innen- und außenpolitischen Probleme des Reiches zu lösen, was aus der Sicht des Historikers als unzutreffend bezeichnet werden muß. 1914 und 1916 hat er als Feldherr zwar schier unüberwindbare Hindernisse triumphal aus dem Wege geräumt; aber sie waren total anders geschichtet und lagen darüber hinaus auf einem Gebiet, das für das Reich nach dem Sturz der Monarchie und den Bestimmungen des Versailler Vertrages vorerst jedenfalls unwiederholbare Geschichte sein sollte. Doch Hindenburg ist für die meisten Deutschen ein Idol geworden, ein fast religiös verehrter „Ersatzmonarch" mit mythischen Zügen. Idealisierung, Dichtung, Legende, überschätzte Bedeutung der Leistung und enthusiastische Hoffnungen haben sich ineinander verwoben und werden vom Glauben und Gefühl genährt und gesteigert.

Daß die Verhältnisse im November 1918 stärker als er waren und er dem Kaiser den Rat gegeben hatte, nach Holland zu gehen, wird ihm selbst von den Monarchisten nicht mehr nachgetragen.

Selbst der früh schon als bedeutender Staatsmann gefeierte,

im August 1923 von Ebert berufene und von der SPD Ende November 1923 gestürzte DVP-Kanzler Gustav Stresemann, der schließlich auch unter dem Reichspräsidenten von Hindenburg (bis Anfang Oktober 1929) Reichsaußenminister bleibt, ändert seine Meinung über Hindenburg rasch. Zwar geschieht das – nachweisbar – erst rund fünf Wochen nach der Wahl; aber gerade dies zeigt exemplarisch, daß der Staatsmann Hindenburg durchaus nicht nur eine Erfindung seiner Propagandisten ist.

Während der erfolgreiche Außenpolitiker Stresemann sowohl vor als auch kurz nach der Wahl noch in dem alten Soldaten nicht den Mann hat sehen wollen, der das höchste Staatsamt bekleiden dürfte, schreibt er bereits am 4. Juni 1925 an den in Berlin residierenden amerikanischen Botschafter Alanson B. Hougthon: „Ich hatte Hindenburg seit 1920 nicht gesehen und hatte zunächst die große Sorge, daß er körperlich außerstande sein würde, die Reichsgeschäfte zu führen. Das ist erfreulicherweise unrichtig... Ich finde ihn frischer als in der ersten Zeit nach dem Kriege. Mit dieser körperlichen Rüstigkeit mag es übereinstimmen, daß eine zweite Gefahr sich nicht geltend gemacht hat... der Einfluß irgendwelcher rechtsradikaler oder reaktionärer Cliquen in seiner Umgebung... Seine Bemerkungen über Außenpolitik und schon seine früheren Erklärungen atmeten den Geist jener Verständigungspolitik, die die alleinige Grundlage für die Konsolidierung der europäischen Verhältnisse sein kann... Die Worte, die er bei einer anderen Gelegenheit, wo er über innere Verhältnisse sprach, für Ebert fand, die religiöse Form, in der er seinen Eid leistete, haben hier bei allen sehr gut gewirkt... Gewiß ist Hindenburg im Innern Monarchist und denkt nicht daran, die Republik theoretisch als die beste Staatsform anzusehen... Aber daß er sich bewußt in den Dienst dieser Republik stellt als einer der vornehmsten Repräsentanten der Nation, zeigt doch, daß es bei uns überhaupt keine ‚Vendée' mehr gibt, die für die Monarchie kämpfen wollte, sondern daß es zwei Gruppen von Republikanern gibt, die ich die Idealrepublikaner und die Vernunftsrepublikaner nennen möchte... Bleibt Hindenburg dieser Linie treu, und es liegt kein Anlaß vor, daran zu zweifeln, dann werden wir weniger als früher über Kämpfe um Monarchie oder Republik zu spüren haben, von Putschen befreit sein und einer inneren Konsolidierung entgegensehen."

Zwar kann sich Hindenburg, auch wenn er nur sehr selten über seinen Staatsbegriff spricht, mit den nach 1918 entwickelten neuen Auffassungen vom Staat und den ebenso neuen Lebensformen im staatlichen Bereich nicht identifizieren, doch 1925 können weder er noch seine Anhänger, Gegner und Kritiker ahnen, daß darin einmal seine eigentliche Tragik liegen werde. Sowohl sein Irrtum als der eines großen Teils des deutschen Beamtentums, das sich für den Staat verantwortlich fühlt, basiert auf der Tatsache, daß der abstrakte Staat, der ihnen auch nach dem Sturz der Monarchie noch vorschwebt, ein unerreichbares Wunschbild bleibt.

Aus einem Interview, das Hindenburg dem Berliner Vertreter des amerikanischen Hearstpresse-Konzerns fünf Tage vor der Wahl gibt, läßt sich umrißhaft herauslesen, mit welchen programmatischen Vorstellungen er die Position des Staatsoberhauptes der Republik zu übernehmen gedenkt und welche Bedeutung er der Verfassung, den politischen Parteien und den „neuzeitlichen Berufspolitikern" zuzugestehen bereit ist.

Am 26. April 1925 entscheiden sich 14 655 766 Wähler für Hindenburg, 13 751 615 für Wilhelm Marx und 1. 931 151 für den Kommunisten Ernst Thälmann[2]. Die meisten Stimmen (715 093) hat der Wahlsieger in Ostpreußen bekommen. In Franken haben sich 673 243 Wähler für ihn entschieden, in Pommern 656 815, im Wahlkreis Oberbayern-Schwaben 630 348, in Thüringen 621 652, in Südhannover/Braunschweig 540 077 und in Frankfurt a. d. Oder 532 597. Unterlegen ist er Marx in 16 der insgesamt 35 Wahlkreise. In Berlin und Potsdam, wo „Wahlpropheten" hohe Hindenburg-Gewinne erwarteten, hat Marx 1 525 792, Hindenburg 1 276 401 Stimmen bekommen. Kraß unterlegen ist er in Westfalen, Köln-Aachen, Koblenz-Trier, Hessen-Darmstadt und Baden.

Der – mit „Unterstützung" der Bayern und Kommunisten – zustande gekommene Wahlsieg (48,5 gegen 45,2 Prozent) ist nicht gerade überwältigend ausgefallen. Die Schwesterpartei des Zentrums, die Bayerische Volkspartei, hat ihren Anhängern empfohlen, nicht Marx, sondern den Feldmarschall zu wählen.

[2] Die als „Sonstige" bezeichneten Gruppen haben insgesamt 13 416 Stimmen erhalten.

Frage: *Im Ausland hat man den Gedanken aufgeworfen, ob durch Ihre Reichspräsidentschaft, Herr Generalfeldmarschall, eine Beunruhigung Europas eintreten könnte?*

Antwort: *Soweit dabei an militärische Dinge gedacht ist, kann ich versichern, daß mir als altem Soldaten die militärische Ohnmacht Deutschlands viel zu genau bekannt ist, als daß ich kriegerische Abenteuer irgendwie befürworten kann. Eine Kriegspartei unter Führung alter Offiziere gibt es in Deutschland nicht. Selbst wenn die Entwaffnung unserer Nation weniger rücksichtslos betrieben worden wäre, müßten wir unsere Kräfte zum friedlichen Wiederaufbau sammeln. Wir brauchen Frieden im Inlande und geordnete Rechtsbeziehungen zu unsern Nachbarn. Ich habe in diesen Jahren immer wieder zur Vernunft gemahnt. Der Friede Europas und der Welt wird am besten dadurch gewahrt, daß man uns den Lebensatem gönnt, dann hören auch die deutschen Parteien allmählich auf, sich zu befehden, und Deutschland wird in Gemeinschaft mit den andern Völkern seiner friedlichen Arbeit nachgehen können.*

Frage: *Ihre Kandidatur wird vielfach als eine monarchistische aufgefaßt. Wie denken Sie darüber?*

Antwort: *Einen plötzlichen Wandel der verfassungsmäßigen Grundlagen des Deutschen Reiches halte ich weder für möglich, noch für erwünscht; denn die dabei unvermeidliche Fehde würde dem Programm der inneren Eintracht widersprechen. Meine Herkunft aus einer monarchischen Welt verleugne ich ebensowenig, wie Herr Ebert seine Herkunft aus der alten sozialdemokratischen Kampfatmosphäre verleugnet hat. Ein Reichspräsident, der allen Ständen und Gliedern des Volkes dienen muß, darf aber nicht Vertreter des Kampfgedankens irgendwelcher Klassen sein. Es ist völlig unwahr, daß ich mich mit Doorn über die Annahme meiner Kandidatur verständigt habe. Ich habe in dieser Frage keine Fühlung mit dem Hause Hohenzollern gehabt.*

Frage: *Fühlen Sie sich noch rüstig genug, um den großen politischen Aufgaben des künftigen Amtes gewachsen zu sein?*

Antwort: *Das Amt des Reichspräsidenten erfordert ständige angespannte Arbeit. Ich habe mich in der letzten Zeit ernstlich daraufhin geprüft, ob ich ihr gewachsen sein werde. Ich glaube, Ihre Frage bejahen zu können. Ich habe den Willen, die kommenden Anstrengungen auf mich zu nehmen, und hoffe zuversichtlich, daß mir Gott die Kraft dazu gebe. Ich habe meinem Vaterlande dieses Opfer gebracht, weil ich sah, daß die Parteien nicht auf dem Wege nationaler Sammlung vorwärtskommen. So opfere ich meinen Lebensabend wiederum dem Allgemeininteresse, weil mich meine Pflicht dazu treibt, bis zum letzten Tage dem Vaterlande zu dienen. Wenn meine Gegner erklären, daß ich kein Berufspolitiker sei, so macht gerade diese Behauptung auf mich keinen Eindruck; denn im In- und Auslande weiß man zur Genüge, daß die neuzeitlichen Berufspolitiker sich oft wenig zur wirklichen Führung eignen. Es fehlt an Autorität, wenn die Politik zu sehr als Geschäft betrieben wird …*

Interview des Berliner Vertreters des amerikanischen Heartpresse-Konzerns vom 21. April 1925

Die verblendeten Kommunisten, deren Stimmenanteil von 6,3 Prozent dem Zentrums-Kandidaten Marx zum Sieg verholfen hätte, sind bei Thälmann geblieben, der in diesem Wahlgang zusätzliche 59 336 Wähler für sich gewonnen hat.

Hindenburg, der „Mann ohne Nerven“, ist am Abend des 26. April zur üblichen Zeit zu Bett gegangen. Als sein Sohn Oskar ihn am 27. April um 7 Uhr früh weckt, um ihm die Siegesmeldung zu überbringen, sagt er verdrießlich nur: „Nun, hast du mich eine Stunde früher geweckt, um mir das zu erzählen? Das würde doch auch um 8 noch wahr sein!“ Noch ehe Oskar von Hindenburg das Schlafzimmer verlassen hat, schläft sein Vater wieder ein.

Die Öffentlichkeit jedoch, die gewählt hat, reagiert weniger gelassen. Hindenburg-Anhänger veranstalten Dank-Gottesdienste und feiern enthusiastisch. Anders die Gegner. In der *Berliner-Tageblatt*-Ausgabe vom Morgen des 27. April schreibt der renommierte Journalist Theodor Wolff: „Die Republikaner haben eine Schlacht verloren, der bisher monarchistische Feldmarschall von Hindenburg wird Präsident der deutschen Republik. Landbündler und Offiziersbündler lassen heute Sektpfropfen knallen wie nach der Ermordung Rathenaus, und die in der gesellschaftlichen Rangordnung etwas tiefer stehenden Leserinnen und Leser des *Lokal-Anzeigers* berauschen sich teils an Kaffee und teils an Bier ... Was soll man mit einem Volke anfangen, das aus seinem Unglück nichts gelernt hat und sich immer wieder, auch zum zehnten und zum zwölften Male, von den gleichen Leuten am Halfterbande führen läßt?“[3]

Doch der allgemein als humorlos geltende, für sieben Jahre gewählte neue Reichspräsident pariert derartige Angriffe auf die ihm eigene Weise. So begrüßt er während der ersten Pressekonferenz, die er hat einberufen lassen, die herbeigeeilten Journalisten mit der Bemerkung: „Ich habe Sie hierher gebeten, um Ihnen zu zeigen, daß ich weder auf einer Kanone noch auf einem Rollstuhl zu Ihnen komme. Man ist nie zu alt, um Neues zu lernen!“

[3] Entsprechend reagierte die Pariser Tageszeitung *Le Temps* noch am gleichen Tage: „Deutschland hat die Maske abgeworfen, durch die es an die Aufrichtigkeit seiner demokratischen Gefühle glauben machen will“, schrieb der Leitartikler und fuhr fort: „Und es zeigt sich nun sein altes Gesicht, in dem sich seine kriegerischen Instinkte und seine Herrschsucht ausdrücken. Die ganze Politik der Versöhnung hat damit moralisch bankrott gemacht.“

Unmittelbar zeigt sich, daß er weder unbeweglich noch umgestaltungsscheu ist. Die meisten der nach Eberts Tod auf ihren Posten noch ausharrenden Beamten, Angestellten, Handwerker und Arbeiter, die dem Präsidenten unmittelbar zur Verfügung zu stehen haben, meinen um ihre Positionen bangen zu müssen. Daß diese Sorgen unbegründet sind, erfahren sie bald.

Otto Meissner, der Staatssekretär, der als Chef des Präsidialbüros bereits in Eberts Diensten gestanden hat und nun auch damit rechnet, von einem Mann aus Hindenburgs unmittelbarer Umgebung abgelöst zu werden, macht sich sofort auf den Weg nach Hannover, wo Hindenburg ihn empfängt, mit ihm leutselig ein Glas seines Lieblingsweines „Johannisberger Kabinett" des Jahrgangs 1921 trinkt und ihm erklärt, daß er, Otto Meissner, auch weiterhin als Staatssekretär im Amt zu bleiben habe.

Er selbst, dessen künftiges Amt seit Eberts Tod verfassungsmäßig noch vom Präsidenten des Reichsgerichts ausgeübt wird, bleibt vorerst in seiner Villa in der Selhorststraße in Hannover wohnen. Am 9. Mai suchen ihn der Reichskanzler Hans Luther, der Staatssekretär Dr. Kempes als Chef der Reichskanzlei und Meissner auf, um mit ihm den „Einzug in Berlin" und die Vereidigung im Reichstag vorzubereiten.

Am 11. Mai ist es soweit. Der neue Reichspräsident fährt mit einem gewöhnlichen Zug, an den ein – der Reichsbahn gehörender – Salonwagen angehängt worden ist, nach Berlin. Auf dem mit Girlanden, Spruchbändern, Fahnen und Blumen festlich geschmückten Bahnsteig des Bahnhofs Heerstraße erwarten ihn Luther und die vollzählige Reichsregierung. Eine Kompanie der Reichswehr präsentiert die Gewehre, während der – wie Ebert stets – mit Zylinder und Gehrock bekleidete Feldmarschall ernst und gravitätisch die Front abschreitet und die mehr als 2000 Menschen zählende Menge das im August 1922 von Ebert zur Nationalhymne erhobene Deutschland-Lied singt.

Enthusiastische Hochrufe begleiten ihn, während er, in einem Mercedes-Benz mit dem den Berlinern allgemein bekannten Kennzeichen „IA–1" stehend, mit einer langen Wagenkolonne durch das Brandenburger Tor, durch die „Linden" und schließlich die Wilhelmstraße fährt.

Da das von Friedrich Ebert als Reichspräsidentenpalais eingerichtete einstige Schwerinische Barockgebäude von Friedrich

Wilhelm I. in der Wilhelmstraße 73 nach dem Todes seines Vorgängers renoviert wird, muß Hindenburg vorübergehend anderswo wohnen. Im Haus 74 steht eine Ministerwohnung leer. Hindenburg akzeptiert sie. Das Palais bezieht er – mit seinem Sohn, dessen Frau Margarete und deren beiden Töchtern – nach seiner Vereidigung und Amtseinführung.

Reichspräsident

Am 12. Mai 1925 erscheint Hindenburg im Plenarsaal des Reichstages, wo der sozialdemokratische Alterspräsident Paul Löbe ihn vor den stehenden Abgeordneten und Gästen feierlich auf die Weimarer Reichsverfassung vereidigt. Ergriffen verläßt er nach der Eidesleistung durch das – selten benutzte – „Königsportal" den Reichstag, grüßt mit dem Zylinder und begibt sich nach draußen, wo rund 30 000 Menschen auf ihn warten.

Während Trommelwirbel, Fanfarenstöße, Hochrufe und das Deutschland-Lied erklingen, präsentiert das Wachregiment erstmals vor dem neuen Staatsoberhaupt, das in gewohnter Manier nicht nur die Front abschreitet, sondern – wie ein Kompaniechef auf dem Kasernenhof – zugleich auch einen prüfenden Blick in das zweite und dritte Glied wirft. Die Soldaten sollen auf diese Weise unmittelbar erleben, daß der nun wieder zur öffentlichen Institution gewordene Generalfeldmarschall auch als Reichspräsident weiterhin zu ihnen gehört und sich um sie und ihre Anliegen kümmern werde.

73 Tage hat der Präsident des in Leipzig ansässigen Reichsgerichts das Amt des Reichspräsidenten verfassungsgemäß wahrgenommen. Jetzt ist das Interregnum beendet. Der neue Reichspräsident zieht ein.

Daß sowohl im Reichspräsidialamt als auch im Präsidenten-Palais vor allem die Frage nach dem Stil des neuen Reichspräsidenten die Diskussionen beherrscht, liegt auf der Hand. Der erste Reichspräsident ist nicht nur nicht Soldat gewesen, sondern als Sozialdemokrat auch nicht Exponent einer Partei, der ein besonders positives Verhältnis zum Militär nachgesagt werden kann. Und er ist buchstäblich aus dem Volk gekommen, dem Hindenburg weithin als verklärter Held erscheint. Die meisten der Beamten und Angestellten, die mit Hindenburg unmittelbar zu tun haben werden, sehen sich bereits wie Soldaten mit Händen an den Hosennähten strammstehen und mit „Jawohl" oder „Nein, Herr Generalfeldmarschall" antworten. Angesichts der Vita Hindenburgs müssen sie befürchten, daß die von Ebert eingeführten legeren Umgangsformen Geschichte geworden sind, unwiederholbares Element einer bereits wieder verlorengegangenen „neuen Zeit". Vorbei, so mutmaßen sie, werde es augenblicklich auch mit den bürgerlich gekleideten Besuchern sein, mit den vielen Bittstellern aus der Provinz. Uniformen, Ehrenwachen und Wachen, Musikkapellen und schnarrende Offiziersstimmen erwarten sie, aufwendig schillernder Prunk und restaurative Adelsherrlichkeit.

Doch alles ist anders.

Schon der Einzug des neuen Präsidenten ins alte Palais vollzieht sich wie der Umzug der „Familie Jedermann". Die Schwiegertochter, die Frau des Majors Oskar von Hindenburg, den der Reichspräsident als ständigen Begleiter und Adjutanten um sich zu haben wünscht, schleppt selbst ihre Koffer ins Haus, in dem sie, ihr Mann und ihre beiden Kinder nun ebenfalls wohnen. Hindenburg will wie ein ostpreußischer Gutsherr leben, nicht wie ein Generalfeldmarschall im Kriege, nicht wie ein unerreichbarer Staatsmann, der nach außen abgeschirmt und von geschniegelten Lakaien, beamteten Sekretären, Ministern und Offizieren umgeben wird. Wie in seinem Elternhaus auf Gut Neudeck, so soll nun auch bei ihm in Berlin das Privatleben ablaufen, das er solide und ohne große Szenenwechsel gestaltet sehen möchte.

Selbst die Umgebung soll nach Möglichkeit bleiben, wie sie es zu Eberts Zeiten gewesen ist. Er übernimmt das Personal, das Friedrich Ebert zur Verfügung gestanden hat, obwohl es sich bei ihnen meist um Sozialdemokraten handelt. Ebert hat durch sein Verhalten und durch seine Politik viel am ursprünglichen Weltbild Hindenburgs verändert, nicht wenig sogar ins Gegenteil verkehrt. Von seinem Vorgänger läßt der neue Reichspräsident im Botschaftersaal ein Porträt aufhängen, das jedermann sofort ins Auge fällt. Als eines Tages ein mit dem „Pour le mérite"

Hindenburgs Sohn Oskar von Hindenburg (1883 bis 1960) im Jahre 1955.

ausgezeichneter alter Offizier die Nase rümpft, weil der Reichspräsident eine Büste Eberts hat aufstellen lassen, weist Hindenburg ihn zwar ruhig, aber sehr bestimmt mit der Feststellung zurecht: „Er gehört hierher ... Er hat in schwerster Zeit für Volk und Vaterland viel getan!" Auf Hindenburgs Frage, was nach 1918 wohl aus Deutschland geworden wäre, wenn es eben diesen Friedrich Ebert nicht gegeben hätte, bleibt der verblüffte Gast stumm.

Hindenburg übernimmt nicht nur Eberts Köchin, das von Louise Ebert wie ein Familienmitglied behandelte Hausmädchen, das oft mit den Eberts am Tisch gesessen und mit ihnen gespeist hat. Auch den Gärtner und dessen Gehilfen, den Elektriker, den Heizer, den Tischler und den Chauffeur namens Demant, der Eberts volles Vertrauen besessen hat, beläßt er in ihren Positionen.

Nur der alte „Dürrkopf“, ein aus der Vorkriegszeit stammendes museumsreifes, klapperiges Auto, das Ebert aus Sparsamkeitserwägungen nicht gegen ein neues Fahrzeug austauschen ließ, muß ausrangiert werden. Ein Auto für die Schwiegertochter, für die beiden verheirateten Töchter, gibt es sowenig wie es unter Ebert irgendwelche außergewöhnlichen Vergünstigungen für Familienmitglieder gegeben hat. Selbst die Dienstwagen stehen ihnen nicht zur Verfügung; es sei denn, die beamteten Ehemänner oder Väter begleiten sie dienstlich. Die Familie von Hindenburg fährt mit Pferdedroschken, mit Auto-Taxis, mit der U-Bahn oder mit der Straßenbahn.

Zu dienstlichen Besprechungen mit Meissner bittet der Hausherr nicht selten in den Garten, wo er den – bei Verdun verwundeten und ein Bein nachschleppenden – Gärtner zu sich ruft und sich mit ihm über die Blumen, über die Sträucher und Pflanzen, Gemüsebeete, Bäume und Vögel unterhält, die den großen und

Der Botschaftersaal im Palais des Reichspräsidenten, in den Hindenburg an exponierter Stelle ein großes Gemälde hängen ließ, das seinen 1925 verstorbenen Vorgänger Friedrich Ebert darstellte.

stark bewaldeten Palais-Park beleben. Er inspiziert die dort ebenfalls gehaltenen Hühner, Kaninchen und Meerschweinchen und läßt sich von seinem Staatssekretär regelmäßig über das Wohlergehen der „netten Viecher“ unterrichten, erteilt Anordnungen und Ratschläge – eben wie ein ostpreußischer Großagrarier. Als der Gärtner eine ständig streunende schwarze Katze und einen immer wieder in den Park eindringenden „Straßenköter“ vertreiben will, verbietet Hindenburg es kategorisch und ordnet an, daß die Tiere regelmäßig zu füttern und zu versorgen sind. Nur soll sich alles eben mit seinem aus Hannover mitgebrachten Deutschen Schäferhund „Rolf“ vertragen. Er hat das stark verschuldete und inzwischen von seinen Verwandten an den preußischen Staat verkaufte Gut Neudeck[1] – wenigstens so – nach Berlin verlegt. Und er, der „Gutsherr“ in des Reiches Hauptstadt, lädt alle Mitbewohner des Palais ebenso wie sämtliche Angestellte und Mitarbeiter ein, sich bei ihm auf der Terrasse zur „Kaffeestunde“ einzufinden und ihm in gemütlicher Atmosphäre zu erzählen, was sie bewegt oder bedrückt. Den Damen, die erscheinen, küßt er galant die Hand. Das Mobiliar hat er von der Familie Ebert ebenso übernommen wie das Personal. Nur die Eßbestecke stammen aus der Villa in Hannover.

Anders als bei seinem Vorgänger Ebert, der sich Tag und Nacht für das „Vaterland“ aufzehrte, setzt er Tagespläne fest, die wie beim Militär einzuhalten sind. Ebert hat sich selbst nachts ans Telefon rufen lassen – und geraten oder geholfen, wenn immer es nötig war. Der neue Reichspräsident, der allerdings auch bereits 78 Jahre alt ist, während Ebert das Amt als 48jähriger übernahm, will gewährleistet haben, daß er ruhen und Kraft schöpfen kann, wenn er nicht gestört werden möchte. Er kann total abschalten – und schlafen, wann immer er nur will.

Als 12jähriger Kadett hat Hindenburg seine Geschwister „ver-

[1] Hindenburg und seinem Sohn Oskar wurde unterstellt, für das Hindenburg 1927 auf Initiative Oldenburg-Januschaus aus Spenden vor allem aus Ostpreußen, Westpreußen, aus der Grenzmark und aus Schlesien als Geschenk zum 80. Geburtstag zurückgegebene Familiengut Neudeck im damaligen Wert von einer Million Mark Zuwendungen aus dem 1931 erlassenen neuen Osthilfegesetz beantragt und erhalten zu haben. Spätestens seit Januar 1955 gilt als gesichert, daß dies nicht der Fall gewesen ist. Der Reichspräsident ließ Neudeck auf seinen Sohn überschreiben.

pflichtet", „Ruhe und Frieden... für immer" zu wahren. Als 78jähriger ist er nicht nur hinsichtlich des Verhaltens seiner unmittelbaren Umgebung nicht anders eingestellt. Auch von der Regierung erwartet er, daß sie in sich und mit ihm harmoniere. In der Reichsregierung, die er vorfindet, amtieren zwei Reichsminister, die dem Zentrum angehören, das ihm als Präsidentschaftskandidaten Wilhelm Marx gegenübergestellt hatte. Es sind der Justizminister und der Minister für Arbeit. Der Reichskanzler Hans Luther ist parteilos. Der Ernährungsminister Gerhard Graf von Kanitz ist es auch. Der Außenminister Gustav Stresemann gehört der Deutschen Volkspartei an. Exponent der Deutschen Demokratischen Partei ist der Reichswehrminister Otto Geßler. Von der Deutschnationalen Volkspartei sitzen der Innenminister Martin Schiele, der Wirtschaftsminister Albert Neuhaus und der Finanzminister Otto von Schlieben im Reichskabinett. Gegen ihn eingenommen ist eigentlich nur Gustav Stresemann, und auch das ist lediglich in den ersten Wochen der Fall. Dieses Kabinett, so erklärt Hindenburg dem Kanzler bereits am 28. April, will er in dieser Zusammensetzung behalten und in seinem Amt bestätigen.

Doch der Reichspräsident, der sein Amt in der Absicht angetreten hat, trotz seines keineswegs überwältigenden Wahlsieges und der sicheren sozialdemokratischen Machtposition Preußen stets mit ausreichenden parlamentarischen Mehrheiten zu regieren, muß bald zur Kenntnis nehmen, daß sich die von ihm nach wie vor keineswegs sonderlich geschätzten „neuzeitlichen Berufspolitiker" mit ihrem „Parteiengezänk" nicht so disziplinieren und regieren lassen, wie er es vom Militär und vom Gutshof her gewöhnt ist.

Das Ambiente der Republik ist eine urbane Zivilistenwelt, in der Hindenburg niemals heimisch gewesen ist. Während er seit 1914 als Militär stets von seinem Ruhm auch in der zivilen Welt hat profitieren können, solange er als reine Symbolgestalt aufgetreten ist, steht ihm diese Vergangenheit jetzt im Wege. Daß der Präsident persönlich den maßgeblichen Akteuren nicht unsympathisch ist und sein Ruhm als Feldherr auch sie beeindruckt, zählt dabei wenig. Die Werte, die sein ganzes Leben beherrscht haben, Disziplin, Autoritätsgebundenheit, Gehorsam, Worttreue, Verantwortungsbewußtsein, absolute Leistungsbereitschaft und das Vertrauen auf die Kontinuität von Befehl und Ergebnis, gelten in der neuen Umwelt wenig.

Er braucht Berater, die ihm zur Seite stehen. Doch daß er sie schon bald nach seiner Amtsübernahme nicht nötiger als irgendein anderes Staatsoberhaupt hat, bezeugen bereits die Protokolle der Ministerratssitzungen, die stets unter seinem Vorsitz stattfinden, wenn er sich an ihnen beteiligt. So reagiert er denn auch meist verärgert, wenn irgendwo einmal davon die Rede ist, daß er sich von diesen oder anderen Personen maßgeblich beeinflussen lasse. Selbst unausgesprochenen Andeutungen begegnet er – trotz außerordentlicher Höflichkeit – zunehmend offensiv und aggressiv. Ohne auch nur andeutungsweise herausgefordert worden zu sein, erklärt er beispielsweise am 12. Juni 1932 während einer Besprechung mit Chefs süddeutscher Länder-Regierungen ohne sachbezogenen Anlaß: „... die Behauptung, daß mein Sohn mich politisch beeinflusse, ist nicht richtig."

Daß die SPD ihn 1925 energisch als Monarchisten bekämpft, im Frühjahr 1932 jedoch zum Rückgrat der Republik stilisiert und hofft, mit seiner Hilfe Adolf Hitler von der Macht fernhalten zu können[2], erscheint an dieser Stelle zwar als Vorgriff auf die spätere Geschichte; aber die Tatsachen legitimieren ihn. Daß Hindenburg in den ersten fünf Jahren seiner Amtszeit als Reichspräsident nicht ein einziges Mal den von seinem Vorgänger strapazierten Notverordnungsartikel 48 der Reichsverfassung in Anspruch genommen hat, ist ein weiterer Aspekt, der diesen Vorgriff rechtfertigt. Wer den greisen Hindenburg angesichts dieser Tatsachen allerdings zum überzeugten Exponenten und Anhänger der parlamentarisch regierten demokratischen Republik[3] stilisieren zu müssen meint, kennt weder ihn noch die Geschichte.

[2] Hindenburgs Legalismus, seine Vorstellung, daß nur die Berufung von Kanzlern legitim sei, die parlamentarische Mehrheitsverhältnisse zu schaffen in der Lage wären, war Ende Januar 1933 zuzuschreiben, daß Hitler Reichskanzler wurde.

[3] Überrascht stellte Gustav Stresemann allerdings am 12. Mai 1925 fest: „Die Ansprachen", die Hindenburg „bei dem Empfang der verschiedenen Deputationen halten wird, sind von ihm durchgesehen und teilweise geändert worden, werden aber den Linken mehr gefallen als den Rechten ... Bleibt es bei diesem Eindruck und bei dieser Art der Regierung, dann kann und wird seine Wahl ein Plus sein, weil man dann sagen kann, daß hinter der Regierungspolitik das ganze Volk steht."

Auszug aus dem Protokoll der Ministerratssitzung vom 16. November 1925

(Hindenburg eröffnete die Sitzung, an der Hans Luther als Reichskanzler und einige Mitglieder seiner Regierung teilnahmen.)

Reichsminister Dr. Stresemann:
... Ich bitte daher, dem Herrn Reichskanzler zuzustimmen, daß wir mit einer Vorlage an den Reichstag herantreten und morgen entsprechende Erklärungen in der Öffentlichkeit abgeben. Den Botschafter Freiherrn Langwerth von Simmern halte ich für durchaus geeignet, seine Ernennung hat auch überall Zustimmung gefunden.

Reichswehrminister Dr. Geßler:
Unser Ja darf weder mit Glockenklang, noch mit dumpfer Resignation ausgesprochen werden, sondern muß nüchtern und sachlich erfolgen.

Der Reichskanzler:
stimmt dem Vorredner zu: Keine Begeisterung, aber auch keine Resignation, sondern positive Sachlichkeit ist am Platze. – Trotz gewisser Bedenken bin ich damit einverstanden, daß unsere Entscheidung auf morgen vertagt wird unter der Voraussetzung, daß wir morgen der Presse gleichzeitig ein ausführliches Kommuniqué, in dem auch die belgische Note in ihrem Inhalt enthalten ist, abgeben können. Ich möchte daher vorschlagen, daß wir heute abend nochmals zur Beratung des Kommuniqués zusammentreten und morgen früh 10 Uhr dann die endgültige Entschließung fassen, wenn wir bis dahin im Besitz der Note über die Entwaffnung und Räumung der ersten Zone sind.

Der Herr Reichspräsident:
Ich finde, die Basis der Abmachungen ist eine sehr ungleiche; ungleich dahin, daß wir vollständig abgerüstet sind, die andern nicht; ferner darin, daß wir eine neutrale Zone einzuhalten verpflichtet sind, währenddem eine Neutralisierung Elsaß-Lothringens nicht als Gegengewicht entgegensteht. – Wir müssen sicherstellen, daß unsere Auslegung richtig ist, namentlich, was die „chiffres normaux" anlangt, ebenso muß der Schluß der Räumung für die erste Zone festgelegt werden. Ferner müßte auch in irgendeiner Form festgelegt werden, daß die vorzeitige Räumung der zweiten und dritten Zone erfolgt. Das Kündigungsrecht gegenüber Sicherheitspakt und Völkerbund kann mich in keiner Weise befriedigen. Dann muß ausgeschlossen sein, daß Frankreich Garant von Polen ist. Auch müssen wir auf unser Verhältnis zu Rußland, das zwar keine standesgemäße Allianz ist, beim Artikel 16 und seiner Auslegung Rücksicht nehmen. Auch wegen des Wegfalls der interalliierten Kontrollkommission fehlt uns eine Zusage. Jedenfalls bitte ich, heute noch nicht die Öffentlichkeit dahin zu unterrichten, daß wir einen zustimmenden Entschluß gefaßt haben. Den Botschafter von Langwerth von Simmern möchte ich auch in Schutz nehmen, allerdings kenne ich ihn nicht näher.

Hellhörig und vorschnell wird der Kreis der Berater analysiert, werden Prognosen und Prophezeiungen laut, die bereits die letzte Stunde dieser Republik terminieren zu können meinen. Doch die Insider, die selbst mit ihm zu tun haben, sind anfänglich keineswegs überzeugt, daß er tatsächlich auf Hilfen einer „Kamarilla“ angewiesen sein werde. „Diese Woche“, so berichtet beispielsweise Gustav Stresemann am 12. Mai 1925, „steht unter dem Eindruck der Ankunft Hindenburgs und der Einführung in sein Amt. Der erste Eindruck bei dem heutigen Zusammensein beim Reichskanzler war ein sehr guter und frei von jeder Voreingenommenheit auf irgendeiner Seite. Hindenburg macht persönlich einen gewaltigen Eindruck, eine mächtige Gestalt, die um Haupteslänge über das Volk emporragt... Sein Gesicht ist... wie gemeißelt. Ich habe vorläufig nicht die Empfindung, daß Hindenburg unter dem Einfluß irgendeiner politischen Kamarilla stehen wird, wenigstens nicht bewußt.“

Dennoch: Die Ratgeber stehen bereits parat. Daß einer seiner engsten und maßgeblichsten Berater, der außerordentlich versierte, kenntnisreiche und im Umgang mit Regierungs- und Verfassungsproblemen ebenso wie mit Politikern, Diplomaten und Parteifunktionären sehr erfahrene Staatsrechtler Otto Meissner, der schon Friedrich Ebert als Staatssekretär gedient hat, nicht gerade als Totengräber des parlamentarisch-demokratischen Systems angesehen werden kann, zählt dabei nur wenig.

Doch da gibt es den 1883 in Königsberg geborenen Oberst Oskar Wilhelm Robert Paul Ludwig Hellmuth von Hindenburg, den nach einer ironischen Bemerkung Kurt Tucholskys „von der Verfassung nicht vorgesehenen Sohn des Reichspräsidenten“, der als Adjutant eine offizielle Funktion bekommen hat und infolge seiner engen Beziehungen zur Reichswehr und zu maßgeblichen Kreisen der Industrie und Wirtschaft manches bewirken kann. Zwar sagen ihm seine Gegner nach, daß er seine militärische Karriere ausschließlich der Vater-Sohn-Beziehung zu verdanken habe; aber in der Praxis zeigt sich rasch, daß er auch über Qualitäten verfügt, die jetzt gefragt werden. Er ist nicht nur Auge, Ohr und Souffleur seines alten Vaters.

Der dritte Berater im Bunde, der Hindenburgs volles Vertrauen genießt, von ihm oft als „mein junger Freund“ bezeichnet und von ihm am 3. Dezember schließlich sogar zum Reichskanzler berufen wird, ist der Oberst Kurt von Schleicher. Er kennt den Reichspräsidenten aus der Zeit des Krieges – und ist zudem einer seiner alten Regimentskameraden. Wie Meissner, so weiß auch er mit Politikern und Funktionsträgern der Parteien und Gewerkschaften umzugehen, parlamentarische Gepflogenheiten zu nutzen und zu erreichen, was immer nötig ist. Da er die politisch außerordentlich einflußreiche Wehrmachtsabteilung im Reichswehrministerium leitet, ist der Reichspräsident sicher, in seinem 1882 geborenen parteilosen „jungen Freund" eine besondere Stütze an der Basis zu haben, auf die nach seiner Überzeugung unbedingt Verlaß ist. Daß den Soldaten nach Paragraph 36 des Wehrgesetzes von 1921 jede politische Tätigkeit verboten ist, kann nur in seinem Sinne sein.

Dieser Kreis, nach dem „Vorbild" des unmittelbaren Beraterkreises des preußischen Königs Friedrich Wilhelm IV. bald auch als „Kamarilla" bezeichnet, kann direkten Einfluß auf die Entscheidungen des Reichspräsidenten nehmen, dem nach der Verfassung die Macht gegeben ist, Regierungen auszuwechseln, den Reichstag aufzulösen, den Notstand zu verkünden, Grundrechte zu suspendieren und leitende Militärs abzulösen[4].

Doch die Hoffnung derjenigen, die gemeint haben, daß Hindenburg auf dem Wege über seine Berater und als eingefleischter Monarchist dazu gebracht werden könne, das parlamentarische System zu beseitigen und eine Diktatur zu etablieren, erfüllt sich nicht. Sie haben ihre Rechnung ohne den Wirt gemacht.

Und auch die Berater müssen rasch zur Kenntnis nehmen, daß der „alte Herr" keineswegs bereit ist, Langzeit-Blankovollmachten auszustellen. Immer will er erst differenziert informiert werden, immer jedes Problem erst von allen Seiten beleuchtet bekommen, stets das Für und Wider sorgfältig aus allen nur möglichen Perspektiven gegeneinander abgewogen sehen. Er denkt nicht daran, die Verfassung zu verletzen. Enttäuscht stellte sein alter Freund, der deutschnationale Großagrarier Elard von Oldenburg-Januschau 1936 in seinen „Erinnerungen"

[4] Die verfassungsmäßig festgelegte Rolle des Reichspräsidenten war einem schnellen Wandel unterworfen. Die „Funktion des Hüters" der Verfassung hatte schon Friedrich Ebert zu einer Instanz werden lassen, die ihre Macht zugunsten einer der sich streitenden Gruppen unmittelbar einsetzen konnte.

fest: „Allgemein kann ich sagen, daß mein Versuch der Einflußnahme auf Hindenburg getreu meiner alten Linie auf eine Beseitigung des Parlamentarismus und Herstellung einer Diktatur hinzielte. Diese Versuche waren in den ersten Jahren zum Scheitern verurteilt. Erst später, als die Entwicklung sich selbst ihren Weg gesucht hatte und die Beschlüsse des Reichstages durch Notverordnungen abgelöst waren, war das erste Eis gebrochen. Vor weiteren Schritten scheute sich der Feldmarschall lange..."

Und auch das Ausland, eigentlich nur von Frankreich abgesehen, entdeckt in Hindenburg plötzlich eine Kraft, die besonders geeignet erscheint, Sicherheit zu garantieren.

„Die besten Kenner der Lage sind überzeugt", schreibt beispielsweise der in Berlin residierende britische Botschafter d'Abernon, „daß das deutsche Sicherheitsangebot, das am 10. Februar Frankreich unterbreitet wurde, aufrechterhalten wird. Wenn das der Fall ist, wird die Tatsache, daß Hindenburg an der Spitze der Regierung steht, den internationalen Verpflichtungen um so mehr Gewicht geben."

In Deutschland freilich ist – den Wahlergebnissen zufolge – vermutlich fast die Hälfte der wahlberechtigten Bevölkerung überzeugt, eine positive Außenpolitik des Reiches unter Hindenburg wohl nicht zu erleben. Ihm wird von linksorientierten Beobachtern und Kritikern gleichsam unterstellt, über die Probleme und Kriterien der Außenpolitik gar nicht informiert zu sein.

Doch dies haben sie zuvor auch seinem Vorgänger Ebert nachgesagt, der nachweisbar besser als alle maßgeblichen Politiker seiner Amtszeit über die Außenpolitik informiert gewesen ist.

Gustav Stresemann, der erfolgreiche Reichsaußenminister, der sich vor den Wahlen scharf gegen Hindenburg als Reichspräsidenten ausgesprochen hat, ist nach dem ersten Gespräch, das der Präsident mit ihm Mitte Mai über außenpolitische Fragen führt, angenehm beeindruckt.

„Er war über Einzelheiten verhältnismäßig besser orientiert", überliefert Stresemann, „als ich annahm, und berührte auch die Fragen, die als gewisse Schwächepunkte vom deutschnationalen Gesichtspunkt aus in unserer Außenpolitik angesehen werden,

z. B. Sicherheitspakt und Völkerbund[5]. Dabei war ... seine Einstellung eine sehr objektive."

Stresemanns Bericht könnte ganz allgemein als exemplarisch für die Erfahrungen aller derjenigen stehen, die Hindenburg von seinem Bild her beurteilten, ohne selbst einmal mit ihm zu tun gehabt zu haben.

[5] Stresemann meinte vor allem das Genfer Protokoll vom 2. Oktober 1924, das die Verfahrensordnung der Mitglieder des Völkerbundes in Streitfällen regelte. Die Signatarstaaten wurden nach Artikel 3 des Protokolls gehalten, sich bei allen der „Gerichtsbarkeit des Internationalen Gerichtshofes unterworfenen Streitfällen" an diesen Gerichtshof zu wenden. Die konservative britische Regierung (ab 29. Oktober 1924 unter Baldwin) unterzeichnete das Protokoll nicht, womit es zur Wirkungslosigkeit verurteilt wurde. Mitglied des Völkerbundes wurde Deutschland am 8. September 1926 – nach einigen Verschleppungen der Aufnahme.

Präzeptor

Unter der Präsidentschaft Hindenburgs schließen die von den Kanzlern Hans Luther, Wilhelm Marx, Hermann Müller, Heinrich Brüning, Franz von Papen und Kurt von Schleicher geführten Reichsregierungen bis zum 26. Januar 1933 zum Nutzen des Reiches mehr als ein Dutzend internationale Verträge, von denen Gustav Stresemann als Außenminister rund die Hälfte kontinuierlich unter Hindenburgs Einfluß vorbereitet hat. Kontinuität wahren auch Stresemanns Nachfolger Julius Curtius, Heinrich Brüning und Konstantin von Neurath. Hindenburg, der souveräne Herr der Exekutive[1], garantiert dafür, daß die am nationalen Interesse orientierte deutsche Außenpolitik kontinuierlich in verläßlichen Bahnen fortgesetzt wird. Wie hoch dieser Sachverhalt anzusiedeln ist, bezeugt die Tatsache, daß bis zu Hitlers Machtübernahme nahezu kein einziges zentrales reichspolitisches Problem ohne außenpolitischen Bedingungszusammenhang geblieben ist. Nicht nur die meisten der zahlreichen Regierungsrücktritte waren mit außenpolitischen Problemkomplexen verknüpft, die in engem Wechselverhältnis zur Innenpolitik standen.

Ein Bruch dieser Außenpolitik tritt erst – vom Austritt Deutschlands aus dem Völkerbund im Oktober 1933 abgesehen – nach Hindenburgs Tod im August 1934 ein.

[1] Aus dem verfassungsmäßig legitimierten „Herrn der Exekutive“ wurde im Laufe der Zeit durch den Einfluß des Reichspräsidenten auf die politische Wirklichkeit vor allem seit dem rapiden Anwachsen der NSDAP im Jahre 1930 (auf dem Wege über die durch den Artikel 48 der Reichsverfassung gewährleistete Diktaturgewalt des Staatsoberhauptes) auch der „Herr der Legislative“.

Hindenburgs außenpolitisches Ziel, das alle Außenminister des Reiches zu verfolgen haben, ist von Gustav Stresemann schon unter Friedrich Ebert anvisiert worden: Wiederaufstieg Deutschlands zur souveränen und im internationalen System voll akzeptierten gleichberechtigten Großmacht. Allerdings heißt dies, anders als zur Kaiserzeit, nicht militärische „Großmacht", sondern wirtschaftspolitische „Großmacht". Programmatisch hat Stresemann dies am 14. Dezember 1925 formuliert. „Die einzige große Waffe unserer Außenpolitik sehe ich", erklärte er, „in unserer wirtschaftlichen Stellung als Konsumentenland, in unserer wirtschaftlichen Stellung als großes Schuldnerland gegenüber anderen Nationen."

Reichswehrkreise, Exponenten des Auswärtigen Amtes und der Industrie, denen die Idee vorschwebt, zusammen mit Rußland auf militärischem Wege eine Revanchepolitik zu betreiben, haben in ihm ihren Sprecher indes nicht. Auch Schleicher, an den diese Ideen mit der Absicht herangetragen werden, sie dem Reichspräsidenten auf eine besondere Weise nahezubringen, kann Hindenburg nicht dafür gewinnen, einer kriegsorientierten Revanchepolitik das Wort zu reden. Während den deutschen Rechten die Zugeständnisse des Reiches an Frankreich zu weit gehen und die rechtsorientierten Franzosen, Belgier und Engländer ihren Regierungen vorwerfen, gegenüber dem Reich, dessen neuer Präsident ihren Truppen bis November 1918 schwerste Verluste zugefügt hat, zu nachsichtig zu sein, bemühen sich der Reichspräsident und der Außenminister, Spannungen abzubauen[2]. Stresemann, dessen Vorstellungen und Engagement Hindenburg zunächst unvoreingenommen (Stresemann sagt: „objektiv") beobachtet, ist bestrebt, Deutschland aus der diplo-

[2] Wie weit das Mißtrauen der Franzosen immer noch ging, zeigte sich nicht zuletzt auch daran, daß sie die für Anfang 1925 terminierte Räumung der Kölner Zone nicht vornahmen. Mit der noch im Namen Friedrich Eberts am 9. Februar 1925 in Paris überreichten Note, in der Deutschland seine Bereitschaft zu einem Pakt erklärte und versicherte, daß der gegenwärtige Besitzstand am Rhein unangetastet bleiben und Frankreich auch Garantien für die Entmilitarisierung des Rheinlandes bekommen würde, befaßte sich erst eigentlich der im April 1925 zum Ministerpräsidenten avancierte Aristide Briand. Er regte am 16. Juni 1925 zunächst einen deutsch-polnischen Schiedsvertrag an. Seitdem wurden die Aspekte und Kriterien diskutiert, die schließlich in Locarno in eine Vertragsform gegossen werden konnten.

matischen Isolierung zu befreien, was infolge der internationalen Lage nur erreicht werden kann, wenn das Reich die französischen Sicherheitsbedürfnisse respektiert.

Bereits während seiner ersten Zusammenkunft mit Hindenburg im Mai 1925 hat Stresemann feststellen können, daß hinsichtlich der Ziele Übereinstimmung herrscht. Beide sind überzeugt, daß einseitige Revisionsmaßnahmen nicht angestrebt werden können, wenn sie den Versailler Vertrag betreffen. Stresemann bemüht sich daher, durch deutsch-französische Wirtschaftsvereinbarungen Mißtrauen abzubauen und eine Atmosphäre des Vertrauens zu schaffen, wobei er sich der britisch-amerikanischen Vermittlung bedient.

Vom 5. bis 16. Oktober 1925 treffen er und der Kanzler, 66 Tage nach der unter Hindenburgs Vorsitz geführten Konferenz der Reichsregierung über die bevorstehende Konferenz in Locarno, ebendort mit führenden europäischen Staatsmännern zusammen, die schließlich die Locarno-Verträge unterzeichnen. Frankreich, Belgien, Großbritannien, Italien, die Tschechoslowakei und Polen erklären sich zu einem politischen Ausgleich mit der ehemaligen Feindmacht Deutschland bereit. Deutschland, Belgien, Frankreich, Großbritannien und Italien verpflichten sich im „Sicherheits-, Rhein- oder Westpakt", gewaltsame Grenzveränderungen zu unterlassen[3] und den territorialen Status quo zu bewahren. Auch wenn Deutschland in aller Form auf Elsaß-Lothringen verzichten und gemäß der Artikel 42 und 43 des Versailler Vertrages die Rheingrenze entmilitarisieren muß, wird das Reich von einer drückenden Last befreit.

Doch nicht alle Deutschen teilen diese Erkenntnis. Viele von ihnen, vor allem die Anhänger einer deutsch-russischen Zusammenarbeit, interpretieren den Locarno-Vertrag als einseitige Bindung des Reiches an die Westmächte. Auch die russische Regierung sieht dies so[4]. Sie fordert einen Neutralitätsvertrag

[3] Als Garantiemächte hatten danach England und Italien zu fungieren. Geschlossen wurden Schiedsverträge zwischen Deutschland und Belgien, Deutschland und Frankreich, Deutschland und Polen sowie Deutschland und der Tschechoslowakei.

[4] Hindenburg selbst hegte zunächst auch einige Bedenken, weshalb er Stresemann beispielsweise am 28. November 1925 anwies, einer positiven Entwicklung der deutsch-russischen Beziehungen besondere Aufmerksamkeit zu widmen.

mit Deutschland, den die Reichsregierung im Februar 1926 mit einem Vertragsentwurf vorzubereiten beginnt. Hindenburg, der die Russen genau kennt und dezidiert darauf hinweist, daß Sowjetrußland nicht nur den europäischen Teil der UdSSR umfaßt, wünscht keine Alleingänge Stresemanns. Den von Joseph Wirth und Walter Rathenau zur Zeit Eberts auf eigene Faust mit Rußland geschlossenen Rapallo-Vertrag im Auge, legt er den Außenminister unmißverständlich an die Zügel. Eindeutig und energisch verlangt er, stets differenziert über alle wesentlichen Details, die das Auswärtige Amt und dessen Entscheidungen betreffen, informiert und gegebenenfalls befragt zu werden.

Richtungweisend hat er Stresemann am 4. Juni 1925 in Pflicht genommen. „Nach der Vorläufigen Geschäftsordnung der Reichsregierung“, so belehrte er den Reichsaußenminister, „ist der Reichspräsident über die Politik des Reichskanzlers und die Geschäftsführung der einzelnen Reichsminister durch Übersendung der wesentlichen Unterlagen und Berichte sowie nach Bedarf durch persönlichen Vortrag fortlaufend zu unterrichten. Bei der großen Bedeutung, welche die Geschäftsführung des Auswärtigen Amtes für unsere gesamte Politik hat, lege ich besonderen Wert auf eine gute und eingehende Information dieses Ressorts und wäre Ihnen, Herr Reichsminister, dankbar, wenn Sie hiernach das Weitere veranlassen wollten; insbesondere bitte ich, mir die Telegramme und Berichte der Chefs unserer Missionen, soweit sie politisch oder wirtschaftlich wesentliche Fragen betreffen, rechtzeitig vorzulegen und mir ebenso abschriftlich die Cirkulardepeschen und Weisungen, die in solchen Fragen vom Auswärtigen Amt an unsere Missionen ergehen, vorzulegen. Ferner bitte ich – wie es meiner staatsrechtlichen Stellung als völkerrechtlicher Vertreter des Reiches gemäß § 45 der Reichsverfassung entspricht –, mich vor Einleitung irgendwie verpflichtender Schritte von beabsichtigten Verhandlungen mit fremden Staaten zu unterrichten und meine Entschließung einzuholen, wobei ich es der Entscheidung Euer Hochwohlgeboren im Einzelfalle anheimstelle, ob dies auf schriftlichem Wege oder durch Vortrag erfolgt. Schließlich lege ich noch Wert darauf, daß beabsichtigte Personalveränderungen mir rechtzeitig – d. h. ehe den in Frage kommenden Beamten Eröffnungen gemacht werden – zur Entscheidung vorgelegt werden, und zwar bitte ich, daß nicht nur bei den Herren Chefs der Missionen, sondern auch bei den Botschaftsräten und Generalkonsuln in dieser Weise verfahren wird; auch hier stelle ich Euer Hochwohlgeboren Entscheidung anheim, ob meine Unterrichtung über die geplante Personaländerung und die in Aussicht genommene Persönlichkeit durch mündlichen Vortrag oder auf schriftlichem Wege erfolgt."

Als Stresemann dann am 24. Juni 1925 zum ersten persönlichen Vortrag bei Hindenburg erschien, erfuhr er von ihm, daß er zwar kein Mißtrauen gegen das Auswärtige Amt hege, jedoch über alle politischen Vorgänge auf amtlichem Wege früher als die Presse informiert zu werden wünsche.

Nach dem Erfolg von Locarno, der das Reich aus der außenpolitischen Isolierung befreite und nach dem Kriege erstmals wieder in den Kreis der maßgeblichen europäischen Mächte zurückführte, hatte der britische Schatzkanzler Austen Chamberlain programmatisch und hoffnungsfroh erklärt, daß es „von jetzt ab weder Sieger noch Besiegte" gebe, und der französische Ministerpräsident Aristide Briand hatte ergänzt: „Mit Locarno muß eine neue Epoche anfangen, sonst ist es eine leere Geste gewesen."

Stresemann indes, in dessen Schlußvortrag von einem künftigen „friedlichen Nebeneinanderleben der Völker" als Grundlage für die Entwicklung der „großen europäischen Kulturlandschaft" die Rede gewesen war, hatte schon während der Verhandlungen den nächsten konkreten Schritt für die deutsche Außenpolitik vorbereitet. Im Hinblick auf ein bevorstehendes vertragliches Arrangement mit der UdSSR[5] war ihm im Sinne Hindenburgs gelungen, eine Festschreibung der Grenzen mit Polen und der Tschechoslowakei zu vermeiden. Fünf Wochen nach Locarno, am 28. November 1925, unterstützt Hindenburg ihn schriftlich und erklärt ihm, daß „es der fortgesetzten Aufmerksamkeit und Anstrengung unseres Vertreters in Moskau

[5] Einige Tage vor dem Beginn der Konferenz von Locarno hatte Tschitscherin, der sowjetische Volkskommissar für Auswärtige Angelegenheiten (Außenminister), in Berlin eine Unterredung, die ihn schließlich dazu veranlaßte, in Locarno zu erklären, daß es für Deutschland keine „Option zwischen Ost- und Westpolitik" gebe. Das Reich wolle, so sagte er in einer Pressekonferenz, „nach beiden Seiten gute Beziehungen unterhalten".

(Ulrich Graf von Brockdorff-Rantzau) wie des Auswärtigen Amtes bedarf, um die ... bestehenden Verstimmungen zu beseitigen". Zugleich stellt er Stresemann vor die vollendete Tatsache, daß er als Reichspräsident Brockdorff-Rantzau in Berlin persönlich „zur immediaten Berichterstattung" empfangen werde, wie Friedrich Ebert es dem Botschafter drei Jahre zuvor als grundsätzliches Sonderrecht für die Zukunft eingeräumt habe. „Ich (lege) Wert darauf", schreibt Hindenburg militärisch knapp, „über die künftige Entwicklung unserer Beziehungen zu Rußland fortlaufend und rasch unterrichtet zu sein."

Schon während der ersten Sitzung des Kabinettsrats, an der Hindenburg am 24. September 1925 teilnahm, hat er unmißverständlich erkennen lassen, daß er sich – sehr viel souveräner als Ebert anfänglich – nicht mit dem formalen Vorsitz begnüge. In der Sitzung, in der es um eine Antwort auf den Vorschlag der Entente ging, eine Konferenz zur Beratung der Sicherheitsfrage zu beschicken, mußten die Teilnehmer – einige mit großer Überraschung – feststellen, daß die von Hindenburgs Gegnern kolportierte Version vom „müden, alten Mann" nicht mit den Tatsachen identisch war. Er war es, der vor dem Kanzler und dessen vollständigem Kabinett energisch darauf bestand, den Konferenzteilnehmern der Entente ein sowohl politisch selbstbewußtes als auch diplomatisch sorgsam formuliertes deutsches Memorandum zu überreichen[6], das die im Artikel 231 des Versailler Vertrages festgeschriebene Alleinschuld Deutschlands und seiner Verbündeten am Ausbruch des Weltkrieges zurückwies. Die Protokolle der Kabinettssitzungen unter Hindenburgs Vorsitz sprechen eine eigene und beredte Sprache. Nicht zufällig wurden denn auch bereits zu der Zeit Bedenken des Auswärtigen Amtes laut, daß der Reichspräsident seine verfassungsgemäß garantierten Vollmachten und Rechte zu weit ausdehnen könnte.

[6] Das Sitzungsprotokoll vom 24. September 1925 verzeichnet unter anderem: „Der Herr Reichspräsident führt hierbei aus: Was die Erklärung anlangt, so hätte ich sehr gewünscht, daß wir eine deutlichere Sprache in unserer Erklärung gesprochen hätten, aber ich kann den Gründen, die gegen eine schärfere Sprache sind, mich nicht verschließen. Auf alle Fälle bitte ich aber, daß die klare und deutliche Erklärung des Reichskanzlers Marx vom 30. August 1925 in diesem Zusammenhang bekanntgegeben wird. Ferner bitte ich, daß wir in die Note, wenn von dem Eintritt in den Völkerbund die Rede ist, hier das Wort ‚etwaig' beifügen, um uns die Freiheit des Handelns zu wahren."

Am 24. April 1926, an dem Tage, an dem die Reichsregierung wegen der von den Sozialdemokraten und Kommunisten geforderten entschädigungslosen Enteignung der ehemaligen deutschen Fürsten eine Kundgebung zugunsten des „Festhaltens am rechtsstaatlichen“ Prinzip veranstaltet, wird in Berlin der sogenannte Berliner Vertrag unterzeichnet. Auch hierbei ist Hindenburg eine treibende und entscheidende Instanz. Wie er, der seit Jahr und Tag mit nahezu allen Fürstenhäusern persönlich und intim verkehrende preußische Adelige, im Zusammenhang mit der Frage der Fürstenenteignung den Reichsjustizminister Wilhelm Marx am 15. März 1926 richtungweisend aufgefordert hat, den „Boden des Rechts, das Fundament des Staates“, nicht zu verlassen, so verhält er sich auch gegenüber dem ehemaligen Feind Rußland. Stresemann unterzeichnet in seinem Namen den auf vier Jahre festgeschriebenen Berliner Vertrag[7].

Deutschland und die UdSSR versichern einander, den Frieden zu wahren und vertrauensvoll zusammenzuarbeiten. Ein Notenwechsel zwischen Stresemann und dem russischen Finanzminister Krestinski garantiert, daß sich das Reich auch als Mitglied des Völkerbundes nicht an Maßnahmen beteiligen werde, die der Völkerbund gegen die UdSSR gegebenenfalls unternehme.

Die euphorischen Befürworter des deutschen Beitritts zum Völkerbund mußten zunächst – vor allem im November 1925 – gravierende Argumente Hindenburgs überdenken, der die internationale Lage und die Möglichkeiten Deutschlands realistisch einschätzte und zutreffend beurteilte. Er bemängelte, daß Deutschland insgesamt abgerüstet habe, das Rheinland im Gegensatz zu Elsaß-Lothringen militärisch neutralisiert sei, interalliierte Kontroll-Kommissionen im Reich tätig seien und damit ungleichmäßige Voraussetzungen für die Mitglieder des Völkerbundes bestünden. Außerdem legte er größten Wert darauf, Rußland nicht zu verstimmen. Dem Reichskanzler schreibt er am 3. Februar 1926: „Nachdem die Reichsregierung durch das sogenannte Locarno-Gesetz ermächtigt worden war, in den Völkerbund einzutreten, habe ich ... die Anregung gegeben, es zu versuchen, *trotz* der erteilten gesetzlichen Vollmachten zum Eintritt in den Völkerbund noch *vor* der endgültigen Anmeldung eine

[7] Am 29. Juni 1926 wurde der vier Artikel umfassende Vertrag ratifiziert.

Anzahl bisher nicht erreichter Gegenleistungen durchzusetzen." Den vom Kanzler formulierten Entwurf für die Regierungserklärung vor dem Reichstag vom 4. Februar 1926 versieht er mit den handschriftlichen Randbemerkungen: „Und die Abkürzung der Besatzungszeit?" und „Kräftigere Sprache?"

Während Stresemann und die Reichsregierung meinen, aus außenpolitischen Erwägungen den Locarno-Pakt und den Eintritt Deutschlands in den Völkerbund im Reichstag in einer gemeinsamen Vorlage vertreten zu müssen, stellt sich Hindenburg entschieden dagegen. Er besteht auf einer getrennten Vorlage und verlangt unnachgiebig, daß vor dem Eintritt in den Völkerbund aus der Welt geschafft werden müsse, was das Reich zum machtlosen und immer noch stigmatisierten Außenseiter mache. Seine Befürchtung, daß dem Völkerbundmitglied Deutschland Verpflichtungen auferlegt werden könnten, die Parallelen zu den Versailler Vertragsbestimmungen aufwiesen, sind durchaus nicht aus der Luft gegriffen.

Solange dem Reich angelastet werde, 1914 mit seinen Verbündeten allein schuldig am Ausbruch des Krieges gewesen zu sein, so argumentiert er, könne von Gleichberechtigung nicht die Rede sein[8]. Das Rheinland ist noch besetzt, die Problematik der deutschen Bewaffnung und Luftfahrtwege nach wie vor ebenso ungeklärt wie die Frage des Minderheitenschutzes[9]. Die Reparationsfrage will Hindenburg unter keinen Umständen durch Garantien

[8] Hindenburgs Forderungen wurden schließlich zwar erfüllt; aber dies vollzog sich nicht außerhalb des Völkerbundes, sondern in seinem Rahmen und durch dort getroffene Vereinbarungen, was Stresemanns Strategie bestätigte. Er wollte den Völkerbund von Anbeginn als Instrument zur Durchsetzung der deutschen Revisionspolitik nutzen, wobei ihm Hindenburgs Vorgaben als roter Faden dienten. Der Rückzug der Interalliierten Militärkommission aus Deutschland wurde am 12. Dezember 1926 in Genf auf den 31. Januar 1927 festgesetzt, die Kontrolle der deutschen Rüstung dem Investigationsausschuß des Völkerbundes übertragen.

[9] Anfang August 1925 hatte Polen 20 000 deutsche Optanten rücksichtslos gezwungen, innerhalb kürzester Frist Haus und Hof zu verlassen. Stresemann bemühte sich bis zur zweiten Hälfte des Jahres 1928 zwar, die Auseinandersetzung über die Minderheitenfrage im Völkerbund zu vermeiden; aber seit der zweiten Jahreshälfte war dies nicht mehr möglich. Der Reichskanzler Hermann Müller forderte im September vor der Völkerbundversammlung, endlich das Problem zu lösen. Die Ereignisse spitzten sich durch polnische Aktivitäten zunehmend zu. Geradezu dramatische Formen nahm schließlich ein Rededuell an, das Stresemann und der polnische Außenminister im Dezember 1928 führten.

des Völkerbundes gestellt sehen, und wie schon sein Vorgänger Friedrich Ebert, der 1919 sogar einen Reichskolonialminister berief und sich 1924 bemühte, von Portugal Angola als Kolonie zu kaufen, so besteht auch er darauf, Kolonial-Mandate für das Reich zugestanden zu bekommen.

Der deutschen Völkerbundsdelegation in Genf hat der Reichspräsident aufgetragen, allen Versuchen des polnischen Außenministers, sich dort als Berichterstatter über deutsche und andere Minderheitsfragen zu etablieren, energisch entgegenzutreten.

Nicht ohne Reiz ist, an dieser Stelle einmal Hindenburgs Biographen Erich Marcks zu zitieren, der den „Gegenstand" seiner Untersuchung und Darstellung noch persönlich erlebt hat. „Die Reichsverfassung", so schrieb er 1932, „überwies dem Präsidenten einen festen Einfluß auf sie, schon Ebert hatte ihn geübt und gewahrt, Hindenburg hat ihn sehr ernsthaft durchgebildet. Die Idee der Befreiung hat über allem geschwebt, was er tat. Gerade gegen die Techniker der Diplomatie war er voll besonderen Mißtrauens. Seine Stellung war die elementare: Abwehr der Feinde Deutschlands, nicht Werbung um sie, war ihm, dem Konservativen wie dem Offizier, das innerlich Gegebene. Mit ungewissen Erwartungen einer solchen Haltung sahen die Männer, die das Gegenteil von ihr wollten, Stresemann, der Außenminister, d'Abernon, der britische Botschafter, ihm entgegen. Erstaunlich war ihnen bald, wie er sich auf dem neuen Boden zurechtfand; seine persönlichste Stimmung aber war unzweifelhaft Zurückhaltung. Er fand Stresemann auf seinen Bahnen zu einer Befreiung des gefesselten Reiches und des besetzten Rheinlandes durch Verständigung: über finanzielle Verständigung zu politischer Verständigung hin, und dann von da zur finanziellen wieder zurück; mit dem allgemeinen Ziele, Deutschland durch Verständigung – nicht ohne Opfer – wieder Selbständigkeit und wachsende Gleichberechtigung zu erwerben, mit dem näheren Ziele der Befreiung des Westens."

Am 8. September 1926 wird Deutschland nach systematischen Verschleppungen des Aufnahmetermins durch Frankreich Mitglied des Völkerbundes, nachdem Stresemann die Anerkennung der Forderung Hindenburgs durchgesetzt hat, weder an Sanktionen (nach Artikel 16 der Völkerbundssatzung) der Mitgliedstaaten des Bundes teilnehmen noch den Durchmarsch von Truppen der Völkerbundsmitglieder dulden zu müssen[10]. Eine Basis ist geschaffen, die es der deutschen Regierung möglich macht, gegenüber den Westmächten nachdrücklicher als bisher aufzutreten.

Da Hindenburg den diplomatischen Stil der „neuartigen Berufspolitiker" nicht sonderlich schätzt, konfrontiert er sie gern mit eigenen Erfahrungen. Er führt Kriterien seiner Feldherrnstrategie und militärischen Führungsweise ins Feld und verlangt, sie entsprechend umzusetzen. Als ihm Stresemanns Vorgehen, Taktieren, Kompromißbereitschaft, Anfang 1927 nicht angebracht erscheint, belehrt er ihn am 14. März im Ministerrat: „Was die Frage einer Instruktion anlangt, so muß man zwischen einer allgemeinen Direktive und einer Detailinstruktion unterscheiden. Um ein Beispiel zu erwähnen. Ich habe während des Krieges der Türkischen Heeresleitung, weil die Situation nicht zu übersehen war, die allgemeine Direktive gegeben, auf dem asiatischen Kriegsschauplatz die dort befindlichen Kräfte festzuhalten, damit sie nicht auf den europäischen Kriegsschauplatz übergehen können, im übrigen aber den Türken freie Hand gelassen ... Man (kann) ... allgemeine Richtlinien geben, innerhalb deren der Beauftragte frei handeln kann ... Vor Kompromissen, wie sie hier abgeschlossen worden sind, möchte ich ... grundsätzlich warnen; wir haben in der letzten Zeit viel Kompromisse bei solchen Zusammenkünften gehabt, und ich halte es für richtiger, wenn in Zukunft mehr der Rechtsstandpunkt festgehalten wird, als daß man Kompromisse abschließt."

Im Zusammenhang mit der Aufnahme Deutschlands in den Völkerbund will er nicht um die Gunst Frankreichs und Großbritanniens werben, sondern ihre dominierende Position im Völkerbund eindämmen. Für Deutschland fordert er einen ständigen Ratssitz im Völkerbund, der dem Reich schließlich – gegen den Widerstand Polens – zugestanden wird, und er legt Wert darauf, bei jeder gebotenen Möglichkeit die neue deutsche Position als Großmacht demonstriert zu sehen. Anträge anderer Mächte läßt

[10] Deutschland wurde zugestanden, nur an Sanktionen teilzunehmen, wenn sie mit der geographischen und militärischen Lage des Reiches als vereinbar gelten konnten. Damit waren zugleich die Befürchtungen der UdSSR ausgeräumt.

Auszug aus dem Protokoll der Ministerratssitzung vom 7. Februar 1928: Präzise Weisungen Hindenburgs

Anwesend:

Der Herr Reichspräsident als Vorsitzender,
die Herren Reichsminister Vizekanzler Dr. Hergt, Dr. Brauns, Schiele, Dr. Curtius, Dr. von Keudell, Schätzel, Groener,
die Herren Preußischen Staatsminister Dr. Steiger, Dr. Höpker-Aschoff, Grzesinski,
die Herren Staatssekretäre Dr. Pünder, Trendelenburg, Dr. Popitz, Gutbrod, Dr. von Schubert, Dr. Meissner,
die Herren Ministerialdirektoren Dr. Dammann, Dr. Zechlin,
Herr Reichsbank-Vizepräsident Dreyse,
Herr stellvertretender Generaldirektor der Reichsbahn Weyrauch.

Der Herr Reichspräsident *eröffnet die Sitzung 10.35 Uhr. Er dankt zunächst den an den Vorarbeiten beteiligten Herren, insbesondere dem Herrn Ministerialdirektor Dr. Dammann ... und führt weiter aus:*

Notwendig sei ein klares Programm. Mit Krediten und Worten allein sei es nicht erfüllt. Das Ziel müsse die Rentabel-Machung der Landwirtschaft sein, sonst ist der Zusammenbruch der Landwirtschaft nur vertagt, nicht beseitigt. Das Programm muß schleunigst verwirklicht werden; bis dahin dürfen Zwangsmaßnahmen und Pfändungen, namentlich seitens der Finanzämter, gegen die Landwirtschaft nicht durchgeführt werden. Die Eisenbahntarifverbilligung ist nicht nur für die Einfuhr nach Ostpreußen, sondern auch für die Ausfuhr von dort notwendig. – „Zwei Spezialfragen möchte ich noch erwähnen: Preußen will 10 Millionen Mark für Steuererleichterungen bewilligen, aber sie auf bisher gestundete Grundvermögenssteuern verrechnen. Ich glaube, es wäre richtiger, die gestundeten Grundvermögenssteuern auf sich beruhen zu lassen und die 10 Millionen Mark zur Erleichterung der Steuerlasten zu verwenden; denn sonst ist keine neue Erleichterung gewährt. – Ferner möchte ich anregen, die im Reichswehretat am Remontefonds gestrichenen 400 000 Mark wieder herzustellen und für jedes gekaufte Remontepferd 15% Aufschlag zu zahlen. Jedenfalls bitte ich dringend, heute zu einer endgültigen Beschlußfassung zu gelangen. Zunächst bitte ich den Herrn Vizekanzler Dr. Hergt und Herrn Ministerialdirektor Dr. Dammann, über die Vorverhandlungen zu berichten."

Reichspräsident und Generalfeldmarschall in einer Person während des Reichsmanövers im Jahre 1926. Hinter dem Reichspräsidenten: Oskar von Hindenburg.

er souverän ablehnen und Deutschland als Wortführer der Mittel- und Kleinstaaten erscheinen.

Hindenburg tritt betont als Repräsentant des neuen deutschen Selbstbewußtseins auf. Als er – nach dem Besuch einer Flottenübung vor Swinemünde – am 18. September 1927 der Einweihung des Tannenberg-Denkmals beiwohnt, hält er eine Rede, die in Deutschland mit großer Genugtuung aufgenommen wird[11], in Frankreich jedoch chauvinistische Kommentare zur Folge hat. „Das Tannenberg-Nationaldenkmal gilt in erster Linie dem Gedächtnis derer“, sagt er, „die für die Befreiung der Heimat gefallen sind. Ihr Andenken, aber auch die Ehre meiner noch lebenden

[11] Ludendorff hatte die Teilnahme demonstrativ unhöflich abgelehnt. Ferngeblieben waren auch das sozialdemokratische preußische Staatsministerium und das republikanische „Reichsbanner Schwarz-Rot-Gold“.

Kameraden verpflichten mich dazu, in dieser Stunde und an dieser Stätte feierlich zu erklären: Die Anklage, daß Deutschland schuld sei an diesem größten aller Kriege, weisen wir, weist das deutsche Volk in allen seinen Schichten einmütig zurück! Nicht Neid, Haß oder Eroberungslust gaben uns die Waffen in die Hand. Der Krieg war uns vielmehr das äußerste, mit den schwersten Opfern des ganzen Volkes verbundene Mittel der Selbstbehauptung einer Welt von Feinden gegenüber. Reinen Herzens sind wir zur Verteidigung des Vaterlandes ausgezogen, und mit reinen Händen hat das deutsche Heer das Schwert geführt. Deutschland ist jederzeit bereit, dies vor unparteiischen Richtern nachzuweisen. In den zahllosen Gräbern, welche Zeichen deutschen Heldentums sind, ruhen ohne Unterschied Männer aller Parteifärbungen. Sie waren damals einig in der Liebe und Treue zum gemeinsamen Vaterland…“

Plebiszit der gespaltenen Nation

Im Jahr zuvor, am 8. September 1926, ist Deutschland Mitglied des Völkerbundes geworden. Stresemann hat am 10. Dezember den Friedensnobelpreis erhalten. Während sich von außen her Normalisierungen auf internationaler Ebene angebahnt haben und das seit 1918 traumatisch belastete deutsche Nationalbewußtsein wieder einigermaßen „restauriert" worden ist, hat sich der innere Friede der Nation nicht im gleichen Maße entwikkelt. Der sogenannte Flaggen-Streit, die Forderung der Fürsten, ihr beschlagnahmtes Vermögen zurückerstattet zu bekommen, der Volksentscheid zur Frage der Fürstenenteignung und der Rücktritt des Chefs der Heeresleitung haben die Nation gespalten.

Die deutschen Fürsten, deren Vermögen während der Revolution beschlagnahmt worden war, forderten nach der Sanierung der Währung – und der Etablierung der Staatsrepräsentanz durch Hindenburg – die freie Verfügungsgewalt über ihren Besitz zurück. Sie erwarteten vom Staat Renten und teilweise auch Zinsen für entgangene Gewinne. Da die Reichsverfassung im Artikel 153 das Privateigentum garantierte[1], konnten sie nicht aus der Volksgemeinschaft ausgeklammert werden. Daß die kommunistisch-sozialistische Landesregierung von Gotha 1919 ein Gesetz erließ und die Enteignung durchsetzte, bildete eine Ausnahme, die jedoch 1927 vom Reichsgericht als verfassungs-

[1] Nach der Weimarer Reichsverfassung konnten deutsche Staatsbürger nur gegen Entschädigungsleistungen oder durch besondere Reichsgesetze enteignet werden.

widrig bezeichnet und aufgehoben wurde. In verschiedenen Ländern des Reiches verhandelten die Fürsten 1926 mit den Landesregierungen, die sich teilweise außerstande sahen, die geforderten Abfindungen zu zahlen und finanzielle Vergleiche zu leisten, zumal nicht überall ohne Schwierigkeiten entschieden werden konnte, wo die Grenzen lagen zwischen tatsächlich privatem und öffentlichem Eigentum, das verschiedene Fürsten als Privateigentum zu deklarieren versuchten.

Der sächsische König hatte den Revolutionären 1918 empfohlen, ihren „Dreck" dann „eben alleene" zu machen, der Großherzog von Baden seine Liegenschaften freiwillig und großzügig und in wirklich fürstlicher Manier dem Land übereignet. Doch das waren Ausnahmen. Die Hohenzollern, die Hindenburgs persönliches Engagement für sie voraussetzten, mußten sich am 10. Juni 1926 vom sozialdemokratischen Abgeordneten Hermann Müller im Reichstag fragen lassen: „Entspricht es dem Recht und der Moral, daß Wilhelm II., der ein Millionengut in Holland besitzt, nochmals 300 000 Morgen deutsches Land, Schlösser und Vermögensobjekte im Werte von 183 Millionen Goldmark beansprucht, während 100 000 deutsche Familien durch die Kriegsfolgen in die schwerste Not gestürzt wurden?"

Die von Ernst Moritz Arndt einst so sarkastisch und wortgewaltig vor das Tribunal seines gesamtdeutsch artikulierten Patriotismus geforderten deutschen Fürsten konnten sich beileibe nicht einhellig überall in der Gunst ihrer Landeskinder sonnen. Nicht nur das noch während des Krieges, in dem Wilhelm II. „nur noch Deutsche" zu kennen vorgegeben hatte, emphatisch diskutierte Dreiklassenwahlrecht in Preußen hatte traumatisch schmerzende Wunden hinterlassen. Die Not der Landbevölkerung und der für Hungerlöhne in den ostelbischen Gebieten schuftenden Saisonarbeiter war noch ebenso gegenwärtig wie die penetranten Allüren einiger Großgrundbesitzer, die nach 1918 nicht wahrhaben wollten, daß es das Kaiserreich nicht mehr gab.

Offenbar der Überzeugung, daß Paul von Hindenburg, der treue Vasall preußischer Könige und deutscher Kaiser bis November 1918, ihre Intentionen maßgeblich stützen würde, meinten sie, ihre Forderungen gegebenenfalls auch gegen den Willen der Bevölkerung durchsetzen zu können.

Einige Formulierungen eines am 7. Juni 1926 veröffentlichten Briefes, den Hindenburg am 22. Mai 1926 an den einstigen preußischen Innenminister Friedrich von Löbell geschrieben hatte, der als Vorsitzender eines rasch ins Leben gerufenen Reichsbürgerrates die Stimmung der Bevölkerung gegen den Volksentscheid einnehmen und den von der KPD und einem demokratischen Aktionsausschuß initiierten und von der SPD schließlich organisatorisch angestrebten Volksentscheid zur entschädigungslosen Enteignung[2] der fürstlichen Vermögen zu Fall zu bringen versuchte, konnten sie ermuntern.

„Was die ... von mir persönlich zu treffenden Entscheidungen anlangt, so muß ich mir – wie es die Verfassung vorsieht – meine Entscheidung vorbehalten, bis das Ergebnis des Volksentscheids und das sich hierauf gründende Ausführungsgesetz vorliegt und die Frage der Vollziehung dieser Gesetze an mich herantritt", hieß es im Brief Hindenburgs, der zwar ausdrücklich hervorhob, daß es sich bei seiner Stellungnahme um eine „persönliche Auffassung" handele, gegen deren Publizierung er jedoch nichts einzuwenden hatte.

Hindenburg hatte unter anderem geschrieben: „Daß ich die von Ihnen geäußerten Besorgnisse in vollem Umfange teile und die gleichen Bedenken wie Sie auch schon von Anfang dieser Entwicklung der Dinge an auch der Reichsregierung gegenüber zum Ausdruck gebracht habe. Daß ich ... dieses Volksbegehren zunächst als ein großes Unrecht, dann aber auch als einen bedauerlichen Mangel an Traditionsgefühl und als groben Undank empfinde, brauche ich ... nicht näher auszuführen. Ich will mich aber bemühen, den Enteignungsantrag hier nicht als eine politische, sondern lediglich als eine moralische und rechtliche Angelegenheit zu betrachten. Ich sehe in ihm unter diesem Gesichtspunkt einen sehr bedenklichen Vorstoß gegen das Gefüge des Rechtsstaats, dessen tiefstes Fundament die Achtung vor dem Gesetz und dem gesetzlich anerkannten Eigentum ist. Er verstößt gegen die Grundlagen der Moral und des Rechts. Würde dieses Volksbegehren Annahme finden, so würde einer der Grundpfeiler, auf denen der Rechtsstaat beruht, beseitigt und

[2] Die Sozialdemokraten waren allerdings der Überzeugung, daß es besser wäre, bestimmte Abfindungen zu leisten.

ein Weg eröffnet, der auf abschüssiger Bahn haltlos bergab führt, wenn es der Zufälligkeit einer vielleicht noch dazu leidenschaftlich erregten Volksabstimmung gestattet sein soll, verfassungsmäßig gewährleistetes Eigentum zu entziehen oder zu verneinen. Es könnte aus dem ... Einzelfall die Methode entstehen, durch Aufreizung der Instinkte der Massen und Ausnutzung der Not des Volkes mit solchen Volksabstimmungen auf den Wegen der Enteignung weiterzugehen und damit dem deutschen Volke die Grundlage seines kulturellen, wirtschaftlichen und staatlichen Landes zu entziehen ... Ich bin überzeugt, daß trotz der starken, vielfach wenig schönen Agitation für das Volksbegehren das ruhige Urteil und der gesunde Sinn unseres Volkes diese moralische und rechtliche Seite der Frage nicht verkennen und die unabsehbare Gefahr, die allen Schichten des Volkes hier droht, nicht übersehen wird."

Die Wogen der Empörung in breiten Kreisen der Bevölkerung nutzend, hatten die Kommunisten und die Sozialdemokraten am 19. Januar 1926 im Reichstag gefordert, die Fürsten zugunsten der Arbeitslosen, der Kriegsbeschädigten und Kriegsbehinderten, der Sozial- und Kleinrentner, der bedürftigen Opfer der Inflation, der Landarbeiter, Kleinpächter und Kleinbauern durch Gesetz auf dem Wege über ein Volksbegehren und einen ihm folgenden Volksentscheid zu enteignen.

Nur zur Zeit des Kapp-Putsches, des Rathenau-Mordes, der Ruhrbesetzung und des Hitler-Putsches hatten die Kommunisten eine für ihre Propaganda so günstige Situation vorgefunden. Die politischen Fronten links und rechts standen einander nicht als politische Gegner innerhalb einer Nation gegenüber, sondern als Feinde, die sich nicht verständigen wollten und auch zu ernsthaften Kompromissen nicht bereit waren. „Das ganze Proletariat marschierte auf. Es war eine Lust zu leben", erinnerte sich 1927 der auf dem linken Flügel der SPD angesiedelte Reichstagsabgeordnete Kurt Rosenfeld auf dem Kieler Parteitag der SPD. Der Reichspräsident als Staatsoberhaupt und Träger des Staatsgedankens mußte die Klammer bilden, durch die sich die Nation zusammengehalten sah[3]. Daß dies nicht einfach war, zeigte sich täglich.

12 523 939 gültige Unterschriften für die Enteignung wurden vom 4. bis 17. März 1926 im Rahmen des ersten Volksbegehrens

geleistet, nahezu zwei Millionen mehr, als die Initiatoren des Antrages, die SPD und die KPD, im Dezember 1924 bei den Reichstagswahlen als Wählerstimmen zusammen erhalten hatten. Am 20. Juni 1926 schließlich hatten sich 15 551 218 Deutsche entschieden, den Volksentscheid zur Enteignung der Fürsten zu fordern, was nicht genügte. Nur wenn rund fünf Millionen Wahlberechtigte mehr für die Enteignung gestimmt hätten, wäre dem Volksentscheid der gewünschte Erfolg beschieden gewesen[4]. Hindenburg, der auf der Seite des Gesetzes – gleichsam parteiisch aber auch auf der Seite der Fürsten – stand, konnte sich ein Jahr nach seiner Wahl zum Reichspräsidenten durch dieses Plebiszit erneut bestätigt sehen[5].

Die Wahl zum Reichspräsidenten hatte Hindenburg im Frühjahr 1925 nicht zuletzt dank der vielkolportierten „nationalen Phrasen" gewonnen. Wieweit sein von links sofort als möglicherweise verfassungswidrig angeprangerter Brief vom 22. Mai 1926 zum Scheitern des Volksentscheids beigetragen hat, ist nicht meßbar. Als einigermaßen erwiesen aber kann gelten, daß es ebenjene „nationalen Phrasen" gewesen sind, die die Mehrheit der Deutschen davon abhielten, die ihnen von Kindheit an eingebleute Geschichte plötzlich respektlos durch einen Federstrich ins Unrecht zu setzen und abzutun.

Nicht zufällig entzündeten sich die national besonders engagierten Gemüter zur gleichen Zeit auch an der seit der Verkündung der Verfassung schwelenden Diskussion über die nach Artikel 3 der Verfassung offiziellen Reichsfarben Schwarz-

[3] Hitler unterstellte Hindenburg am 11. November 1941 in seinem Hauptquartier gesprächsweise, daß er den Fürsten gegenüber „hilflos gewesen" sei „wie ein Kind".

[4] 50 Prozent der Wahlberechtigten hätten unterschreiben müssen. Da die Wahlbeteiligung niemals 100 Prozent beträgt, ist auch die Bestimmung problematisch. Doch auch bei 80 Prozent der Wähler als Durchschnittsnorm hätten die Unterschriften nicht ausgereicht. Beim ersten Wahlgang der Reichspräsidentenwahl im März 1925 beispielsweise hatten 68,9 Prozent der Wahlberechtigten gewählt; im zweiten Wahlgang waren es 77,6 Prozent. Ein am 6. Mai eingebrachter Gesetzentwurf war durch ein Veto der bürgerlichen Mehrheit im Reichstag zu Fall gebracht worden.

[5] Am 26. April 1925 hatten sich bei den Reichspräsidentenwahlen insgesamt 15 696 182 Wähler nicht für ihn entschieden. Auf die Erörterung der Argumente für und gegen die Fürstenenteignung kann im Rahmen dieser Biographie verzichtet werden, zumal Hindenburgs Position präzise definiert war.

Rot-Gold[6], die nach einem vom Reichskanzler gegengezeichneten Hindenburg-Erlaß vom 5. Mai 1926 als Gösch auch in der inneren oberen Ecke der schwarz-weiß-roten Handelsflagge des Reiches vorhanden sein sollten, sobald deutsche Schiffe europäische und außereuropäische Seehäfen anliefen.

Hindenburg hatte am 5. Mai 1926 (eigentlich verfassungswidrig) angeordnet, daß die Gesandtschaften und Konsulate im außereuropäischen Ausland und in europäischen Ländern, deren Seehäfen von deutschen Handelsschiffen angelaufen wurden, die schwarz-weiß-rote Handelsflagge zu führen hatten. Daß die Flagge Schwarz-Weiß-Rot nach Artikel 55 der Reichsverfassung nicht das Reich und die Nation, sondern nur deren Kriegs- und Handelsmarine symbolisierte, akzeptierten große Teile des deutschen Volkes nicht.

Wie die Mehrheit der Deutschen 1925 den kaiserlichen Feldherrn dem bürgerlichen republikanischen Zentrums-Politiker Wilhelm Marx vorgezogen und mit ihm, dem adeligen Feldmarschall, 1926 die Enteignung der Fürsten abgelehnt hatte, so blieben auch die Farben Schwarz-Weiß-Rot für viele von ihnen die eigentlichen Nationalfarben.

Da die Verfassungsbestimmung über die Reichsfarben keinen verbindlichen Rechtssatz für deutsche Staatsbürger und Länderregierungen und deren Behörden darstellte, wurden bis 1933 Fahnen diverser Couleur und Gestaltung gehißt und als Ausdruck der Identifikation mit Deutschland verstanden. Im Ausland zeigten Deutsche nahezu ausnahmslos die Farben Schwarz-Weiß-Rot.

17 verschiedene Landesflaggen und geradezu bündelweise Gemeindefahnen und katholisch-kirchliche Symboltücher in Flaggenform waren es im Inland. Obwohl das unter Friedrich Eberts Präsidentschaft am 26. Juni 1922 verkündete Republikschutzgesetz die öffentliche Beschimpfung der Reichsfarben

[6] Schwarz-Rot-Gold waren (neben dem Feldzeichen des Lützowschen Freikorps) die eine gesamtdeutsche Nation versinnbildlichenden Farben der Burschenschaften ebenso gewesen wie die Symbole der gesamtdeutschen Vormärz-Bewegung, des Hambacher Festes von 1832 und der Frankfurter Nationalversammlung von 1848, die sie zu den Farben des Deutschen Bundes erhob. Die Farben des (kleindeutschen) Norddeutschen Bundes seit 1871 dagegen waren Schwarz-Weiß-Rot.

Schwarz-Rot-Gold und der jeweiligen Landesfarben unter Strafe stellte und bei Vergehen bis zu fünf Jahre (oder 500 000 Mark) androhte, gehörten vorsätzliche Flaggenschändungen im Alltag der Republik nicht zu den Ausnahmen[7].

Die Farben Schwarz-Weiß-Rot symbolisierten zwar Bismarcks kleindeutsche Lösung, blieben aber in der Vorstellung auch derjenigen, die ein Großdeutschland wollten, die zeichenhafte Kombination ihrer Weltanschauung. Da sie sie auch in der Seedienst- und Reichskriegsflagge wiederfanden, was sie nicht zuletzt Hindenburg verdankten, sahen sie in ebendiesen Farben – nicht unbedingt in der Republik – die ideellen Werte, für die es zu kämpfen lohnte. So haben die „Kaiserfarben" letztlich einen Teil der Deutschen mit der demokratischen Republik – zumindest hinsichtlich des Engagements für Deutschland – ebenso versöhnt, wie Hindenburg es als ihr eigentlicher Exponent auch getan hat.

Die Reichspräsidentenwahlen, die nach „Volkes Willen" gescheiterte Fürstenenteignung und der Flaggenstreit, der die Regierung Luther stürzte, waren Menetekel, die letztlich aus spezifischem Geschichtsbewußtsein resultierten. Daß die Demokratie und die Führung der Republik dies nicht schadlos ignorieren konnten, lag auf der Hand. Entscheidungen der Reichsführung, bestimmte Traditionen nicht mehr akzeptieren oder auch nur sichtlich einkalkulieren zu wollen, obwohl stets mehr als die Hälfte der Bevölkerung eine ausgesprochene Traditionsverbundenheit bezeugte, mußten konsequenterweise scheitern.

Das Volk, das die Flaggenproblematik für so bedeutsam hielt, daß es selbst den nach einem demokratischen Mißtrauensantrag mit 176 gegen 146 Stimmen (bei Enthaltung der Deutschnationalen und der Völkischen) inszenierten Sturz der (Zentrum / DDP / DVP / DNVP-) Regierung Luther im Mai 1926 als eine selbstverständliche Folge des Flaggenstreites registrierte, bezeugt treffend, wie tief seine Verbundenheit in nationaler Hinsicht in historischen Fakten wurzelte.

Generaloberst Hans von Seeckt, der Chef der Heeresleitung

[7] Dennoch trifft nicht zu, daß die deutsche Justiz zur Zeit der Republik im Zusammenhang mit Strafverfahren wegen Flaggenbeschimpfung eine prinzipiell republikfeindliche Haltung bezeugt habe.

und für viele bis zu Hindenburgs Wahl zum Reichspräsidenten der eigentliche militärische Repräsentant der Staatsführung, war im Herbst 1926 zum Rücktritt genötigt worden. Was er am 14. Oktober 1926 bei seiner Verabschiedung erklärte, hatte den Charakter einer verbitterten Anklage. „Was war also der Grund?“ hatte er gefragt und auf diese rhetorische Frage sogleich selbst geantwortet: „Der Gegensatz zwischen dem demokratisch-parlamentarischen System und einer nicht von ihm innerlich abhängigen Persönlichkeit und letzten Endes der nicht zu überbrückende Gegensatz zwischen dem Repräsentanten des alten Deutschlands und der überragenden Stellung seiner Armee und dem Machtgefühl der republikanisch-parlamentarischen Zivilgewalt. Am klarsten tritt diese Auffassung zutage in Zeitungsartikeln, welche meine Entfernung als einen Sieg und eine Befestigung der Republik bezeichneten. Ob diese Auffassung richtig ist, mag zweifelhaft sein, vielleicht wäre es die festeste Bürgschaft für die Republik, wenn auch Persönlichkeiten und innere Anhänger des alten Deutschlands dem Staat um des Staates willen ehrlich dienen könnten. Die Republikanisierung der Armee war das begreifliche Ziel der demokratischen Kreise, wobei nicht an parteipolitische Abgrenzung zu denken ist, und die Einflußnahme auf die Entwicklung und politische Gesinnung der Armee. Die erste sachliche Frage, die aufgeworfen wird, wird die des Offiziers-, dann des Mannschaftsersatzes sein.“

Seeckt, der seine Macht und Vollmachten auch nach Hindenburgs Amtsübernahme noch überschätzte, hatte 1926 versucht, seinem Intimfeind Hindenburg die Teilnahme an den Herbstmanövern der Reichswehr unmöglich zu machen, und von sich aus und ohne Genehmigung des Reichspräsidenten und des Reichswehrministers den ältesten Sohn des Kronprinzen zum Herbstmanöver in Württemberg eingeladen, was ihn schließlich das Amt kostete. Der Eklat mit heftigen Reaktionen in der gesamten Parteienlandschaft war nicht zu verhindern. Augenblicklich kursierte die Textstelle eines seiner Briefe aus der Umbruchphase des Reiches. Er hatte geschrieben, daß er nur „mit dem Ekel im Herzen und mit dem Fluch auf der Zunge“ bereit sei, am Wiederaufbau und der Erhaltung Deutschlands mitzuarbeiten. Der von Hindenburg gedeckte Reichswehrminister mußte den selbstherrlichen General, der schon zu Friedrich Eberts Zeiten alles getan hatte, den Einfluß der Politiker von der auf ihn eingeschworenen Truppe fernzuhalten, zum Rücktritt auffordern.

Mit dem Generalfeldmarschall als Reichspräsidenten änderte sich das Militär-Staat-Verhältnis zwangsläufig. Die Loyalität der Reichswehr hing nicht mehr primär von der obersten militärischen Kommandogewalt ab, wie es bis dahin der Fall gewesen war, sondern war zunehmend von der Sozialstruktur und politischen Einstellung der Truppe abhängig[8], die im neuen Staatsoberhaupt vor allem den legendären Feldherrn sah. Daß ihm seine demonstrativ bekundete und militärisch artikulierte Treue zur Verfassung der Republik und seine scharfe Verurteilung des Kapp-Putsches von 1920 und der Ludendorff-Beteiligung am Hitler-Putsch vom November 1923 nicht von allen Offizieren uneingeschränkt positiv angerechnet wurde, beschädigte sein von altem Ruhm geprägtes Image nicht.

Für die Republik erwies sich die Entscheidung Hindenburgs und Geßlers als politisch nützlich. Das Deutschlands militärische Potenz mißtrauisch beobachtende und teilweise auch fürchtende Ausland erblickte in der Entlassung des renommierten reaktionären Militärs Seeckt einen wesentlichen Schritt in Richtung auf die Demokratisierung Deutschlands hin und leistete teils offen, teils verdeckt Abbitte gegenüber Hindenburg, den es bei seinem Amtsantritt nahezu ausnahmslos falsch eingeschätzt hatte.

Seeckt, der zusammen mit der Sowjetunion Polen zerschlagen, Frankreich zur Revision der in Versailles codifizierten Grenzen zwingen und die Voraussetzungen für ein Großdeutschland

[8] Die Reichswehr, die ihre Offiziersanwärter (über die Regimentskommandeure) selbst rekrutierte, was seit 1926 zunehmend zum Zankapfel zwischen den Demokraten einerseits und den konservativen und reaktionären Gruppen andererseits wurde, bildete insgesamt eine stabile Einheit. Die Kategorien Rangordnung, unbedingter Gehorsam, selbstlose Hingabe an Dienst und Beruf, vorgegebene Freund- / Feindbilder und Richtlinien hinsichtlich der einzuhaltenden parteipolitischen Abstinenz garantierten eine ausrechenbare Größe. Durchschnittlich 50 Prozent der Offiziersanwärter entstammten alten Offiziersfamilien, rund 28 Prozent gehörten dem sogenannten Bildungsbürgertum an, etwa 20 Prozent waren Söhne von Gutsbesitzern, Gutspächtern, Fabrikbesitzern und Kaufleuten. 20 bis 24 Prozent der gesamten Offiziersanwärter waren adeliger Herkunft (in der Generalität 50 Prozent). Mit seinem Amtsantritt war Hindenburg für das Militär nicht mehr nur ideell, sondern auch verfassungsgemäß die höchste militärische Instanz und Institution.

schaffen wollte, war nicht nur in Polen und Frankreich unbeliebt. In Deutschland war er es bei Demokraten auch. Am 16. Dezember 1926, nachdem der *Manchester Guardian* am 3. und 6. Dezember publiziert hatte, daß der Chef der deutschen Heeresleitung mit der sowjetischen Roten Armee zusammenarbeitete und in Rußland deutsche Soldaten zu Kampffliegern und Panzerbesatzungen ausbilden ließ, erklärte der Sozialdemokrat Philipp Scheidemann leidenschaftlich engagiert im Reichstag: „Alle militärischen Sachverständigen sind sich darüber einig, daß das entwaffnete Deutschland keinen Krieg führen kann und daß an dieser Tatsache durch geheime Rüstungen auch nichts geändert werden kann ... Mit dem Friedensvertrag unvereinbare Rüstungen ... schädigen die Auslandspolitik unverantwortlicherweise, sie zwingen zur Lüge, zur Heuchelei und ... keine List kann verhüten, daß eines Tages doch alle Welt ... sagt: So ist also der Partner, der ist nicht ehrlich! Das kann unserer deutschen Republik nichts nützen. Wir wollen in der Welt als anständiges Volk dastehen, das seinen Verpflichtungen nachkommt."

Den schwer kompromittierten Kommunisten zugewandt, sagte er: „Wir hegen keinen Haß gegen Rußland, wir wünschen dringend ein gutes Verhältnis zu Rußland; aber dieses Verhältnis muß ehrlich und sauber sein. Es ist kein ehrliches und sauberes Verhältnis, wenn Rußland die Weltrevolution predigt und zugleich die deutsche Reichswehr bewaffnet ... Wer es fertigbringt, gleichzeitig mit den Kommunisten und den Offizieren der Reichswehr Brüderküsse auszutauschen, der ist verdächtig."

Die Marx-Regierung (Zentrum, DVP und DDP) überstand die Folgen der Seeckt-Politik nicht. 249 Abgeordnete der SPD, KPD, DNVP, der Völkischen Arbeitsgemeinschaft, der Deutschvölkischen Freiheitspartei und der NSDAP stürzten den Kanzler, für dessen Regierung sich 171 Abgeordnete ausgesprochen hatten. Eine Restauration der Koalition der bürgerlichen Mitte als Regierung erschien in diesem Augenblick so unmöglich wie eine Wendung nach links.

Die Folge war, daß die ab 29. Januar 1927 amtierende neue Regierung Marx (Zentrum, BVP, DVP und DNVP) eine maßgebliche Stärkung der Autorität des Reichspräsidenten bewirkte. Zwar kam es zwischen der (wie schon vom 15. Januar 1925 bis zum 20. Januar 1926 zur Zeit der ersten Luther-Regierung) wiederum im Kabinett vertretenen radikal rechtsorientierten DNVP[9] und Gustav Stresemann, der Außenminister blieb, zu gelegentlichen Grundsatzdebatten. Doch die Tatsache, daß der als Realpolitiker gerühmte DVP-Minister und Friedensnobelpreisträger, in dessen Persönlichkeit und Politik die alte Streitfrage nach dem Primat von Außen- oder Innenpolitik aufgehoben schien, nicht nur voll hinter Hindenburg stand, sondern auch zur SPD ein gutes Verhältnis pflegte, ließ die Position des Reichspräsidenten eher auf noch breiterem Fundament ruhen.

[9] Der DNVP gehörten der Vizekanzler (zugleich auch Justizminister) Oskar Hergt, der Innenminister Walter von Keudell und der Ernährungsminister Martin Schiele an.

Briand-Kellogg-Pakt und Young-Plan

Am 27. August 1928, als die deutschfeindlich aufgepeitschten Emotionen in Frankreich wieder der Vergangenheit angehören, wird in Paris ein „Kriegsächtungspakt" geschlossen, der als Briand-Kellogg-Pakt in die Geschichte eingegangen ist.

Die ideellen Ergebnisse der Genfer Weltwirtschaftskonferenz von Mai 1927 und die Konsequenzen des Locarno-Paktes hatten den Boden für Vereinbarungen vorbereitet und den französischen Ministerpräsidenten Aristide Briand und Frank Billings Kellogg, den amerikanischen Staatssekretär des Äußeren, im Mai bewogen, den Signatarstaaten des Locarno-Paktes einen Plan zur Ächtung des Krieges „als Werkzeug nationaler Politik" vorzulegen. Der Briand-Kellogg-Pakt ist nun die Folge. Deutschland, die USA, Frankreich, Belgien, die Tschechoslowakei, Großbritannien (einschließlich Irlands und der britischen Dominions in Übersee), Italien, Japan und Polen[1] kommen feierlich überein, die Wohlfahrt der Menschheit zu fördern und den Krieg künftig „als Mittel für die Lösung internationaler Streitfälle (zu) verurteilen und auf ihn als Werkzeug nationaler Politik in ihren gegenseitigen Beziehungen" zu verzichten. Sie vereinbaren, „daß die Regelung und Entscheidung aller Streitigkeiten und Konflikte, die zwischen ihnen entstehen könnten ... niemals anders als durch friedliche Mittel angestrebt werden soll".

[1] Bis Ende 1929 hatten sich dem Abkommen 54 Staaten angeschlossen. Vorbehalte waren im August in Paris von Großbritannien (für Selbstverteidigung und Maßnahmen im Suez-Kanal) und von Frankreich und Polen geltend gemacht worden, die hinsichtlich der Selbstverteidigung jeweils allein entscheiden zu können verlangten.

Im Sommer 1928 kommt es zu latenten Spannungen zwischen Hindenburg und Stresemann, dessen geschicktes, umsichtiges und zähes Wirken der Reichspräsident bis dahin nicht nur konsequent beobachtet, sondern ganz allgemein auch als gut akzeptiert hat. Wiederholte Vertrauenskrisen belasten nun das mehr als drei Jahre hindurch währende gute Verhältnis, das nicht zuletzt der Tatsache zuzuschreiben war, daß Hindenburgs politische Entscheidungen prinzipiell nicht von Rücksichten auf Personen und Meinungen, sondern von den Staatsnotwendigkeiten geleitet worden sind.

Durch Stresemanns Tod am 3. Oktober 1929 werden eventuelle Personalentscheidungen Hindenburgs, soweit sie Stresemann betreffen, überflüssig. Am 4. Oktober, 119 Tage nach dem Abschluß des Young-Planes, wird Julius Curtius von der Deutschen Volkspartei Reichsaußenminister. Eine Ära hat ihr Ende gefunden.

Obwohl niemand Stresemanns Verdienste um den Young-Plan leugnen kann, wird das Hauptverdienst einem anderen zugeschrieben: Paul von Hindenburg. Bezeichnend und exemplarisch für die Stimmen vieler Sachkenner ist, was die Baseler *National-Zeitung* am 19. März 1930 unter der Leitartikel-Überschrift „Hindenburg und die Zukunft" schreibt. „Daß die Young-Gesetze", so heißt es da, „mit verhältnismäßig großer Mehrheit schließlich angenommen werden konnten, daß der Etat für 1930, bescheidener Anfang der Finanzreform, auch unter Dach gebracht wird, daß eine Regierungs- und Staatskrisis vermieden ist und daß Deutschland nun endlich wieder etwas Ruhe und Stetigkeit haben kann, ist zum guten Teil das persönliche Verdienst des alten Staatsoberhauptes. Wie zuverlässig bekannt wird, ist die Proklamation vom Reichspräsidenten persönlich verfaßt. Aus ihr spricht eine Würde und eine Größe der Gesinnung, der sich auch ein Nichtdeutscher kaum verschließen wird; das Echo draußen in der Welt beweist das. Nur Deutschen blieb es vorbehalten, den besten Mann, den Deutschland seit Bismarck hat, zu beschimpfen!"

Unter dem Vorsitz des amerikanischen Wirtschaftspolitikers und Bankiers Owen Young haben Vertreter Deutschlands, Englands, Frankreichs, Italiens und Japans zwischen dem 11. Februar und dem 7. Juni 1929 in Paris über die deutschen Reparationsleistungen verhandelt und sowohl die Höhe der Jahresleistungen (Annuitäten) als auch den Modus der Transferierung neu festgelegt. Die seit 1924 geltende Regelung entsprach nicht mehr den inzwischen gravierend veränderten Gegebenheiten. Der am 9. April 1924 durch den Dawes-Plan vereinbarte Modus der Rückzahlung der europäischen Schulden an die USA durch sichere Grundlagen der deutschen Zahlungsfähigkeit für die Reparationsschulden konnte nicht länger beibehalten werden. Deutschland leistete nach den Maßgaben des Dawes-Planes bislang nämlich Reparationszahlungen, die hauptsächlich aus ausländischen Anleihen – vor allem aus den USA – stammten[2].

Der Young-Plan ist, wie die Schweizer *National-Zeitung* mehr als nur angedeutet hat, schwerlich ohne Hindenburgs Engagement denkbar. Er hat die Regierung bei ihrem Festhalten am Young-Plan unterstützt und die breite Öffentlichkeit für die Zustimmung gewonnen, was ihm Schmähungen übelster Art einträgt.

Schon im Frühsommer 1929 waren die landwirtschaftlichen Spitzenverbände und der „Stahlhelm" auf die Straße gegangen, hatte die rheinisch-westfälische Schwerindustrie gegen den Plan argumentiert. Die deutsche Außenpolitik mußte sich vom „Stahlhelm" auf Flugblättern vorwerfen lassen, in ihrer „geschichtswidrigen Unnatürlichkeit" zusätzliche Reparationsverpflichtungen akzeptiert, mit Hilfe des parlamentarischen Systems ihre „unehrlichen Kompromisse", die „wahren Ursachen" des deutschen „Niedergangs", verschleiert und das Volk irregeführt zu haben. Von den Alldeutschen, vom „Landbund", vom „Stahlhelm", von der in einer empfindlichen inneren Krise stekkenden DNVP und im Nachzug auch von der NSDAP, die sich bis dahin von den Monarchisten distanziert hatte, war ein Volksbegehren für ein Gesetz „gegen die Versklavung des deutschen Volkes" inszeniert und ein „Freiheitsgesetz" angekündigt worden, das alle Bestimmungen des Versailler Vertrages als nichtig

[2] Die deutschen Reparationsleistungen, auf deren Einhaltung die Siegermächte konsequent bedacht waren, resultierten nicht aus tatsächlichen Exportüberschüssen. Die Reichsbank tauschte die Devisen in deutsche Währung, die an die Empfänger in Deutschland ausgezahlt wurden. Hinzu kamen Zinsen für die ausländischen Anleihen und die Verpflichtung, das geliehene Kapital zurückzuzahlen.

erklären und dem Reichskanzler und den Reichsministern Zuchthausstrafen für den Fall androhen sollte, daß sie dem Young-Plan zustimmten.

Doch wie das Volksbegehren für die Fürstenenteignung scheiterte, so gelangte auch dieser Protest nicht an das erhoffte Ziel. Nicht einmal 14 Prozent der stimmberechtigten Deutschen waren bereit, den Young-Plan durch ihre Unterschrift für das „Freiheitsgesetz" zu verhindern. 50 Prozent wären bei einer Wahl nötig gewesen. Dennoch bot die Garde der entschiedenen Gegner ein bedenkliches Bild. Abgeordnete des Reichstages, wo im November 1929 ein Gesetzentwurf gegen den Young-Plan zu Fall kam, ostelbische Großagrarier, Industrielle, Militärs und leitende Beamte der Ministerialbürokratie verteufelten den Plan. Die Tatsache, daß die Abwicklung und Sicherung der Leistungen des Reiches keiner ausländischen Kontrolle mehr unterworfen waren und Deutschland damit seine wirtschaftliche und finanzielle Souveränität zurückbekam, änderte wenig an den deutschen Vorbehalten gegen den Young-Plan, der sich – wie sein Vorgänger Dawes-Plan auch – letztlich infolge der Weltwirtschaftskrise als untauglich erwies, die festgesetzten Reparationsverpflichtungen zu erfüllen.

Obwohl verächtlich als „willenlose Puppe in den Fängen ehrgeiziger Mächtegruppen" diffamiert, lehnt Hindenburg ab, auf „ungeprüft einseitige, tendenziöse" Darstellungen zu antworten, und erklärt, daß es angesichts seines Alters und seiner Vergangenheit keinen Grund gäbe, sich „belehren" oder „ermahnen" zu lassen. Generale und Admirale, die seine Zustimmung kritisiert haben, belehrt er nicht von oben herab, sondern erklärt ihnen, was ihn bewogen hat, dem Plan zuzustimmen.

An den Admiral von Schröder schreibt er beispielsweise am 4. November 1929: „Ich habe mich nicht darauf beschränkt, nur die verantwortlichen Reichsminister und die Sachverständigen der Reichsregierung zu hören und deren Meinungen und Gründe zu erforschen; ich habe – wie Sie in Ihrem Schreiben mir empfehlen – auch sachkundige Männer zu Rate gezogen, die der Regierung und den Regierungsparteien fernstehen, und ich habe mir auch von den schärfsten Gegnern des Young-Plans alle Argumente vortragen lassen, die gegen die Annahme sprechen ... Auch die erbittertsten Gegner der Regierungspolitik können nicht bestreiten, daß die Annahme des Young-Plans politisch einen erheblichen Schritt vorwärts bedeutet auf dem Wege, stufenweise die politischen Fesseln des Versailler Vertrags abzustreifen und die finanziellen Lasten desselben zu erleichtern. Der Young-Plan beseitigt das System der Kontrollen und Pfänder, das der Dawes-Plan vorsah. Es verschwinden der Generalagent mit seinem ganzen Stabe, die Kommissare für die Reichsbank, für die Reichsbahn und für die verpfändeten Einnahmen, die Treuhänder für die Eisenbahn-Obligationen und die Industrie-Obligationen; die Sitze von Ausländern im Generalrat der Reichsbank und im Verwaltungsrat der Reichsbahn werden beseitigt; die Industriebelastung wird aufgehoben; die positive Verpfändung der Zölle und großen Verbrauchsabgaben wird abgelöst durch ein rein negatives Pfand, d. h. die Verpflichtung des Reichs, diese Einnahmen nicht anderweitig zu verpfänden. Das Verschwinden des riesigen Aufsichts- und Kontrollapparats, den wir mit dem Dawes-Plan auf uns nehmen mußten, bedeutet die Aufhebung von zwar nach außen hin weniger sichtbaren, aber für unsere nationale Würde peinlichen Beschränkungen unserer Souveränität. Auch die Befreiung des Rheinlandes durch die bedingungslose Räumung 4½ Jahre vor dem im Versailler Vertrag festgesetzten Termin ist ein sichtbarer politischer Fortschritt, der das ganze deutsche Volk, insbesondere aber das Rheinland aufatmen läßt. Frankreich hat auf seine hartnäckig verfochtene Forderung nach einer Rheinlandkontrolle durch eine besondere Kommission verzichtet. Die Rückgliederung der Saar muß freilich noch erkämpft werden."

Die deutsche Reparationsschuld, zwar immer noch eine ungeheure Last, aber nun doch übersehbar, wird durch den Young-Plan für die ersten 37 Jahre, also bis zum Jahre 1956, auf 30,95 Milliarden Mark festgesetzt. Insgesamt soll das Reich bis 1988 34,5 Milliarden an die Siegermächte zahlen, wobei davon ausgegangen wird, daß anfänglich jährlich 1,7 Milliarden und im Laufe der Zeit 2,2 Milliarden im Jahr überwiesen werden müssen.

Da Deutschland die volle Verantwortung für den Transfer vertraglich übernimmt, entfallen künftig sowohl die verhaßte Reparationskommission als auch das fremde Kontrollsystem, die das wunde Nationalbewußtsein der Deutschen lange strapaziert haben. Das Reich erhält nach dem Krieg erstmals wieder seine wirtschaftliche und finanzielle Souveränität zurück.

Konkrete Vereinbarungen über die Neuverteilung der deutschen Reparationssummen waren zwar unumgänglich, während der Ersten Haager Konferenz jedoch nicht zustande gekommen. Erst die Zweite Haager Konferenz vom 3. bis 20. Januar 1930 führte zur endgültigen Einigung über die Annahme des Young-Planes seitens des Deutschen Reiches. Die beiden besetzten Rheinzonen, so wurde zwischen dem 6. und 31. August 1929 von den Vertretern Belgiens, Großbritanniens, Frankreichs, Griechenlands, Italiens, Japans, Polens, Portugals, Rumäniens, Jugoslawiens, der Tschechoslowakei und der USA im Haag entschieden, seien bis spätestens 30. Juni 1930 von den Besatzungen wieder zu räumen[3].

„In den wirtschaftlich-finanziellen Ergebnissen kann nicht allein das Resultat dieser Konferenz liegen", sinnierte Stresemann über die Folgen des Young-Planes und folgerte: „Sie müssen politische Resultate nach sich ziehen." Hindenburgs stereotyp wiederholte Hinweise auf die Notwendigkeit einer möglichst vorzeitigen Räumung der zweiten und dritten Besatzungszone des Rheinlandes eingedenk, vermochte er bei den sich zu der Zeit keineswegs einigen Briten und Franzosen – die zwischen ihnen herrschenden politischen Spannungen nutzend – Gehör zu finden. Hindenburgs unerbittliche Hartnäckigkeit hatte sich ausgezahlt.

Am 18. März 1930 erklärt er in einem Aufruf an das deutsche Volk kategorisch: „Der parlamentarische Kampf um die Young-Gesetze ist mit deren Verkündigung im Reichsgesetzblatt zu Ende. Damit muß nun auch im deutschen Volke der Streit um diese Frage beendet sein ... Die politischen Auseinandersetzungen und Kämpfe der letzten Monate müssen nunmehr einer entschlossenen praktischen Arbeit Platz machen."

[3] Am 30. Juni 1930 konnte Hindenburg tatsächlich in einem Aufruf an das deutsche Volk erklären: „Nach langen Jahren der Drangsal und des Harrens ist heute die Forderung aller Deutschen erfüllt: Die fremden Besatzungstruppen haben das Land am Rhein verlassen."

„Präsidial-Demokratie“

Innenpolitisch haben sich die Verhältnisse seit den Reichstagswahlen von 1928 negativ entwickelt, soweit es sich um die meßbaren Werte hinsichtlich der staatstragenden parlamentarisch-demokratischen Vorstellungen handelt[1]. Hermann Müller-Franken, ein biederer sozialdemokratischer Parteimann ohne Charisma und ohne besonderen Ehrgeiz, hatte die Große Koalition von Ende Juni 1928 bis Ende März 1930 zwar glanzlos, jedoch nicht erfolglos geführt. Daß die nennenswerten Erfolge auf dem Gebiet der Außenpolitik lagen, resultierte aus der Tatsache, daß der von der SPD als Außenminister besonders geschätzte Stresemann bis Oktober 1929 der eigentliche Kopf der Reichsregierung gewesen war. Daß der Mechanismus der Fünf-Parteien-Regierung unter SPD-Führung trotz der sich grundlegend wandelnden Parteienlandschaft und der erheblichen Probleme, mit denen die Sozialdemokraten es sofort zu tun bekamen, mehr als 600 Tage lang relativ geräuschlos funktionierte, hat dennoch nicht zuletzt am Kanzler gelegen.

Müller fürchtete sich vor seinem – über den Wahlerfolg erfreuten und von Entscheidungen des Allgemeinen Deutschen Ge-

[1] Der preußische Ministerpräsident Otto Braun, der profilierteste sozialdemokratische Politiker der Weimarer Zeit, meint am Tage nach den Reichstagswahlen vom 14. September 1930 zwar, daß die großen Gewinne der NSDAP (nun zweitstärkste Fraktion im Reichstag) und der KPD weder die öffentliche Sicherheit noch die Außenpolitik des Reiches auch nur einen Augenblick bedrohen würden, wenn sich eine „große Koalition aller Vernünftigen“ fände; aber er mußte doch bald feststellen, daß er sich hinsichtlich der innenpolitischen Entwicklung getäuscht hatte, zumal sich nach den Wahlen innerhalb der SPD deprimierende politische Ohnmacht breitmachte.

werkschaftsbundes abhängigen – Parteivorstand, der sich mit der Gewerkschaftsführung identifizierte, war kantenlos und funktionärhaft wendig. Nach allen Seiten hin geschickt lavierend, vermochte er nicht wenige der überflüssigen Hindernisse zu beseitigen – und hegte keine Ambitionen, große und kluge Reden zu halten und sich womöglich neben Hindenburg als Staatsmann zu profilieren. Hinzu kam, daß Hindenburg, der einmal über Müller sagte, daß er zwar ein recht ordentlicher Mann, aber eben doch nur ein Sozialdemokrat sei, der sich selbst erniedrigte, nur um seiner Partei nicht zu schaden, ihn nicht mit dem von ihm besonders geschätzten Friedrich Ebert verglich.

Hermann Müller-Franken wäre es schwerlich möglich gewesen, das Gesicht der Reichsregierung vor dem Verlust zu bewahren, wenn nicht Hindenburg hinter ihr und dem Kabinettschef gestanden hätte. Die SPD hatte ihren Wahlkampf nämlich mit dem Schlagwort „Kinderspeisung statt Panzerkreuzer" geführt und ihn, wie sie meinte, damit auch gewonnen. Der angesichts des Abflauens der wirtschaftlichen Konjunktur und eines allgemeinen Stimmungsumschwungs gewählte Slogan war gegen die öffentlich heftig diskutierte Absicht der nach Heilung des Versailler Traumas strebenden Reichsregierung Marx gerichtet gewesen, einen Panzerkreuzer zu bauen, dessen Wasserverdrängung unter 10 000 Tonnen lag – und laut Versailler Vertrag auf Stapel gelegt werden durfte.

Nun an der Macht, wäre es redlich gewesen, sich an das Versprechen zu halten; aber die SPD tat dies nicht. Die Fraktion beschloß, ihre Minister im Reichstag für den Antrag der Partei (also gegen den Bau des Schiffes) stimmen und sich damit selbst widersprechen zu lassen. So war es denn dazu gekommen, daß der sozialdemokratische Reichskanzler Müller, der – wie der sozialdemokratische Finanzminister Rudolf Hilferding auch – auf Drängen des Reichswehrministers Groener am 10. August im Kabinett für den Bau eingetreten war, sich am 17. November 1928 in den Plenarsaal begeben und dort vor aller Augen gegen sich selbst hatte votieren müssen.

Hindenburgs klugen Vorschlag, Müller und Hilferding die Stimmenthaltung zuzubilligen, akzeptierten die Linken nicht, so daß der Kanzler und sein Finanzminister dieses stillos-schamlose Manöver vor aller Öffentlichkeit aus Parteiräson mitmachen mußten. Der Panzerkreuzer A, der den großen – und den Geist der Zeit ausdrückenden – Namen „Deutschland“ erhielt, wurde nach einem von der SPD-Fraktion aus Image-Gründen um ein Jahr verschobenen Baubeginn auf Stapel gelegt.

Ein nicht nur irritierendes „Spiel“ wurde getrieben. Die Sozialdemokraten stimmten im Reichstag (mit den Kommunisten) für die Streichung des Neun-Millionen-Etats für den Panzerkreuzer, obwohl sich ihre Minister bereits für ihn entschieden hatten und die Fraktion selbst ihn – aus propagandistischen Gründen erst ein Jahr später – auch zu bauen wünschte[2]. Ein von den Kommunisten vom 3. bis 16. Oktober inszeniertes Volksbegehren gegen den Bau des Panzerkreuzers scheiterte, weil nur insgesamt 1 216 501 Deutsche bereit waren, das Begehren mit ihren Unterschriften zu unterstützen, was bewies, daß selbst weit mehr als die Hälfte der KPD-Wähler von 1928 für den Bau des Panzerkreuzers waren.

So entschied sich die SPD trotz heftiger Positionskämpfe mit recht unklaren Fronten innerhalb ihrer Partei angesichts des Volkswillens zuletzt vor allem auch aus außenpolitischen Erwägungen für den Panzerkreuzerbau, für eine Umgestaltung der Reichswehr und für die Wiederbewaffnung des Reiches im Rahmen der erlaubten Grenzen. Am 15. August 1928, fünf Tage nach der Zustimmung der Reichsregierung (mit ihren beiden SPD-Ministern) für den Panzerkreuzerbau, hatte der Fraktionsvorstand der SPD erklärt, daß seine Partei „mit Rücksicht auf das Gesamtinteresse der Arbeiterschaft“ handele. Da sie, wie das Ergebnis des KPD-Begehrens bewies, nichts gegen den vor allem von Hindenburg und Groener gewünschten Schiffsbau einzuwenden hatte, war die Politik der Partei der breiten Masse nahezu überhaupt nicht plausibel zu erklären, zumal selbst ein erheblicher Teil der Politiker und Parlamentarier noch neun Jahre nach der Gründung der Republik über zu geringe verfassungsrechtliche Kenntnisse verfügten.

Die SPD-Führung hatte am 28. Mai 1929 – noch zur Zeit Stre-

[2] Der Antrag der Linken wurde mit 257 (gegen ihre 202 von 207) Stimmen abgelehnt. Ein von der SPD-Fraktion im November 1928 eingebrachter Antrag, den Bau des Panzerkreuzers wieder einzustellen, wurde am 16. November mit 257 gegen 202 Stimmen (8 Enthaltungen) abgewiesen.

semanns und des Reichswehrministers Groener – auf dem SPD-Parteitag mit 244 gegen 147 Delegiertenstimmen beschlossen, ihre ideologisch artikulierten „Richtlinien der Wehrpolitik" zum Programm zu erheben, in dem es unter anderem hieß: „Der wirksamste Schutz der deutschen Republik beruht auf einer deutschen Außenpolitik, die auf die Verständigung der Völker und die Erhaltung des Friedens gerichtet ist. Noch droht aber die Machtpolitik imperialistischer und faschistischer Staaten mit konterrevolutionären Interventionen und neuen Kriegen. Deutschland kann als Aufmarschgebiet mißbraucht und wider Willen in blutige Verwicklungen hineingerissen werden. Solange diese Gefahren bestehen, braucht die deutsche Republik eine Wehrmacht zum Schutze ihrer Neutralität und der politischen, wirtschaftlichen und sozialen Errungenschaften der Arbeiterklasse. Die Wehrmacht kann ihre Aufgabe nur erfüllen, wenn sie in ihrem Denken und Fühlen mit dem Volke verbunden ist und sich – im Gegensatz zu allen militärischen Tendenzen, die auf die Beherrschung des Staates durch das Militär hinauslaufen – als dienendes Glied in die demokratische Republik einordnet."

In der Zwischenzeit waren der Briand-Kellogg-Pakt und die Vorbereitungen für die Verabschiedung des Young-Planes abgeschlossen worden. Die Nationalsozialisten, 1928 noch eine Splitterpartei mit 2,6 Prozent der abgegebenen gültigen Stimmen, hatten sich innerhalb von zwei Jahren fast verneunfacht, die Kommunisten zahlenmäßig ebenfalls bemerkenswert vermehrt, während die SPD, die bis Ende März 1930 mit Müller-Franken zwar den Kanzler der Großen Koalition stellte und auch nach den September-Unruhen von 1930 immer noch die mit Abstand stärkste politische Partei im Reichstag war, in derselben Zeit an Anziehungskraft verloren hatte[3].

Nachdem die Regierung Müller am 27. März 1930 zurückgetreten und die ersten gravierenden Folgen des Regierungswechsels

[3] Am 14. September 1930 – bei den Reichstagswahlen – erhielten die SPD 32,9, die Kommunisten 6,4 und die NSDAP 22,4 Prozent der abgegebenen gültigen Stimmen. Die hohe Wahlbeteiligung von 81,4 Prozent gegenüber 76,3 Prozent im Jahre 1924 und 77,7 Prozent im Jahre 1928 war nicht etwa das Ergebnis besonderer Appelle der demokratischen Parteien, sondern Folge der Emotionen aufpeitschenden Agitation der extremen Flügelparteien – vor allem der NSDAP und der KPD.

sichtbar geworden waren, konstatierte der sozialdemokratische Reichstagsabgeordnete Julius Leber, daß die deutsche Demokratie sich selbst „widerlegt" und die Sozialdemokratie demonstriert habe, „immer (noch) unfähig zur Staatsführung" zu sein. Daß dies trotz der relativ zuverlässigen Stabilität der Großen Koalition zutreffend war, bewiesen die vorausgegangenen Ereignisse.

Angesichts der rapide zunehmenden Arbeitslosenzahlen von 3,05 Millionen im Februar 1929 auf mehr als vier Millionen im Jahre 1930 hatte die Regierung vor der unausweichlichen Alternative gestanden, entweder die Beiträge für die Arbeitslosenversicherung um 0,5 Prozent zu erhöhen oder aber die Sozialversicherung zu reduzieren. Während der sozialdemokratische Reichsfinanzminister Hilferding, der sich einerseits dem Druck des Allgemeinen Deutschen Gewerkschaftsbundes beugen und andererseits im Interesse seiner von der Gewerkschaft als Teil ihrer Organisation empfundenen Partei davor hüten mußte, der KPD neue Anhänger zuzuführen, eine von den Arbeitgebern und Arbeitnehmern zu gleichen Teilen von je ein achtel Prozent zu tragende Erhöhung der Beitragszahlung zur Arbeitslosenversicherung forderte, lehnte die nach Stresemanns Tod rasch unter den Einfluß ihres großindustriellen und den Deutschnationalen nahestehenden Flügels geratene Koalitionspartei DVP dies ab. Sie weigerte sich, mehr als 3,5 Prozent zu akzeptieren, und forderte eine Begrenzung der Zuschüsse des Reiches an die Reichsanstalt für Arbeitsvermittlung, was wiederum die SPD nicht billigen zu können meinte.

Wie für das Verhalten der politischen Parteien zur Zeit der Weimarer Republik geradezu exemplarisch, so wurde auch hier aus einem strittigen sozialen Problem eine ideologische Grundsatzdiskussion, die rasch die Flügelparteien der Koalition, die SPD und die DVP, so voneinander trennte, daß die seit dem 29. Juni 1928 praktizierte Gemeinsamkeit auf der Strecke bleiben mußte. Bald ging es nicht mehr um eine Auseinandersetzung über eine Beitragserhöhung oder um den Abbau der Sozialversicherung, sondern, vehement und konträr artikuliert, um die Frage parlamentarische Demokratie oder autoritäre Ständediktatur.

Zwar waren der Kanzler und einige Minister beider Flügelparteien um der Erhaltung der Demokratie und des Staates willen zu Kompromissen und zur Annahme des Reichshaushaltsplanes bereit, der die Regierungskrise neutralisiert und den Zerfall der Großen Koalition verhindert hätte. Doch der mangelnde Wille und die unzureichende Kraft ihrer Parteien, sich den hinter ihnen stehenden Gruppeninteressen zu widersetzen und einer undoktrinären Staatsgesinnung zum Durchbruch zu verhelfen, hatte die Regierungskoalition so gravierend erschüttert, daß der Bruch nicht mehr gekittet werden konnte. Auch der Versuch des Zentrums-Führers Heinrich Brüning, der vermittelnd vorschlug, die Frage der Arbeitslosenversicherung bis zum Herbst zu vertagen und sich erst einmal auf die Sanierung des Reichshaushaltes zu konzentrieren, blieb erfolglos.

Die Mehrheit der SPD-Fraktion entschied sich in der Phase der nationalen Not und der Schicksalsstunde der Demokratie aus Furcht vor Verantwortung grundlegend anders, als Friedrich Ebert es mit Sicherheit getan hätte. Sie verzichtete auf die ihr demokratisch aufgetragene Macht und belastete sich zugleich mit Verantwortungen, die sie gegen keine Machteinflüsse mehr eintauschen konnte, gab dem Einfluß der Gewerkschaft nach und stellte das egoistische Parteiinteresse über die Nation und den demokratischen Staat. Brünings Kompromißvorschlag wurde von der Bayerischen Volkspartei und von der SPD abgelehnt.

Als Hermann Müller durch Verschulden seiner eigenen Partei, die zu keiner Entscheidung für eine tragende Staatsgesinnung und zu keinem Kompromiß um der Demokratie willen bereit war, am 27. März 1930 zurücktrat, war er todkrank. Die Demokratie und die Republik waren es auch. Die Chance zu ihrer Rettung war vertan. Die Demokratie stand vor einer der schwerwiegendsten Zäsuren ihrer Geschichte, auch wenn dies im März 1930 noch nicht für jedermann erkennbar war. Wer gehofft hatte, daß die Reichsverfassung in Richtung auf britische Vorbildversionen entwickelt werden könnte, wie es bis dahin zuweilen – namentlich zur Zeit der Großen Koalition – hatte scheinen können, mußte bald erkennen, daß die deutsche Geschichte anderen Bahnen folgte.

Karl Dietrich Brachers Feststellung, daß die Geschichte des Jahres 1930 „durchaus" als „Vorgeschichte des ‚Dritten Reiches', Ausgangspunkt und Ermöglichung der Diktatur Hitlers" bezeichnet werden könne, ist nichts hinzuzufügen, seinem Urteil, daß die Revolution von 1918 die Entwicklung traditioneller obrigkeitsstaatlicher Strömungen lediglich blockiert habe, ebenfalls nicht. 1930 bereiteten die SPD und der Allgemeine Deutsche Gewerkschaftsbund dieser „Blockade" ein Ende.

Der erste sichtbare Schritt zur Auflösung der Demokratie war bereits getan, als der 45jährige Brüning am 30. März 1930 auf Betreiben der Generale von Schleicher und Wilhelm Groener von Hindenburg zum Kanzler des ersten Präsidialkabinetts der Republik – ohne Bindungen an die Reichstagsfraktionen – ernannt wurde. Doch schon nachdem Stresemann im Oktober 1929 gestorben und Scholz sein Nachfolger geworden war, Hugenberg die Geschicke der DNVP auch offiziell in die Hand genommen hatte und Hans Luther ein „Drittes Reich" zum Ziel erkor, die Deutschnationalen, der „Stahlhelm", die Alldeutschen und die Nationalsozialisten ein Volksbegehren gegen „die Versklavung des deutschen Volkes" inszeniert hatten, war verschiedentlich – nicht nur von Breitscheidt, Hilferding und Brüning – eine derartige Entwicklung menetekelhaft prophezeit worden. Zwar wäre auf der anderen Seite eine vom Zentrum bis zur Deutschnationalen Volkspartei (ohne NSDAP) reichende Minderheiten-Rechtsregierung rein rechnerisch durchaus vorstellbar und möglich gewesen, doch die zerstrittene DNVP-Fraktion und Hugenbergs demokratiefeindliche Demagogie und sein Starrsinn, der sich nur argumentativ von der Einstellung der Linken unterschied, ließen eine solche Lösung zu einer Illusion werden[4].

Heinrich Brüning erklärte nach seinem Regierungsantritt am 1. April 1930 vor dem Reichstag: „Das neue Reichskabinett ist entsprechend dem mir vom Herrn Reichspräsidenten erteilten Auftrag an keine Koalition gebunden. Doch konnten selbstverständlich die politischen Kräfte dieses Hohen Hauses bei seiner

[4] Die zwölf Sitze der NSDAP hätten das arithmetische Bild nur wenig verändert. Doch allemal besser als eine Regierung, die neben Hugenbergs DNVP womöglich auch die NSDAP einbezog, erschien nicht nur der SPD ein von Hindenburg ernanntes Brüning-Beamtenkabinett, das mit Hilfe des Artikels 48 ohne parlamentarische Unterstützung regierte. Die SPD behielt ihren Ministerpräsidenten in Preußen – und damit weiterhin ihr „Bollwerk" und einen bemerkenswerten Einfluß in der Republik auf das Geschehen im Reich.

Gestaltung nicht unbeachtet bleiben. Das Kabinett ist gebildet mit dem Zweck, die nach allgemeiner Auffassung für das Reich lebensnotwendigen Aufgaben in kürzester Frist zu lösen. Es wird der letzte Versuch sein, die Lösung mit diesem Reichstage durchzuführen. Einen Aufschub der lebensnotwendigen Arbeiten kann niemand verantworten. Die Stunde fordert schnelles Handeln... Innenpolitisch gibt unsere Lage angesichts der sozialen und wirtschaftlichen Notstände und der mit ihnen verbundenen radikalen Strömungen Anlaß zu besonderer Wachsamkeit. Diesen Strömungen läßt sich nicht nur mit dem Einsatz staatlicher Mittel begegnen, sie müssen in erster Linie durch wirtschaftliche Aufbauarbeit behoben werden. Die Reichsregierung fühlt sich stark genug, mit den Mitteln, welche das Grundgesetz unserer staatlichen Ordnung, die Weimarer Verfassung, der deutschen Republik zur Verfügung stellt, allen gefahrvollen Bedrohungen entgegenzuwirken."

Bis auf die Sozialdemokraten hatte er die meisten Minister der Großen Koalition übernommen und sein Kabinett durch die Einbeziehung der Deutschnationalen Gottfried Reinhold Treviranus und Martin Schiele als Reichsminister nach rechts ausgeweitet.

Vom Primat der Außenpolitik überzeugt, hatte sich für den promovierten Staats- und Wirtschaftswissenschaftler die Wirtschafts- und Finanzpolitik der Außenpolitik unterzuordnen. Nicht zufällig übernahm er nach der Bildung seines zweiten Präsidialkabinetts am 9. Oktober 1931 neben dem Kanzleramt mit Zustimmung Hindenburgs zusätzlich auch das Amt des Reichsaußenministers. Daß er in der Funktion sowohl Vorstellungen Eberts als auch Hindenburgs folgte, trug ihm in der Parteienlandschaft übergreifende Pluspunkte ein. Er bemühte sich, den Westmächten gegenüber zu demonstrieren, daß Deutschland nicht in der Lage sei, Reparationen zu leisten, und forderte sie auf, das Reich fortan von diesen Verpflichtungen zu befreien. Mit Hindenburg strebte er nach der Durchsetzung der deutschen militärischen Gleichberechtigung als Basis zur Verwirklichung des machtpolitischen Wiederaufstiegs Deutschlands.

Der vom Reichspräsidenten gestützte Zentrums-Kanzler, der mit der DDP, der DVP, dem Zentrum und der DNVP regierte und mit Hindenburg hoffte, daß der übergangene Reichstag ihn (nicht zuletzt infolge seiner mehrfach demonstrierten „Scharnier“-Funktion zwischen den politischen Parteien) und sein Präsidialkabinett tolerieren und seine wesentlichsten Stützen, das Zentrum und die Bayerische Volkspartei, ihre Anziehungskraft behalten würden, konnte vielen als „Erfüllung“ einer der letzten „Wünsche“ Stresemanns verstanden werden.

Daß auch Hindenburg davon profitieren mußte, lag auf der Hand. Stresemann hatte noch kurz vor seinem Tod gehofft, daß „verantwortungsbewußte Persönlichkeiten den Mut finden“ möchten „zu regieren“, was nach Lage der Dinge jetzt nur über Hindenburg und den Artikel 48 der Verfassung geschehen konnte. Schon im März 1929 und im Januar 1930 hat Hindenburg, der dem sozialdemokratischen Reichskanzler Hermann Müller zur Zeit der Großen Koalition die von ihm erbetene Unterstützung über den Artikel 48 verweigerte, sich mit dem Gedanken getragen, ein (prinzipiell gegen links abriegelndes) konservatives Präsidialkabinett einzusetzen und dem Parteienstaat und „Parteiengezänk“ eine verfassungsmäßig legitimierbare oberste Autorität aufzuoktroyieren.

Zur Zeit der Kanzlerschaft Brünings werden die Tendenzen offenbar, die Kritiker Hindenburg fälschlich als Absicht bereits seit 1925 unterstellen: nur Regierungen ohne SPD-Beteiligung zu akzeptieren und die parlamentarische Demokratie zu einem antiparlamentarischen System umzustrukturieren.

Brüning, der unverheiratete asketische Weltkriegsoffizier und Favorit sowohl Wilhelm Groeners als auch Kurt von Schleichers, hatte sich als Tarif- und Finanzexperte einen Namen gemacht und schien besonders geeignet, die nicht mehr immer wie zu Stresemanns Zeiten flexiblen Vorgaben des Reichspräsidenten, dessen Vertrauen ihn im Amt hielt, kontinuierlich im Sinne der vorausgegangenen Maßgaben und Entscheidungen umzusetzen.

Daß Brüning in seinen außenpolitischen Vorstellungen über Stresemann hinausging und eine Revisionspolitik im Auge hatte, die Deutschland „ausreichenden Lebensraum“ schaffen sollte, schien Hindenburg jetzt mehr als nur zu tolerieren. Fast in Übereinstimmung mit Hitler hatte Brüning dem NSDAP-Führer am 6. Oktober 1930 nach eigenen Angaben erklärt, daß er hoffe, „im Laufe von anderthalb bis zwei Jahren den Versailler Vertrag, ohne darüber zu reden, ins Wanken ... bringen“ zu können.

Hindenburg weiß, daß die Sozialdemokraten ihn nicht gerade als ihren idealen Reichspräsidenten ansehen; aber er weiß auch, daß die SPD ihn stützen muß, wenn sie Hitlers weiteren Aufstieg verhindern will. Und in dieser Frage herrscht Übereinstimmung zwischen dem konservativen Staatsoberhaupt und der linksorientierten großen Volkspartei. Der Generalfeldmarschall lehnt Hitler, „den böhmischen Gefreiten", nicht nur ab. Er ist ihm „feindlich" gesonnen, was Hitler selbstverständlich weiß[5].

Doch Hindenburg, den im Februar 1931 die sogenannten Vaterländischen Verbände, der Soldatenbund „Stahlhelm", ostelbische Grundbesitzer und bestimmte Adelskreise (durch Ausschaltung des Artikels 41 der Verfassung mit Unterstützung der Zweidrittelmehrheit des Reichstages) zum Reichspräsidenten auf Lebenszeit (nach-)gewählt sehen wollen, ist inzwischen – mit 83 Jahren – eben doch alt geworden. Auch wenn Meissner und andere stets eilfertig bekunden, daß der „Herr Reichspräsident zwar alt, aber nicht vergreist" sei – die Naturgesetze haben auch ihn eingeholt.

Schon die Spannungen zwischen ihm und Stresemann haben dies angezeigt. Jetzt, nach Stresemanns Tod, ist es vor allem Stresemanns Nachfolger Julius Curtius von der Deutschen Volkspartei, dem sein Mißtrauen gilt. Mit Argusaugen beobachtet er, was in der Außenpolitik geschieht, und weist den Außenminister an, den Erklärungen bestimmter ausländischer Staatsmänner und Diplomaten mit Mißtrauen zu begegnen[6].

Er drängt Brüning seit dem 14. September 1930 ständig, das Kabinett nach rechts zu erweitern und den rechtsorientierten Parteien, vor allem den Deutschnationalen, Regierungspositionen anzubieten. Doch das „Liebeswerben" Brünings, der sich zur Verärgerung der SPD gern und provokativ rühmt, der einzige Mann gewesen zu sein, der die Revolution 1918 mit der Waffe in der Hand bekämpft habe, bleibt erfolglos. Als der Kanzler den vorübergehend in Neudeck weilenden Reichspräsidenten im Sommer 1931 aufsucht, wird er von ihm angewiesen, den Außen-

[5] Hitler bestätigte dies häufig, so zum Beispiel am 18. Januar 1941 in seinem Führerhauptquartier „Wolfsschanze".

[6] So warnte er Curtius beispielsweise am 4. Dezember 1929 schriftlich, den Zusagen der polnischen Staatsführung „trotz des Liquidierungsabkommens" zu vertrauen.

Was wäre, wenn ...?

1966, 35 Jahre danach, mutmaßte der Historiker und Hindenburg-Biograph Walther Hubatsch: „Vielleicht wäre es für das geschichtliche Andenken Hindenburgs besser gewesen, er wäre 1925 der Feldherr des Weltkrieges geblieben und hätte sich von der Politik in Selbstbescheidung ferngehalten."

Die Frage ist nicht zu beantworten. Hindenburg wurde Reichspräsident, und er wurde es nicht nur einmal. Und beide Male, im April 1925 und im November 1932, wählte ihn nicht der Reichstag, sondern das Volk direkt.

Was seine Gegner 1925 befürchteten und als Menetekel prophezeiten, einen Mißbrauch des Artikels 48 der Reichsverfassung und der Diktaturvollmachten, die Friedrich Ebert in den sechs Jahren seiner Präsidentschaft rund 130mal in Anspruch nahm, hat Hindenburg in der gleichen Zeitspanne, also bis 1931, nicht einmal bemüht*. Namhafte Staatsrechtler wie Carl Schmitt bezeichneten ihn 1931 gar als „Hüter der Verfassung", der als vollziehender Inhaber der Reichsgewalt unbedingte Verfassungstreue bewiese. Gotthold Jaspers – 1989 formulierte – Behauptung, daß Hindenburg Verfassungstreue bestenfalls „in einem oberflächlich-formalistischen Sinne" bescheinigt werden könnte, weil er die „Verfassungsregeln gegen ihren Sinn" ausgenutzt habe, klingt nicht nur geschichtsfremd.

Hubatsch' Frage: „Wie würden wir heute das Bild des zweiten und letzten Reichspräsidenten der Weimarer Republik sehen, wenn ihn der Tod bereits im Jahre 1931 ... ereilt haben würde?" suggeriert und erheischt spekulative Antworten. Die Auseinandersetzung mit der Vermutung, daß die politische Entwicklung nicht den Kurs genommen hätte, wenn Hindenburg 1934 nicht gestorben, sondern länger im Amt geblieben wäre, ist nicht nur im Zusammenhang mit dem Nachvollzug des Beginns der Karriere Hindenburgs als Staatsmann so müßig. Doch auch Hubatsch' These, daß für die Beurteilung Hindenburgs entscheidend sei, was er von 1866 bis 1931 geleistet und verkörpert habe, nämlich Pflichterfüllung und Beständigkeit im Wechsel der Staatssysteme, kann nicht das letzte Wort sein.

* Dennoch unterband er 1926 – mit massiver Unterstützung vor allem des Reichswehrministers – den vom Reichskanzler vorgetragenen Versuch, die Diktaturgewalt des Reichspräsidenten durch ein Ausführungsgesetz zum Artikel 48 zu begrenzen. Hindenburg war überzeugt, daß die vom Vertrauen des Parlaments abhängige Regierung in Zeiten der Unruhe nicht die Möglichkeit hätte, Ruhe und Ordnung zu schaffen. Nur der Reichspräsident, so argumentierte er, könnte die Staatsautorität sicherstellen.

minister Curtius von der DVP, den Innenminister Joseph Wirth und den Justizminister Theodor von Guérard vom Zentrum als „für die Rechte schwer tragbar“ aus der Regierung zu entlassen und sie durch profilierte andere Rechte zu ersetzen[7].

Doch damit noch nicht genug. Im November und Dezember 1931 verlangt er von Brüning, sich „durch den Stahlhelm mit den Deutschnationalen wegen der Erweiterung der Regierung nach rechts ... ins Benehmen zu setzen“, weil er hofft, dadurch Hitler und die NSDAP zu einer positiven Haltung gegenüber der Reichsregierung veranlassen zu können[8].

Hindenburg will die Argumente – und die Verzögerungstaktik – Brünings nicht akzeptieren, weil er überzeugt ist, daß er „sich innerlich nicht zu einer solchen Verlagerung der politischen Kräfte nach rechts entschließen“ wolle. Der Kanzler hat seine Karriere zwar als Sekretär des Gewerkschaftsführers Adam Stegerwald begonnen, ist aber – was niemand ernsthaft anzweifeln kann –, trotz seiner gelegentlichen Bemühungen um die SPD und der zuweilen positiven Kontakte zu ihr, konservativ geblieben, und er vertraut Hindenburg grenzenlos. Vor den Reichspräsidentenwahlen in März 1932, an denen sich erstmals auch der im Februar 1932 in Braunschweig zum Regierungsrat ernannte Adolf Hitler als Kandidat beteiligt, erklärt Brüning: „Wenn ich während der vergangenen zwei Jahre neben meinem Vertrauen auf eine größere Macht immer wieder Hoffnungen schöpfen konnte, dann war es aus der einen Tatsache, daß ich einem Mann dienen konnte wie dem Reichspräsidenten von Hindenburg. Vergessen Sie nicht: Von der Wiederwahl des Reichspräsidenten von Hindenburg hängt es ab, ob die Welt glaubt, daß im deutschen

[7] Brüning, der vom Reichstag nicht Bestimmungen, sondern nur Zustimmungen erwartete, hatte die parteigebundenen Minister zunehmend gegen Beamte und andere Fachleute ausgetauscht, so daß die wichtigsten Ministerien (Reichswehr-, Innen-, Justiz-, Wirtschaftsministerium) schließlich von parteilosen Bürokraten geführt wurden; er versicherte dem Reichspräsidenten, daß er dies selbstverständlich tun, jedoch gern auf eine günstige Gelegenheit warten würde. Am 9. Oktober 1931 bildete Brüning seine Regierung nach den Vorstellungen Hindenburgs um. Wirth, Guérard und Curtius mußten aus ihren Ämtern ausscheiden.

[8] Auch in diesem Fall konnte Brüning dem Reichspräsidenten schließlich nur berichten, daß er infolge der Forderungen der Rechtsparteien erfolglos geblieben sei.

Volke noch Ehrfurcht und Achtung vor der Geschichte und der geschichtlichen Person besteht!"

Daß Brüning, den selbst seine Gegner ob seiner persönlichen Lauterkeit, Sachlichkeit, Zurückhaltung und Integrität achten, aber nur sehr wenige – selbst aus seiner unmittelbaren Umgebung – lieben, eine friedliche, „raumfüllende" und stattlich aussehende „Null" als Reichspräsidenten braucht, wie seine Widersacher behaupten, ist eine Legende. Soviel politischen Instinkt wie Brüning besitzt Hindenburg allemal, zumal er frei von den sentimentalen Gefühlen ist, die den intelligenten Kanzler hindern, bestimmte Tatsachen so zu sehen, wie sie wirklich sind.

Der Reichspräsident Paul von Hindenburg indes, der sich als „Hüter der Verfassung" gefühlt und vor Entscheidungen stets alle vernünftigen Argumente sorgfältig gegeneinander abgewogen hat, gehört 1931 bereits der Vergangenheit an.

Doch noch einmal macht sich 1931 sein längst historisch gewordener Ruhm bezahlt, als sich im Gefolge der Weltwirtschaftskrise drastisch offenbart, daß der gute Wille der Staatsmänner und Politiker, die den Young-Plan auf den Weg gebracht haben, an schier unüberwindbare Grenzen stößt.

Deutschland ist nicht nur nicht mehr in der Lage, seinen Young-Plan-Verpflichtungen nachzukommen, sondern steht darüber hinaus ganz offensichtlich auch unmittelbar vor einer neuerlichen Inflation. In den USA hat es am 29. Oktober 1929 den „schwarzen Freitag" gegeben. In Österreich ist am 11. Mai 1931 die Credit-Anstalt zusammengebrochen, in Deutschland am 11. Juli die Darmstädter und Nationalbank geschlossen worden. Ganz Europa, tief verschuldet, ist alarmiert und fürchtet eine totale Wirtschaftskatastrophe. Der Strom des bis dahin aus den Vereinigten Staaten nach Deutschland fließenden Geldes ist schlagartig versiegt. Die 1924 begonnene Kreditverflechtung hat eine Produktionskrise produziert, der Krisen auf den Rohstoffmärkten und in der Landwirtschaft folgen. Die kurzfristig zur Verfügung gestellten Darlehen sind optimistisch langfristig angelegt. Die zum großen Teil mit ausländischen Krediten arbeitende deutsche Wirtschaft sieht sich dem Ruin ausgeliefert. Die seit September 1930 sprunghaft zugenommenen Plebiszite für Hitlers NSDAP lösen auf den internationalen Geldmärkten panikartige Folgen aus.

Nur Großbritannien und Frankreich, die Hauptschuldner der USA, können Deutschland vor der Katastrophe bewahren. Wenn sie bereit und in der Lage sind, Berlin hinsichtlich der Reparationsfrage entgegenzukommen, kann die Wirtschaftskatastrophe vermieden werden. Doch dies erscheint wiederum nur möglich, wenn Amerika London und Paris Rückzahlungserleichterungen einräumt. Die Regierung der USA zögert jedoch. Jetzt sind es nicht nur die Deutschen, die hilfesuchend auf den legendären Retter Hindenburg blicken. Und er enttäuscht die Hoffnungen nicht.

Am 20. Juni 1931 richtet er ein persönliches Schreiben an den US-Präsidenten Herbert Clark Hoover und bittet ihn, „Deutschland dringend" und „sofort" zu helfen. „Die Not des deutschen Volkes", so schreibt er, „zwingt mich zu dem ungewöhnlichen Schritt, mich an Sie, Herr Präsident, persönlich zu wenden. Das deutsche Volk hat Jahre hindurch schwerste Notzeiten durchgemacht, die im vergangenen Winter ein Höchstmaß erreicht haben. Die wirtschaftliche Erholung, die man für diesen Frühling erwartet hat, ist nicht eingetreten. Ich habe daher jetzt Schritte unternommen, unter Berufung auf die außergewöhnlichen Befugnisse, die mir die deutsche Verfassung verleiht, die Durchführung der dringendsten Aufgaben, denen sich die Regierung gegenübersieht, sicherzustellen und die notwendigen Subsistenzmittel für die Arbeitslosen bereitzustellen. Diese von mir getroffenen Maßnahmen ziehen in radikaler Weise alle wirtschaftlichen und sozialen Verhältnisse in Mitleidenschaft und fordern die größten Opfer von allen Teilen der Bevölkerung. Alle Möglichkeiten, die Lage durch innere Maßnahmen zu verbessern, ohne Hilfe vom Auslande, sind erschöpft. Wie die Entwicklung in den letzten Tagen zeigt, mangelt es der ganzen Welt an Vertrauen in die Fähigkeit des deutschen Wirtschaftssystems, unter den gegenwärtigen Lasten weiterzuarbeiten. Der Arbeitswille und die Disziplin des deutschen Volkes rechtfertigen das Vertrauen in die strikte Erfüllung der großen privaten Schuldverpflichtungen aus Anleihen, mit denen Deutschland belastet ist. Aber um seinen Weg im Völkerleben weiter fortgehen zu können und das Vertrauen der Welt in die Leistungsfähigkeit Deutschlands zu erhalten, braucht Deutschland dringend Hilfe. Die Hilfe muß sofort kommen, wenn wir schweres Unglück für uns und andere vermeiden wollen. Das deutsche Volk muß weiter die Möglichkeit haben, unter erträglichen Lebensbedingungen zu arbeiten. Sie, Herr Präsident, als Vertreter des großen amerikanischen Volkes, sind in der Lage, die Schritte zu unternehmen, durch die eine sofortige Änderung der Lage, die heute drohend für Deutschland und die Welt ist, herbeigeführt werden könnte."

Was kaum jemand ernsthaft zu hoffen gewagt hat, geschieht augenblicklich. Der amerikanische Präsident reagiert auf Hindenburgs Bitte mit einem Moratorium, das die sichere Katastrophe zunächst einmal für ein Jahr abwendet. Die amerikanische Regierung schlägt einen einjährigen Aufschub aller Zahlungen auf Schulden der Regierungen, Reparationen und „Wiederaufbauschulden" vor und erklärt ausdrücklich, daß dies sowohl für das Kapital als auch für die Zinsen gilt[9].

Die Tage Brünings dagegen, der sich noch einmal voll für den Reichspräsidenten engagiert hat, sind gezählt. Die Wirtschaftskrise, die Arbeitslosigkeit[10], die darbende Landwirtschaft, das Elend der Bevölkerung, die haßerfüllte und unflätige Bekämpfung durch die Radikalen sowie Intrigen aus der Umgebung Hindenburgs stehen wie eine undurchdringliche Wand vor ihm. Er bekommt nicht die Chance, sie zu durchbrechen.

Seine vorübergehenden Überlegungen, die staatszerstörenden Nationalsozialisten durch ihre Einbeziehung in die Regierung „abzunutzen" und zu „zähmen" (wie Groener und Schleicher es 1932/33 auch erwogen), ist infolge der Haltung Hitlers nicht realisierbar. Hitler versagt sich derartigen Anträgen, demonstriert Unabhängigkeit und läßt sich schmeicheln und umwerben. Am 11. Oktober 1931, einen Tag nachdem er erstmals Hindenburg vorgestellt worden ist, beteiligt er sich an einem Treffen demokratiefeindlicher Aktivisten und Illusionisten und zeigt sich zusammen mit Hugenberg und Schacht, mit Friedrich Prinz zu Schaumburg-Lippe und den Kaisersöhnen Eitel-Friedrich

[9] Schuldverpflichtungen von Regierungen gegenüber Privatbanken wurden dabei selbstverständlich nicht berücksichtigt.

[10] Hatten die durchschnittlichen Arbeitslosenziffern 1930 bis 15,7 Prozent vom Gesamtanteil der Arbeitnehmer gelegen, waren es 1931 23,9 und 1932 sogar 30,8 Prozent. Im Februar waren 6,128 Millionen Arbeitslose registriert; geschätzt wurden insgesamt 6,900 Millionen. Kurz nach Brünings Sturz fristeten rund 36 Prozent aller Deutschen ihr Leben aus öffentlichen Mitteln.

und August Wilhelm, mit Hans von Seeckt, dem Kapp-Putschisten von Lüttwitz und anderen Exponenten des Adels und des vermögenden Großbürgertums, des ehemaligen kaiserlichen Heeres und der Wirtschaft und Industrie.

Was Brüning als besonderes nationales Verdienst verstanden hat, nämlich die Unterstützung der sogenannten Osthilfe, der geplanten Aufteilung zuwenig modernisierter, seit der Weltwirtschaftskrise besonders hoch verschuldeter und nicht mehr sanierbarer ostelbischer Güter über Zwangsversteigerungen sowie die Ansiedlung von Kleinbauern, Landarbeitern und arbeitslosen Interessenten, erweist sich schließlich als eine der entscheidenden Ursachen für seine Demissionierung. Als Urheber eines „Siedlungsbolschewismus" und „Agrarbolschewismus" diffamiert, wird ihm von seinen – vor allem deutschnationalen – Gegnern vorgeworfen, die angestammten ostelbischen Grundherren von Haus und Hof verjagen und somit gegen vitale und geheiligte nationale Interessen verstoßen zu wollen.

Einflußreiche Großgrundbesitzer wie Elard von Oldenburg-Januschau aus Hindenburgs Neudecker Nachbarschaft und Wilhelm Freiherr von Gayl, der Direktor der Ostpreußischen Landgesellschaft, intrigieren bei Hindenburg gegen den Kanzler. Gayl klagt am 25. Mai 1932 dem ihm besonders gewogenen Präsidenten: „Hochzuverehrender, hochgebietender Herr Generalfeldmarschall ... Nach vielen schweren Eingriffen der früheren Notverordnungen in das Privateigentum bedeutet das neue Zwangsversteigerungsrecht der Behörde einen weiteren Eingriff und neues Abgleiten in Staatssozialismus. Durch das Bekanntwerden des Entwurfs sind weite Kreise des Ostens in Landwirtschaft und städtischem Mittelstand schwer beunruhigt. Die Zermürbung der Seelen macht im Osten furchtbare Fortschritte. Sie wirkt allmählich auf die Widerstandskraft der Kreise, welche bisher Träger des nationalen Wehrwillens gegenüber Polen sind. Diese Beobachtung ist auch den militärischen Stellen nicht entgangen. In dieser kritischen Zeit müßte alles vermieden werden, was irgendwie den Widerstandswillen schwächt."

Als Brüning dem Reichspräsidenten nach dessen Wiederwahl routinemäßig den Rücktritt des Kabinetts anbietet, bittet dieser ihn zwar, die Regierungsgeschäfte weiterhin zu führen; aber er deutet zugleich auch an, daß er wünscht, in nächster Zeit ein

Rechtskabinett berufen zu können. Anstatt Brüning für sein Wahlengagement zu danken, wirft er ihm vor, durch den Einsatz der Mittelparteien für ihn als Präsidenten seinen Freunden und Anhängern von rechts entfremdet worden zu sein. Nicht Entspannung und Beruhigung sind die Folge, sondern eine Verschärfung der Gegensätze, an denen Brüning scheitern muß[11].

Hindenburg, vorübergehend auf seinem Gut Neudeck residierend, hat sich innerlich bereits – nicht zuletzt auf Betreiben des Generals von Schleicher – von Brüning entfernt, obwohl er vor allem ihm seine Wiederwahl zum Reichspräsidenten verdankt. Inzwischen immer mehr vergreist und seit September 1931 in seiner geistigen Spannkraft vorübergehend gravierend eingeschränkt, übersieht der 84jährige nicht mehr, welche Ratschläge gut und welche schlecht sind. Bitter resümierte Otto Braun in seinen Erinnerungen: „Oldenburg-Januschau und die von ihm geschickt ausgewählten junkerlichen Pfingstbesucher in Neudeck hatten es nicht schwer, dem ... Reichspräsidenten klarzumachen, daß sie nun durch diesen ‚Siedlungsbolschewismus'... alle von Haus und Hof gejagt werden, ihren angestammten, seit Jahrhunderten im Besitz der Familie stehenden Boden verlieren sollten und daß auch ihn oder seine Nachkommen das gleiche Schicksal treffen würde. Das war ausschlaggebend für den alten Herrn. Entschlossen, mit dem ‚Katholiker' Brüning zu brechen und der siedlungsbolschewistischen Schöninger Schlange den Kopf zu zertreten, fuhr er nach Berlin."

Der prophetisch anmutende, couragierte Versuch des Ostkom-

[11] Erstes Opfer der „Kamarilla" wurde der seit dem 29. Juni 1928 amtierende parteilose und der Demokratie ergebene Reichswehrminister Groener, der im zweiten Brüning-Kabinett zugleich auch das Reichsinnenministerium geführt hatte. Den Anlaß bildete das nach Hindenburgs Wiederwahl durch eine präsidiale Notverordnung vom 13. April 1932 erlassene Verbot der über 400 000 Mann starken SA Hitlers. Der deutsche Kronprinz beklagte sich bei Groener schriftlich: „Es ist mir unverständlich, wie gerade Sie als Reichswehrminister das wunderbare Menschenmaterial, das in der SA und SS vereinigt ist und das dort eine wertvolle Erziehung genießt, zerschlagen helfen." Hugenberg und die deutschnationale Presse verlangten als Gegenleistung die Auflösung und das Verbot des Reichsbanners Schwarz-Rot-Gold, was Hindenburg aus der Perspektive seiner Kamarilla erfuhr und schon am 15. April zu der Entscheidung an Groener veranlaßte, zu prüfen, ob das Reichsbanner verboten werden müsse. Am 12. Mai 1932 trat Groener vom Amt des Reichswehrministers zurück, blieb jedoch Reichsinnenminister, um die Existenz des Kabinetts nicht zu gefährden.

missars Schlange-Schöningen vom 27. Mai 1932, den Reichspräsidenten für seine und des Kanzlers Vorstellungen zu gewinnen, blieb erfolglos. „In dem starken Willen zur inneren Kolonisation", so hatte er beschwörend geschrieben, „offenbart sich der nationale Drang zur Selbsthilfe und zur Gesundung; man kann ihn nicht mit Versprechungen abspeisen, man muß ihm schleunigst Raum und Wirkungsmöglichkeit verschaffen. Er geht – Gott sei Dank, ein Zeichen noch vorhandener Lebenskraft – durch alle Schichten und Parteien unseres Volkes; in ihm liegt unverkennbar eine Fortentwicklung jener Gedanken des Freiherrn vom Stein, die nach dem Niederbruch von 1806 ebenfalls von manchen wie mit Blindheit geschlagenen Kreisen als revolutionär bekämpft wurden und dennoch die Grundlage des neuen Aufstiegs und die psychologische Voraussetzung der Befreiung in sich trugen. Wenn Teile des Großgrundbesitzes, für den im übrigen von meinem Amt alles geschehen ist, was aus volkswirtschaftlichen Gründen gerechterweise geschehen konnte, wiederum die Zeichen der Zeit nicht begreifen wollen, so fürchte ich, sie graben sich selbst ihr Grab, und eine stürmische Entwicklung wird eines Tages über sie hinweggehen."

Hindenburg nimmt das Schreiben ungnädig auf. Als er Brüning zwei Tage später empfängt, erkennt dieser bereits auf den ersten Blick, „daß es endgültig aus" ist, wie er in seinen 1970 erschienenen und trotz einiger ungenauer Dateneinordnungen, Irrtümer und Auslassungen aufschlußreichen Memoiren berichtete. Zwar läßt der Reichspräsident sich von ihm berichten, was er angestrebt und – auch außenpolitisch – erreicht hat; aber er überhört die Feststellung des Kanzlers, daß es ihm gelungen sei, die „schrankenlos und planlos ausgeübte Macht des Parlaments so weit einzuschränken... daß es einer Regierung... keine Schwierigkeiten mehr macht".

Unwirsch liest Hindenburg – als Antwort – Brüning eine vorbereitete Erklärung vor, aus der hervorgeht, daß die Regierung fortan nicht mehr befugt ist, Notverordnungen zu erlassen und Personalveränderungen vorzunehmen. Auf Brünings Frage, ob damit der Rücktritt der gesamten Regierung gefordert werde, entgegnet Hindenburg barsch und in militärischem Ton: „Jawohl. Diese Regierung muß weg, weil sie unpopulär ist... Ich ersuche darum, daß es möglichst schnell geschieht."

Einen Tag später wird der Reichskanzler entlassen. In seinen Erinnerungen überlieferte er: „Ich wurde auf 11 Uhr 55 bestellt. Um 11 Uhr 54 wurde ich hereingeführt zum Reichspräsidenten. Ich überbrachte die Demission. Einige höfliche Worte auf beiden Seiten. Schon klang die Musik der Matrosenwache von der Hohenzollernstraße her durch den Garten. Ich erhob mich. Der Reichspräsident sagte: ‚Ich mußte Sie wegen meines Namens und meiner Ehre entlassen.‘ Antwort: ‚Herr Reichspräsident, auch ich habe einen Namen und eine Ehre vor der Geschichte zu verteidigen ...‘“[12]

Heinrich Brüning, der sich nicht wehrt, sondern wie ein Soldat gehorcht, wird von Hindenburg wie ein subalterner Beamter nach Hause geschickt.

[12] Gewiß, Brüning hat der Diktatur den Weg geebnet; aber das Ende der deutschen Reparationsleistungen war auch durch ihn in Sicht gekommen. Unter seiner Regie sowohl als Kanzler als auch als vorübergehender Außenminister war von den Briten, den Italienern und von den USA im Februar 1932 die Zustimmung erreicht worden, die zwölfjährige militärische Dienstzeit in eine fünfjährige Dienstzeit umzuwandeln, eine zusätzliche Miliz von jährlich 100 000 Mann aufstellen und damit die Stärke der bis dahin auf 100 000 Mann limitierten Reichswehr erheblich erhöhen zu dürfen. Da kaum eine andere Bestimmung des Versailler Vertrages die Deutschen so deprimiert hatte wie die aufgezwungene Einschränkung der Wehrhoheit und die Territoriumsverluste, waren mit Brünings Namen Vorstellungen verknüpft, die Hoffnungen für Deutschland und ganz Europa keimen lassen konnten. Dem Reich wurde 1932 zugesichert, daß die waffentechnischen Beschränkungen des Versailler Vertrages, dessen Revision in Fluß war, aufgehoben werden würden, so daß Deutschland wieder rüsten, Arbeitsplätze schaffen und seine Wirtschaftslage verbessern könnte.

Zum zweiten Male Reichspräsident

Im Frühjahr 1925 ist Hindenburg der unangefochten gefeierte Kandidat der Rechtsparteien gewesen. Jetzt sind sie es, die ihn anfeinden und bekämpfen. Die Positionen haben sich – wie umgekehrt bei den Sozialdemokraten von der Gegnerschaft zur ihn mehr als nur tolerierenden Stütze – in den vergangenen Jahren ins Gegenteil verkehrt.

Als „Scharnier" fungiert der nach der Regierungsumbildung am 9. Oktober 1931[1] mehr als zuvor auf die Ausnahmebefugnisse des Reichspräsidenten angewiesene Kanzler Brüning. Trotz der ihm seitens der sogenannten Nationalen Opposition entgegengebrachten Negativpropaganda ist Hindenburgs Popularität im Jahr vor dem Ablauf seiner Amtszeit als Reichspräsident (zumal nach dem Hoover-Moratorium) weithin ungebrochen. Die Reichswehr steht dank der Haltung der Generale Groener und Schleicher loyal hinter dem von der Souveränität des Reichspräsidenten getragenen Reichskanzler, der die Wiederwahl Hindenburgs vorbereitet.

Die schon im Februar 1931 von konservativen Gruppen ins Gespräch gebrachte Verlängerung der Präsidentschaft Hindenburgs auf Lebenszeit – auf dem Wege über die Übergehung des Artikels 41 der Reichsverfassung – lebt wieder auf. Doch grelle Dissonanzen beherrschen schnell das Bild selbst innerhalb der Rechtskreise, unter denen die gemäßigten Konservativen hoffen,

[1] Brüning hatte vor allem den (von Hindenburg abgelehnten) Außenminister Curtius abgelöst, das Auswärtige Amt zusätzlich selbst übernommen und Groener das Innenministerium und das Reichswehrministerium übertragen.

auf die Weise Hitler und den sehr einflußreichen „Medienfürsten“ Alfred Hugenberg von der Deutschnationalen Volkspartei als entscheidende Machtfaktoren verhindern zu können. Die Überlegungen der SPD, eventuell Otto Braun oder Paul Löbe als Alternative gegen Hindenburg aufzubauen und als Präsidentschaftskandidaten ins Feld zu führen, mißraten angesichts der kommunistischen Obstruktionspolitik zu einer Illusion.

So zeichnet sich relativ bald ab, daß eine demokratische Mehrheit nur mit Hindenburg erreicht werden kann, der die nach seiner ersten Wahl multiplizierten Befürchtungen der politischen Linken ad absurdum geführt hat. Brüning, der sich für den Generalfeldmarschall entschieden hat, weiß genau, daß sein Ziel, den „alten Herrn“ weiterhin (durch eine Wiederwahl) als Reichspräsidenten zu „behalten“, nur realisiert werden kann, wenn seine Präsidialregierung konsequent gegen die Angriffe der Radikalen und Extremisten zu sichern und den labilen wirtschaftlichen Machtträgern umsetzbaren Halt zu bieten in der Lage ist.

Und auch der Ende 1931 aufgekommene und von Brüning Anfang 1932 wieder aufgegriffene Gedanke, auf dem Wege über die Verlängerung der Reichspräsidentschaft aus Deutschland eine konstitutionelle Monarchie nach englischem Muster zu machen, wird wieder diskutiert. Doch nicht nur die Tatsache, daß ein solcher Schritt ohne Zweidrittelmehrheit im Reichstag nicht getan werden kann[2], läßt diese Debatte rasch wieder verstummen. Hindenburg selbst, der zum „Platzhalter der künftigen Monarchie“ auserkoren worden ist, sagt nein zu dem Projekt, weil es nicht seinen Vorstellungen entspricht. Wenn denn schon eine Monarchie verwirklicht werden solle, so hat er offenbar bereits Anfang November 1931 definitiv entschieden, dann könne nur eine konsequente Restauration der Monarchie, nicht aber das britische Modell das Ziel sein.

Brünings Vermutung, 1932 die SPD gegebenenfalls für eine gemäßigte Monarchie gewinnen zu können, geht von der Hypothese aus, daß die Sozialdemokraten eine solche Staatsform zu tolerieren bereit seien, wenn es sich bei dem künftigen Monar-

[2] Brüning konnte nicht damit rechnen, daß die Kommunisten und Hitler für eine solche Entscheidung stimmen würden.

chen nicht um Wilhelm II. oder um den Kronprinzen handelte. Diese Vorbehalte jedoch kann wiederum Hindenburg nicht akzeptieren, so daß die Diskussion über die Problematik der ihm zugedachten „Reichsverweserschaft“ wieder verfassungsrechtlichen Überlegungen und der allmählich drängenden Planung der Reichspräsidenten-Wahl mit Hindenburg als Kandidaten Platz macht.

Hindenburg jedoch, inzwischen fast 85 Jahre alt, sträubt sich. Er will sich, zu Alternativ- und Zwischenlösungen gegebenenfalls bereit, nicht noch einmal für sieben Jahre in das höchste Staatsamt wählen lassen. Noch einmal ventiliert Brüning die Frage der Verlängerung der Amtszeit Hindenburgs, und zusammen mit dem sozialdemokratischen preußischen Ministerpräsidenten Otto Braun und mit anderen maßgeblichen demokratischen Parteiführern und Politikern dringt er in Hindenburg, doch noch einmal ja zu sagen[3]. Die Expansion des Rechtsradikalismus[4] und die Gefahr, daß die SPD in Opposition gehen könnte, was die Demokratie völlig lähmen würde, schweben wie ein Damoklesschwert über der Situation.

Wieder einmal erweist sich der alte Generalfeldmarschall als die tatsächlich einzige Rettung aus der Not. Und diese Tatsache ist es denn letztlich auch, die ihn dazu bewegt, sich noch einmal zur Verfügung zu stellen. Zwar stört ihn, daß beispielsweise der „Stahlhelm“, dessen Ehrenvorsitzender er ist, seinen zweiten Vorsitzenden Theodor Duesterberg gegen ihn als Kandidaten nominiert, und auch die Tatsache, daß die NSDAP buchstäblich

[3] Die Tatsache, daß er vorsichtig tastend daneben auch mit Hitler und Hugenberg verhandelte, beweist nicht zuletzt, wie schwer es 1931/1932 war, Hindenburg noch einmal zur Zusage zu gewinnen. Die Nationalsozialisten veröffentlichten vereinbarungswidrig den Inhalt der vertraulich zwischen Brüning einerseits und Hitler und Hugenberg andererseits geführten Gespräche und beschuldigten Brüning, gegen die Reichsverfassung zu intrigieren.

[4] Hitler, erst seit Februar 1932 deutscher Staatsbürger, hielt sich hinsichtlich der Verlängerung der Präsidentschaft Hindenburgs relativ lange diplomatisch zurück, wobei er von Goebbels und seinem SA-Führer Ernst Röhm unterstützt wurde, die den General Schleicher vorübergehend zum Kandidaten gekürt sehen wollten. Mitte Januar 1932 lehnten Hitler und Hugenberg ab, den Reichspräsidenten länger als vorgeschrieben ohne Widerspruch im Amt zu dulden. Hugenberg tat dies mit der Begründung, die Politik der Regierung Brüning nicht billigen zu können. Hitler, der sich an Hindenburg direkt wandte, führte verfassungsrechtliche Kriterien ins Feld.

über Nacht[5] ihren – am 26. Februar auf dem Umweg über die Ernennung zum Regierungsrat in Braunschweig erst zum deutschen Staatsbürger „gemachten" – Führer Adolf Hitler aufstellt, mit dem die Deutschnationale Volkspartei über eine gemeinsame Kandidatur verhandelt hat; aber er steht zu seinem Wort.

Brüning, sein wichtigster Wahlmanager, beschafft von der Industrie und Wirtschaft das Geld für den Wahlfeldzug, der kassenmäßig vom Berliner Oberbürgermeister Heinrich Sahm geleitet wird. Alles, was im demokratischen Spektrum Rang und Namen hat, der bayerische Ministerpräsident Heinrich Held von der Bayerischen Volkspartei ebenso wie Otto Braun, der sozialdemokratische Ministerpräsident von Preußen, werben nun für Hindenburg. Otto Braun, der den Rechtsradikalen den Weg verbauen will, erklärt im *Vorwärts* vom 10. März: „Ich habe den Reichspräsidenten kennengelernt als einen Menschen reinen Wollens und abgeklärten Urteils. Weil dem so ist, trete ich für ihn ein. Ich wähle Hindenburg."

Die publizierten Argumente der Sozialdemokraten spiegeln die Situation plastisch wider. Am 27. Februar, einen Tag nachdem der von 1925 bis 1932 staatenlose Hitler deutscher Reichsbürger geworden ist, erklärt die SPD in einem Wahlaufruf: „Das deutsche Volk steht am 13. März vor der Frage, ob Hindenburg bleiben oder ob er durch Hitler ersetzt werden soll. Die Rechte hat vor sieben Jahren Hindenburg auf den Schild gehoben. Sie hoffte, er würde sein Amt parteiisch zu ihren Gunsten führen, seinen Eid verletzen und die Verfassung brechen. Es war selbstverständlich, daß wir Sozialdemokraten einen Bewerber, auf den unsere schlimmsten Feinde solche Hoffnungen setzten, entschieden bekämpften. Hindenburg aber hat seine einstigen Anhänger enttäuscht. Weil er unparteiisch war und es bleiben will, weil er für einen Staatsstreich nicht zu haben ist, darum wollen sie ihn jetzt beseitigen. Hitler statt Hindenburg, das bedeutet Chaos und Panik in Deutschland und ganz Europa, äußerste Verschärfung der Wirtschaftskrise und der Arbeitslosennot, höchste Gefahr blutiger Auseinandersetzungen im eigenen Volk und mit dem

[5] Hitler entschloß sich am 2. Februar 1932, Reichspräsident werden zu wollen. Die Öffentlichkeit durfte – von Goebbels – erst am 22. Februar informiert werden.

Ausland. Hitler statt Hindenburg, das bedeutet: Sieg des reaktionären Teils der Bourgeoisie über die fortgeschrittenen Teile des Bürgertums und über die Arbeiterklasse, Vernichtung aller staatsbürgerlichen Freiheiten, der Presse, der politischen, gewerkschaftlichen und Kulturorganisationen, verschärfte Ausbeutung und Lohnsklaverei. Gegen Hitler! Das ist die Losung... Hitler oder Hindenburg? Es gibt kein Drittes! Jede Stimme, die gegen Hindenburg abgegeben wird, ist eine Stimme für Hitler. Jede Stimme, die Thälmann entrissen und Hindenburg zugeführt wird, ist ein Schlag gegen Hitler! ... Jetzt geht es um alles! Sieg des Faschismus ist namenlose Schande, unabsehbares Unheil. Das darf nicht sein! Setzt alle eure Kräfte ein, damit der entscheidende Schlag schon im ersten Wahlgang fällt! Befreit mit diesem einen Schlag das deutsche Volk von der faschistischen Bedrohung! Schlagt Hitler! Darum wählt Hindenburg!"

Haßerfüllt diffamierten die Nationalsozialisten mit Hitler als Reichspräsidenten-Kandidaten die für Hindenburg eintretende SPD als „Partei der Deserteure". Und nahezu überall stieß Hitler trotz seiner Haßtiraden auf die Republik und ihre Regierung auf offene Ohren. Wo immer er als Redner auftrat, wurde er bereits als der kommende Sieger gesehen. Namhafte Exponenten aus dem Kulturleben, Nobelpreisträger wie Philipp Lenard und Johannes Stark, Schriftsteller (unter anderem Kurt Aram, Richard Euringer, Hans Grimm, Rudolf Herzog, Hanns Johst, Eberhard König, Rudolf Paulsen, Edgar Schmidt-Paul, Bogislaw von Selchow, Will Vesper, Ernst und Hans von Wolzogen), Professoren (unter anderem Adolf Bartels, Karl Berger, Hans F. K. Günther und Hermann Wirth), Verleger (Hugo Bruckmann), Theaterdirektoren und Komponisten bezeichneten ihn als den Kandidaten „der deutschen Geisteswelt" und warben öffentlich für ihn. Der Großindustrielle Fritz Thyssen erklärte unmittelbar vor dem ersten Wahlgang: „Ich wähle Adolf Hitler, weil ich ihn genau kenne und fest überzeugt bin, daß er der einzige ist, der Deutschland vor dem Abgrund und Zerfall zurückreißen kann und wird", und für Hitlers Sieg im zweiten Wahlgang warb der Hohenzollern-Kronprinz Wilhelm am 4. April 1932 ebenso öffentlich mit der proklamatorischen Feststellung: „Da ich eine geschlossene Haltung der nationalen Front für unbedingt notwendig halte, werde ich im zweiten Wahlgang Adolf Hitler wählen."

Nach der zweiten Wahl zum Reichspräsidenten im Berliner Arbeitszimmer vor einem Porträt des Generalfeldmarschalls Helmuth Graf von Moltke.

Für den zweiten Wahlgang, der zur Enttäuschung Hitlers und seiner Umgebung nötig wurde, charterte Hitler von der Lufthansa ein Flugzeug des Typs JU 52 und bestritt vom 3. bis zum 9. April als erster deutscher Politiker Wahlreisen mit dem Flugzeug, was ihm ermöglichte, täglich in verschiedenen Städten des Reiches zu reden und innerhalb kürzester Zeit in rund hundert Ortschaften zu erscheinen.

Der als politisch definierte Kampf verlagerte sich aus den

Parlamenten in die Versammlungslokale, so daß der Zersetzungs- und Auflösungsprozeß immer mehr zutage trat und von niemandem ignoriert werden konnte. Blutige Saalschlachten zwischen der SA, dem „Stahlhelm" und anderen rechtsradikalen Organisationen einerseits und dem republikanischen „Reichsbanner" und dem kommunistischen Rotfrontkämpferbund andererseits waren an der Tagesordnung. Die Polizei hatte Mühe, sich auch nur einigermaßen zu behaupten. Während die Arbeitslosigkeit, der Hunger, die Versorgungsmängel und die weitverbreitete allgemeine Not der Bevölkerung der Nation und dem Staat schadeten, profitierten die Nationalsozialisten von den Zuständen, die sie stets und effektvoll als Anschauungsmaterial und Beweise für die Richtigkeit ihrer Argumente zu nutzen wußten.

Im ersten Wahlgang, am 13. März 1932, zu dem Hindenburg, Hitler, Theodor Duesterberg und Thälmann als Präsidentschaftskandidaten antreten, erhalten Hindenburg 49,6, Hitler 30,1, der Deutschnationale Duesterberg 6,8 und der Kommunist Thälmann 13,2 Prozent der 37,65 Millionen gültigen Stimmen.

Beim zweiten Wahlgang, am 10. April 1932, entfallen auf Hindenburg 53,0, auf Hitler 36,8 und auf Thälmann 10,2 Prozent der Stimmen, so daß Hindenburg erneut Reichspräsident wird.

Vor der Wahl hat er, vom Rundfunk übertragen, den Geist von 1914 heraufbeschworen und gesagt: „Noch stehen wir mitten im Kampf. Die Entscheidungen auf dem Felde der Außenpolitik stehen noch bevor. Wichtige Aufgaben im Innern, insbesondere die Linderung der furchtbaren Arbeitslosigkeit, harren der Lösung. Das große Ziel können wir aber nur erreichen, wenn wir uns zu einer wahren Volksgemeinschaft zusammenfinden. Ich kann nicht glauben, daß wir durch inneren Hader in einen Bürgerkrieg geraten sollen, wo es gilt, im Ringen um die Freiheit der deutschen Nation zusammenzustehen. Ich erinnere an den Geist von 1914 und an die Frontgesinnung, die nach dem Manne fragte und nicht nach dem Stande oder der Partei. Wie einst im Kriege die Not des Vaterlandes alles Trennende aufhob und die Massen des Volkes, gleich, ob sie der Arbeiterschaft, dem Landvolk oder dem Bürgertum angehörten, in gleicher Weise hingebungsvoll ihre Pflicht getan haben, so gebe ich die Hoffnung nicht auf, daß Deutschland sich zu einer neuen Einigkeit im Gedanken an das Vaterland zusammenfindet."

Einen Tag nach seiner Wiederwahl erklärt er: „Getreu meinem Eide werde ich mein Amt weiterführen im Geiste der Überparteilichkeit und der Gerechtigkeit mit dem festen Willen, unserem Vaterlande zur Freiheit und Gleichberechtigung nach außen, zur Einigkeit und zum Aufstieg im Innern zu verhelfen ... Die Zusammenfassung aller Kräfte ist notwendig, um der Wirrnisse und Nöte unserer Zeit Herr zu werden. Nur wenn wir zusammenstehen, sind wir stark genug, um unser Schicksal zu meistern. Darum: in Einigkeit vorwärts mit Gott!"

Noch einmal war Hitler – vor allem dank der Entscheidung der Sozialdemokraten – abgewehrt worden. Aber ebenso deutlich hatte sich auch gezeigt, daß er bereits an der Schwelle zur Macht stand, Ehrenbürger zahlreicher Ortschaften und Gemeinden war und auf einen Teil des unzufriedenen deutschen Hochadels und den Kronprinzen ebenso zählen konnte wie auf führende Vertreter von Industrie, Wissenschaft sowie Literatur und Kunst.

Ergebnisse der Reichspräsidenten-Wahlen von 1932

Erster Wahlgang am 13. März 1932:

Paul von Hindenburg	49,6 %
Theodor Duesterberg (Stahlhelm)	6,8 %
Adolf Hitler (NSDAP)	30,1 %
Ernst Thälmann (KPD)	13,2 %

Zweiter Wahlgang am 10. April 1932:

Hindenburg	53,0 %
Duesterberg	nicht mehr angetreten
Hitler	36,8 %
Thälmann	10,2 %

„Ich hatt' einen Kameraden"

Unmittelbar vor der Wahl des neuen Reichstages, rund drei Monate nach der letzten Reichspräsidenten-Wahl, findet – nach längeren Verhandlungen – in Lausanne unter Beteiligung Deutschlands, Belgiens, Großbritanniens, Kanadas, Australiens, Neuseelands, der Südafrikanischen Union, Indiens, Frankreichs, Japans, Polens, Portugals, Rumäniens, der Tschechoslowakei und Südslawiens eine Konferenz statt, die das Problem endgültig lösen soll, daß Deutschland auch nach dem Ablauf des Hoover-Moratoriums nicht in der Lage ist, die geforderten Reparationsleistungen ordnungsgemäß abzuwickeln[1].

Deutschland repräsentiert der seit dem 1. Juni 1932 amtierende neue Reichskanzler Franz von Papen, Frankreich der Ministerpräsident Edouard Herriot und Großbritannien der Premierminister Macdonald. Das Ergebnis: Deutschland, das bis Januar 1932 insgesamt 53 155 Millionen Goldmark gezahlt hat[2], wird verpflichtet, noch eine einmalige Abfindungssumme von drei Milliarden Reichsmark zu entrichten – und sich damit von allen weiteren Reparationsleistungen freizukaufen. Der Betrag soll durch eine frühestens am 9. Juli 1935 beginnende und

[1] Am 19. August 1931 hatte ein vom Völkerbundsrat initiierter Sachverständigenausschuß unter Leitung des Engländers Layton festgestellt, daß das Reich nicht in der Lage sein werde, die Reparationen zu leisten. Den Vorschlag Heinrich Brünings am 9. Januar 1932 (zu der Zeit noch Reichskanzler), die an Deutschland gerichteten Forderungen endgültig zu annullieren, quittierte die französische Regierung mit der Feststellung, daß unter solchen Voraussetzungen an eine Konferenz nicht zu denken sei. Im Juli 1932 fand sie dennoch in Lausanne statt.

[2] Die deutschen Sachleistungen waren in dem Betrag enthalten.

mit fünf Prozent zu verzinsende Schuldverschreibung entrichtet werden. Auf die noch offenen deutschen Zahlungen im Zusammenhang mit dem Dienst für die Dawes- und Young-Anleihe wird indes nicht verzichtet.

Papen ist Frankreich in Lausanne – abweichend von seiner rechten Klientel – allerdings eigenmächtig in einer Weise entgegengekommen, die sein persönliches Prestige bereits empfindlich beschädigte, noch ehe er sich auf breiterer Front positiv etablieren konnte. Er hat den Franzosen als Gegenleistung für die Ablösung der Reparationen angeboten, Frankreich sowohl deutsche Wirtschaftshilfe zu gewähren als auch für eine enge politische Kooperation und die Zusammenarbeit mit dem französischen Generalstab einzutreten.

Heinrich Brüning, den Hindenburg bei dessen Amtsantritt „beschworen“ hatte, ihn „bis zum Ende meines Lebens“ nicht zu verlassen, war mit dem 53jährigen Papen ein Regimentskamerad Oskar von Hindenburgs und Kurt von Schleichers gefolgt, der ihm offenbar „ungefährlich“ erschien, weil er als offiziell parteiloser[3] Regierungschef über keine Hausmacht verfügte. Daß ihn eigentlich „niemand kannte“, paßte zusätzlich ebenso in das Kalkül der beiden wie die öffentlichen Äußerungen Papens, der bereits am 2. Oktober 1931 in seiner vieldiskutierten Dülmener Rede empfohlen hatte, die gesamte Rechte (einschließlich Alfred Hugenbergs DNVP und Adolf Hitlers NSDAP) an den Staat „heranzuführen“ und sie auf dem Wege über ein „Konzentrationskabinett“ in die Regierungsverantwortung einzubinden. Seine Vorstellung, daß eine „Synthese oberhalb jeder Irrungen und Wirrungen“ gebildet werden müsse, „die die Zerrissenheit des Parteiwesens hinterlassen“ habe, könnte einer Äußerung Hindenburgs entnommen worden sein. Entschiedener als Brüning versprach Papen, im Parlamentarismus und in parlamentarischen Kompromissen nur Schwächen zu sehen und sie im Sinne des greisen Reichspräsidenten, der Brüning schon seit April 1932 kein Vertrauen mehr entgegenbrachte, aus seiner Politik auszuklammern.

[3] Papen gehörte bis zum 3. Juni 1932 – wie Brüning – dem Zentrum an. Er trat aus der Partei aus, um Brüning und andere Zentrums-Exponenten nicht durch die Übernahme der Kanzlerschaft zu brüskieren.

„Obschon sein Auftritt sich im Schatten Hindenburgs vollzieht, muß dieser präsumtive Chef eines Kabinetts der ‚nationalen Konzentration' erlauben", schrieb die *Frankfurter Zeitung* vom 2. Juni 1932, „daß man sich in Deutschland zunächst einmal bei seinem Anblick die Augen reibt." Den mit der Tochter des Besitzers der international renommierten saarländischen Steingutfabrik Villeroy & Boch verheirateten Katholiken Franz von Papen kannten nicht einmal die Vertreter der Medien, obwohl er den größten Teil der Aktien des führenden Zentrums-Blattes *Germania* besaß, während des Weltkrieges deutscher Militärattaché in Washington gewesen war und gelegentlich sowohl als preußischer Landtagsabgeordneter des Zentrums als auch als maßgeblicher Aktionär der Zentrum-Zeitung *Germania* auf sich aufmerksam gemacht hatte.

Der dem Landadel entstammende westfälische Gutsherr mit dem vornehm durchgeistigt wirkenden Habitus[4], der seine Weltkriegserfahrungen in der Türkei gemacht hatte, verdankte sein hohes Amt vor allem den geheimen Vorbereitungen Schleichers, der am 9. Mai 1932 mit Hitler, Otto Meissner und Oskar von Hindenburg zu Vereinbarungen über ein von Hitler zu führendes und von den anderen Rechten zu tolerierendes Kabinett zusammengetroffen war. Hindenburg hatte Schleichers Idee, Hitler mit der Kanzlerschaft zu betrauen[5], jedoch nicht akzeptiert, was Schleicher bewog, dem Reichspräsidenten Franz von Papen als Nachfolger Brünings vorzuschlagen.

Daß Papen nach Schleichers Meinung keinen Kopf, sondern nur „einen Hut" hatte, der wirkungsvoll präsentiert werden könnte, entsprach den Vorstellungen der „Königsmacher". Der Machtmanager Schleicher, dem öffentliche Repräsentation nicht lag, brauchte ein Medium, das in seinem Sinne wirkte. Und dies sollte Papen sein, der aufdringlich ehrgeizige und profilierungssüchtige vermögende westfälische „Herrenreiter", dem bis dahin sowohl ein Reichstagsmandat als auch die ursprünglich

[4] Hitler sagte am 24. Januar 1942: „Papen war persönlich ein harmloser Mensch, aber unbewußt hat er alle die Burschen gegriffen, die etwas auf dem Gewissen hatten."

[5] Ein späterer Versuch Schleichers, Hitler für eine Beteiligung an einem Präsidialkabinett zu gewinnen, scheiterte am 13. August 1932 an Hitlers Forderungen. Seitdem verteidigte er plötzlich die Rechte des Reichstages. Vgl. S. 293.

ersehnte diplomatische Karriere versagt geblieben waren. Als er sein Amt antrat, brauchte er nur ein Kabinett zu übernehmen, das General von Schleicher für ihn aus Exponenten des ostelbischen Junkertums, des preußischen Konservativismus und des politischen Militärs zusammengestellt hatte. Einer der neuen Minister war der Deutschnationale Freiherr von Gayl, der im Mai 1932 gegen Brüning intrigiert hatte, ein anderer der mit Hindenburg befreundete Deutschnationale Magnus Freiherr von Braun.

Das durch Freiherr von Neurath, von Schleicher und Graf Schwerin von Krosigk vervollständigte „Kabinett der Barone", wie die Reichsregierung im Volksmund bald hieß, bildete eine homogene Einheit, die rein äußerlich gut zu dem ostelbischen „Junker" Paul von Hindenburg paßte. Verbittert reagierte Julius Leber am 6. Juni 1932 mit der Feststellung: „Die altpreußische Adelsclique ist wieder da. Dieselben Kreise schicken sich an, auf dem Rücken der braunen Kamele in die Arena der politischen Diktatur zu reiten, die Deutschland unter Wilhelm in Unfreiheit und ins Elend geführt haben."

Ein Großteil der deutschen Bevölkerung, die sich hinter Brüning gestellt und Hindenburg ihre Stimme gegeben hatte, reagierte nicht nur verblüfft, sondern unwillig und enttäuscht. An der Börse kam es zu Rückschlägen. Eine Flucht in die Sachwerte setzte ein. Selbst Hindenburg fühlte sich zunächst betrogen. Gegenüber Brüning äußerte er: „Wir haben jetzt ein Kabinett, wie ich es immer gerne gehabt hätte, aber ich bin wieder betrogen worden. Dieser Kanzler (Papen) wird es niemals schaffen. Ich bin noch nicht zu alt, um das zu sehen. Sie hätten bleiben sollen, und alles würde in Ordnung sein." Noch am 25. Februar 1932, drei Monate vor der Entlassung Brünings, hatte Hindenburg seinen Kanzler in einem Brief an Friedrich von Berg als einen „außerordentlich befähigten Mann von hingebender Vaterlandsliebe" gerühmt, der „in sehr schweren Zeiten Proben seines Könnens abgelegt und sich in den außenpolitischen Verhandlungen ... eine beachtliche Stellung erobert" habe.

Außenpolitisch profitierte Papen, der für sich immerhin buchen konnte, endlich die Ablösung der deutschen Reparationsschuld durch eine einmalige Abfindungssumme durchgesetzt zu haben, von den Vorbereitungen Stresemanns und Brünings. Daß damit nicht nur eine wirtschaftliche und finanzielle, sondern vor allem auch eine besonders negativ bewußtseinsbildende Bestimmung des Versailler Vertrages für die Zukunft von Deutschland abgewendet worden war, wurde in Deutschland von breiten Kreisen dankbar honoriert.

Staatsrechtlich strebte Papen einen Staat mit ständisch-autoritärer Prägung als Vorstufe zur Restauration der Monarchie an, wobei er hoffte, Hindenburg uneingeschränkt hinter sich zu haben. Der Reichstag sollte entmachtet, das Wahlrecht geändert, ein Ober- und ein Unterhaus geschaffen, in Anlehnung an Bismarcks Verfassung die Unabhängigkeit des Kanzlers vom Vertrauen des Reichstags gesichert und die Ämter des Chefs der Reichsregierung und des preußischen Ministerpräsidenten sollten in Personalunion verbunden werden.

Innenpolitisch hob er nicht zuletzt infolge seiner anfänglichen Abhängigkeit von General von Schleicher auf, was ihm außenpolitisch gelang. So hatte Schleicher den Nationalsozialisten zugesichert, sowohl das Verbot der SA und SS aufzuheben als auch den Reichstag aufzulösen, wenn sie bereit wären, die Papen-Regierung zu tolerieren, wie die (allerdings) mit drei Ministern im Kabinett vertretene DNVP es tat, auch wenn sie eigene wirtschaftspolitische Vorschläge und sozialpolitische Initiativen herausstellte und sich von dem wenig populären „Kabinett der Barone" distanzierte.

Am 30. Mai 1932 hatte Schleicher Papen hinter dem Rücken Hindenburgs erklärt: „Ich möchte die Partei sehen, die ernste Opposition macht. Am allerwenigsten die Gewerkschaften, deren Kassen leer sind und denen die Mitglieder fortlaufen, weil sie hungrig auf der Straße liegen. Nur wenn wir die Nazis an die Futterkrippe lassen, werden wir sie staatsfromm machen ... Das Zentrum wird es schon einsehen ... Hitler hat die Tolerierung eines Kabinetts Papen zugesagt. Wir werden sehen, wie man aufatmen wird, wenn endlich diese Bürgerkriegspsychose verschwindet."

Papen, der sich bald selbstbewußt aus der Abhängigkeit Schleichers zu lösen und bald unmittelbaren und engen Kontakt zu Hindenburg zu knüpfen vermochte, mußte für den von Schleicher ausgestellten Wechsel geradestehen und die Versprechungen seines macht- und ränkesüchtigen einstigen Mentors einlösen. Am 16. Juni 1932 tat er dies mit der Billigung Hindenburgs, nachdem er bereits am 4. Juni die Auflösung des Reichstages verfügt hatte.

Seit Mai in der Umgebung als eventueller Regierungschef im Gespräch, konzentrierte Hitler seinen Terror auf den Straßen, auf Hinterhöfen und in Versammlungsstätten besonders auf Preußen, wo die NSDAP bei den Landtagswahlen vom 24. April 1932 mit 162 Sitzen (anstelle der bis dahin acht Mandate) nahezu doppelt so viele Stimmen bekommen hatte wie die SPD, die bis zum 6. Juni 1932 mit Otto Braun den Ministerpräsidenten stellte. Mit Preußen, das rund drei Fünftel des Reichsgebietes einschließlich der Reichshauptstadt mit dem Sitz der Reichsregierung und der Landesregierung umfaßte, mußte die Republik fallen.

Mit der ungerechtfertigten Berufung Franz von Papens zum „Reichskommissar für das Land Preußen“[6] und damit zum Inhaber der gesamten vollziehenden Gewalt war ein entscheidender Schritt in die von ihm als Kanzler angestrebte autoritär-antidemokratische Entwicklung und neue Staatsverfassung getan. Die aus Vertretern der „Weimarer Koalition“, der SPD, der DDP und des Zentrums, die hier länger als in den anderen Ländern des Reiches gehalten hatte, zusammengesetzte Landesregierung mußte der von Hindenburg repräsentierten Gewalt weichen. Dabei hatte Hindenburg noch am 12. Juni während einer Besprechung mit Papen, dem bayerischen Ministerpräsidenten Heinrich Held, dem württembergischen Staatspräsidenten Lothar Bolz, dem badischen Präsidenten Josef Schmitt und Otto Meissner bestritten, daß er und Papen an eine „grundsätzliche Änderung des Verhältnisses zwischen Reich und Ländern“ dächten. Und auch an „die Einsetzung eines Reichskommissars“, so hatte er betont, würde „von uns ... zur Zeit gar nicht gedacht“[7].

„Zur Zeit ... nicht gedacht“, hatte Hindenburg gesagt. Papen

[6] Nach der Notverordnung „zur Wiederherstellung der öffentlichen Sicherheit und Ordnung im Gebiet des Landes Preußen“ vom 20. Juli 1932 konnte Papen Minister ein- und absetzen, die „Dienstgeschäfte des Preußischen Ministerpräsidenten“ übernehmen und einen Kommissar des Reiches mit der Führung der Preußischen Ministerien beauftragen. Papen riß, mit der Umbesetzung von Beamtenstellen beginnend und mit der Neuregelung der staatlichen Pferdezucht endend, die Exekutive in Preußen gänzlich an sich.

war es innerhalb von fünf Wochen gelungen, den normalerweise für gravierende politische Experimente nur äußerst schwer zu gewinnenden Reichspräsidenten davon zu überzeugen, daß Interessen „des gesamten Vaterlandes auf dem Spiele" stünden, weshalb unbedingt notwendig sei, die Realisierung seiner Machtwechsel-Version zu ermöglichen. Er hatte Hindenburgs angeschlagene Verfassung nach dem Rücktritt Brünings, von seinem Staatssekretär Erwin Planck, Schleichers Oberstleutnant Eugen Ott und Rudolf Diels eilfertig unterstützt, geschickt zu nutzen verstanden. In Neudeck, wo der Reichspräsident sich von seiner schweren persönlichen Enttäuschung zu erholen gedachte, war Papen der ihm nachgesagten „Kamarilla"-Funktion tatsächlich gerecht geworden. Als Hindenburg zusagte, den Ausnahmezustand über Preußen zu verhängen, war er überzeugt, daß die – von Diels „dokumentarisch" vorbereiteten – Behauptungen Papens über einen staatsgefährdenden kommunistenfreundlichen Kurs des preußischen Innenministeriums und seiner Polizeiabteilung zuträfen, so daß augenblicklich radikal gehandelt werden müsse.

Die vieldiskutierte Frage, ob die preußische Staatsregierung in der Lage gewesen wäre, erfolgreich Widerstand zu leisten, ist heute sowenig zuverlässig zu beantworten wie 1932[8]. An einen Generalstreik wie 1920 gegen Kapp und Lüttwitz war angesichts der rund sechs Millionen Arbeitslosen nicht zu denken, zumal Hindenburg mit Hilfe der SPD und der Gewerkschaften im April

[7] Hindenburg bekräftigte damit eine inhaltlich gleichlautende Erklärung Papens, der noch hinzugefügt hatte: „Die Einsetzung eines Reichskommissars ist die ultima ratio, wenn wirklich lebenswichtige Interessen des gesamten Vaterlandes auf dem Spiele stehen; solange dies nicht der Fall ist, wird die Reichsregierung keine solche Experimente machen."

[8] „Als Vorsitzender der Sozialdemokratischen Partei Deutschlands sehe ich mich gezwungen", schrieb Otto Wels am 17. August 1932 an Papen, „Verwahrung gegen die Art einzulegen, in der seitens staatlicher und Reichsbehörden gegen Angehörige der Sozialdemokratischen Partei vorgegangen wird, die sich in Beamtenstellung befinden... Ich weise... darauf hin, daß... dem... durch die Notverordnung des Herrn Reichspräsidenten vom 20. Juli 1932 eingesetzten Reichskommissar das Recht bestritten wird, namens des Staatsministeriums Beschlüsse zu fassen und Personaländerungen vorzunehmen. Trotzdem sind eine Reihe politischer Beamter: Oberpräsidenten, Regierungspräsidenten, Polizeipräsidenten und Landräte" zur Disposition gestellt, zwangsweise beurlaubt oder auf andere Weise geschädigt worden.

gerade erst wieder Reichspräsident geworden war. Gegen Hindenburgs Autorität und das einsatzbereite Eliteheer, das mit Sicherheit anders als im März 1920 reagiert hätte, mußte jede Absicht illusorisch erscheinen, sich dem Staatsstreich Papens zu widersetzen. Braun und Severing resignierten dann auch kampflos[9].

Hindenburg hatte nun zwei seiner wichtigsten Wahlhelfer von 1932, den Zentrums-Exponenten Brüning und den Sozialdemokraten Braun, widerstandslos aus ihren Ämtern entfernt. Schleicher und Papen, denen die SA und SS ihre Wiederzulassung in Uniform verdankten, hatten innerhalb weniger Tage beängstigende Folgen registrieren müssen. Am 17. Juli 1932 waren in einer Straßenschlacht in Hamburg-Altona 19 Menschen getötet und 285 verletzt worden. Von der Aufhebung des SA-Verbots am 16. Juni an bis zum 18. Juli 1932 gab es in Deutschland 99 Tote und 1125 Verletzte.

Die auf Papens Veranlassung veranstalteten Reichstagswahlen bescherten den Nationalsozialisten am 31. Juli 1932 einen totalen Triumph. Sie erhielten mit 230 Abgeordneten 97 Sitze mehr als die SPD, die 133 Mandate bekam und vor den Kommunisten mit 89 Abgeordneten nur noch die zweitstärkste Fraktion des Reichstags stellte.

Da Hindenburg nicht bereit ist, Hitler die ungeteilte Macht als Reichskanzler anzuvertrauen, weil er befürchtet, daß er sie einseitig nutzen würde, kommt es augenblicklich zum Bruch zwischen Hitler und Papen, der nun von der NSDAP massiv bekämpft wird. Um nicht womöglich in einem Bürgerkrieg unterzugehen, verfügt Papen mit Hindenburgs Erlaubnis auf dem Verordnungswege die Todesstrafe für Gewalttaten und politischen Terror.

Hitler, nunmehr extremer Gegner des Reichskanzlers Franz von Papen, der nach seiner Auffassung die Schuld daran trägt, daß Hindenburg ihn nicht nur ablehnt, sondern ihm buchstäblich feindlich gesinnt ist, beschimpft Papen öffentlich als „Bluthund“.

[9] Die Klage der Regierung Otto Braun (der persönlich zu schnell resignierte) vor dem Staatsgerichtshof wurde im Februar 1933 durch die Gleichschaltung der Länder mit dem Reich gegenstandslos.

Am 13. August 1932 empfängt Hindenburg Papen, Schleicher und Hitler. Der Reichspräsident erweckt den Eindruck, als sei die Kanzler-Frage akut. Er kanzelt Hitler buchstäblich ab und wirft ihm vor, seine oppositionelle Haltung und Politik nicht „ritterlich" zu verfechten.

Hitler nimmt das zum Anlaß, am 17. August in seiner Parteizeitung *Völkischer Beobachter* zu erklären, daß die nationalsozialistische Bewegung sich ehrlich der deutschen schaffenden Menschen annehme. Die bürgerlichen Reaktionäre wissen, droht er, „daß wir ihre Politik der Schwäche ablösen werden ... Beide ahnen, daß die Zeit der Klassen- und Standesinteressenkämpfe sich ihrem Ende nähert". Sich auf seine starke Fraktion im Reichstag berufend, redet er nun dem Parlamentarismus das Wort und fordert einerseits, die Rechte des Reichstages zu achten, und droht andererseits, die anderen politischen Parteien alsbald vernichten zu wollen. Er polemisiert gegen das „Kabinett des Herrenklubs", weil er die von ihm geforderten Vollmachten von Hindenburg nicht bekommen hat, und verkündet für 1932 große „Siege und Erfolge".

Ihn drängt es von nun an nicht so sehr zur Reichskanzlei, wie es den Anschein hat[10]. Wenn er öffentlich kompromißlos das Amt des Regierungschefs fordert, tut er es, weil er von seinen Anhängern bedrängt wird und weil er genau weiß, daß Hindenburg nicht bereit ist, ihm die Kanzlerschaft anzuvertrauen. „Ich weiß", entgegnet er im Oktober 1932 einem Industriellen, den er vergeblich um Geld für die Partei gebeten hat, „daß meine Anhänger und Parteigenossen ungeduldig sind – und nicht mehr zuwarten wollen. Sie wollen mich an der Macht sehen."

Das Zentrum erwägt – entgegen der unnachgiebigen Ablehnung Hindenburgs – vorübergehend, mit der NSDAP eine Koalition einzugehen, das Kabinett Papen zu stürzen und Hitler als Kanzler zu akzeptieren. Brüning, so wird am grünen Tisch geplant, soll – wie schon von Oktober 1931 bis Juni 1932 – als Außenminister fungieren. Ihre Situation im Reichstag ist günstig; denn bei insgesamt 608 Abgeordneten im Parlament verfügen die Nationalsozialisten mit 230 und das Zentrum mit 75 Abgeordneten über die absolute Mehrheit, so daß sie rechnerisch

[10] Vgl. S. 310 und die dortige Anmerkung 6.

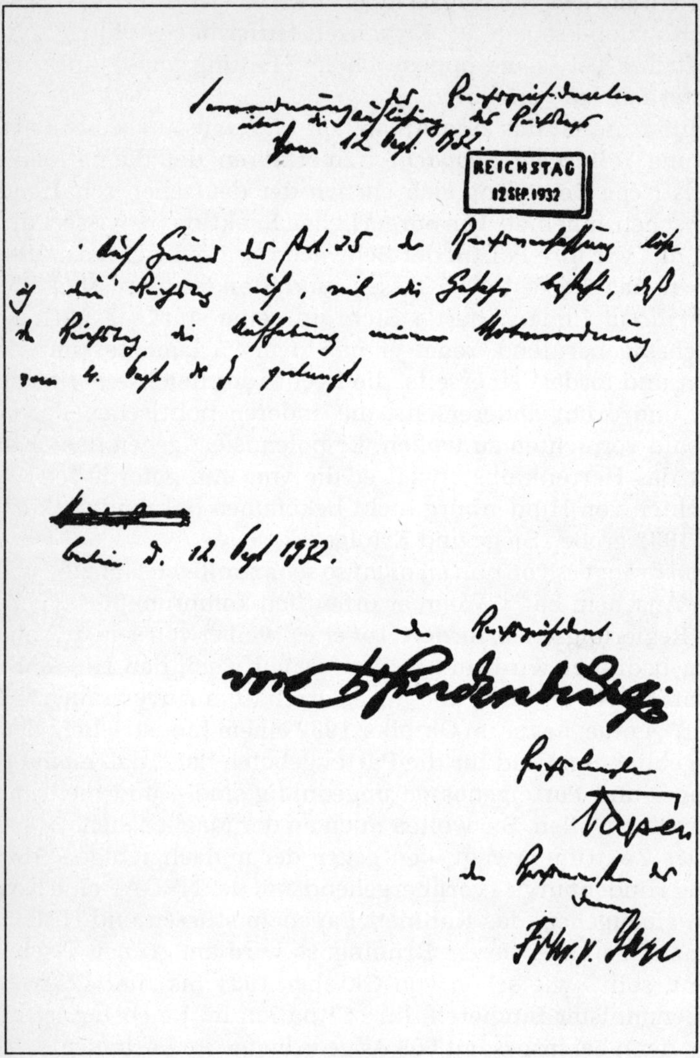

Anweisung des Reichspräsidenten über die Auflösung des Reichstages vom 12. September 1932

Auf Grund des Artikels 25 der Reichsverfassung löse ich den Reichstag auf, weil die Gefahr besteht, daß der Reichstag die Aufhebung meiner Notverordnung vom 4. September dieses Jahres verlangt.

Neudeck (durchgestrichen)
Berlin d. 12. September 1932.

Der Reichspräsident
von Hindenburg
Reichskanzler
Papen
Der Reichsminister des
Innern
Frhr. v. Gayl

durchaus in der Lage sind, ein auf eine absolute parlamentarische Mehrheit gestütztes Kabinett zustande zu bringen; aber es kommt nicht dazu. Angesichts der parteipolitischen Isolierung des Papen-Kabinetts, das im Grunde nur von Hindenburg und 37 Abgeordneten der DNVP gestützt wird, muß Papen den Reichstag fürchten, zumal die Nationalsozialisten ihn seit dem 13. August haßerfüllt befehden.

Als Papen am 12. September 1932 erstmals nach den Neuwahlen vom 31. Juli 1932 den Reichstag betritt, fungiert Hermann Göring als Reichstagspräsident, der dem Kanzler eine sichtbare Niederlage bereiten will und ihm keine Gelegenheit gibt, die in Eile handschriftlich niedergelegte und von Hindenburg unterschriebene neuerliche Reichstagsauflösungsorder des Reichspräsidenten vorzutragen[11]. Als Papen, vor Görung in der Regierungsbank stehend, sich zu Wort meldet, blickt Göring unverwandt nach links zu den Kommunisten und tut, als habe er die Wortmeldung des Kanzlers gar nicht bemerkt. Nach dieser ostentativen Provokation bleibt Papen und seinen Ministern nur übrig, protestierend den Sitzungssaal zu verlassen. Das ihm und seiner Regierung danach ausgesprochene Mißtrauen des Reichstages, der sich mit 512 zu 42 Stimmen (bei fünf Enthaltungen) gegen das „Kabinett der Barone“ entscheidet, gleicht einer niederschmetternden Abfuhr, wie sie noch keinem Regierungschef der Republik zuteil geworden war.

So wird am 6. November 1932 zwangsläufig ein weiterer Wahlkampf auf Reichsebene nötig. Papen hat damit zwar die Möglichkeit erzwungen, noch vor den Wahlen außenpolitische Erfolge zu bewirken; aber die Realisierung seiner wichtigsten Absicht, nämlich in Genf noch rechtzeitig die völlige deutsche militärische Gleichberechtigung zu erreichen, gelingt seinem Außenminister Freiherr von Neurath nicht mehr[12], so daß die Regierung keinen Prestigegewinn registrieren kann.

[11] Die Auflösungsorder wurde mit dem Verdacht begründet, daß der Reichstag die Aufhebung der Notverordnung vom 4. September 1932 zur „Ankurbelung der Wirtschaft“ verlangen könnte, was am 12. September auf Antrag des kommunistischen Fraktionsvorsitzenden Ernst Torgler auch geschah. Dennoch hätte das – verfassungsmäßig zumindest anfechtbare – Auflösungsdekret nicht mit der vermuteten „Gefahr“ der Aufhebungsforderung begründet werden dürfen.
[12] Sie wurde dem Reich erst am 11. Dezember 1932 zugestanden.

Innenpolitisch schlägt ebenfalls nichts mehr positiv zu Buche. Papens reaktionären Traum vom neuen Staat, den er nun nach der Beseitigung der NSDAP und KPD, der Gewerkschaften und Wirtschaftsverbände mit Hilfe von Notverordnungen schaffen will, muß er ebenso aufgeben wie seine außenpolitischen Illusionen. Schleicher ist nicht bereit, ihn noch länger zu stützen und mit ihm mitzugehen. Er macht Papen klar, daß er, der General und Reichswehrminister, nationalsozialistische und kommunistische Putschversuche während einer Staatsneuordnung im Sinne Papens nicht von der Reichswehr niederwerfen lassen würde.

Die Wahlen bringen einige Überraschungen. Obwohl Hitler, von rund 60 teilweise namhaften deutschen Hochschullehrern öffentlich als Retter Deutschlands gefeiert, beispielsweise am 1. Oktober 1932 Ehrenbürger von hundert Gemeinden allein „der badischen Grenzmark" geworden ist und täglich neue Ehrungen solcher Art hat registrieren können, sind mehr als zwei Millionen seiner Wähler vom 31. Juli nicht bereit, ihm wieder ihre Stimme zu geben. Er verliert 34 Sitze im Reichstag. Dennoch stellt die NSDAP auch weiterhin die stärkste Fraktion im Reichstag.

Profitiert haben – außer der DNVP und der DVP mit insgesamt 19 hinzugewonnenen Sitzen – nur die Kommunisten, die in den neuen Reichstag nicht mit 89 Abgeordneten einziehen, wie es nach der Wahl vom 31. Juli der Fall gewesen ist, sondern mit hundert und damit nur noch 21 Sitze weniger als die SPD erhalten, die den Verlust von 12 Mandaten und rund 700 000 Wählern verzeichnen muß.

Der Regierungschef ist am Ende. Schon am 12. September, als der am 30. August eben erst zusammengetretene Reichstag wegen einer tariflichen Auseinandersetzung wieder aufgelöst werden mußte, hat Papen auch in der breiten Öffentlichkeit den Kredit eingebüßt. Bereits da ist unübersehbar deutlich geworden, daß er nur so lange würde regieren können, solange ihn das unbedingte Vertrauen Hindenburgs trägt. Zwar hat das sowohl vom Reichspräsidenten als auch vom Reichskanzler mißachtete Parlament keine Gegenregierung anzubieten vermocht, nachdem Papen und seine Regierung von 90 Prozent der Abgeordneten des Reichstages (unter Zustimmung auch des Zentrums) auf

Antrag der Kommunisten das Mißtrauen ausgesprochen worden ist, so daß es bei dem Präsidial-Kabinett Papen geblieben ist; aber die Würde der Regierung und des Parlaments ist empfindlich beschädigt worden. Hinter dem Reichskanzler steht als tatsächliches einziges Gegengewicht gegen die Machtansprüche Hitlers und der NSDAP nur noch der Reichspräsident[13], der sich jetzt selbst auch keinen Autoritätsverlust leisten darf.

Am 17. November bittet Papen Hindenburg, der Demissionierung des gesamten Kabinetts zuzustimmen, führt die Geschäfte jedoch bis Anfang Dezember weiter, um Hindenburg in Ruhe entscheiden lassen zu können. Eine neue Regierung muß gebildet werden.

Am 1. Dezember empfängt Hindenburg Papen und Schleicher, um deren Vorschläge zu hören. Papen, der nach wie vor seinen Staatsstreichideen nachhängt, entwickelt vor dem Präsidenten erneut, was ihm vorschwebt: die notfalls gewaltsame Durchsetzung seiner Staatsreformpläne und die nachträgliche Billigung des Verfassungsbruches durch eine Volksabstimmung oder durch eine neu berufene Nationalversammlung. Schleicher sucht andere Wege aus dem Dilemma. Er empfiehlt Hindenburg, die – durch Agitation einer linken Gruppe innerhalb der NSDAP – drohende Spaltung der Hitler-Partei zu nutzen und die dann abgefallenen rund 60 Abgeordneten mit Vertretern der Gewerkschaft, der SPD und der bürgerlichen Parteien zusammenzufassen und sie für die Tolerierung eines von ihm geführten Kabinetts zu gewinnen. Doch Hindenburg hält noch zu Papen[14].

Als dieser am nächsten Tag jedoch feststellt, daß die von ihm geführte Reichsregierung nicht seinen, sondern Schleichers Vor-

[13] Hinter Papen hätte im Falle einer massiveren Auseinandersetzung gegebenenfalls noch Hugenberg mit der DNVP gestanden, die im Juli 1931 allerdings nur insgesamt 8,4 und im November 1932 9,9 Prozent der Wähler-Stimmen auf sich vereinigte. Die Einbeziehung der NSDAP in die Papen-Regierung stand zu der Zeit schon deshalb nicht zur Debatte, weil Hitler noch nicht soweit war, Hindenburg durch Scheinkompromisse und andere Scheinzugeständnisse für sich zu gewinnen.

[14] Gregor Strasser, der innerhalb der NSDAP gegen Hitler rebellierende bayerische Apotheker, der bis Ende 1932 in der NSDAP über einen bemerkenswerten Anhang verfügte, schied am 8. Dezember 1932 aus der NSDAP aus, so daß Schleichers Bemühungen um die von Hitler eingenommenen „linksorientierten“ Nationalsozialisten als Koalitionspartner ohnehin erfolglos bleiben mußten.

stellungen den Vorzug gibt, bittet er Hindenburg, ihn endgültig zu entlassen.

Hindenburg, der Papen seit einiger Zeit als seinen Lieblingskanzler zu bezeichnen pflegt, tut dies schweren Herzens. Ein Hindenburg-Foto mit der sinnigen Widmung „Ich hatt' einen Kameraden" ist eine vorerst letzte Auszeichnung aus der Hand des Staatsoberhauptes.

„... in Gottes Namen Herrn von Schleicher sein Glück versuchen lassen“

Kurt von Schleicher, der 1882 geborene ehrgeizige General, der sich gern als „großer Mann“ und „sozialer General“ feiern läßt, genießt seit dem Kriege zwar das Vertrauen Hindenburgs; aber als Kanzler auf dem Stuhl Otto von Bismarcks hat ihn der Reichspräsident nur äußerst ungern sehen wollen. Allerdings ist auch Schleicher selbst auf dem Weg zur Reichskanzlei nicht einem Ziel gefolgt, das nach eigenen Wunschvorstellungen seine Karriere krönen sollte. Seit über einem Jahr hat er das Wechselspiel zwischen Verfassungskabinett und Präsidial-Regierung nicht nur aus nächster Nähe beobachtet, sondern auf verschiedenen Ebenen auch maßgeblich mitinszeniert.

Am 22. November 1932, 13 Tage vor Schleichers Berufung zum Kanzler, hat Hindenburg Hitler erklären lassen, daß er schon deshalb nicht als Kanzler für ein Präsidial-Kabinett in Frage komme, weil er „Führer einer die Ausschließlichkeit seiner Bewegung“ fordernden Partei sei. Und er hat ihm darlegen lassen, wie er „den Unterschied zwischen einem Präsidial-Kabinett und einer parlamentarischen Regierung“ sieht.

„Das Präsidial-Kabinett – aus der Not und dem Versagen des Parlaments geboren“, so gibt Meissner Hindenburgs Interpretation weiter, „wird in der Regel die notwendigen Regierungs-Maßnahmen ohne vorherige Zustimmungen des Parlaments auf Grund des Artikels 48 der Reichsverfassung in Kraft treten lassen. Es bezieht seine Machtvollkommenheiten also in erster Linie vom Reichspräsidenten und braucht das Parlament im allgemeinen nur zum Sanktionieren oder Tolerieren dieser Maßnahmen. Eine parlamentarische Regierung muß alle Gesetzesentwürfe vor dem Inkrafttreten den gesetzgebenden Körperschaften zur Beratung und Genehmigung vorlegen; sie bezieht ihre Machtvollkommenheiten also ausschließlich von einer parlamentarischen Mehrheit. Daraus ergibt sich, daß der Führer eines Präsidialkabinetts nur ein Mann des besonderen Vertrauens des Herrn Reichspräsidenten sein kann.

2. Das Präsidial-Kabinett muß überparteilich geführt und zusammengesetzt sein und ein vom Reichspräsidenten gebilligtes, überparteiliches Programm verfolgen. Eine parlamentarische Regierung wird in der Regel von dem Führer einer der für eine Mehrheits- und Koalitionsbildung in Frage kommenden Parteien und aus Mitgliedern dieser Parteien gebildet und verfolgt im wesentlichen Ziele, auf die der Reichspräsident nur in geringem Maße und nur mittelbaren Einfluß hat. Hiernach kann ein Parteiführer, noch dazu der Führer einer die Ausschließlichkeit seiner Bewegung fordernden Partei, nicht Führer eines Präsidialkabinetts sein."

Schleicher kennt zwar diese Erklärung nicht; aber er weiß selbstverständlich, wie Hindenburg die Dinge sieht. Und er weiß, daß er Hindenburg zu keiner Entscheidung überreden kann, der er nicht selbst auch innerlich zustimmt. Als General und amtierender Reichswehrminister, so viel steht für ihn auch fest, wird er als Kanzler eines Präsidial-Kabinetts angesichts der Haltung und Struktur Hindenburgs bestimmte Probleme allein schon hinsichtlich der Berücksichtigung und Bewertung der Verfassungsbestimmungen und der nunmehr sichtlichen Hinneigung Hindenburgs zu einer parlamentarischen Regierungsweise bekommen, die er sich nicht wünschen kann.

Der Duzfreund des Kronprinzen Wilhelm und forsche Intrigant, den selbst Freunde wegen seines gnadenlosen Taktierens meiden und fürchten, kann jetzt, nachdem Hindenburg mit Rücktrittsabsichten gedroht hat und die November-Wahlen keine Regierungsmehrheiten als möglich haben erscheinen lassen, nicht mehr zurück. Er muß dem Feldmarschall gehorchen, der keinen anderen Ausweg mehr zu sehen meint.

Schleichers Kanzlerschaft steht so unter keinem guten Omen. Der 14. und letzte Reichskanzler der Weimarer Republik beginnt seine Tätigkeit am 3. Dezember 1932 mit einer halbherzigen Empfehlung. „Dann müssen wir", so hat Hindenburg nachdenklich gesagt, „in Gottes Namen Herrn von Schleicher sein Glück versuchen lassen."

Der General erlebt einen furiosen Auftakt, den ihm die Abgeordneten der beiden extremen Flügelparteien im Reichstag bescheren. Am 7. Dezember kommt es nach einem Zwischenruf eines kommunistischen Abgeordneten zu wüsten Prügelszenen zwischen den Nationalsozialisten und den Kommunisten. Pultdeckel, Aschenbecher, Telefonapparate, Taschen, Spucknäpfe und was immer sonst greifbar erscheint, werden als Schlagwerkzeuge benutzt, die Scheibe einer Verbindungstür zertrümmert und ein Kronleuchter von der Decke gerissen.

Hindenburg ist nach diesem Pöbelterror im Parlament entsetzt. Schleicher, den er nicht nur mit der Kanzlerschaft betraut, sondern auch in seinem bisherigen Amt als Reichswehrminister belassen hat, muß augenblicklich erkennen, daß seine alten Vorstellungen von einer Zusammenarbeit zwischen militärischer und politischer Führung mehr als nur riskant sind. Die letzte intakte Ordnungsinstanz, die Reichswehr, darf er nicht „benutzen". Ihm muß in dieser Situation genügen, sie im Hintergrund zur Kanalisierung „nationaler" Kräfte – und notfalls zur Verhinderung eines Bürgerkrieges – zur Verfügung zu haben. Wie Hindenburg sich im November 1918 gegenüber dem Kaiser geweigert hat, die Armee „gegen die Heimat" einzusetzen, so denkt er auch jetzt nicht daran, die Reichswehr womöglich auf Deutsche schießen zu lassen.

Die oft wiederholte These, daß die Weimarer Republik 1932 noch zu retten gewesen wäre, wenn ihre Führung über ein „treu ergebenes Heer" verfügt hätte, geht von Spekulationen aus, die sich der Reichsführung zu der Zeit nicht als Tatsache stellten. Die konsequente Haltung Hindenburgs, dem das Militär mit Sicherheit auch in einer solchen Krisenlage gehorcht hätte, ließ Gedankenspiele, wie Schleicher sie mit Groener, dem Reichswehrminister von Juni 1928 bis Juni 1932, offensichtlich gelegentlich diskutiert hat, illusorisch erscheinen.

Am 26. Juli 1932, zwei Monate nach dem Beginn der Kanzlerschaft Papens, hat Schleicher infolge seiner Überzeugung, keine „Politik im luftleeren Raum" treiben und weder dem Kapitalismus noch dem Sozialismus verpflichtet sein zu wollen, im Sinne seiner Maximen erklärt: „Der Staat muß zum aktiven Träger des

Wehrgedankens werden. Der Wehrgedanke muß zum Kitt einer neuen Staatsgesinnung werden. Er muß zum heilenden Serum werden gegen die volkszersetzenden Giftstoffe eines selbstmörderischen Pazifismus, der Staatsverleumdung und des Klassenkampfes. Opferbereitschaft, Disziplin, Kameradschaft im Dienste des Vaterlandes müssen wieder nationale Tugenden werden."

Zwei Tage nach der dramatischen Sitzung vertagt sich der Reichstag auf unbestimmte Zeit, nachdem es durch Mehrheitsbeschluß – mit den Stimmen der SPD – eine Amnestie und Straffreiheit für politische Verbrechen (außer Mord) verabschiedet hat. Inhaftierten Kommunisten und Nationalsozialisten, Pazifisten (wie Carl von Ossietzky) und Verrätern militärischer Geheimnisse öffneten sich die Gefängnistore durch Gesetzesbeschluß. Es ist die letzte Entscheidung des republikanischen Parlaments, das 1932 nicht mehr zusammentritt.

Die Hoffnungen der Deutschen, die mit Schleichers publizistischem Organ *Tägliche Rundschau* die Überzeugung geteilt haben, daß mit dem General das „letzte Pferd... aus dem Stall herausgeholt" worden sei, konnten nur durch innen- und außenpolitische Erfolge erfüllt werden. Und diese Erwartungen brauchten Ende 1932 durchaus keine Illusionen zu sein. Die NSDAP hatte bedenklich abgewirtschaftet[1], was signalhaft bereits bei den Reichstagswahlen vom 6. November sichtbar geworden war.

Wirtschafts-, innen- und außenpolitisch kündigte sich nicht nur das Ende der langen Talfahrt, sondern auch der Beginn einer Gesundung[2] an, die den Nationalsozialisten weitgehend die Möglichkeit nahm, propagandistisch wirkungsvoll auf Mängel, Schwächen und Fehler der Regierungspolitik hinzuweisen. Der freiwillige Arbeitsdienst zählte rund eine Viertelmillion junger Männer. Die obligatorische Zinsverringerung bei landwirt-

[1] Bei den Landtagswahlen vom 4. Dezember 1932 in Thüringen verlor die NSDAP 40 Prozent der Wähler, die ihr noch im Juli das Vertrauen ausgesprochen hatten. Goebbels klagte am 8. und 10. Dezember, daß infolge der trostlosen finanziellen Situation nicht mehr zielbewußt gearbeitet werden könnte.

[2] Beim Jahreswechsel gab es zwar noch rund sechs Millionen Arbeitslose (weniger als im Vorjahr); aber der Reichshaushalt hatte sich etwas erholt, und der jahrelange Produktionsrückgang in einigen Industriezweigen war gestoppt worden.

schaftlichen Darlehen, die Hitler und sein Landwirtschaftsminister Walter Darré später zu tragenden Aspekten der Wirtschaftspolitik erhoben, war im September 1932 eingeführt worden. Am 11. Dezember 1932 hatten die USA, Großbritannien, Frankreich und Italien eine wesentliche Bestimmung des Versailler Vertrages annulliert und in Genf dem Reich die militärische Gleichberechtigung zugestanden, was schon Brüning und Papen auf Hindenburgs Drängen zu erreichen gehofft hatten.

Deutschland konnte von nun an tatsächlich in einem System allgemeiner Sicherheisgarantien aufrüsten und die Lage auf dem Arbeitsmarkt spürbar verbessern. Die Weltwirtschaftskrise ging ihrem Ende entgegen, was der Reichsführung die Politik ebenso erleichtern mußte, wie es in den USA der Fall war, wo Ende 1932 Hitlers späterer Gegenspieler Franklin D. Roosevelt Präsident wurde. Deprimiert schreibt Goebbels am 23. Dezember 1932 in sein Tagebuch: „Das Jahr war eine einzige Pechsträhne. Man muß es in Scherben schlagen. Draußen geht der Weihnachtsfrieden durch die Straßen ... . Die Vergangenheit war sc hwer, und die Zukunft ist dunkel und trübe; alle Aussichten und Hoffnungen vollends entschwunden." Die *Frankfurter Zeitung* konstatiert am 1. Januar 1933 hoffnungsvoll, daß der „gewaltige nationalsozialistische Angriff auf den Staat ... abgeschlagen" worden sei. Hindenburg spricht von der Hoffnung auf das Ende der Notzeit. Schleicher kann davon ausgehen, daß die Talsohle endlich verlassen worden sei.

Wie alle vorausgegangenen Kanzler der Weimarer Republik in bestimmten Phasen, so hat auch Kurt von Schleicher Fortüne. Sein Plan, unter Vernachlässigung der politisch handlungsunfähigen bürgerlichen Parteien und der SPD mit Hilfe der Gewerkschaften – und mit Anhängern aller politischen Schattierungen außer den Kommunisten – regieren zu können, ist in ganz Europa beispiellos. Dabei allerdings hat der geschickt taktierende General die Gewerkschaften und die politischen Parteien falsch eingeschätzt. Anders als 1930 setzt sich die SPD Anfang 1933 gegen die Gewerkschaften durch, und Hitler zwingt den mit Schleicher verhandelnden Rebellen Strasser Anfang Dezember 1932, die Partei zu verlassen[3].

Am 15. Dezember, elf Tage nach seinem Amtsantritt, erklärt Schleicher nach Unterredungen mit Hindenburg über den Rundfunk, der seit Papens Kanzlerschaft täglich eine „Stunde der Reichsregierung“ sendet, mit welchem Programm die bereits abflauende „große Krise“ gänzlich beendet werden solle. „Ich habe“, sagte er, zunächst um Verständnis werbend, „gegen die Annahme des Kanzleramts die allerschwersten Bedenken gehabt ... weil ich nicht der Nachfolger meines Freundes Papen ... sein wollte ... Vor allen Dingen aber deshalb, weil der Wehrminister als Reichskanzler nach Militärdiktatur riecht und weil die Gefahr nicht von der Hand zu weisen ist, daß durch eine Verbindung dieser beiden Ämter die Wehrmacht zu stark in die Politik gezogen werden könnte ... Ich möchte deshalb heute auch an alle Volksgenossen die Bitte richten, in mir nicht nur den Soldaten, sondern den überparteilichen Sachwalter der Interessen aller Bevölkerungsschichten für eine hoffentlich nur kurze Notzeit zu sehen, der nicht gekommen ist, das Schwert zu bringen, sondern den Frieden ... Es sitzt sich schlecht auf der Spitze der Bajonette ... Man kann auf die Dauer nicht ohne breite Volksstimmung hinter sich regieren.“

Daß er sich bereits unmittelbar nach dieser formellen und durchsichtigen „Bitte“ selbst widerspricht, verrät jedermann sofort, daß die parlamentarisch-demokratisch eingefärbten Formeln nur aufgesetzte Phrasen sind. „Zunächst werde ich schon zufrieden sein“, verspricht er drohend, „wenn die Volksvertretung ... der Regierung ohne Hineinreden und ohne die hinlänglich bekannten parlamentarischen Methoden Gelegenheit gibt, ihr Programm durchzuführen.“

Dann erklärt er, „dieses Programm besteht aus einem einzigen Punkt: Arbeit schaffen“, und beruft sich auf Hindenburg, den er gebeten hat, einen Reichskommissar für Arbeitsbeschaffung einsetzen zu dürfen. „Seine Aufgabe wird es ein“, erläutert er, „jeder Arbeitsmöglichkeit nachzuspüren, ein großzügiges Arbeitsbeschaffungsprogramm aufzustellen und seine Durchfüh-

[3] Die Bemühungen Schleichers (vor allem im November 1932) um die Spaltung der NSDAP mit Hilfe des nationalsozialistischen Hitler-Gegners Gregor Strasser, dem er das Amt des Vizekanzlers im Rahmen seiner Regierung für den Fall anbot, daß er mit seiner „linksorientierten“ „Fraktion“ aus der NSDAP ausschiede, blieben erfolglos. Strasser schied am 8. Dezember 1932 aus der NSDAP aus und wurde für Schleicher damit uninteressant.

rung zu überwachen... Außerdem wird sichergestellt werden, daß die bereitgestellten Geldmittel ausschließlich für die Finanzierung dieser Arbeiten verwandt werden... Das Reich hilft Ländern und Gemeinden, deren finanzielle Verhältnisse sehr schwierig liegen, durch organisatorische und finanzielle Maßnahmen. Mit der Frage der Arbeitsbeschaffung hängt die Siedlung eng zusammen."

Den Militär, der er als Kanzler nicht sein will, kann er nicht verbergen. „Gerade auch als Wehrminister muß ich auf Besiedlung unserer Ostmark den größten Wert legen", sagt er und fährt im Stile Hitlers fort: „Denn letzten Endes sind es noch immer die Menschen auf eigener Scholle gewesen, die den besten Grenzwall gegen das Vordringen fremden Volkstums abgaben. Um in der Siedlungsfrage künftig schneller vorwärtszukommen, ist innerhalb des Reichskabinetts dem Reichskanzler und in seiner Vertretung dem Reichskommissar für die Arbeitsbeschaffung ein besonderer Einfluß auf das Siedlungswesen eingeräumt."

Die programmatische Rede, die spezifische Aspekte streift, ohne differenzierende Erklärungen abzugeben, wird allgemein als zu „quer", zu undeutlich und als „Verbeugung nach allen Seiten" empfunden, sobald der Aspekt ausgeklammert wird, den Schleicher eigentlich repräsentiert: das Militär. Die Landwirte klagen Schleicher an, die Produktionsgüterindustrie zu bevorzugen und die Landwirtschaft wie ein fünftes Rad am Wagen zu behandeln. Daß er im Osten des Reiches das Siedlungswesen forcieren und zum „Grenzwall" gegen „fremdes Volkstum" machen will, ist für die Großagrarier, die schon Brünings Siedlungspläne bekämpft haben, ein weiterer Stein des Anstoßes. Der Deutsche Industrie- und Handelstag dagegen fordert die Unterlassung zollpolitischer Maßnahmen zugunsten der Bauern, und Krupp von Bohlen empfiehlt mahnend, zu Papens Programm zurückzukehren. Und auch die Reichsbank sieht in ihm und seiner Politik der „Querfront" nicht die Lösung, die sie bedingungslos mitzutragen bereit ist. Die Linken nehmen ihm nicht den so provozierend zur Schau gestellten „sozialen General" ab. Selbst bei der Reichswehr, seiner „Hausmacht", werden überraschend schnell vorsichtige Stimmen gegen ihn laut.

Bei Hindenburg hat Schleicher seinen Kredit schneller eingebüßt, als er befürchten konnte – oder mußte. So schreibt beispielsweise Wilhelm Keppler, einer der Geldbeschaffer Hitlers und einflußreichen „Führer-Macher" im Hintergrund, dem Führer der NSDAP bereits am 19. Dezember, daß er, Keppler, „dieser Tage" mit Hjalmar Schacht und dem Kölner Bankier von Schröder zusammengetroffen sei und daß Schröder ihm „soeben" telefonisch erklärt habe: Papen hat „selbst langsam die Persönlichkeit seines Nachfolgers" Schleicher „erkannt, der ständig seine Mitarbeiter getäuscht und betrogen und sein eigenes Spiel gespielt habe. Bei ihren Verhandlungen" mit Hindenburg „habe Schleicher stets dazwischengeschossen, und auch sein eigener Sturz sei durch ein Torpedo des Herrn von Schleicher erfolgt. Die Stellung des Kanzlers sei recht schwach; denn der alte Herr sei jetzt über die ‚Manieren', die zur Anwendung gekommen seien, aufgeklärt und stehe dem Kanzler sehr ungünstig gegenüber... Herr von Papen hält eine baldige Änderung der politischen Dinge für erforderlich." Er, Papen, sei bereit, so heißt es weiter, für Hitlers Kanzlerschaft einzutreten – und bitte Hitler um eine „vertrauliche Aussprache".

Schleicher ist, noch ehe er es recht begriffen hat, schon am Ende. Am 23. Januar 1933 erscheint er vormittags bei Hindenburg, den er um eine Unterredung gebeten hat. Er trägt dem Reichspräsidenten vor, daß der Reichstag vermutlich am 31. Januar zusammentreten, einen Mißtrauensantrag gegen seine Regierung stellen und zugleich die Aufhebung der Notverordnung fordern werde. Seine Bitte: Auflösung des Reichstages und mehrmonatige Verschiebung seiner Neuwahl, weil eine termingerechte Neuwahl die Situation nicht ändere.

Der inzwischen der fortwährenden Prolongierung der Machtmittel des Artikels 48 müde gewordene 86jährige Hindenburg sagt ihm zwar, sich „noch überlegen" zu wollen, ob er den Reichstag auflöse; aber er erklärt ihm sogleich auch definitiv, „die Hinausschiebung der Wahl über den in der Verfassung vorgesehenen Termin zur Zeit" aus verfassungsrechtlichen Gründen nicht auf sich zu nehmen. Er wolle sich, was im gegenteiligen Fall mit Sicherheit zu erwarten sei, nicht „von allen Seiten" des Verfassungsbruches zeihen lassen. Wenn Schleicher auf seiner Bitte beharre, solle er prüfen, wie die einzelnen Parteiführer sowohl über die Frage des Staatsnotstandes als auch des Vorwurfes „eines Verfassungsbruches" dächten.

Schleicher ahnt an diesem Montag, daß er wohl nur noch etwa eine Woche lang Kanzler sein wird. Jeder seiner Vorgänger hat länger als 55 Tage regiert.

Eine Woche später, am 28. Januar, empfängt Hindenburg ihn noch einmal. Schon der Termin, 12 Uhr 15 Uhr mittags, verheißt dem Reichskanzler wenig Hoffnung auf einen Erfolg. Er trägt dem Reichspräsidenten vor, welche Möglichkeiten er noch sieht. Und dies sind: entweder ein „Mehrheitskabinett Hitler“, ein „Minderheitskabinett Hitler“ oder die „Beibehaltung der jetzigen Präsidialregierung“. An die Möglichkeit zur Umsetzung der ersten Lösung glaubt er selbst nicht. Beim zweiten Vorschlag schränkt er schon beim Vortrag ein, daß er „nicht der bisherigen Haltung des Herrn Reichspräsidenten“ entspreche, und hinsichtlich der dritten Version macht er geltend, daß die Fortsetzung der Arbeit des von ihm geleiteten Präsidialkabinetts nur möglich sei, wenn er „das Vertrauen und die Vollmacht des Herrn Reichspräsidenten“ hinter sich habe. Gegen „eine Regierung auf der schmalen Basis der Deutschnationalen“, die am 6. November 1932 lediglich acht Prozent der Wählerstimmen auf sich vereinigt haben, sieht er „9/10 des deutschen Volkes“ eingestellt. Eine Staatskrise würde die Folge sein. Wenn er nun, so bittet er Hindenburg, vor den Reichstag treten solle, müsse er von ihm die Vollmacht bekommen, das Parlament auflösen zu dürfen.

Doch dazu ist Hindenburg nicht bereit. Er dankt Schleicher „für die dem Vaterlande in schwerer Zeit geleisteten treuen Dienste“[4] und entläßt ihn. Auf Schleichers letzte Bitte, bei „der Neubildung der Reichsregierung... keinen Parteigänger Hit-

[4] Nach dem Gesprächsprotokoll hat Hindenburg, der konsequent nach Möglichkeiten zur Bildung einer Mehrheitsregierung suchte, in dem Zusammenhang auch gesagt: „Ich erkenne dankbar an, daß Sie versucht haben, die Nationalsozialisten für sich zu gewinnen und eine Reichstagsmehrheit zu schaffen. Es ist leider nicht gelungen, und es müssen daher nun andere Möglichkeiten versucht werden.“ Wen er mit „die Nationalsozialisten“ meinte, kann nicht zwingend beantwortet werden, weil Schleicher (mit seinem Wissen) bis Dezember 1932 mit den „linken“ Rebellen innerhalb der NSDAP verhandelt hatte. Angesichts der Bitte Hindenburgs nach Schleichers Verabschiedung, Papen prüfen zu lassen, ob ein Mehrheits-Kabinett aus Parteien der Mitte und der Rechten im Rahmen der Verfassung zustande zu bringen wäre, ist nicht auszuschließen, daß der „alte Herr“ eben doch an Hitler – trotz der ihm bis dahin erteilten Abfuhren – gedacht hat, ohne den zu der Zeit eine solche Regierung nicht denkbar erschien.

lers“ womöglich mit der Führung des Reichswehrministeriums zu beauftragen, reagiert Hindenburg mit der knappen Feststellung, daß er dies schon von sich aus „absolut ablehne“.

Aber bereits zwei Tage später muß Schleicher, dem der Reichspräsident die erbetenen besonderen Vollmachten vorenthält, was den Kanzler scheitern läßt, das von ihm seit dem 1. Juni 1932 geführte Reichswehrministerium Werner von Blomberg übergeben[5], einem General, der nicht gerade zu den unversöhnlichen Gegnern Hitlers gehört. Auf seinem anderen Stuhl, dem Platz des Reichskanzlers, sitzt seitdem Adolf Hitler. Daß er, der notorische Zauderer, seit Ende November 1932 in Berlin „Gewehr bei Fuß“ gestanden und auf seine Berufung zum Reichskanzler gewartet habe, wie Goebbels später stilisierend behauptete, ist eine Legende[6].

Hindenburg hat sich nicht dazu entschließen können, aus taktischen Erwägungen die Verfassung zu brechen und Hitler und dessen NSDAP, die sich formell an die Verfassung hielten, aus dem politischen Geschehen auszuschalten. Er weiß, daß ein so motivierter Verfassungsbruch im Rahmen eines Rechtsstaates nicht schadlos bleiben kann. Die Entscheidung für Hitler als Kanzler ist ihm – auch aus emotional geprägten persönlichen Erwägungen – sehr schwergefallen, obwohl in der am 30. Januar in ihr Amt eingeführten Hitler-Regierung – neben Hitler – nur ein Nationalsozialist als Minister mit Geschäftsbereich vertreten

[5] Ein Versuch der Generale von Hammerstein und von Stülpnagel, Hindenburg dafür zu gewinnen, Schleicher als Reichswehrminister zu behalten, blieb erfolglos.

[6] Da Hindenburg sich weder Kanzler noch Minister vorschreiben ließ, hatte Hitler am 23. November an Meissner geschrieben: „Ich habe daher davon abgesehen ... mit einer Partei Fühlung zu nehmen, und bitte Sie deshalb ... dem hochverehrten Herrn Reichspräsidenten folgende ehrerbietige Meldung übermitteln zu wollen: Den mir am Montag ... vom Herrn Reichspräsidenten erteilten Auftrag kann ich infolge seiner inneren Undurchführbarkeit nicht entgegennehmen und lege ihn daher in die Hand des Herrn Reichspräsidenten zurück.“ Dann reiste er, um nicht erreichbar zu sein, quer durch Deutschland. Am 27. November war er in Weimar, am 30. in München und in Weimar. Am 1. Dezember hielt er sich in Greitz und Altenburg, am 2. in Gotha und Jena und am 3. Dezember in Eichsfeld und Sonneberg auf. Schon am 16. November hatte er Papen, der ihn sprechen wollte, ausweichend beschieden: „Ich bin nicht in der Lage, zu einer mündlichen Aussprache zu kommen, sondern bitte, daß, wenn überhaupt ein solcher Gedankenaustausch gewünscht wird, dies schriftlich geschieht.“

ist. Theodor Eschenburgs These aus dem Jahre 1952, daß „die demokratische Republik ihren Gegnern" durch Hindenburgs „formale Vertragskorrektheit" ausgeliefert worden sei, läßt bereits die hier folgende Feststellung Julius Lebers fragwürdig erscheinen: „Der Umschwung war nur noch eine Frage der Zeit, wenn kein Wunder geschah. Und das Wunder geschah nicht!"

Während seines ganzen Lebens ist Hindenburg niemals Vabanquespieler gewesen, niemals „Glücksritter", und so kann und will er dies an der Schwelle seines Grabes erst recht nicht sein. Wäre er durch die Inszenierung eines Staatsstreiches von der Verfassung abgewichen, dann hätte er Hitler und dessen Anhang offiziell die Legitimation geliefert, dies – mit schwersten Konsequenzen für das Verfassungsleben – auch zu tun. Ein Staatsstreich, wie Eschenburg ihn für notwendig hielt – und wie Schleicher ihn mit Hilfe der Reichswehr hatte inszenieren wollen –, hätte 1933 weder die Demokraten noch die Nationalsozialisten zu „Siegern" gemacht. Das Reich wäre – mit seiner Verfassung – schon da zerbrochen!

Hindenburg war 1933 überzeugt, alle Energie, über die er als 86jähriger noch verfügte, als Schutzwall gegen die zu der Zeit und unter den Umständen aus einem Verfassungsbruch resultierenden Gefahren einsetzen zu müssen. Gustav Radbruch, der renommierte Rechtslehrer und einstige sozialdemokratische Justizminister von 1921 und 1923, hat in jener Zeit des Umbruchs – Hindenburgs Entscheidungen rechtfertigend – erklärt: „Die Demokratie lehnt es ab, sich mit einer bestimmten politischen Auffassung zu identifizieren, ist vielmehr bereit, jeder politischen Auffassung, die sich die *Mehrheit* verschaffen konnte, die Führung im Staate zu überlassen, weil sie ein eindeutiges Kriterium für die Richtigkeit politischer Anschauungen nicht kennt."

Dieser Feststellung und Walther Hubatschs mehr als drei Jahrzehnte jüngerem Urteil, „Wenn die Mehrheit sich für eine Beseitigung der bisherigen verfassungsmäßigen Einrichtungen entschied, mußte das... als ein Ausdruck lebendiger Verfassungsentwicklung angesehen werden", ist nichts hinzuzufügen.

„Die Jagd ist aus“

Um sich abzulenken und Kraft zu schöpfen, hält sich Hindenburg, der als Reichspräsident niemals außerdeutschen Boden betreten hat, mit zunehmendem Alter immer lieber in Neudeck auf, wo er sich nach wie vor wie ein Gutsherr um die Verwaltung kümmert. Oskar von Hindenburg hat in der Zeit nach 1927 ein neues, modernes und großes, aber nicht prunkvolles Herrenhaus mit angemessen gestalteten Gästezimmern errichtet, weil das alte verbrauchte Gutshaus den Ansprüchen nicht genügen konnte, die sein Vater als Reichspräsident an eine „Sommerresidenz“ stellen mußte.

Auf Gut Neudeck, das der Reichspräsident seit 1930 jeweils im Sommer für rund zwei Monate bewohnt, diktiert er Briefe und empfängt wie eh und je deutsche und ausländische Gäste. Ist Meissner nicht zugegen, übernimmt er auch dessen Verpflichtungen. Er hält – buchstäblich bis an sein Lebensende – aus dem Stegreif Tischreden und imponiert Besuchern immer wieder durch sein Auftreten.

Nicht der gravitätisch denkmalhafte greise Titan, den jedermann von Bildern her kennt, fixiert primär den bleibenden Eindruck. Der unerwartet liebenswürdige Charme und die natürliche Offenheit für Probleme seiner Mitmenschen aller Altersschichten und jedweder Herkunft sind es, die das „Hindenburg-Bild“ bestimmen. Daß er sich privat sowohl in Berlin als auch in Neudeck stets besonders um Jugendprobleme kümmert, erscheint angesichts des allgemein verbreiteten Klischees ebenfalls nicht als selbstverständlich. In Neudeck weiß er, wer vom „Gesinde“ und von den Arbeitern des Gutes heiratet, Kindtaufe hat, krank ist oder sich in einer Notlage befindet, und er hilft. Die Tränen nach seinem Tod im August 1934 galten dort nicht dem verstorbenen Reichspräsidenten, sondern dem väterlich besorgten Gutsherrn, zu dem jedermann gehen konnte, wann und womit es auch immer sein mochte.

Dennoch legt er großen Wert auf die Einhaltung der Etikette und anderer bestimmter Regeln. Wird im Palais anläßlich einer Einladung beispielsweise getanzt, und er sieht irgendwo ein „Mauerblümchen" sitzen, befiehlt er seinem Adjutanten, der Dame sofort einen Tänzer zuzuführen. Junge Männer, die während der Tänze das kalte Büfett „abräumen", werden barsch angewiesen, sich sofort den Damen als Gesellschafter zu widmen oder die Tanzfläche in Anspruch zu nehmen. Einem Sekretär der britischen Botschaft, der sich, die Hände in den Taschen, mit einer Dame unterhält, läßt er durch einen Adjutanten sagen, daß in Deutschland ein solches Verhalten nicht üblich sei. Die bei Empfängen leise und diszipliniert waltende Dienerschaft trägt

Das Herrenhaus des Familiengutes Neudeck in Ostpreußen, für Hindenburg „die Heimat, der feste Mittelpunkt auch meiner Familie".

– vom Präsidenten aus der eigenen Tasche bezahlte – Livreen in den Hausfarben Hindenburgs: Blau-Silber.

Nicht nur die gediegene Höflichkeit im Rahmen des höfischen Szenariums, sondern auch die soliden Speisen „nach ostpreußischer Gutsherrenart" exemplifizieren preußische Tradition. Wer Empfänge im Stile des französischen Sonnenkönigs mit entsprechend aufwendigen Menüs, Getränken und exotischen Genüssen erwartet, ist im Hause Hindenburg am falschen Platz. Die Gäste werden gewöhnlich nicht einmal mit Sekt, Wein oder Likören bewirtet, sondern schlicht mit Bowle und belegten Broten.

Die Einladung zu Hindenburg zeichnet aus, nichts sonst. Im November 1922, als Gerhart Hauptmanns 60. Geburtstag öffentlich gefeiert wurde, hatten sich die meisten Berliner Professoren geweigert, am Festakt in der Aula der Universität teilzunehmen, weil der sozialdemokratische Reichspräsident Ebert und Paul Löbe, der sozialdemokratische Präsident des Reichstages, als Ehrengäste angekündigt worden waren. Jetzt reißen sich viele von ihnen buchstäblich darum, Gast Hindenburgs sein und gelegentlich neben Löbe oder Eberts Witwe Louise sitzen zu dürfen.

Der Hausherr, dem als „Dame des Hauses" seine 1897 zur Welt gekommene Schwiegertochter Margarete von Hindenburg, eine geborene von Marenholtz und Tochter der Gräfin Margarete von der Schulenburg, stets umsichtig zur Seite steht, wirkt hier völlig anders als in den Kino-Wochenschauen. Er ist gesprächig, hat für jeden Gast ein persönliches Wort, scherzt, hört zu und nimmt sich seiner Gäste an, soweit seine Vorstellungen vom Bild und Inhalt seines Amtes es zulassen. Daß mancher Gast das Haus mit dem Gefühl verläßt, in einem alten und vornehmen Offizierskasino gewesen zu sein, hält Hindenburg für durchaus angemessen.

Er, der Präsident aller Bürger sein möchte, ist kein Bürger-Präsident, und er ist auch in Frack oder Gehrock kein Zivilist, was er jedoch auch nicht sein will. Immer bleibt er trotz aller Leutseligkeit und Freundlichkeit gegenüber jedermann der Feldherr, der das legitime Vorrecht in Anspruch nimmt, gegebenenfalls das letzte Wort zu haben. Als während eines Balles, den er in Berlin gibt, niemand so recht weiß, wann es schicklich sei, die Veranstaltung zu verlassen, läßt der Hausherr von der Kapelle kurzerhand das traditionelle Signal der Jäger intonieren: „Die Jagd ist aus!" Daß es der letzte Ball ist, den er als deutsches

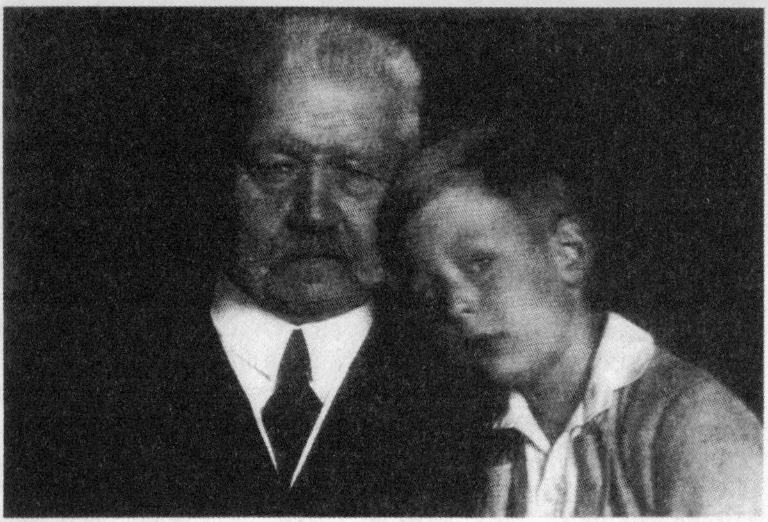

Großvater Paul von Hindenburg mit Enkel Hubertus von Hindenburg im Juni 1933 in Neudeck.

Staatsoberhaupt hat inszenieren lassen, kann er zu der Zeit noch nicht wissen.

Wie angesichts der Stellung, des Ansehens und des Alters Hindenburgs nicht anders zu erwarten, hoben die zeitgenössischen Berichte über seinen Gesundheitszustand und seine geistige Kraft seit 1931/32 einander auf, zumal nicht wenige der Zeugen lediglich kolportierten, was sie aus zweiter Hand über Hindenburg wußten. Wilhelm Keil beispielsweise, der Präsident des Württembergisch-Badischen Landtages, der jahrelang mit Persönlichkeiten zusammenkam, die mit Hindenburg zu tun hatten, gab 1932 weiter, was ihm über die nach wie vor ungebrochene geistige Statur des Reichspräsidenten berichtet worden war. Hermann Pünder, der Staatssekretär der Reichskanzlei dagegen, tat dies aus erster Hand. Der „alte Herr", so stellte er im Januar und Februar 1932 fest, sei „sehr frisch" und erzähle in kleinem Kreise „allerlei Schnurren". Otto Meissners Berichte bis Mitte Oktober 1932 lauteten entsprechend, und auch Hindenburgs Hausarzt seit 1926, Hugo Adam, urteilte so[1]. „Bis zu den letzten Wochen seiner schweren Erkrankung" ab Juni 1934, so schrieb

Adam, „war der Reichspräsident im Besitz seiner geistigen Kräfte“.

Gegenteilige Feststellungen Heinrich Brünings von 1947 gegenüber dem Schriftsteller Rudolf Pechel gelten als Übersetzungsfehler, Ferdinand Sauerbruchs nachträglich publizierte Memoiren wegen der zahlreichen sachlichen Irrtümer als in vieler Hinsicht wertlos.

Hitler, der Hindenburg noch Anfang 1933 nur in Gegenwart Papens Vortrag halten durfte, erzählte am 18. Januar 1942 in seinem ostpreußischen Hauptquartier „Wolfsschanze“ im Hinblick auf die Zerstreutheit und Vergeßlichkeit Hindenburgs: „Eines Tages war Papen verreist. Ich ging allein hin. Wieso ist denn immer der Herr von Papen dabei? Ich will doch Sie sprechen! Papen hat ... bedauert, daß er auf die Reise gegangen war.“

Wie nahezu jeder alte Mensch, so erinnert auch Hindenburg sich detailliert an bestimmte Einzelheiten aus frühester Kindheit, vergißt aber rasch, was ihm ein paar Stunden zuvor noch präsent gewesen ist. Seinen körperlichen Verfall kann er nicht verbergen[2], sein Erinnerungsdefizit aus Altersgründen hingegen will und muß er, zumal als amtierender Reichspräsident, möglichst retuschieren und geheimhalten. Gelegentlich schützen ihn die Mauern und das Personal von Neudeck vorsorglich davor, diese – seit 1931 sichtlich zunehmende – Last des sehr hohen Alters offenbaren zu müssen.

Daß Meissner ihm sowohl die Reden als auch viele der oft langen Briefe formuliert habe, wie ungezählt oft behauptet worden ist, entspricht nicht den Tatsachen. Zutreffend ist eher das Gegenteil! Aus dem einstigen Kommandeur, der sich über falsch gesetzte Kommata ärgerte, ist in dieser Hinsicht inzwischen ein

[1] Hermann Panthen, der einstige Direktor des Heeresarchivs Stuttgart, überlieferte nach Feststellungen von Walther Hubatsch, daß Hindenburg zumindest bis zu seiner Wiederwahl im April 1934 „nicht passiv seines Amtes gewaltet, sondern ... sich neben dem amtlichen Vortrag noch privatim über die Lebensfragen des deutschen Volkes orientiert habe“.

[2] Als er sich einmal mit der Eisenbahn auf einer – der Öffentlichkeit bekannten – „Dienstreise“ befand und den seiner auf dem Bahnsteig harrenden Schaulustigen vom Fenster aus zuwinken sollte, befand er sich gerade auf dem WC. Dem aufgeregten Drängen seiner Begleitung folgend, begab er sich mit herunterhängender Hose zum Fenster, lehnte sich heraus, winkte – und ließ seinen Diener sicherheitshalber einen Nachttopf bereithalten.

„Gutsherr“ Paul von Hindenburg im Sommer 1933 in Neudeck.

zu Kompromissen und „gnädigen“ Urteilen noch viel weniger bereiter alter Mann geworden. Nicht selten muß Meissner, nachdem Hindenburg die von seinem Staatssekretär vorbereiteten öffentlichen Verlautbarungen gelesen hat, die Arbeit mehrmals auf sich nehmen. Hindenburg ändert Formulierungen, ersetzt lange Fremdwörter durch gut klingende deutsche Bezeichnungen und stellt gelegentlich selbst den Satzbau völlig um. Hie und da „antikisiert“ er Texte durch veraltete Schreibweisen, setzt ein „h“ hinter ein „t“, wie er es einmal in der Schule und in der Kadettenanstalt gelernt hat. Sämtliche Details und Zusammenhänge militärischen Charakters werden von ihm grundsätzlich allein bearbeitet.

Was nur ihn allein angeht, schreibt er, wo immer er sich auch befindet, im Haus oder Palais, auf einem Spaziergang, in der Kutsche oder im Auto, in ein Notizbuch, das er bei Tage gewöhnlich in der Innentasche seines Jacketts verbirgt und nachts persönlich im Safe seines Schlafzimmers einschließt. Nicht einmal Meissner, der zuweilen sieht, daß der „alte Herr“ darin blättert, einzelne Seiten herausreißt und sie selbst verbrennt, darf hineinschauen. Bestimmte Anzeichen lassen indes vermuten, daß es sich bei den Notizen um Stichwörter zu jeweils aktuellen Ereignissen handelt, die ihm infolge seines inzwischen nicht mehr zuverlässigen Kurzzeitgedächtnisses ohne Erinnerungsstützen zu entfallen drohen.

Bis an den Rand seines Grabes hin bleibt er – wie sein Vorgänger Ebert auch – „im Geschirr“.

Die Reichskanzler der Weimarer Republik

Kanzler	*Partei*	*Amtsantritt*	*Regierungsdauer*
Friedrich Ebert	SPD	9. 11. 1918	94 Tage*
Philipp Scheidemann	SPD	13. 2. 1919	130 Tage
Gustav Bauer	SPD	21. 6. 1919	277 Tage
Hermann Müller	SPD	27. 3. 1920	72 Tage
Konstantin Fehrenbach	Zentrum	21. 6. 1920	317 Tage
Joseph Wirth	Zentrum	10. 5. 1921	165 Tage
Joseph Wirth	Zentrum	26. 10. 1921	384 Tage
Wilhelm Cuno	parteilos	22. 11. 1922	263 Tage
Gustav Stresemann	DVP	13. 8. 1923	51 Tage
Gustav Stresemann	DVP	6. 10. 1923	48 Tage
Wilhelm Marx	Zentrum	30. 11. 1923	177 Tage
Wilhelm Marx	Zentrum	3. 6. 1924	195 Tage
Hans Luther	parteilos	15. 1. 1925	223 Tage
Hans Luther	parteilos	20. 1. 1926	112 Tage
Wilhelm Marx	Zentrum	20. 1. 1927	499 Tage
Hermann Müller	SPD	29. 6. 1928	636 Tage
Heinrich Brüning	Zentrum	30. 3. 1930	556 Tage
Heinrich Brüning	Zentrum	9. 10. 1931	233 Tage
Franz von Papen	Zentrum**	1. 6. 1932	170 Tage
Kurt von Schleicher	parteilos	4. 12. 1932	55 Tage

* Einschließlich der Zeit, in der er als Vorsitzender des Rates der Volksbeauftragten fungierte.
** Papen trat unmittelbar vor seiner Berufung zum Reichskanzler aus der Partei aus.

Hitler

Seit dem 30. Januar 1933 ist der 1889 in Braunau am Inn geborene österreichische Beamtensohn und NSDAP-Führer Adolf Hitler, der 1925 nach seiner Entlassung aus der Landsberger Festungshaft, 1930 im Leipziger Reichswehrprozeß und 1932 bei seiner Vereidigung als Regierungsrat in Braunschweig gelobt hat, die Reichsverfassung zu achten und als Politiker nur „legal" an die Macht kommen zu wollen, Chef eines Kabinetts, dem – neben ihm – zunächst ein Nationalsozialist als Minister mit eigenem Ressort angehört: Innenminister Wilhelm Frick[1]. Vizekanzler ist Papen (parteilos), Außenminister Freiherr von Neurath (parteilos), Reichswehrminister von Blomberg (parteilos), Wirtschaftsminister und Ernährungsminister Hugenberg (DNVP), Finanzminister Graf Schwerin von Krosigk (parteilos), Arbeitsminister Seldte (Stahlhelm) und Justizminister Gürtner (DNVP).

Hitler ist nun Reichskanzler und Führer der politischen Partei, die am 6. November 1932 die weitaus meisten Wählerstimmen auf sich vereinigt hat. 33,1 Prozent der Wähler haben sich für die NSDAP, 20,4 Prozent für die SPD, 16,9 Prozent für die KPD, 11,9 Prozent für das Zentrum, 8,9 Prozent für die DNVP, 3,1 Prozent für die BVP, 1,9 Prozent für die DVP und 1 Prozent für die DDP entschieden[2].

Hitler verzichtet in seinem ersten Aufruf als Regierungschef

[1] Reichsminister ohne Geschäftsbereich wurden Göring und Goebbels.
[2] Hitler hätte bei der für den 31. Januar 1933 angesetzten Reichstagssitzung mit seinen 196 Abgeordneten zusammen mit den Kommunisten, die über hundert Sitze verfügten, jede parlamentarisch gewählte Regierung im 584 Mandate umfassenden Reichstag zum Rücktritt zwingen können.

darauf, sich als Führer herauszustellen. Den Tatsachen entsprechend, erklärt er, daß er „die Ehre vor der deutschen Geschichte, nunmehr an diesem Werke führend teilnehmen zu dürfen“, vor allem „dem großherzigen Entschluß des Generalfeldmarschalls“ verdanke. „Ein 14jähriges, in der deutschen Geschichte wohl beispielloses Ringen“, verkündet er, „hat nunmehr zu einem großen politischen Erfolg geführt. Herr Reichspräsident von Hindenburg ernannte mich, den Führer der nationalsozialistischen Bewegung, zum Kanzler des Deutschen Reiches. Nationale Verbände und Parteien schlossen sich zum gemeinsamen Kampf für Deutschlands Wiederauferstehung zusammen... An Euch, meine Parteigenossen, richte ich nur die eine große Bitte: Gebt mir Euer Vertrauen und Eure Anhänglichkeit in diesem neuen und großen Ringen genauso wie in der Vergangenheit – dann wird uns auch der Allmächtige seinen Segen zur Wiederaufrichtung eines Deutschen Reiches der Ehre, der Freiheit und des sozialen Friedens nicht versagen.“

Nicht nur Papen ist überzeugt, daß Hitler alsbald so in die Ecke oder an die Wand gedrängt sein werde, daß er „quietsche“[3]. Eine Gefahr, so meinen die meisten Politiker einhellig, werde er jedenfalls nicht darstellen, da davon ausgegangen werden müsse, daß er bereits in wenigen Monaten mit seinem Latein am Ende sein und hoffnungslos abgewirtschaftet haben werde. Zudem ist er auf die von ihm im August und November zur Zeit der Kanzlerschaft Papens als unannehmbar abgelehnten Angebote eingegangen und hat die Kanzlerschaft ohne weitere Bedingungen und außerordentliche Vollmachten angetreten. Hindenburg, der Hitler nach wie vor persönlich entschieden ablehnt und kurz zuvor noch demonstrativ erklärt hat, daß ihm „doch nicht“ zugetraut werden könne, „diesen österreichischen Gefreiten zum Reichskanzler“ zu berufen, hegt die Hoffnung, daß der bindungslos laute Parteiführer durch die Berufung zum Kanzler endlich seine destruktive Oppositionsbasis aufgeben und sich für die Staatsverantwortung entscheiden werde.

[3] Alfred Hugenberg, der Hitler ebenfalls empfohlen hatte, weil er davon ausgegangen war, daß es möglich sein würde, ihn „einrahmen“ und so schließlich „zähmen“ zu können, erkannte bereits am ersten Regierungstag Hitlers, daß seine Rechnung nicht aufging, weil die „Verbündeten“ nicht mitmachten.

Inwieweit die Drohungen der NSDAP, die infolge ihrer Struktur, Substanz und Erfahrungen in der Lage war, Deutschland ins Chaos zu stürzen, ohne schließlich selbst als „Sieger" zurückzubleiben, bei Hindenburgs Entscheidung eine Rolle spielte, ist nicht nachvollziehbar. Nicht viel anders verhält es sich hinsichtlich des Einflusses des Neudecker Hindenburg-Nachbarn Oldenburg-Januschau, seines Umkreises und des Reichslandbundes.

Die Zustimmung Meissners und Oskars, die vor dem 30. Januar 1933 zu Hitler übergeschwenkt sind und über den NSDAP-Führer positiv zu urteilen beginnen, den die von Hindenburg im November gezielt konsultierten Parteiführer immerhin bereits lieber als Papen[4] im Kanzleramt sehen wollten, läßt Hindenburg die von ihm getroffene Entscheidung leichter ertragen. Die Äußerung des britischen Botschafters, daß mit Hitler der Führer der stärksten Partei zum Reichskanzler berufen worden sei, was – nach den verunglückten Präsidial-Kabinetten – auf die Rückkehr zur Verfassung hoffen lasse, trägt ebenso dazu bei wie zahlreiche Pressemeldungen.

Die *NSZ-Rheinfront* beispielsweise schreibt am 2. Februar über den 30. Januar: „Unübersehbare Menschenmassen wälzen sich durch das Regierungsviertel, die Wilhelmstraße, die Linden ... Auf dem Pariser Platz ... sind wir auf das Verdeck einer Autodroschke geklettert, um über die Menschenmauern, die den Marschweg säumen, hinwegblicken zu können. Ein Jubelsturm ohnegleichen bricht los, als die Spitze der SA mit leuchtenden Fackeln ... sichtbar wird. Und nun ziehen sie vorüber in schier endlosem Zuge. Dröhnende Kampflieder, Trommeln und Pfeifen, Militär-, Schalmaien-Musik zerreißen im Wechsel die Luft ... dazu die unaufhörlich zum Himmel aufsteigenden Heilrufe der begeisterten Menge ... Über 4 Stunden wird dieser Einmarsch währen. Aber noch steht uns der stärkste Eindruck bevor. Wenige Schritte noch, und wir werden unserem geliebten Führer ins Auge sehen dürfen ..."

Zwar kommentiert die *Germania,* das Blatt des über zu geringe Beachtung durch Hitler verstimmten Zentrums, die „Macht-

[4] Auch ein gegen Hitler gerichteter Alternativvorschlag Schleichers sprach letztlich mehr gegen Papen als gegen Hitler als Kanzler.

Ende Januar 1933

Reichspräsident Paul von Hindenburg: Überparteilich, aber für Rückkehr zur parlamentarischen Demokratie; persönlich gegen Hitler

Gegen Hitler:

Gravierende ideologische Unterschiede;

Mißtrauen gegenüber Hitlers Verhalten und Äußerungen;

Angst vor Unkontrollierbarkeit Hitlers, seiner Partei und Politik;

Befürchtung der Mißachtung und Ausschaltung des Parlaments, der Demokratie und des Rechts;

Besorgnis um die Zukunft der eigenen Parteien, ihrer Mitglieder und Anhänger.

Für Hitler:

Führer der politischen Partei mit der weitaus stärksten Fraktion im Reichstag;

Empfehlungen der Führer der politischen Parteien, die bei den Wahlen im November 1932 zusammen mit der NSDAP 59,1 Prozent der Wählerstimmen auf sich vereinigt hatten;

besondere Lobbyisten: Oskar von Hindenburg, Staatssekretär Otto Meissner, Ex-Kanzler Franz von Papen, DNVP-Vorsitzender und Inhaber eines beherrschenden Presse-Imperiums Alfred von Hugenberg, Elard von Oldenburg-Januschau;

seit Mitte August 1932: Hitlers Appelle, die Rechte des Parlaments zu achten;

ersatzloser Verzicht Hitlers auf die im August und im November 1932 geforderten außerordentlichen Vollmachten und Bedingungen;

Möglichkeit der „Einrahmung" und „Zähmung" Hitlers und der NSDAP durch Einbindung in eine Koalitionsregierung mit Hitler als Kanzler;

Abwendung der von der NSDAP angedrohten staatsgefährdenden Konsequenzen im Falle der Mißachtung ihrer Ansprüche und formalen Rechte;

Abwendung der Gefahr einer Oppositionskoalition der NSDAP mit der KPD zur Unterbindung arbeitsfähiger Kabinette.

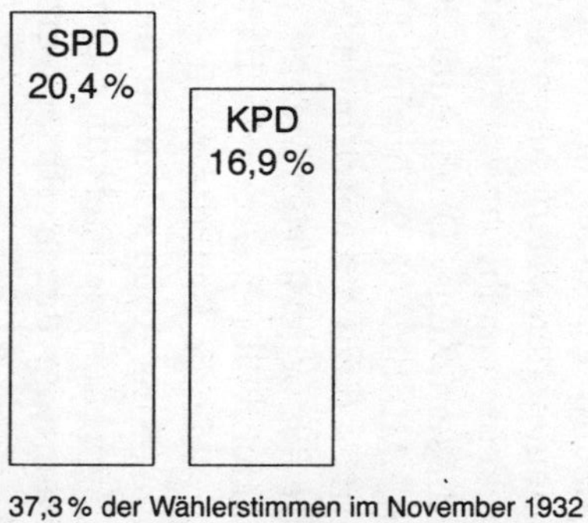

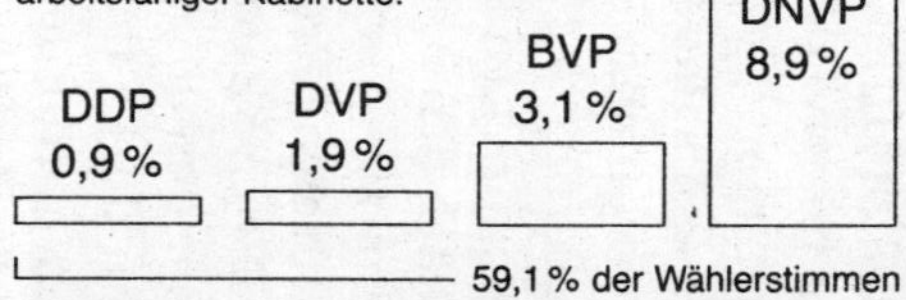

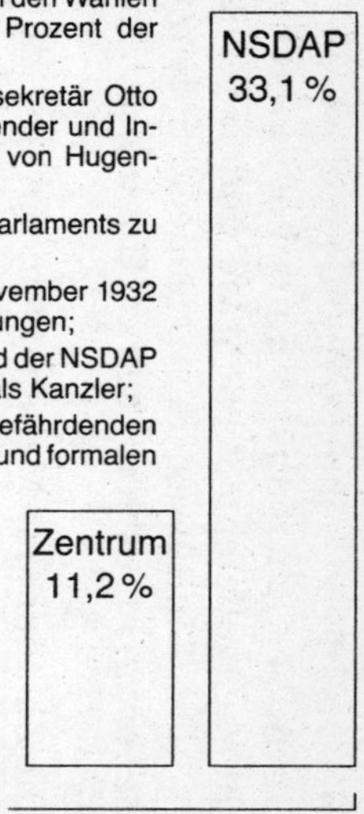

übernahme“ Hitlers zurückhaltend; aber der Tenor ist nicht ablehnend. Der deutschnationale *Berliner Lokalanzeiger* begrüßt Hindenburgs Entscheidung ebenso wie die alldeutsch orientierte *Deutsche Zeitung,* und selbst das von den Nationalsozialisten ständig als „jüdische Zeitung“ diffamierte *Acht-Uhr-Abendblatt* klagt Hindenburg nicht an, der trotz der augenblicklichen Aktualität Hitlers das herrschende Symbol für die Stimmung bleibt. Es fragt ihn lediglich, ob er glaube, daß es Hugenberg, Franz Seldte, von Neurath und Graf Schwerin von Krosigk auf die Dauer möglich sein werde, eine nationalsozialistische Diktatur zu verhindern. Die *Deutsche Allgemeine Zeitung,* die erklärt, daß Hitler eine faire Chance nicht verweigert werden dürfe, meint zwar zurückhaltend, daß kein Politiker über Hindenburgs Maßnahme jubeln könne; aber die Vorbehalte sind relativ behutsam abgefaßt.

Die feindselig artikulierten Berichte des sozialdemokratischen *Vorwärts*, der von einer „Tobsuchtsperiode der Reaktion“ redet und Hindenburg vorwirft, mit der Ernennung Hitlers zum Reichskanzler die furchtbarste Verantwortung auf sich geladen zu haben, die ein Staatsoberhaupt jemals habe übernehmen können, beeindrucken den Reichspräsidenten in diesen Tagen sowenig wie ähnliche Stellungnahmen der christlichen Gewerkschaften in deren Zeitung *Der Deutsche.* Und auch die menetekelhafte Prophezeiung, die ihm sein einstiger militärischer Untergebener Ludendorff ins Haus schickt[5], muß ihn zu der Zeit nicht beunruhigen. Sie enttäuscht ihn nicht einmal mehr. Ludendorff ist nach 1918 zu oft so peinlich negativ aufgefallen, daß Hindenburg zuweilen gemeint hat, ihn nur noch bedauern zu müssen.

Die ausländische Presse sieht die Situation nicht wesentlich anders als die deutschen Zeitungen. Der *Daily Telegraph* ist – mit dem britischen Botschafter – der Auffassung, daß es in Deutschland weder zu einer „halbfaschistischen Diktatur“ noch zur Verwirklichung der nationalsozialistischen Zielsetzung

[5] „Sie haben“, so hatte Ludendorff erklärt, „durch die Ernennung Hitlers zum Reichskanzler unser heiliges deutsches Vaterland einem der größten Demagogen aller Zeiten ausgeliefert. Ich prophezeie Ihnen feierlich, daß dieser unselige Mann unser Reich in den Abgrund stürzen und unsere Nation in unfaßbares Elend bringen wird. Kommende Geschlechter werden Sie wegen dieser Handlung im Grabe verfluchen.“

kommen werde, und die konservative *Morning Post* reagiert fast wie Hitlers *Völkischer Beobachter*. Sie informiert ihre Leser über Freudenkundgebungen in Berlin und spricht euphorisch von zahlreichen Hakenkreuzfahnen, „dem Glanz der Fackeln", den „Instrumenten der Kapellen, den Sturmtrupps" und der begeisterten Menge auf den Berliner Straßen und Plätzen.

Sachlich abwägend schrieb der Historiker Karl Dietrich Erdmann 1959 im „Handbuch der Deutschen Geschichte" („Gebhardt"): „Endlich schien es gelungen, alle sogenannten nationalen Kräfte, die in der Weimarer Republik nur eine Übergangserscheinung gesehen hatten, zu vereinigen."

Angesichts dieser unbestreitbaren Tatsachen, die beim Nachvollzug der Berufung Hitlers zum Reichskanzler nahezu nirgendwo eine proportionsgerechte Konfrontation mit der Entscheidung Hindenburgs erfahren, dem von allen Parteien (außer von der SPD und der KPD) geraten worden war, es doch einmal mit Hitler zu versuchen, muß sich zwangsläufig die Frage aufdrängen, wieso der alte Hindenburg alles hätte besser wissen und voraussehen müssen.

Neun Jahre später, am 18. Januar 1942, erzählt Hitler seinen Tischgästen im Führerhauptquartier „Wolfsschanze" in Ostpreußen in Stammtischmanier: „Auf wen sollte er (Hindenburg) sich stützen? Die Deutschnationalen waren unfähig. Gegen die Verfassung geht er nicht! Was soll er machen? Es war ihm eine große Überwindung, mit gewissen Sozialdemokraten und Zentrumsleuten zusammenzuarbeiten. Dazu kam seine Abneigung gegen Hugenberg... Der alte Herr hat mich eingeladen: Herr Hitler, ich will hören, was Sie für Gedanken haben! Es war wahnsinnig schwer, über einen solchen Abgrund weg eine Weltanschauung zu vermitteln. Anknüpfen konnte ich nur an militärische Erkenntnisse über die Notwendigkeit des Aufbaus einer Organisation. Die Brücke zum Soldaten habe ich sofort gehabt, aber die Brücke ins Politische zu finden, war ein großes Kunststück. Als ich fertig war, steigerte er sich in Zustimmung hinein... Gleich danach ließ er mich wissen, er werde mich immer hören, wenn es etwas zu entscheiden gäbe. Das war schon viel. Doch der Einfluß der mir feindlichen Kreise blieb noch so stark, daß ich 1933 zuerst nur in Gegenwart von Papen ihm Vortrag halten durfte."

Zwei Wochen zuvor hatte er Heinrich Himmlers Leistungen als Organisator der SS gerühmt und dabei mehr als nur angedeutet, wie sehr nicht nur die ihm „feindlichen Kreise“, sondern vor allem Hindenburg selbst ihm und seiner „Bewegung“ im Wege gewesen war. „Der Reichsführer hat da ein ungeheueres Verdienst“, hatte er gesagt und ergänzt: „Ich glaube nicht, daß es jemanden gibt, der unter so schwierigen Umständen seinen Verstand durchsetzen mußte. 1934 war doch das Staatsoberhaupt noch der alte Herr.“

An der ersten Kabinetts-Sitzung der Regierung Hitler, die bereits am 30. Januar stattfindet, nimmt Hindenburg nicht teil. Wider Erwarten stellt sich heraus, daß Papen trotz der Bitte Hindenburgs, nach dem Ausscheiden Schleichers sich unmittelbar mit den Führern der Mittel- und Rechtsparteien über eine Regierungsbildung zu unterhalten, nicht auch mit den maßgeblichen Exponenten des Zentrums geredet hat.

Hitler, der infolge der Schwierigkeiten, die er bis Ende 1932 mit den „Linken“ innerhalb seiner Partei gehabt und Papen schon zwischen August und November zugesagt hatte, auf eine Alleinherrschaft verzichten zu wollen, weist zunächst darauf hin, daß „eine Vertagung des Reichstages ohne Mithilfe des Zentrums nicht möglich“ sei, weshalb das Zentrum nicht verstimmt werden dürfe. Ein KPD-Verbot und den Erlaß eines Ermächtigungsgesetzes im Visier, schlägt er, geschickt tastend und die Meinungen der Mitglieder seines Kabinetts auslotend, vor, „vielleicht daran (zu) denken ... die Kommunistische Partei zu verbieten, ihre Mandate im Reichstag zu kassieren und auf diese Weise die Mehrheit“ zu erlangen[6]. Zwar erklärt er, im Reichstag die Mehrheit anstreben zu wollen; aber im Unterschied zu Hindenburg, der nach der langen Phase der Präsidial-Kabinette endlich wieder parlamentarisch getragene Regierungen haben will, ist sein Augenmerk darauf gerichtet, sobald wie möglich die KPD und die SPD zu verbieten, ihre Abgeordneten aus dem Reichstag zu vertreiben und durch eigene Parteigänger zu ersetzen.

Am 27. Februar 1933, eine Woche vor der für den 5. März angesetzten Reichstagswahl, arbeitet ihm ein nicht voraussehbares

[6] Eine von der KPD für den 30. Januar geplante Demonstration hatte Göring unmittelbar verbieten lassen.

Ereignis – vor allem auch hinsichtlich der zur Durchsetzung seiner Pläne nötigen Unterstützung durch den Reichspräsidenten – in einer gegenwärtig schwerlich noch effektvoller möglichen Weise in die Hände. Von der Bevölkerung zuerst wie ein schlechter Fastnachtsscherz aufgenommen, ist es doch Wirklichkeit: Am Abend dieses Tages brennt, von Tausenden schaulustiger Berliner umlagert, das Reichstagsgebäude. „Fest" steht für alle Gerüchteverbreiter: „Es ist Brandstiftung." Die „Nazis" verdächtigen die Linken, vor allem die Kommunisten, die Kommunisten die „Sozis", die „Sozis" die „Nazis".

„Wenn die Gerüchte recht haben", erklärt der *Vorwärts* schon in seiner Ausgabe vom 28. Februar, „wenn es wirklich Brandstiftung ist, so müssen die Täter in Kreisen zu suchen sein, die durch ihre Tat ihrem Haß gegen das parlamentarische System Ausdruck verleihen wollen."[7] Wer damit gemeint ist, kann keinem Leser des sozialdemokratischen Zentralorgans fraglich erscheinen, das im Gegensatz zur NS-Presse bereits einen Tag nach dem Brand den holländischen Maurer van der Lubbe als mutmaßlichen Brandstifter nennt. Die nationalsozialistische *NSZ-Rheinfront* vom 28. Februar ist hinsichtlich der Täter-„Identifizierung" vorerst noch zurückhaltender. „Ohne Zweifel ist von verbrecherischen Elementen der Brand gelegt worden", schreibt sie und fährt fort: „Es wird bekannt, daß das Feuer an ... fünf Brandstellen auskam, so daß man mit größter Wahrscheinlichkeit auf Brandstiftung schließen kann ... In einem Wandelgang nahm die Polizei nach bis jetzt noch unbestimmten Meldungen einen Mann fest, der im Verdacht steht, den Brand angesteckt zu haben. Er erklärte, er sei holländischer Kommunist und habe den Kapitalismus satt ... Bei dem Verhafteten soll es sich um einen holländischen Kommunisten namens van Derling handeln."

„Hitler hat für seinen Antrag beim Reichspräsidenten die besten der zu der Zeit möglichen Karten. Wenn Kommunisten den Reichstag anzünden, so kann er argumentieren, haben sie in dem Gebäude nichts mehr zu suchen. Bereits am 28. Februar verkün-

[7] Obwohl rasch „feststand", daß der Brandstifter ein Kommunist gewesen war, nutzten die Nationalsozialisten den Reichstagsbrand als Vorwand für das Verbot auch der sozialdemokratischen Zeitungen und Druckschriften. Als letzte SPD-Zeitungen erschienen am 10. März 1933 die *Bremer Volkszeitung* und die Stuttgarter *Tagwacht*.

Reichsgesetzblatt

Teil I

1933	Ausgegeben zu Berlin, den 28. Februar 1933	Nr. 17

Verordnung des Reichspräsidenten zum Schutz von Volk und Staat. Vom 28. Februar 1933.

Auf Grund des Artikels 48 Abs. 2 der Reichsverfassung wird zur Abwehr kommunistischer staatsgefährdender Gewaltakte folgendes verordnet:

§ 1

Die Artikel 114, 115, 117, 118, 123, 124 und 153 der Verfassung des Deutschen Reichs werden bis auf weiteres außer Kraft gesetzt. Es sind daher Beschränkungen der persönlichen Freiheit, des Rechts der freien Meinungsäußerung, einschließlich der Pressefreiheit, des Vereins- und Versammlungsrechts, Eingriffe in das Brief-, Post-, Telegraphen- und Fernsprechgeheimnis, Anordnungen von Haussuchungen und von Beschlagnahmen sowie Beschränkungen des Eigentums auch außerhalb der sonst hierfür bestimmten gesetzlichen Grenzen zulässig.

§ 2

Werden in einem Lande die zur Wiederherstellung der öffentlichen Sicherheit und Ordnung nötigen Maßnahmen nicht getroffen, so kann die Reichsregierung insoweit die Befugnisse der obersten Landesbehörde vorübergehend wahrnehmen.

§ 3

Die Behörden der Länder und Gemeinden (Gemeindeverbände) haben den auf Grund des § 2 erlassenen Anordnungen der Reichsregierung im Rahmen ihrer Zuständigkeit Folge zu leisten.

§ 4

Wer den von den obersten Landesbehörden oder den ihnen nachgeordneten Behörden zur Durchführung dieser Verordnung erlassenen Anordnungen oder den von der Reichsregierung gemäß § 2 erlassenen Anordnungen zuwiderhandelt oder wer zu solcher Zuwiderhandlung auffordert oder anreizt, wird, soweit nicht die Tat nach anderen Vorschriften mit einer schwereren Strafe bedroht ist, mit Gefängnis nicht unter einem Monat oder mit Geldstrafe von 150 bis zu 15 000 Reichsmark bestraft.

Wer durch Zuwiderhandlung nach Abs. 1 eine gemeine Gefahr für Menschenleben herbeiführt, wird mit Zuchthaus, bei mildernden Umständen mit Gefängnis nicht unter sechs Monaten und, wenn die Zuwiderhandlung den Tod eines Menschen verursacht, mit dem Tode, bei mildernden Umständen mit Zuchthaus nicht unter zwei Jahren bestraft. Daneben kann auf Vermögenseinziehung erkannt werden.

Wer zu einer gemeingefährlichen Zuwiderhandlung (Abs. 2) auffordert oder anreizt, wird mit Zuchthaus, bei mildernden Umständen mit Gefängnis nicht unter drei Monaten bestraft.

§ 5

Mit dem Tode sind die Verbrechen zu bestrafen, die das Strafgesetzbuch in den §§ 81 (Hochverrat), 229 (Giftbeibringung), 307 (Brandstiftung), 311 (Explosion), 312 (Überschwemmung), 315 Abs. 2 (Beschädigung von Eisenbahnanlagen), 324 (gemeingefährliche Vergiftung) mit lebenslangem Zuchthaus bedroht.

Mit dem Tode oder, soweit nicht bisher eine schwerere Strafe angedroht ist, mit lebenslangem Zuchthaus oder mit Zuchthaus bis zu 15 Jahren wird bestraft:

1. Wer es unternimmt, den Reichspräsidenten oder ein Mitglied oder einen Kommissar der Reichsregierung oder einer Landesregierung zu töten oder wer zu einer solchen Tötung auffordert, sich erbietet, ein solches Erbieten annimmt oder eine solche Tötung mit einem anderen verabredet;
2. wer in den Fällen des § 115 Abs. 2 des Strafgesetzbuchs (schwerer Aufruhr) oder des § 125 Abs. 2 des Strafgesetzbuchs (schwerer Landfriedensbruch) die Tat mit Waffen oder in bewußtem und gewolltem Zusammenwirken mit einem Bewaffneten begeht;
3. wer eine Freiheitsberaubung (§ 239) des Strafgesetzbuchs in der Absicht begeht, sich des der Freiheit Beraubten als Geisel im politischen Kampfe zu bedienen.

§ 6

Diese Verordnung tritt mit dem Tage der Verkündung in Kraft.

Berlin, den 28. Februar 1933.

Der Reichspräsident
von Hindenburg

Der Reichskanzler
Adolf Hitler

Der Reichsminister des Innern
Frick

Der Reichsminister der Justiz
Dr. Gürtner

Die im Reichsgesetzblatt verkündete „Verordnung zum Schutz von Volk und Staat".

Stimmenanteile für die einzelnen Parteien in Prozent

	Nationalversammlung	Reichstagswahlen							
	19. Januar 1919	6. Juni 1920	4. Mai 1924	7. Dez. 1924	20. Mai 1928	14. Sept. 1930	31. Juli 1932	6. Nov. 1932	5. März 1933
Wahlbeteiligung	83,0	79,2	77,4	78,8	75,6	82,0	84,1	80,6	88,8
KPD	–	2,1	12,6	9,0	10,6	13,1	14,5	16,9	12,3
USPD	7,6	17,9	0,8	0,3	0,1	0,0	–	–	–
SPD	37,9	21,7	20,5	26,0	29,8	24,5	21,6	20,4	18,3
DDP	18,6	8,3	5,7	6,3	4,9	3,8	1,0	1,0	0,9
Zentrum	15,9	13,6	13,4	13,6	12,1	11,8	12,5	11,9	11,2
BVP	3,8	4,2	3,2	3,8	3,1	3,0	3,7	3,1	2,7
DVP	4,4	13,9	9,2	10,1	8,7	4,7	1,2	1,9	1,1
DNVP	10,3	15,1	19,5	20,5	14,2	7,0	6,2	8,9	8,0
NSDAP	–	–	6,5	3,0	2,6	18,3	37,4	33,1	43,9
Sonstige	1,6	3,3	8,6	7,5	13,9	13,8	2,0	2,6	1,6

det das Reichsgesetzblatt im Namen Hindenburgs die „zur Abwehr kommunistischer staatsgefährdender Gewaltakte“ erlassene „Verordnung ... zum Schutz von Volk und Staat“.

Die verfassungsmäßig garantierten bürgerlichen Freiheiten sind nun aufgehoben, zahlreiche Artikel der Verfassung außer Kraft gesetzt, Beschränkungen der „persönlichen Freiheit, des Rechts der freien Meinungsäußerung einschließlich der Pressefreiheit, des Vereins- und Versammlungsrechts, Eingriffe in das Brief-, Post-, Telegraphen- und Fernsprechgeheimnis, Anordnungen von Haussuchungen und von Beschlagnahmen sowie Beschränkungen des Eigentums auch außerhalb der sonst hierfür bestimmten gesetzlichen Grenzen zulässig“.

Verhaftungen, vor allem von Kommunisten, sind die ersten Konsequenzen. Hitler und seine Parteigänger sehen sich bereits einen Monat nach der Machtübernahme unter Berufung auf Hindenburg in der Lage, unliebsame und oppositionelle Personen aus dem Verkehr zu ziehen und die Verhaftungslisten hervorzuholen, die von ihnen bereits lange Zeit vorher vorbereitet worden sind, wie Hermann Göring am 13. Oktober 1945 während des Nürnberger Prozesses zugab.

Trotz aller inzwischen gesetzlich legitimierten Maßnahmen und der – oft lokalen – illegalen Aktionen gegen oppositionelle Politiker und Beamte sind Hitler und die NSDAP bis März 1933 noch nicht soweit, daß sie sich leisten können, alle nicht nationalsozialistisch orientierten Zeitungen kurzerhand zu verbieten. Sie müssen sich sogar noch gefallen lassen, daß verschiedene Blätter ihre Leser aufrufen, am 5. März nicht die NSDAP, sondern (wie beispielsweise die *Osnabrücker Volkszeitung* vom 5. März) das Zentrum zu wählen.

Der Versuch der Nationalsozialisten, neue Stimmen dadurch zu gewinnen, daß sie – ganz gegen Hitlers Grundkonzept von der Beteiligung der NSDAP an Wahlen – vielerorts im Namen prominenter Bürger zur Konzentration auf die „Nationale Einheitsliste“ aufgerufen hatten, ist nicht von besonderem Erfolg gekrönt worden. Überall im Reich haben enttäuschte NS-Funktionäre und Schlägerkolonnen der SA während und unmittelbar nach den März-Wahlen mit Terror ihren Verdruß darüber abreagiert, daß viele „Volksgenossen“ sich nachweislich nicht zu ihrem „Glück“ hatten überreden lassen.

Im Wahlbezirk Düsseldorf hatte die – wie überall im Reich – von Nationalsozialisten durchsetzte Polizei, deren SA-Angehörige nicht primär den Gesetzen, sondern den Weisungen der Parteiführung gehorchten, bereits am Tage der Reichstagswahlen zahlreiche Durchsuchungen vorgenommen und 40 Personen inhaftiert. Zu Schießereien zwischen Kommunisten und der Polizei kam es – ebenfalls am 5. März 1933 – beispielsweise in Brigittenthal in Breslau, wobei ein Polizist sein Leben verlor und ein weiterer schwer verletzt wurde. Regionale und lokale katholische Zeitungen wurden – ohne konkrete gesetzliche Handhabe – verboten, ihre Redaktionsräume – vor allem in München und in der Pfalz – von der SA besetzt, Abgeordnete und Minister nicht nur der Bayerischen Volkspartei verhaftet, jüdische Geschäfte beschädigt und ihre Inhaber mißhandelt, Funktionäre anderer Parteien verprügelt, mit Schußwaffen bedroht und an ihrer Tätigkeit gehindert sowie Racheakte für Aufrufe verübt, in denen beispielsweise von Pfarrern gegen die Nationalsozialisten Stellung bezogen worden war.

Die schwache Opposition, die Hitler und der NSDAP von den staatstragenden politischen Parteien am 23. März im Reichstag entgegengebracht wird, reduziert bei Hindenburg zwei Tage nach dem aufsehenerregenden „Tag von Potsdam“, an dem er von der NS-Propaganda als historisches Symbol für die glückliche Verbindung von „Preußen“ und „Nationalsozialismus“ gefeiert worden ist[8], spürbar spezifische Selbstzweifel, Selbstvorwürfe und Unbehagen. Obwohl er am „Tag von Potsdam“ unmißverständlich hervorgehoben hat, daß er vom Reichstag die Wahrnehmung der ihm verfassungsmäßig zugeordneten Rolle erwarte, haben die Ereignisse vom 23. März im Parlament Konsequenzen ausgelöst, die ihm nicht vorschwebten. „Durch meine Verordnung vom 1. Februar dieses Jahres löste ich den Reichstag auf, damit das deutsche Volk selbst zu der von mir neu gebildeten Regierung des nationalen Zusammenschlusses Stellung nehmen könne“, hat er am 21. März in der Potsdamer Garnisonskirche

[8] Am 21. März 1933 fand in der Potsdamer Garnisonkirche am Grabe Friedrichs des Großen ein feierlicher Staatsakt statt, bei dem Hindenburg und Hitler – von der breiten Öffentlichkeit mit großem Interesse registriert – feierliche Reden hielten.

21. März 1933: Ein Bild, das um die Welt ging und die Verbundenheit von Preußentum und Nationalsozialismus dokumentieren sollte.

gesagt und feierlich erklärt: „In der Reichstagswahl vom 5. März hat unser Volk sich mit einer klaren Mehrheit hinter diese durch mein Vertrauen berufene Regierung gestellt und ihr hierdurch die verfassungsmäßige Grundlage für ihre Arbeit gegeben. Schwer und mannigfaltig sind die Aufgaben, die Sie, Herr Reichskanzler, und Sie, meine Herren Reichsminister, vor sich sehen. Auf innen- und außenpolitischem Gebiet, in der eigenen Volkswirtschaft wie in der Welt sind schwere Fragen zu lösen und bedeutsame Entschließungen zu fassen. Ich weiß, daß Kanzler und Regierung mit festem Willen an die Lösung dieser Aufgaben herangehen; und ich hoffe von Ihnen, den Mitgliedern des neugebildeten Reichstages, daß Sie in der klaren Erkenntnis der Lage und ihrer Notwendigkeiten sich hinter die Regierung stellen und auch Ihrerseits alles tun werden, um diese in ihrem schweren Werk zu unterstützen. Der Ort, an dem wir uns heute versammelt haben, mahnt uns zum Rückblick auf das alte Preußen, das in Gottesfurcht durch pflichttreue Arbeit, nie verzagenden Mut und hingebende Vaterlandsliebe groß geworden ist und auf dieser Grundlage die deutschen Stämme geeint hat. Möge der alte Geist dieser Ruhmesstätte auch das heutige Geschlecht beseelen, möge er uns freimachen von Eigensucht und Parteizank und uns in nationaler Selbstbesinnung und seelischer Erneuerung zusammenführen zum Segen eines in sich geeinten, freien, stolzen Deutschland! Mit diesem Wunsche begrüße ich den Reichstag zu Beginn seiner neuen Wahlperiode..."

Am 24. März hat Alfred Rosenberg in Hitlers Zeitung *Völkischer Beobachter* geschrieben: „Revolutionsstimmung herrschte im Reichstag, als der SPD-Führer Wels eine windelweiche Rede hielt, dabei aber noch die Dreistheit besaß, auch für die Sozialdemokratie Kampf um die deutsche Gleichberechtigung und Ehre in Anspruch zu nehmen." Die Nachwelt feiert Wels zwar als Helden, der Hitler im Reichstag eindrucksvoll entgegengetreten sei und mit ihm und seiner Politik rücksichtslos abgerechnet habe; aber die Tatsachen sahen nicht ganz so aus.

Was Wels in Anwesenheit der von den Nationalsozialisten gewaltsam reduzierten SPD-Fraktion sagte, war angesichts des gravierenden Verlustes an Demokratie, Freiheit und Recht, die das von den Nationalsozialisten geforderte Ermächtigungsgesetz[9] mit sich bringen mußte, eher zurückhaltend und dürftig als besonders mutig und bedeutend. Was er dem knapp acht Wochen im Amt befindlichen Reichskanzler Hitler namens der SPD entgegenhielt, verriet zwar bemerkenswerten politischen Instinkt; aber ein „Aufschrei" gegen die unmittelbar bevorstehende Sanktionierung des Unrechts war es nicht. Er begann mit der Feststellung, daß die SPD den außenpolitischen Forderungen Hitlers nachdrücklich zustimmte, und erinnerte daran, daß er, Otto Wels, es gewesen sei, der sich „als erster Deutscher vor einem internationalen Forum, auf der Berner Konferenz

[9] Die Nationalsozialisten, die nach den März-Wahlen und der Eliminierung der KPD-Fraktion mit 288 von 566 Sitzen (statt der gewählten 647 Abgeordneten) die absolute Mehrheit im Reichstag stellten, mußten trotz der Notverordnung vom 28. Februar 1933 die Zweidrittelmehrheit des Reichstages für ihren Antrag gewinnen, was ihnen ohne Unterstützung des Zentrums nicht möglich war. Die KPD hatten sie noch rechtzeitig ausschalten können, die SPD (vgl. Anm. 10, S. 335) nur teilweise.

vom 5. Februar 1919", gegen die Behauptung gewandt habe, daß Deutschland allein schuld „am Ausbruch des Weltkrieges" gewesen sei. Dann bestätigte er die Übereinstimmung der Sozialdemokraten mit dem Inhalt des vom „Herrn Reichskanzler" am 21. März gesprochenen Satzes „Aus dem Aberwitz der Theorie von ewigen Siegern und Besiegten kam der Wahnwitz der Reparationen und in der Folge die Katastrophe der Weltwirtschaft" und gestand der (von der SPD bis dahin wegen der beispiellosen Ausschaltung des Reichstages kritisierten) Regierung Hitler das Recht zu, sich „gegen rohe Ausschreitungen der Politik" zu schützen und „Aufforderungen zu Gewalt und Gewalttaten... mit Strenge zu verhindern", solange dies „nach allen Seiten gleichmäßig und unparteiisch" geschehe.

„Wollten die Herren von der Nationalsozialistischen Partei sozialistische Taten verrichten", bot er den sich unentwegt sozialistisch gebärdenden Nationalsozialisten an, „sie brauchten kein Ermächtigungsgesetz. Eine erdrückende Mehrheit wäre ihnen in diesem Hause gewiß." Daß die SPD nach „den Verfolgungen", die sie „in der letzten Zeit" habe erfahren müssen, argumentierte er, für dieses Gesetz allerdings nicht stimmen könne, müßte „billigerweise" jedermann verstehen; denn sie habe in schwerster Zeit Mitverantwortung getragen und sei dafür von ihren politischen Gegnern „mit Steinen beworfen" worden.

Wels' deklamatorischen Schlußsatz: „Wir grüßen die Verfolgten und Bedrängten. Wir grüßen unsere Freunde im Reich. Ihre Standhaftigkeit und Treue verdienen Bewunderung. Ihr Bekennermut, ihre ungebrochene Zuversicht verbürgen eine hellere Zukunft" „überhörte" Hitler geflissentlich, sein unüberhörbares Angebot zur Zusammenarbeit tat er mit der seit 1933 vielzitierten bissigen Bemerkung ab: „Spät kommt ihr, aber ihr kommt."

Das Ermächtigungsgesetz wurde mit 441 gegen 94 Stimmen[10] der SPD (im Reichsrat einstimmig) angenommen. Sein allgemein zugänglicher Text: „Der Reichstag hat das folgende Gesetz be-

[10] Die SPD-Fraktion war nicht mehr vollständig. Einige ihrer Abgeordneten waren bereits geflohen. Julius Leber wurde auf dem Wege zum Sitzungssaal verhaftet (ebenso Severing, dem es allerdings gelang, vor Schluß der Sitzung wieder freizukommen). Andere lagen infolge von Mißhandlungen krank danieder. Im Saal wurden die SPD-Abgeordneten von bewaffneten SA- und SS-Leuten „belagert" und eingeschüchtert.

schlossen, das mit Zustimmung des Reichsrats... verkündet wird." Von nun an konnten Reichsgesetze durch die Reichsregierung beschlossen, vom Reichskanzler „ausgefertigt und ohne parlamentarische Zustimmung im Reichsgesetzblatt verkündet" werden. Reichsgesetze konnten nun auch von der Reichsverfassung abweichen, soweit sie nicht den Reichstag und den Reichsrat betrafen. Verträge des Reiches mit fremden Staaten, „die sich auf Gegenstände der Reichsgesetzgebung" bezogen, bedurften nicht mehr der Zustimmung der bis dahin an der Gesetzgebung beteiligten Körperschaften Reichstag und Reichsrat.

Die Macht des Reichspräsidenten, der seine Entscheidung vom 30. Januar – nach den vorausgegangenen mißglückten Präsidial-Kabinetten – trotz seiner Vorbehalte und diversen Bedenken noch als die beste der Ende Januar 1933 möglichen Versionen verstand, wurde durch das Ermächtigungsgesetz selbstverständlich nicht eingeschränkt.

Nach seiner öffentlichen Zurückhaltung im Zusammenhang mit der Behandlung der Judenfrage von 1930 bis zu seiner Machtübernahme beeilt Hitler sich, die Unterlassung durch besonderen Aktivismus auf den verschiedensten Ebenen ausgleichen zu lassen. An den Universitäten und Hochschulen sollen sofort und mit Nachdruck alle zumindest legal erscheinenden Maßnahmen zur Ausschaltung „des undeutschen Geistes" in die Wege geleitet werden. Jüdischen Professoren wird an Universitäten und Hochschulen „Hausverbot" zunächst angedroht, dann auch erteilt. Da ein wesentlicher Teil der international bekannten Exponenten einerseits jüdischer Herkunft ist und andererseits der Opposition angehört, ist das Problem aus verfassungsrechtlichen Gründen ohne Einschaltung des Reichspräsidenten nicht einfach zu lösen. Gesetze, Erlasse, Verordnungen und Ausführungsbestimmungen müssen geschaffen werden.

Hindenburg aber, und das weiß Hitler, ist dafür auf geradem Wege grundsätzlich nicht zu gewinnen. Hat er doch am 12. Juni 1925, bald nach seiner erstmaligen Wahl zum Reichspräsidenten, den Protestanten, Katholiken und Juden nachdrücklich und unmißverständlich versichert: „Ich gebe Ihnen bei dieser Gelegenheit erneut meine Versicherung, daß ich in meinem hohen Amte mit gleicher Gewissenhaftigkeit alle Bekenntnisse und Weltanschauungen achten und stets den Geist unserer Volksgemeinschaft schützen werde." Und noch kurz vor Hitlers Machtübernahme hat der Kunstkenner Hindenburg, der seit seiner Karlsruher Zeit von 1900 bis 1903 der Hans-Thoma-Gesellschaft als Mitglied angehört, zur Verärgerung des einstigen Kunstmalers Adolf Hitler und zu dessen vorsorglicher Warnung demonstrativ einen jüdischen Gelehrten ausgezeichnet, der durch Untersuchungen über Elfenbeinskulpturen und Buchkunst bekannt geworden ist. Er hat dem Kunsthistoriker Adolph Goldschmidt anläßlich seines 70. Geburtstages den „Adlerschild", die höchste Auszeichnung, die der republikanische Staat vergeben kann, unter engagierter Beifallsbekundung der Kulturwelt verliehen.

Doch Hitler, Goebbels und Wilhelm Frick finden eine Lösung, die ihnen aus dem Dilemma heraushelfen soll. Sie unterbreiten dem Reichspräsidenten zur Unterschrift einen „Erlaß über die Errichtung eines Reichsministeriums für Volksaufklärung und Propaganda", mit dessen Hilfe sie ihr Ziel zu erreichen hoffen. Am 13. März unterzeichnet Hindenburg ihn. Sein Wortlaut: „Für Zwecke der Aufklärung und Propaganda unter der Bevölkerung über die Politik der Reichsregierung und den nationalen Wiederaufbau des deutschen Vaterlandes wird ein Reichsministerium für Volksaufklärung und Propaganda errichtet. Der Leiter dieser Behörde führt die Bezeichnung ‚Reichsminister für Volksaufklärung und Propaganda'. Die einzelnen Aufgaben des Reichsministeriums für Volksaufklärung und Propaganda bestimmt der Reichskanzler. Er bestimmt auch im Einvernehmen mit den beteiligten Reichsministern die Aufgaben, die aus deren Geschäftsbereich auf das neue Ministerium übergehen, und zwar auch dann, wenn hierdurch der Geschäftsbereich der betroffenen Ministerien in den Grundzügen berührt wird."

Der Name und das Amt des Reichspräsidenten können von nun an auch in dieser Sache mißbraucht werden. Und dies geschieht augenblicklich. Am 28. März 1933 erläßt Hitler einen Aufruf zum Boykott gegen „die Juden", am 1. April eine konkrete Anweisung, jüdische Unternehmen im ganzen Reich demonstrativ zu boykottieren. Hindenburg wird von Julius Streicher, dem offiziellen Autor des Aufrufes, durch die Formel „Es lebe der ehrwürdige Feldmarschall aus dem großen Kriege, der Reichspräsident Paul von Hindenburg" als Mitwisser und damit letztlich auch als verantwortlich in Anspruch genommen.

Hindenburg, der sich darauf verlassen hat, daß Hitler seinen biologisch artikulierten Antisemitismus schließlich aus seiner Politik und „Weltanschauung“ eliminieren werde, wie er es seit 1930 auffällig und seit den Vorbereitungen für die Reichspräsidenten-Wahlen 1932 gänzlich getan hat, reagiert sofort. Daß die inzwischen ins Gegenteil verkehrte Zurückhaltung Hitlers, der sich seitdem zum Führer für alle Deutschen stilisierte, lediglich auf strategischen und taktischen Überlegungen basierte, konnte Hindenburg zu der Zeit nicht wissen. Nicht nur der alte, fromme und stets rechtlich denkende Hindenburg, der bis dahin ständig mit anderen Problemen seiner Regierungen konfrontiert worden war, konnte sich 1933 auch nur entfernt vorstellen, was Hitler dereinst auslösen und über die Welt bringen würde. Winston Churchill hat Hitler noch am 7. November 1938, einen Tag vor der sogenannten Reichskristallnacht, trotz der ihm vorliegenden Meldungen und Geheimberichte über die nationalsozialistische Antisemitismus-Umsetzung in Deutschland in der Montagsausgabe der englischen Tageszeitung *The Times* öffentlich als „großen Mann“ mit Vorbildcharakter erscheinen lassen. Vorwürfe gegen Hindenburg, der bereits vier Jahre zuvor starb, müssen in dieser Beziehung ins Leere gehen. Hätte Hindenburg auch nur geahnt, was seiner Unterschrift folgen würde, der Erlaß vom 13. März wäre mit absoluter Sicherheit nicht verabschiedet worden.

Am 4. April 1933 schreibt Hindenburg an Hitler, den er mit „Sehr verehrter Herr Reichskanzler“ anredet: „In den letzten Tagen sind mir eine ganze Reihe von Fällen gemeldet worden, in denen kriegsbeschädigte Richter, Rechtsanwälte und Justizbeamte von untadeliger Amtsführung lediglich deshalb zwangsbeurlaubt worden sind und später entlassen werden sollen, weil sie jüdischer Abstammung sind. Für mich, der ich mit ausdrücklicher Zustimmung der Reichsregierung am Tage der nationalen Erhebung, am 21. März, eine Kundgebung an das Deutsche Volk erlassen habe, in der ich mich in Ehrfurcht vor den Gefallenen verneigte und dankbar der Kriegshinterbliebenen, der Kriegsbeschädigten und meiner alten Frontkameraden gedachte, ist eine solche Behandlung jüdischer kriegsbeschädigter Beamten persönlich ganz unerträglich. Ich bin überzeugt, daß Sie, Herr Reichskanzler, in diesem menschlichen Gefühl mit mir übereinstimmen, und bitte Sie herzlichst und eindringlichst, sich dieser Frage persönlich anzunehmen und ihre einheitliche Regelung für alle Zweige des öffentlichen Dienstes im ganzen Reich zu veranlassen. Nach meinem Empfinden müssen Beamte, Richter, Lehrer und Rechtsanwälte, die kriegsbeschädigt oder Frontsoldaten oder Söhne von Kriegsgefallenen sind oder selbst Söhne im Felde verloren haben – soweit sie in ihrer Person keinen Grund zu einer Sonderbehandlung geben – im Dienste belassen werden; wenn sie wert waren, für Deutschland zu kämpfen und zu bluten, sollen sie auch als würdig angesehen werden, dem Vaterlande in ihrem Beruf weiter zu dienen."

Hitler, der es sehr eilig hat, weil er befürchtet, daß der „alte Herr" auf der Eliminierung der tragenden Säule der „Weltanschauung" bestehen könne, und weil er den von ihm seit 1919 gegen die Juden gesäten Haß und dessen Umsetzung in Terror und Schikanen nicht mehr aus der Welt schaffen kann, selbst wenn er es ernsthaft will, antwortet bereits am nächsten Tage. Hindenburg artig in dritter Person anredend, schreibt er: „Herr Reichspräsident setzen sich in menschlich großherziger Weise für jene Angehörigen des jüdischen Volkes ein, die einst infolge der allgemeinen Wehrpflicht gezwungen waren, Kriegsdienste zu leisten. Ich verstehe diese Ihre menschlich hohe Empfindung, Herr Generalfeldmarschall, vollständig. Allein ich darf doch ehrerbietigst darauf hinweisen, daß die Mitglieder und Anhänger meiner Bewegung, die Deutsche waren, jahrelang aus allen Staatsstellen getrieben worden sind, ohne Rücksicht auf Frau und Kind und ohne Rücksicht auf ihre geleisteten Kriegsdienste."

Immer, wenn Hitler den Reichspräsidenten für sich gewinnen wollte, hat er ihn, wie er in der Nacht vom 3. zum 4. Januar 1942 in der „Wolfsschanze" erzählte, mit „Herr Feldmarschall" angeredet. „Wenn ich den alten Herrn packen wollte", sagte er, „habe ich ihn immer mit: Herr Feldmarschall angesprochen. Nur bei offiziellen Akten sagte ich: Herr Reichspräsident. Hindenburg hat dem Titel etwas Seriöses gegeben ... Der Rahmen muß fest sein!"

Im April 1933 ist Hitler sichtlich bemüht, den Reichspräsidenten sofort zu beruhigen und zunächst erst einmal zu verhindern, daß er gegenüber seinen Anhängern nicht gänzlich wortbrüchig werden müsse. Er erklärt, daß er seinen Reichsinnenminister auf die Fälle hingewiesen habe, „die Sie, Herr Generalfeldmarschall, ausgenommen sehen wollen". Dieses Gesetz, so heißt es in seinem Schreiben, „wird eine Berücksichtigung derjenigen Juden, die entweder selbst Kriegsdienste geleistet haben, oder durch Krieg zu Schaden kamen, oder sich sonst Verdienste erwarben, oder in langer Amtsdauer niemals Anlaß zu Klagen gegeben haben, bringen." „Ich bitte Sie, Herr Reichspräsident, überzeugt zu sein", so schließt Hitler beschwörend, „daß ich mich bemühen werde, Ihrem edlen Gefühl in weitestem Umfange gerecht zu werden. Ich... leide im übrigen selbst oft unter der Härte des Schicksals, das einen zu Entschlüssen zwingt, die man menschlich tausendmal vermeiden möchte."

Der am 7. April 1933 verkündete Erlaß des Gesetzes zur „Wiederherstellung des Berufsbeamtentums" verfügt, daß Beamte „nichtarischer Abstammung" in den Ruhestand zu versetzen sind, läßt jedoch die Einschränkung zu, daß Beamte, die sich seit dem 1. August 1914 im Staatsdienst befinden, weiterhin ihren Dienst versehen dürfen. Ehemalige Frontsoldaten, Söhne und Väter von Gefallenen des Ersten Weltkrieges werden, wie Hitler dem Reichspräsidenten versprochen hat, zunächst zumindest, von den Maßnahmen ausgenommen. Mit Teilwahrheiten und retuschierten Informationen wird Hindenburg beruhigt und getäuscht.

Von 717 „nichtarischen" Staatsanwälten und Richtern, um einige Beispiele anzuführen, bleiben 336 (47 Prozent) in ihren Ämtern, von 4505 Rechtsanwälten 3167 (knapp 70 Prozent) und von 4500 Kassenärzten 75 Prozent.

Die Tatsache, daß in Dachau und Oranienburg erste Konzentrationslager errichtet werden, muß Hindenburg nicht unbedingt beunruhigen, zumal auch sein Vorgänger Friedrich Ebert nach 1918 entsprechende Maßnahmen zur „Aufbewahrung" staatsfeindlich agierender Personen getroffen hat. Zudem hat Hitler zur Beruhigung nicht nur der Deutschen mehrfach versichert, daß diese Lager – wie die nach 1918 auch – nur vorübergehend existieren würden. So sagte er in einem Interview, das am 3. März 1933 im *Daily Express* erschien: „Wenn die kommunistische Gefahr beseitigt ist, wird die normale Ordnung der Dinge zurückkehren." Daß dies zu Lebzeiten Hindenburgs – und danach erst recht – nicht geschah, hat Bischöfe beider großen Konfessionen noch zwei Jahre nach Hindenburgs Tod nicht daran gehindert, die von ihnen besichtigten Konzentrationslager des NS-Regimes öffentlich als mustergültige Erziehungsstätten zu charakterisieren.

Sich auf den Hindenburg-Erlaß vom 13. März stützend, erläßt Hitler am 30. Juni 1933 eine Verordnung über die Aufgaben des Reichsministers für Volksaufklärung und Propaganda, die unter anderem kodifiziert: „Auf Grund des Erlasses des Reichspräsidenten vom 13. März 1933 ... bestimme ich(:) ... Der Reichsminister für Volksaufklärung und Propaganda ist zuständig für alle Aufgaben der geistigen Einwirkung auf die Nation, der Werbung für Staat, Kultur und Wirtschaft, der Unterrichtung der in- und ausländischen Öffentlichkeit über sie und der Verwaltung aller diesen Zwecken dienenden Einrichtungen."

Der in der Verordnung enthaltene Aufgabenkatalog ist zwar umfassend und detailliert ausgeklügelt; aber die seit Anbeginn avisierten Weisungen enthält er noch nicht. Sie folgen am 1. November 1933 als „Verordnung zur Durchführung des Reichskulturkammergesetzes" und lauten – auf diesen Punkt bezogen: „Die Person, die die für die Ausübung ihrer Tätigkeit erforderliche Zuverlässigkeit und Eignung nicht besitzt", kann aus der für sie zuständigen Kammer[11] ausgeschlossen werden.

Der von Hindenburg im Januar demonstrativ ausgezeichnete Adolph Goldschmidt gehörte zu dem Personenkreis, dem weder die „Eignung" noch die „Zuverlässigkeit" zuerkannt werden konnten. Nicht nur, daß er selbst kein „Arier" war; nicht einmal seine Frau hätte Jüdin sein dürfen.

Bereits zwei Wochen nach der Präsenz des noch nicht durch Verordnungen und Ausführungsbestimmungen ergänzten Hindenburg-Erlasses werden nicht nur politisch mißliebige oder „rassisch minderwertige" Einzelpersönlichkeiten daran gehindert, ihre berufliche künstlerische Tätigkeit auszuüben. „Kreise ... die ... zur Opposition zu rechnen sind", wie es in einem der ungezählten (auch anonymen) typischen Denunzia-

[11] Reichsschrifttumskammer, Reichspressekammer, Reichswirtschaftskammer, Reichsrundfunkkammer, Reichstheaterkammer, Reichsmusikkammer und Reichskammer der bildenden Künste.

tionsschreiben vom 29. Mai 1933 an einen der Kammer-Präsidenten heißt, sehen sich demselben „Schicksal“ ausgeliefert. Ihr „Ausschluß“ in – nahezu – jedweder Hinsicht gilt als notwendig und gesetzlich legitimiert. Einige der namhaftesten Schriftsteller, Musiker, Theaterleute und Maler kommen den beschämenden Zwangsmaßnahmen zuvor. Thomas Mann, Käthe Kollwitz, Ernst Barlach, Max Liebermann, Otto Dix, Mies van der Rohe, Paul Mebes, Erich Mendelssohn, Ludwig Gies, Renée Sintenis, Karl Schmidt-Rottluff und Ernst Ludwig Kirchner treten aus der Akademie der Künste aus oder teilen ihrem Präsidenten mit, daß ihnen von nun an egal sei, ob sie weiterhin als Akademie-Mitglieder gelten würden. Otto Klemperer, der sich auf einer Gastspielreise in Ungarn befindet, wird im Juni schriftlich ebenso gekündigt wie allen jüdischen Mitgliedern der Staatsoper. Franz Schreker, Walter Braunfels und alle „nichtarischen Mitglieder der Akademie“ der Künste gelten Ende 1933 nach einer Mitteilung des Preußischen Ministers für Wissenschaft, Kunst und Volksbildung vom 9. Dezember 1933 „als nicht mehr zur Akademie gehörig“.

Hindenburgs Goldschmidt-Ehrung ist ohne Signalwirkung geblieben. Konfliktscheu, opportunistisch und beifällig nehmen die weitaus meisten Gelehrten, Schriftsteller, Maler, Bildhauer und anderen Künstler und Theaterexponenten hin, was die Nationalsozialisten praktizieren. Die Kooperation zwischen den Dienststellen der NSDAP, den Hochschulen und dem Kultusministerium funktioniert[12] im Sinne des NS-Regimes, das trotz der von Hindenburg am 4. April 1933 von Hitler geforderten Rücksichtnahme – zumindest auf bestimmte – jüdische Menschen bis

[12] Intrigen und Denunziationen sorgten dafür, daß Mißliebige und „Andersrassige“ nicht verschont blieben. So schrieb beispielsweise Prof. Otto von Kursell, der Maler, Referent im Preußischen Ministerium für Wissenschaft, Kunst und Volksbildung und Lehrer an den Vereinigten Staatsschulen für freie und angewandte Kunst in Charlottenburg, am 7. November 1933 an Joseph Goebbels: „Die Fachgruppe Bildende Kunst im K.f.D.K. (Reichskartell der bildenden Künste) umfaßt 600 Mitglieder ... Die wachsende Erbitterung der bildenden Künstlerschaft über das Reichskartell veranlaßt uns, Sie ... zu bitten“, den Vorsitzenden und „die derzeitige Leitung ... ihrer Ämter zu entheben und an ihre Stelle ... Männer und Künstler zu stellen, die größere Verdienste um unsere Bewegung haben und die das Vertrauen der nationalsozialistischen und deutschen bildenden Künstlerschaft besitzen“.

1936 mehr als 1500 Hochschullehrer aus ihren Positionen entfernt. Allein in Berlin, wo der Reichspräsident und der Reichskanzler residieren, sind es rund 230 Professoren, die ihre Ämter infolge ihrer „nichtarischen Abstammung" aufgeben müssen.

Die Gemaßregelten wissen zwar, daß Hitler und Goebbels für diese Schikanen und existenzzerstörenden Maßnahmen verantwortlich sind; aber sie verbinden ihre Schuldzuweisungen automatisch auch mit dem Namen und dem Amt des 86jährigen Reichspräsidenten, der nach der Reichsverfassung Herr der Exekutive ist und von den Nationalsozialisten – wahrheitswidrig – als Urheber zitiert wird.

Bis Ende März 1933 sehen Hitler und die NSDAP sich trotz ihrer drastischen – oft lokalen und unterschiedlichen – Maßnahmen gegen oppositionelle politische Parteien, Gewerkschaften, Organisationen, Politiker, Beamte und bestimmte Medien noch nicht in der Lage, ihre Vorstellungen stets kurzerhand durchzusetzen. Sie verbieten beispielsweise zwar die Kommunistische Partei und nach den Märzwahlen auch deren Presse; aber sie müssen sich gefallen lassen, bis dahin von der KPD- und von der SPD-Presse geharnischt attackiert und – nach anfänglicher Zurückhaltung – auch von einigen bürgerlichen Blättern als Radikale bezeichnet zu werden, die bekämpft werden müßten.

Haben die Nationalsozialisten die ersten wichtigen Bastionen auf ihrem Weg zur totalen Machtokkupation Anfang März 1933 noch durch „wilde" Revolutionsmaßnahmen nehmen müssen, sehen sie sich bereits Ende März in der Lage, sich auf Gesetze zu stützen und „legal" zu erreichen, was ihnen vorschwebte.

Am 31. März 1933 beginnt die durch Gesetz legitimierte zweite Phase der Machtergreifung mit dem „Vorläufigen Gesetz zur Gleichschaltung der Länder mit dem Reich", eine weitragende und von Papen bereits 1932 als dringlich angesehene innenpolitische Maßnahme, die Hindenburg am 12. Juni 1932 noch als nicht aktuell oder beabsichtigt bezeichnet hat. Der Widerstand, der dem Gesetz beispielsweise von Bayern entgegengebracht wird, bewirkt nichts, zumal die Länder einen wesentlichen Teil ihrer Selbständigkeit schon Anfang März durch die nationalsozialistische Okkupation der Länderpolizeien und deren starke Durchsetzung mit SA- und SS-Angehörigen eingebüßt haben.

„Die Volksvertretungen der Länder (Landtage, Bürgerschaften) werden", so bestimmt das Gesetz, „mit Ausnahme des am 5. März 1933 gewählten Preußischen Landtags hiermit aufgelöst, soweit dies nicht bereits nach Landesrecht geschehen ist... Sie werden neu gebildet nach den Stimmzahlen, die bei der Wahl zum Deutschen Reichstag am 5. März 1933 innerhalb eines jeden Landes auf die Wahlvorschläge entfallen sind. Hierbei werden die auf Wahlvorschläge der Kommunistischen Partei entfallenden Sitze nicht zugeteilt. Dasselbe gilt für Wahlvorschläge von Wählergruppen, die als Ersatz von Wahlvorschlägen der Kommunistischen Partei anzusehen sind."

Mit dem zweiten „Gesetz zur Gleichschaltung der Länder mit dem Reich" vom 7. April 1933 endet die zweite Stufe der „Vereinheitlichung" des Reiches und der Gleichschaltung. Die Reichsstatthalter überwachen in den Ländern im Namen und im Sinne des Reichskanzlers, was dieser anordnet[13]. Ihre Vollmachten regelt das Gesetz vom 7. April. „Der Reichsstatthalter hat die Aufgabe", so heißt es dort, „für die Beobachtung der vom Reichskanzler aufgestellten Richtlinien der Politik zu sorgen. Ihm stehen folgende Befugnisse der Landesgewalt zu:

1. Ernennung und Entlassung des Vorsitzenden der Landesregierung und auf dessen Vorschlag der übrigen Mitglieder der Landesregierung;
2. Auflösung des Landtags und Anordnung der Neuwahl...;
3. Ausfertigung und Verkündung der Landesgesetze einschließlich der Gesetze, die von der Landesregierung gemäß des Vorläufigen Gleichschaltungsgesetzes vom 31. März 1933 beschlossen sind;
4. Ernennung und Entlassung der unmittelbaren Staatsbeamten und Richter, soweit sie bisher durch die oberste Landesbehörde erfolgte;
5. Das Begnadigungsrecht."

Den nächsten Schritt leitet das „Gesetz über den Neuaufbau des Reiches" vom 30. Januar 1934 ein, das einleitend behauptet, einer Nation zu dienen, die inzwischen „über alle innenpolitischen Grenzen und Gegensätze hinweg zu einer unlöslichen, inneren

[13] Das Reichsstatthaltergesetz vom 30. Januar 1935 bestimmte unter anderem: „Der Reichsstatthalter ist in seinem Amtsbezirk der ständige Vertreter der Reichsregierung... Er hat die Aufgabe, für die Beobachtung der vom Führer und Reichskanzler aufgestellten Richtlinien der Politik zu sorgen."

Einheit verschmolzen" sei. Unmißverständlich wird kodifiziert: „Die Volksvertretungen der Länder werden aufgehoben ... Die Hoheitsrechte der Länder gehen auf das Reich über... Die Landesregierungen unterstehen der Reichsregierung... Die Reichsstatthalter unterstehen der Dienstaufsicht des Reichsministers des Innern... Die Reichsregierung kann neues Verfassungsrecht setzen... Der Reichsminister des Innern erläßt die zur Durchführung des Gesetzes erforderlichen Rechtsverordnungen und Verwaltungsvorschriften."

Die Gewerkschaften, die zunächst in Anpassung ihr Heil suchten, waren bereits im Mai 1933 ausgeschaltet und in die am 10. Mai 1933 als – allerdings nicht gesetzlich verordnete – Zwangsvereinigung für Unternehmer, Angestellte und Arbeiter gegründete „Deutsche Arbeitsfront" überführt worden. Die politischen Parteien müssen im Juni oder Juli 1933 kapitulieren oder sich selbst „gleichschalten"[14]. Die SPD wird – nach der vorausgegangenen Zerstörung ihrer organisatorischen Einrichtungen und der Beschlagnahmung ihres Vermögens ohne Gesetzesgrundlage – am 22. Juni verboten[15].

Einen Monat später, am 22. Juli, schließt der katholische Vizekanzler Papen im Auftrag Hitlers mit dem Vatikan ein Reichskonkordat ab, das der Hitler-Regierung nicht nur bei den deutschen Katholiken erhebliche Kredite einträgt. Hindenburg ist zufrieden. Den im September 1933 auf der Nationalsynode in Wittenberg mit der Wahl des nationalsozialistisch orientierten Wehrkreispfarrers Müller zum „Reichsbischof" eingeleiteten nationalsozialistischen Versuch, die evangelische Kirche zu

[14] Alfred Hugenberg, den Hitler nur unwillig als Reichsminister geduldet hatte, trat Ende Juli 1933 zurück, nachdem die Nationalsozialisten ihn systematisch verunglimpft und als „Hemmschuh der Revolution" tituliert hatten. Der Deutschnationale, der nach den Wünschen vieler Konservativer Hitler hätte zügeln und „einrahmen" sollen, kapitulierte bald nach der „freiwilligen" Gleichschaltung des Zentrums.

[15] Die SPD, deren Parteivermögen am 10. Juni 1933 (im Vorgriff auf ein erst am 14. Juni 1933 verkündetes Gesetz) beschlagnahmt wurde, hatte ihre letzte – und vorsichtshalber nicht öffentlich angekündigte – legale Reichstagung (als Reichskonferenz) am 26. April 1933 in Berlin als Ersatz für den für Mai nach Frankfurt am Main einberufenen ordentlichen Parteitag abgehalten, dessen Veranstaltung nicht mehr gesichert war. Am 21. Mai 1933 beschloß der SPD-Parteivorstand in Saarbrücken (außerhalb des Einflußbereiches des Reiches), seinen Sitz nach Prag zu verlegen.

spalten und systematisch die „Bewegung“ Deutsche Christen zu fördern, mißbilligt der gläubige Protestant Hindenburg nachdrücklich und ostentativ. Die der Tradition verpflichtete „Bekennende Kirche“ weiß ihn auf ihrer Seite und ist überzeugt, zeit seines Lebens Repressalien von nationalsozialistischer Seite nicht befürchten zu müssen.

Daß die Nationalsozialisten zielstrebig stufenweise vorgegangen seien, zuerst die Macht errangen, ausbauten und etablierten, dann Arbeit durch Rüstungssteigerung schufen und schließlich den Krieg vorbereiteten und begannen, ist ein Eindruck, den vor allem die nationalsozialistische Gesetzgebung vermittelt. Da die Gesetzgebung bis zum Tode Hindenburgs in wesentlichem Umfange von Entscheidungen des Reichspräsidenten abhängig war, wichen sowohl Hitler als auch seine Minister und Funktionsträger bei der Umsetzung der NS-Ideologie zwangsläufig auf illegale Maßnahmen aus, deren Formen und Inhalte Hindenburg niemals akzeptiert und in Gesetzesform hätte gießen lassen. Tatsächlich hat die NS-Führung (bis auf den Krieg) alle Ziele auf einmal angestrebt und, eingebettet in ihre extrem dominierende Judenpolitik, sofort nach der Machtübernahme aggressiv zu realisieren versucht.

Franz von Papen, Wilhelm Frick, der preußische Finanzminister Johannes Popitz und der Kölner Staats- und Völkerrechtler Carl Schmitt bilden unter Papens Leitung eine Regierungskommission, die Hitlers Vorschlag zur Einsetzung von „Staatspräsidenten“ mit besonderen Vollmachten in den Ländern des Reiches rasch in gesetzliche Form umwandelt.

Seit April 1933 gibt es eine (bis zum Ende des Hitler-Reiches nicht mehr rückgängig gemachte) neue Führungsinstanz: die Reichsstatthalter. Die ihnen von Hitler zugedachte Funktion: die bis dahin von Parteistellen und Parteiorganisationen unter dem Zeichen des Hakenkreuzes betriebene – und von Hindenburg mehrfach besorgt monierte – „wilde Revolution“ stoppen und die fortlaufenden gesetzlosen Maßnahmen verhindern.

Während die „wilde Revolution“ wenigstens formal und dem Scheine nach durch Weisungen, Verordnungen und Gesetze beendet werden kann, erweist sich ein anderes Problem als auf eine solche Weise nicht lösbar. Hitler ist es nämlich nicht gelungen, in der ihm zur Verfügung stehenden Zeit genügend geeignete Persönlichkeiten für die Führung im Staat aus seinen eigenen Reihen heranzubilden. Und denen, die er übernommen hat, meint er nicht trauen zu können. Mehr als ein Jahrzehnt hat er sich programmatisch mit theoretischen Sandkastenspielen über innen- und außenpolitische Probleme der Zukunft beschäftigt und mit seiner Partei und deren Organisationen „exerziert"; aber als er 1933 seine Prophezeiungen und „Verheißungen" in die Tat umsetzen will, fehlen ihm die Kader, die er zur Bewältigung der übernommenen Aufgaben braucht. Zwar bemächtigen sich Tausende von Parteifunktionären der Schaltstellen im Staat, doch infolge der Führungsweise Hitlers, der Führungsstruktur der NSDAP, der illegalen Aktionen der Parteistellen und NS-Organisationen und der Maßnahmen der Hitler-Papen-Regierung kommt es zu Schwierigkeiten, die Hitler nicht vorausgesehen hat. Es entwickelt sich ein Parteibonzentum, das den Staat total zu usurpieren und zum Eigentum der Partei zu machen versucht und weltanschauliche Kriterien und ideologische Wunschvorstellungen an die Stelle von Gesetz und Recht setzt.

Da Hitler zu Hindenburgs Lebzeiten trotz der – meist durch eklatante Täuschungen und Überrumpelungen – bislang von ihm erhaltenen Zugeständnisse grundsätzlich nicht damit rechnen kann, alles dies gesetzlich legitimiert zu bekommen, geht er Umwege. Unter dem Schirm eines Scheinrechts okkupieren seine Parteigänger Positionen, die den Staat repräsentieren. Kurz nach Hindenburgs Tod haben „alte Kämpfer", den Wechsel im Amt des Staatsoberhauptes rasch nutzend, knapp die Hälfte aller Stadtverwaltungsposten besetzt. 30 Prozent von ihnen ist es gelungen, Landratsposten zu ergattern. 31 Prozent der 827 Kreisleiter und 19 Prozent der rund 21 000 Ortsgruppenleiter haben schnell staatliche und kommunale Führungsposten eingenommen. 60 Prozent der Kreisleiter mit Staatsposten fungieren als Bürgermeister in Städten und die jeweiligen Ortsgruppenleiter als Bürgermeister in kleineren Orten.

Um ihre diesbezüglichen Praktiken und das NS-Regime, das sie deckte, später nicht diskriminiert zu sehen, lehnten die Nationalsozialisten (allerdings erst sieben Jahre nach Hindenburgs Tod) die aus dem Völkerrecht stammenden und in das Verfassungsrecht eingemündeten Begriffe „Personal-Union" und „Real-Union" zur Klassifizierung der Verbindungen von Partei-

und Staatsämtern ab und schufen als „neuen und klaren“ Begriff die Formel „Ämterverbindung“, durch die sie die von ihnen praktizierten Verhältnisse für die breite Öffentlichkeit akzeptabel rechtfertigen wollten. Ämterverbindungen, so definierten sie 1941 unter Mißachtung der tatsächlichen Verhältnisse, lägen nicht vor, wenn beispielsweise der Stabschef der SA zugleich auch Oberpräsident einer preußischen Provinz wäre, da die Verbindung verfassungsrechtlich „unerheblich und uninteressant“ sei, weil „der Betreffende überhaupt nur ein Amt“ hätte und die „Ämter beliebig vertauscht werden“ könnten.

Die Praxis, daß der erste Hoheitsträger der NSDAP in den Gauen des Reiches immer zugleich auch der „oberste Leiter der Staatsverwaltung“ war, blieb jedoch bis zuletzt eine Selbstverständlichkeit, auch wenn „ausdrückliche Bestimmungen ... darüber nicht“ existierten. Ortsgruppenleiter beispielsweise durften prinzipiell immer zugleich auch Bürgermeister sein, da die nicht einheitlichen örtlichen Verhältnisse die „Ämterverbindung“ schon aus personellen Gründen oft als zwangsläufige Folge erscheinen ließen. Als der Weisheit letzter Schluß galt bis 1945: „Einer besonderen sachlichen Begründung“ für institutionelle Ämterverbindungen bedurfte es nicht, sobald „eine Verbindung von Partei- und Staatsamt durch Führererlaß oder Gesetz geschaffen“ worden sei[16].

Während die praktizierte nationalsozialistische „neue Ordnung“ nach außen hin als Realisierung eines jahrhundertealten Traumes der „deutschen Seele“ und des „gesunden Volksempfindens“ gepriesen wurde, bereicherten SA-Führer und andere engagierte „alte Kämpfer“ sich durch Unterschlagungen, Erpressungen und betrügerische Handlungen ganz anderer Art. Gesetze wurden offen gebrochen, traditionelle Moralgrundsätze zynisch mißachtet, ein Faustrecht eigener Art nicht nur zur erlaubten Verhaltensregel, sondern in Teilbereichen sogar zur angestrebten neuen Lebensart erhoben und praktiziert[17].

[16] Da mit „ranglicher“ Gleichstellung von Reichsleitern und Reichsministern zugleich auch finanzielle Gleichstellung gemeint war, gab es beispielsweise 1936 vierzehn als Minister Besoldete mehr, als der Etat offiziell vorsah.

[17] In vielen Fällen wurden Nationalsozialisten, die von Gerichten verurteilt und von der noch alten Polizei in Haft genommen worden waren, von NS-Formationen gewaltsam aus den Gefängnissen befreit.

Schon unmittelbar nach der „Machtübernahme“ verschwanden belastende Dokumente selbst aus Gerichten. Hitler und Rudolf Heß, Hitlers Vertreter als Parteiführer, mußten sich mit Problemen beschäftigen, die sie bis 1933 in ihre Zukunftspläne nicht einkalkuliert hatten. Der Versuch, bestimmte Trunkenbolde, Brandstifter, Mädchenschänder und Radaumacher gegeneinander auszutauschen, erwies sich bald als unbefriedigende Lösung. Überall tauchten nun SA-Führer und eifernde Funktionäre auf und forderten die Rechte, die Hitler ihnen vor 1933 lautstark für die Zeit nach der Machtübernahme pauschal zugesichert hatte. Sie wollten ihren Lohn für ihre nicht selten entsagungsreichen Leistungen für die NSDAP.

Der Reifungsprozeß vieler NS-Führer hielt mit der von ihnen beeinflußten Entwicklung nicht Schritt. Daß Funktionsträger ungestraft Geld unterschlugen, gehörte seit 1933 geradezu zur Tagesordnung. Amtsanmaßung, Korruption, Unterschlagung, Vetternwirtschaft, Begünstigungen und andere Auswüchse einer zum Teil jahrelangen ideologischen Kumpanei und des ungesetzlichen Landsknechtslebens bestimmten nicht nur unter der Oberfläche das Bild.

Angesichts dieser Verhältnisse, die Hindenburg nicht unbekannt geblieben sind, erhebt sich die Frage, wieso er den Machenschaften der Nationalsozialisten nicht gewaltsam und rigoros ein Ende gesetzt – oder ein Ende zu setzen versucht – hat. Bezeugt ist, daß er über die Tatsache zutiefst besorgt gewesen ist, daß Hitler nicht in der Lage war, die Rechtsverletzungen und Unsicherheitsmultiplikationen zu unterbinden, und er hat dies Hitler auch persönlich eindringlich – und ihn nachdrücklich warnend – klargemacht. Doch das ist erst im Sommer 1934 geschehen, zu spät für die Geschichte. Sein Tod hat ihn im Greisenalter von 87 Jahren hinweggerafft, bevor er insgesamt eventuell hätte veranlassen können, was er am 1. Juli 1934 im Zusammenhang mit der Verhaftung Papens noch einmal souverän – und Hitler spektakulär in die Schranken weisend – getan hat[18].

Zwar haben sich die Nationalsozialisten stets bemüht, Hindenburg in der Öffentlichkeit als einen der ihrigen erscheinen zu lassen, doch dazu hat er ihnen niemals auch nur den geringsten

[18] Vgl. S. 358 f.

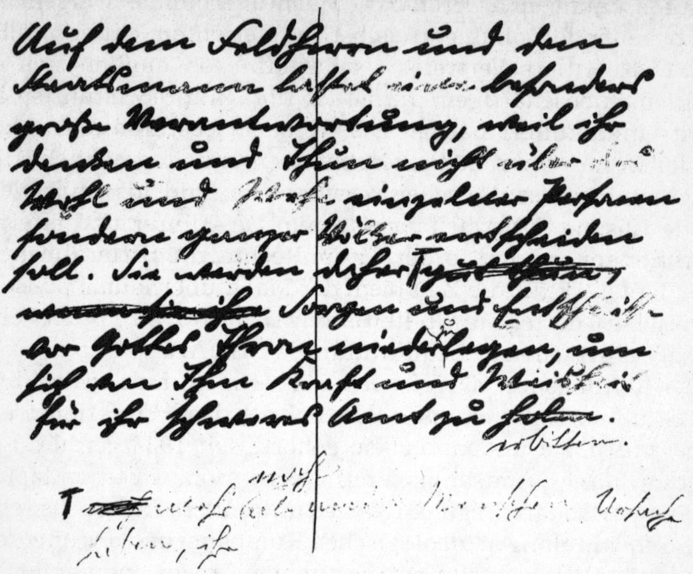

„Auf dem Feldherrn und Staatsmann lastet eine besonders große Verantwortung, weil ihr Denken und Thun nicht über das Wohl und Wehe einzelner Personen, sondern ganzer Völker entscheiden soll. Sie werden daher mehr noch als andere Menschen Ursache haben, ihre Sorgen und Entschlüsse vor Gottes Thron niederzulegen, um sich von Ihm Kraft und Weisheit für ihr schweres Amt zu erbitten."
Handschriftliche Notiz Hindenburgs, die offensichtlich für eine Zurechtweisung Hitlers bestimmt war, der immer dann die „Vorsehung" bemühte, wenn es ihm darum ging, sich und seine Politik als einmalig darzustellen. Hindenburg, der anfänglich hoffte, Hitler durch eine religiös gefärbte Mahnung zügeln zu können, schrieb diese Notiz unmittelbar nach dem gemeinsamen Besuch mit Hitler in der Potsdamer Garnisonskirche am 21. März 1933.

Anlaß gegeben. Niemals hob er beispielsweise die Hand zum sogenannten „deutschen Gruß", und niemals hat er Reden, die er mit Hochrufen abschloß, mit „Heil", „Sieg Heil" oder gar mit „Heil Hitler" beendet. Stets hielt er sich demonstrativ an das traditionelle preußische „Hurra", das äußerliche Identifizierungen mit nationalsozialistischen Symbolen und Gemeinsamkeitsformeln nicht zuließ. Hermann Göring, der im Ersten Weltkrieg mit dem „Pour le mérite“ ausgezeichnete einstige Flieger-Hauptmann, mußte sich anläßlich eines Besuches in Neudeck von dem „alten Herrn“ wie ein Kadett zurechtweisen lassen, obwohl er inzwischen von Hindenburg zum General befördert worden war. Göring hatte seine Uniform phantasiereich so verhunzt, daß sie eher einer Operettenuniform als der Uniform eines preußischen Generals glich. Er durfte Hindenburg außerhalb des Hauses erst begleiten, nachdem er befehlsgemäß einen „vernünftigen“ Mantel angezogen hatte.

Unter der von der NS-Führung in dieser Hinsicht sorgfältig gehüteten Oberfläche sieht es anders aus. An den Reichspräsidenten gerichtete und von dessen Büro an den Reichskanzler weitergeleitete Bitt- und Hilfegesuche, die Hitler nicht passen, werden zwar aus Respekt vor Hindenburg bearbeitet; aber Hitler läßt sie, nachdem er sie in wichtigen Fällen selbst sofort „erledigt“ hat, um sich gegebenenfalls gegenüber dem Reichspräsidenten rechtfertigen zu können, überflüssige Stationen und Instanzen passieren, damit die Bittsteller sich gezwungen sehen sollten, Hindenburgs Vollmachten und Machtbefugnisse seit der nationalsozialistischen Machtübernahme neu zu definieren.

Selbst eine Bittschrift Louise Eberts, der Witwe Friedrich Eberts, die sich der besonderen Wertschätzung Hindenburgs erfreut und von ihm bei Empfängen mit Handkuß begrüßt und verabschiedet wird, läßt Hitler „Verwaltungs“-Umwege gehen. Am 15. Juli 1933 hat die Frau des ersten Reichspräsidenten an Hindenburg geschrieben: „Ohne Angabe von irgendwelchen Gründen ist mein Sohn, der Mitglied des Reichstages war, am 1. Juli verhaftet und in das Berliner Polizeipräsidium eingeliefert worden. Nationalsozialistische Zeitungen haben bereits von der Absicht berichtet, meinen Sohn in ein Konzentrationslager einzuliefern. Um das zu verhindern, wende ich mich bittend an Sie, Herr Reichspräsident. Das entsetzliche Schicksal so vieler Kameraden meines Sohnes läßt mir keine Ruhe. Nachdem ich zwei Söhne dem Vaterland geopfert habe und auch mein Mann im Dienst an Volk und Vaterland gestorben ist, möchte ich meinen Sohn, der selbst während des ganzen Krieges an der Front gekämpft hat, gleichzeitig im Namen seiner jungen Frau und seiner kleinen Kinder, davor bewahren, der Willkür junger Menschen als entwürdigter Arbeitsgefangener ausgesetzt zu sein. Ich bitte nicht um eine besondere Vergünstigung für meinen Sohn, das würde er selbst entschieden ablehnen, ich bitte ergebenst, mit Ihrer gütigen Hilfe, Herr Reichspräsident, ihm die entehrende Zwangsarbeit zu ersparen."

Am 21. Juli hat Hindenburgs Staatssekretär Meissner den Brief an den Reichskanzler mit der Empfehlung des Reichspräsidenten weitergeleitet, die Angelegenheit wohlwollend aufzunehmen und entsprechend zu entscheiden. Obwohl Meissner im Auftrage Hindenburgs noch einmal ausdrücklich darauf hinwies, daß „Ebert zwei Söhne im Felde verloren hat" und daß der „nunmehr verhaftete dritte Sohn ... selbst auch Frontsoldat war und verwundet wurde", wird keine Ausnahme gemacht. Hitler, der gewöhnlich abfällig und verächtlich über die Ministerialbürokratie zu lästern pflegt[19] und Entscheidungen solcher Art buchstäblich mit einem Federstrich – oder durch ein Telefongespräch – zu treffen pflegt, hat Frau Eberts Schreiben am 22. Juli an Göring weiterleiten lassen, der am 7. August 1933 – vermutlich nach Rückfrage bei Hitler – entscheidet, daß „bei der Staatsfeindlichkeit und Gefährlichkeit der Haupthetzer der SPD" keine Veranlassung bestehe, den Ebert-Sohn aus der Haft zu entlassen. „Er wird", so antwortet der Preußische Ministerpräsident ironisch, „wie alle Gefangenen in den neuen Konzentrationslagern gut behandelt werden."[20]

Außenpolitisch geht Hitler zu Lebzeiten Hindenburgs, außer daß er den Völkerbund mit dessen halbherziger Zustimmung

[19] So sagte er beispielsweise am 24. Januar 1942 im Führerhauptquartier „Wolfsschanze": „Man könnte die Bürokratie auf ein Drittel ihres Bestandes drücken ... So brauche ich ... keine Propagandastelle, sondern bloß ein Telefon ... Es gibt kaum ein Amt, das heute keine Presseabteilung hat ... Ich habe mich ... noch nie entschließen können, den Beamten öffentlich ein Wort des Dankes zu sagen."

[20] Im KZ Buchenwald, wohin der Ebert-Sohn zunächst kam, wurden ihm, um ihn besonders lächerlich zu machen, die Haare bis auf einen Kranz geschoren. Von Buchenwald wurde er in das KZ Papenburg und von da in das KZ Börgermoor ins Emsland gebracht, wo er im Moor arbeiten mußte. Ende Dezember 1933 wieder entlassen, blieb er arbeitslos und lebte bei seiner Mutter, der Witwe des Reichspräsidenten Friedrich Ebert. Am 28. August 1939 wurde er als 45jähriger zur Wehrmacht eingezogen und im Frühjahr 1940 wieder entlassen. Bis Kriegsende arbeitete er in der Abteilung für Verpackung und Versand von Gesetzesblättern in der Druckerei des Reichsverlagsamts in Berlin.

verlassen hat, keine Wege, die als neu, revolutionär, völkerrechtswidrig oder unorthodox bezeichnet werden können. Er akzeptiert nicht einmal die nach seiner Machtergreifung engagiert vorangetriebenen Bestrebungen des Reichsaußenministers und des Reichswehrministers, die die Revisionsforderungen Stresemanns, Hans von Seeckts und der konservativen Regierungen der Reichskanzler Brüning, von Papen und von Schleicher nun unmittelbar auf einen realisierbaren Nenner bringen zu können hoffen. Bis September 1933 läßt er keineswegs erkennen, daß er es eilig hat oder daß er daran denkt, die auf den europäischen Raum beschränkte und völkerrechtlich vertretbare Revisionspolitik grundsätzlich dimensional und qualitativ zu ändern. So wird durch die Bestätigung von Neuraths als Reichsaußenminister und von Blombergs als Reichswehrminister im In- und Ausland die Kontinuität der Außenpolitik des Reiches suggeriert und von Hindenburg tatsächlich auch garantiert.

Hitler wagt unter den Augen Hindenburgs nicht nur nicht, die von einer forcierten Wiederaufrüstung ausgehende militärpolitisch akzentuierte, von Neurath und Blomberg repräsentierte und auf das Scheitern der internationalen Abrüstungskonferenz abzielende Außenpolitik umsetzen zu lassen, sondern er vermeidet auch sorgfältig, Äußerungen publik werden zu lassen, die geeignet erscheinen könnten, die Kontinuität der deutschen Politik in Frage zu stellen.

Die alte „Weltmacht"-Vision Ludendorffs, die von einem notwendigen territorialen Großraum des Reiches im Osten ausging und eine der Modellversionen für Hitlers Konzept darstellte, erscheint bis September 1933 angesichts der offiziell von Hitler verfochtenen außenpolitischen Vorstellungen extrem abwegig. Hitler zaudert, wartet auf den Tod des 86jährigen Reichspräsidenten und läßt sich Zeit. Zwar erklärt er den Befehlshabern der Reichswehr bereits am 3. Februar 1933 – unter Ausschluß der Öffentlichkeit –, daß im Osten neuer Lebensraum gewonnen und gewaltsam „germanisiert" werden müsse, aber dies hatte er in seinem 1925 erschienenen Buch „Mein Kampf" auch getan, so daß an aktuelle Konsequenzen nicht gedacht zu werden braucht. Seine von einem biologisch begründeten Universal-Antisemitismus getragenen rassenideologischen Zielsetzungen bestimmten seine Außenpolitik qualitativ erst nach Hindenburgs Tod.

Hitlers öffentliche Beteuerungen, den Frieden zu wollen, die seit September 1931 schwelende Dauerkrise in Ostasien und die nach Hindenburgs Ableben im August 1934 aktuell werdenden außerdeutschen internationalen Probleme, der italienisch-abessinische Krieg vom Oktober 1935 bis Juli 1936, der spanische Bürgerkrieg von Juli 1936 bis März 1939, die ständigen Konflikte zwischen den „etablierten" und den benachteiligten Siegern und den Besiegten des Ersten Weltkrieges und die britisch-sowjetischen Interessengegensätze in Ostasien, im Mittelmeerraum und in Kontinentaleuropa, lenken die Aufmerksamkeit des Auslandes von Deutschland ab und gestatten Hitler bis 1939, eine elastische Revisionspolitik zu betreiben. Zu Lebzeiten Hindenburgs kann er lediglich am 14. Oktober 1933 die Fortsetzung der deutschen Beteiligung an der zweiten internationalen Abrüstungskonferenz[21] unterbinden und am 19. Oktober 1933 Deutschlands Austritt aus dem Völkerbund erklären.

[21] Während der am 2. Februar 1933 begonnenen Konferenz über die Beschränkung der Landheere wurde auf Macdonalds Betreiben vergeblich vorgeschlagen, dem Reich nicht mehr nur 100 000 Mann, wie vom Versailler Vertrag vorgeschrieben, sondern 200 000 Mann Militär zuzugestehen. Im Juni wurde die Konferenz unterbrochen und im Oktober wieder fortgesetzt.

Zeittafel: 30. Januar 1933 bis 2. August 1934

30. 1. 1933:	Berufung Adolf Hitlers zum Reichskanzler
16. 2. 1933:	Bitte Hitlers um Entlassung aus dem Braunschweigischen Staatsdienst, wo er im Februar 1932 Regierungsrat und damit deutscher Staatsbürger geworden war
27. 2. 1933:	Reichstagsbrand
28. 2. 1933:	„Verordnung des Reichspräsidenten zum Schutz von Volk und Staat“
5. 3. 1933:	Reichstagswahl:

	Gesamtergebnis Deutsches Reich
SPD	18,3 % = 120 Mandate
Zentrum	11,2 % = 74 Mandate
NSDAP	43,9 % = 288 Mandate
KPD	12,3 % = 81 Mandate
BVP	2,7 % = 18 Mandate
DVP	1,1 % = 2 Mandate
DNVP	8,0 % = 52 Mandate
Staatspartei	0,9 % = 5 Mandate

Gesamtzahl der Mandate: 647

13. 3. 1933:	Joseph Goebbels Reichsminister für Volksaufklärung und Propaganda
17. 3. 1933:	Gründung der „SS-Leibstandarte Adolf Hitler“.
21. 3. 1933:	„Tag von Potsdam“: Hindenburg mit Hitler in der Garnisonskirche
24. 3. 1933:	„Gesetz zur Behebung der Not von Volk und Reich“ (Ermächtigungsgesetz)
1. 4. 1933:	Auslösung des Boykotts jüdischer Geschäfte.
7. 4. 1933:	Beginn der Gleichschaltung der Länder durch Gesetz
30. 4. 1933:	Einsetzung von Reichsstatthaltern

2. 5. 1933:	Verbot der Gewerkschaften
Juni/Juli 1933:	„Selbstauflösung" aller politischen Parteien – außer NSDAP
14. 7. 1933:	„Gesetz gegen die Neubildung politischer Parteien"
15. 7. 1933:	Vierer-Pakt Deutschland/Italien/Frankreich/Großbritannien
22. 7. 1933:	Reichskonkordat mit dem Heiligen Stuhl
19. 10. 1933:	Austritt des Deutschen Reiches aus dem Völkerbund
12. 11. 1933:	Reichstagswahl, verbunden mit der Frage, ob die zum Austritt aus dem Völkerbund führende Politik bejaht werde. 92 % der abgegebenen Stimmen billigen danach offiziell Hitlers Politik. Reichstag fortan nur noch Dekoration
26. 1. 1934:	Nichtangriffspakt und Verständigungsabkommen Deutschland/Polen
14./15. 6. 1934:	Erstes Zusammentreffen Hitlers mit Benito Mussolini in Venedig
30. 6. 1934:	„Röhm-Putsch". Erschießung Ernst Röhms und zahlreicher seiner Anhänger (und anderer politischer Gegner Hitlers). Ausschaltung der SA zugunsten der Reichswehr. Neuorganisation der SA
20. 7. 1934:	SS selbständige Organisation im Rahmen der NSDAP
2. 8. 1934:	Tod Hindenburgs und Vereinigung der Ämter des Reichspräsidenten und des Reichskanzlers auf Hitler: „Führer und Reichskanzler". Vereidigung der Wehrmacht auf den „Führer und Reichskanzler Adolf Hitler"

„Ich lasse den Herrn bitten!“

Seit den ersten Juni-Tagen 1934 klagt Hindenburg über Blasenbeschwerden. Nahezu täglich nimmt er seinen Leibarzt Hugo Adam in Anspruch, ohne allerdings seinen „Dienstplan“ zu vernachlässigen. Er weiß, daß er nicht mehr nur langsam seinem Ende entgegengeht, das er allerdings nicht in Berlin, sondern auf Gut Neudeck erwarten will.

Es fällt ihm schwer, ohne Hilfe zu gehen. Sein Sohn stützt ihn, als er zum letzten Mal das Präsidenten-Palais verläßt und müde die präsentierende Ehrenwache grüßt. Von seinem Auto aus, das wegen seiner Größe zwei Handbreit höher als das Standardmodell gefertigt worden ist, winkt er noch einmal dem mit einem altmodischen Frack und weißen Strümpfen bekleideten Hofmeister Balser zu, bevor sich das schwere Gefährt in Bewegung setzt.

Wie immer, so tut ihm auch jetzt die Luft in Ostpreußen besonders gut, so daß er auch dort noch seinen Staatsgeschäften einigermaßen nachgehen kann. Er empfängt ausländische Diplomaten, deutsche und japanische höhere Militärs und prominente Besucher. Meissner hat ihm regelmäßig an Ort und Stelle zu berichten; und auch Hans Heinrich Lammers, den Reichsminister und Chef der Reichskanzlei, läßt er noch am 15. Juli, drei Wochen vor seinem Tod, zu sich nach Ostpreußen beordern.

Mit der Pferdekutsche läßt er sich durch das Neudecker Gelände fahren und wird auch hier von Meissner über die Lage und besonderen Einzelheiten in der Wilhelmstraße informiert. Sosehr der Arzt, Oskar von Hindenburg und der Kammerdiener sich auch bemühen, es fällt ihnen schwer, den greisen Präsidenten im Bett zu halten.

Hitler besucht den kranken Reichspräsidenten am 21. Juni 1934 auf Gut Neudeck.

Als er am 1. Juli erfährt, daß Franz von Papen im Zusammenhang mit den Festnahmen während der Röhm-Affäre vom 30. Juni verhaftet worden ist[1], weist er den Reichswehrminister von Blomberg telegrafisch an, „umgehend dafür Sorge zu tragen“, daß „die Verhaftung aufgehoben“ und Papen „auf freien Fuß“ gesetzt werde. Blomberg hat persönlich für die sofortige Erledigung zu haften und dem Reichspräsidenten nach Neudeck „unverzüglich den Vollzug zu melden“. Und dies geschieht. Bereits kurz nachdem Blomberg das Telegramm des Reichspräsidenten und Obersten Befehlshabers der Reichswehr bekommen hat, überbringt Hindenburgs militärischer Adjutant Oberst Wedige von der Schulenburg dem Reichspräsidenten die von Blomberg persönlich telefonisch übermittelte Meldung, daß die Anweisung Hindenburgs ausgeführt worden ist. Hindenburg hat sich nicht an den Reichskanzler Hitler gewandt, was eigentlich

[1] Papen hatte am 17. Juni 1934 in Marburg Hitlers NS-Politik scharf kritisiert.

hätte der Fall sein müssen, sondern unter Ausschaltung Hitlers unmittelbar dem Reichswehrminister befohlen, sofort eine von Hitler zumindest gedeckte Entscheidung rückgängig zu machen. Hitler, Göring, Goebbels, Himmler und Wilhelm Frick sind in diesem Fall noch einmal an ihre Grenzen gestoßen.

Doch sie wissen: Hindenburgs Tage sind gezählt. Ihre Rechnung ist ohnehin am 30. Juni aufgegangen. Ohne daß Hindenburg etwas davon wußte, haben sie in einer „Blitzaktion" General von Schleicher, den letzten Kanzler der Weimarer Republik, und dessen Ehefrau ebenso wie Schleichers engen Mitarbeiter, den vor allem von Göring mit größtem Mißtrauen verfolgten General Ferdinand von Bredow, zusammen mit mehr als 70[2] Gegnern, Feinden, Konkurrenten und Widersachern neben der Kirche der einstigen Lichterfelder Kadettenanstalt „legal" umbringen und mindestens 1124 Personen kurzerhand in „Schutzhaft" nehmen lassen[3], ohne sich mit dem Odium von Rechtsbrechern zu belasten. Als Hindenburg über die von Hitler gegen seinen Obersten SA-Chef Ernst Röhm[4] als Anführer eines erwarteten Staatsstreiches gestartete „Staatsrettungsaktion" informiert wird, ist sie bereits „abgelaufen".

Da es angesichts dieses „Autodafés", das die unzureichend informierte Öffentlichkeit massiv erregte, unumgänglich erschien, eine Erklärung des Staatsoberhauptes zu publizieren, hatte Walther Funk, der spätere Reichswirtschaftsminister Hitlers, Otto Meissner am 2. Juli vorgeschlagen, von Hindenburg einen – nach einer Absprache mit Hitler – von ihm vorbereiteten Text als Erklärung des Staatsoberhauptes autorisieren zu lassen. Meissner kürzte den Entwurf und schwächte – nach Angaben seines Sohnes – bestimmte Formulierungen ab und gab den Text telefonisch nach Neudeck weiter. Sein von Hindenburg autorisierter und an Hitler gerichteter Wortlaut: „Nach den mir vorliegenden Berichten stelle ich fest, daß Sie durch ihr entschlossenes

[2] Öffentlich gab Hitler 74 Erschießungen zu. 15 der füsilierten einstigen „alten Kameraden" nannte er dabei namentlich.

[3] Nach einem Gesetz vom 7. August 1934 ließ Hitler 1079 von ihnen amnestieren und aus der Haft entlassen.

[4] Röhm selbst wurde am 30. Juni 1934 von Hitler persönlich in Bad Wiessee am Tegernsee verhaftet und zusammen mit einer Reihe von Vertrauten von einem SS-Komando in der Münchener Haftanstalt Stadelheim erschossen.

Vorgehen und mutiges persönliches Eingreifen alle hochverräterischen Umtriebe im Keime erstickt haben. Sie haben das deutsche Volk aus einer großen Gefahr gerettet. Ich spreche Ihnen meinen Dank dafür aus!"

Hitler wußte nun, daß er in Neudeck, wohin er sich am 3. Juli zur Berichterstattung mit dem Flugzeug begab, nicht ungnädig empfangen werden würde. Zwar waren die Generale Schleicher und Bredow ohne sein Wissen ermordet worden, was Hermann Göring noch während des Nürnberger Prozesses nachdrücklich betonte; aber der Reichswehrminister von Blomberg, der zwei Tage zuvor auf Hindenburgs Befehl eben noch Papen aus der „Schutzhaft" hatte befreien lassen, stand hinter ihm. Als er in Neudeck eintraf, huldigten ihm bereits am Flugplatz der Generalmajor Wodrich und eine Reihe höherer Offiziere. Im offiziellen Kommuniqué vom 3. Juli 1934 heißt es unter anderem: „Reichswehrminister Generaloberst von Blomberg dankte dem Führer im Namen des Reichskabinetts und der Wehrmacht für sein entschlossenes und mutiges Handeln, durch das er das deutsche Volk vor dem Bürgerkrieg bewahrt habe. Der Führer habe sich als Staatsmann und Soldat von einer Größe gezeigt, die bei den Kabinettsmitgliedern und im ganzen deutschen Volk das Gelöbnis für Leistung, Hingabe und Treue in dieser schweren Stunde in allen Herzen wachgerufen habe. Das Reichskabinett genehmigte sodann ein Gesetz über Maßnahmen der Staatsnotwehr."

Das „Gesetz über Maßnahmen der Staatsnotwehr" vom selben Tage kodifizierte: „Die zur Niederschlagung hoch- und landesverräterischer Angriffe am 30. Juni, 1. und 2. Juli 1934 vollzogenen Maßnahmen sind als Staatsnotwehr rechtens."

Hitler ist nicht schwergefallen, den „alten Herrn" mit Fakten zu überhäufen. Daß Röhm niemals ernsthaft daran gedacht habe, sich tatsächlich gegen Hitler zu stellen, ist ebenso eine Zwecklegende wie die Behauptung, daß von einem unmittelbaren SA-Putsch keine Rede gewesen sein könne. Tausende SA-Männer waren bereits am 28. und 29. Juni von ihren Arbeitsplätzen abberufen und zu Sammelstellen befohlen worden, wo sie – bei militärischer Feldküchenbeköstigung – auf weitere Einsatzbefehle warteten. In Chemnitz beispielsweise marschierte die SA am 30. Juni nach „Adelberg" offiziell zu einem „Manöver", das infolge der Ereignisse in Bad Wiessee „abgeblasen“ wurde. Vier Lastwagen voller Gewehre, Maschinengewehre, Karabiner, Pistolen und Munition beschlagnahmte die überfallartig auf den Plan gerufene Schutzpolizei im SA-Bezirk Hanau-Land. Rechtzeitig gewarnte Reichswehreinheiten wurden am 28. Juni in Annaberg, Scheibenberg, Schwarzenberg und in Aue im Erzgebirge zur Abwehr eines erwarteten SA-Putsches zusammengezogen. Und auch das fehlte nicht: Es gab bereits (zumindest) einen von Röhm akkreditierten Diplomaten, der von Röhm nachweislich auf eine neue Reichsregierung verpflichtet worden war.

In Bremen wurde der Berliner SA-Obergruppenführer Karl Ernst und dessen ihm eben erst angetraute Ehefrau vom Schiff geholt, auf dem er seine Hochzeitreise anzutreten gedachte. Bevor er in der Berliner Kadettenanstalt Lichterfelde von einem aus SS-Männern bestehenden Peloton nach dem Kommando: „Der Führer will es! Alles für Deutschland! Feuer!“ füsiliert wurde, fanden SS-Leute in seinem Gepäck 40 000 Mark und eine schriftliche Vollmacht Röhms, alsbald in seinem Namen in Frankreich als Botschafter einer von Röhm kontrollierten Regierung tätig zu werden.

Röhm, der von der NS-Propaganda bis dahin als besonders treuer Paladin des Führers stilisierte Stabschef der SA, einstige Reichswehroffizier, monomanisch militärisch orientierte Landsknecht und immer zu Intrigen gegen die Staatsmacht bereite Haudegen, dem Hitler seit dem Beginn seiner politischen Karriere außergewöhnliche Hilfen verdankte, war 1933 nach den Märzwahlen zwar Staatskommissar „zur besonderen Verfügung“ geworden; aber dies konnte ihn, seine Unterführer und seine sich als neue Elite fühlenden uniformierten Parteigänger nicht zufriedenstellen. Sie hatten eine „soziale Revolution“ gefordert und damit an Vorstellungen angeknüpft, die seit 1930 in ihren Reihen – vor allem von den „linken“ Verfechtern des „sozialen Nationalismus“ – wachgehalten wurden. Röhm, der zu den ganz wenigen Vertrauten gehörte, die Hitler duzen durften, hatte nicht nur von einer von ihm befehligten „Volksmiliz“ aus Teilen der konservativen Reichswehr und der aggressiv revolutionär ausgerichteten SA geträumt. Hitlers Aufforderung an die SA, von nun an nicht mehr „herumzusuchen“, wo eventuell „noch etwas revolutioniert werden“ könnte, sondern die „deutschen Menschen für diesen Staat" zu erziehen und damit eine notwendige „Riesenarbeit" für die „kommenden Jahrzehnte" zu leisten, interpretierte er auf seine Weise.

Die Tatsache, daß die NSDAP inzwischen die einzige noch verbliebene politische Partei war, nachdem – wie Hitler sich ausdrückte – „wir alles andere beseitigten", meinte Röhm, der die Mißbilligung seiner Pläne durch die Reichswehrführung ignorieren zu können hoffte, auf seine Weise auslegen zu dürfen. Um seine stürmisch nach Machtpositionen drängenden Anhänger neu zu motivieren und sich selbst auch eine Position zu schaffen, die seinen Ambitionen entsprach, griff er, zu selbstbewußt und zu sehr auf Hitlers zaudernde Entscheidungsgewohnheiten bauend, nach einem neuen Machthebel. Hitlers – meist überhörte – bemerkenswerte Äußerung, daß die Beseitigung aller anderen politischen Parteien und Organisationen sowie die Schaffung des „Einparteienstaates" der NSDAP eine „ungeheure Verantwortung" aufgebürdet habe, hatte ihn auf die utopisch kühne Idee gebracht, „seine" SA souverän und institutionell zumindest gleichrangig als Kontrollinstanz neben die von Hitler geführte Reichsregierung stellen zu können.

„Der nationalsozialistische Staat", so hatte Röhm am 15. Januar 1934 in einem sechsseitigen (Maschinentext-) Schreiben mit diversen konkreten Anweisungen im Verfügungsstil erklärt, das der bayerische Ministerpräsident, das Innenministerium, das Justizministerium, der Kommandeur der Politischen Polizei, die Leiter der politischen Organisationen, die bayerischen Gauleiter und selbst Heinrich Himmler zugeleitet bekamen, „hat durch Beseitigung der Parteien auch jede ‚öffentliche' Opposition beseitigt. So wünschenswert dies nach dem Führerprinzip ist, so darf doch die Möglichkeit für Anregungen und notwendige Verbesserungen nicht ausgeschaltet werden. Diese Aufgabe haben als Wächter und Garanten der durch die nat. soz. Revolution erkämpften Volksgemeinschaft SA-Führer zu erfüllen, die den staatlichen Verwaltungsbehörden zugeteilt werden."

Hindenburg wußte, wovon er am 31. Juli 1934 nach Detailinformationen über die Röhm-Aktion redete, als er Hitler eindringlich darauf hinwies, daß er die Formen der Gewaltanwendung, die sein System charakterisierten, offensichtlich nicht mehr würde abstreifen können.

Für Hitler war wichtig: Die Reichswehr, die als einziger legitimer Waffenträger der Nation „bestätigt" worden war, hatte sich durch die widerstandslose Hinnahme der Erschießung zweier Generale moralisch korrumpieren lassen. „Nur" noch der Tod Hindenburgs fehlte ihm, um die innenpolitische Phase abschließen zu können, an deren Ende der Vollzug der totalen Machtergreifung und die Etablierung der Diktatur stehen sollten.

Als sich die Blasenbeschwerden erneut und verstärkt einstellen, läßt Hindenburg den prominenten Chirurgen Ferdinand Sauerbruch aus Berlin nach Neudeck rufen, der sowohl die von seinem berühmten Patienten zur Debatte gestellte Operation ablehnt als auch die Antwort auf dessen Frage offenläßt, wie lange er denn nach menschlichem Ermessen noch zu leben haben werde.

Als es sichtlich dem Ende zugeht, meint er, zu Sauerbruch gewandt: „Keiner sagt mir die Wahrheit; aber ich möchte wissen, ob Freund Hein schon im Vorzimmer steht!" Sauerbruchs Antwort, „Nein, Herr Feldmarschall, im Vorzimmer steht er nicht, streicht aber verdächtig um das Haus", genügt ihm nicht. Doch auch Meissner, an den er dieselbe Frage richtet, kann ihm im Grunde keine andere Antwort geben.

Hindenburg möchte sich, wie er gegenüber dem Staatssekretär äußert, „reisefertig machen". Allein im Zimmer, liest er halblaut im Neuen Testament und betet. Nachdem Sauerbruch ihm erklärt hat, daß „Freund Hein" inzwischen ins Haus gekommen sei, blättert und liest er in geistlichen Schriften und wünscht, eine Zeitlang allein zu sein. Danach bittet Meissner ihn zum letzten Male, einige wichtige Unterschriften zu leisten. Nachdem er dies getan hat, blickt er zu Sauerbruch, der weiß, was gemeint ist. „Freund Hein", so sagt dieser nun, „befindet sich im Vorzimmer." Hindenburg reicht dem Arzt die Hand, dankt ihm und Meissner für ihre Bemühungen und sagt ruhig und gelassen: „Ich bin bereit... Ich lasse den Herrn bitten!"

Doch der „Herr", der Tod, ist noch nicht bereit. Hindenburg erholt sich wieder. Er unterhält sich mit Oskar, mit seinen Töchtern und mit seiner Schwiegertochter und verabschiedet sich von seinem alten Diener Karl Putz.

Am Tage danach, am 31. Juli gegen Mittag, erscheint der Reichskanzler, mit dem er in Gegenwart von Zeugen so ruhig redet, als ginge es um alltägliche Dinge, doch was Hitler sich anhören muß, kann ihm nicht behagen. Hindenburg hält ihm in gütigem Tone vor, die Formen der Gewaltanwendung, die ihn schließlich bis in die Reichskanzlei hineingetragen haben, nicht mehr abstreifen zu können. Der „alte Herr", der Hitler niemals getraut und von Papen und von Schleicher in Gegenwart Konstantin von Neuraths, die seit 1931 Hitler und die NSDAP in der Regierung sehen wollten[5], am 10. August 1932 warnend darauf hingewiesen hat, daß der Führer der NSDAP, wenn er Kanzler sei, seine Versicherungen nicht einhalten und schließlich nicht mit einer überparteilichen Regierung, sondern mit einem NS-Parteikabinett regieren werde, kann seine tiefe Beunruhigung und Enttäuschung an der Schwelle seines Grabes weniger als zuvor verbergen. Offenbar will er Hitler jedoch eine persönliche Demütigung ersparen. Er verlangt plötzlich, ihn allein sprechen zu wollen.

Nachdem Hitler am 13. August 1932 von ihm die volle Reichsgewalt für sich beanspruchte, hat Hindenburg schriftlich entschieden und ihm unmißverständlich erklären lassen, daß er vor Gott, seinem Gewissen und seinem Vaterlande nicht verantworten könne, ihm und seiner Partei, die rücksichtslos gegen Andersdenkende vorgehe, diese Macht in die Hände zu legen[6]. Und in sein politisches Testament vom 11. Mai 1934 hat er einen aus seinem „Vermächtnis" von 1919 stammenden Passus übernommen, den Hitler jetzt unschwer als auf sich und seine Bewegung gemünzt verstehen muß. „Gegenwärtig", so heißt es dort, „hat eine Sturmflut wilder politischer Leidenschaften und tönender Redensarten unsere ganze frühere staatliche Auffassung unter sich begraben, anscheinend alle bisherigen Überlieferungen vernichtet. Aber diese Flut wird sich wieder verlaufen."[7]

Was er Hitler nun, 91 Tage nach dem 11. Mai, allein und per-

[5] Brüning, der im Oktober 1931 auch bei Hitler vorgefühlt hatte, schob die Integrierung der NSDAP in den Staat noch hinaus, weil er außenpolitisch zunächst die Reparations- und Gleichberechtigungsfrage unter Dach und Fach gebracht sehen wollte.

[6] Am 24. November 1932 hatte Hindenburg Hitler unter anderem schreiben lassen: „...daß ein von Ihnen geführtes Präsidialkabinett sich zwangsläufig zu einer Parteidiktatur mit allen ihren Folgen entwickeln würde, die herbeigeführt zu haben" er vor seinem Eid und seinem „Gewissen nicht verantworten könnte".

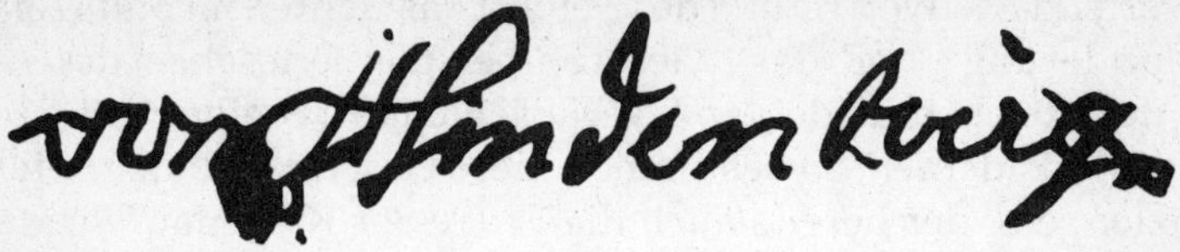

Zwei Tage vor dem Tod die letzte Unterschrift.

sönlich sagt, hat niemand erfahren. Als Hitler nach der Unterredung das Haus verläßt, macht er einen total verstörten Eindruck[8]. Ohne ein Wort gegenüber der im Vorzimmer versammelten Familie und den dort anwesenden Ärzten zu verlieren, läßt er sich zum Flugzeug begleiten, das ihn unmittelbar nach Berlin zurückbringt.

Hindenburgs Lebensweg ist am Ende angelangt. Nachdem Hitler Neudeck verlassen hat, fällt Hindenburg ins Koma, kommt im Beisein seiner Familie am 2. August jedoch noch einmal zu sich und murmelt: „Erlauben Euere Majestät, daß sich ein alter Soldat gehorsam abmeldet."

Er stirbt – nicht ganz 87jährig – am 2. August 1934, um 9 Uhr früh.

Joseph Goebbels erklärt über den Rundfunk: „Soeben ist der verehrungswürdige Reichspräsident, Generalfeldmarschall Paul von Beneckendorff und von Hindenburg, in die Ewigkeit eingegangen!"

In Deutschland wird halbmast geflaggt. Vor dem Präsidenten-Palais in Berlin entblößt der Posten der Ehrenwache seinen Kopf, hält seinen Stahlhelm vor die Brust und betet.

[7] In seinem Testament sagte Hindenburg, daß er diesen Passus aus seinem 1919 (in seinem Buch „Aus meinem Leben") veröffentlichten „Vermächtnis" übernommen habe, was zutrifft; aber in seinem „Vermächtnis" folgen unmittelbar darauf fünf Absätze, die er nicht im Testament von 1934 zitiert hat. Die Vermutung liegt nahe, daß Hitler dieses Urteil, das er lesen und publizieren lassen würde, auch auf sich und seine Politik beziehen sollte. Wortlaut des Testaments S. 377

[8] Als Hitler den Reichspräsidenten ein zweites Mal (aus Bayreuth kommend) besuchte, erkannte Hindenburg ihn nicht mehr.

Schon am Tage zuvor hat die Reichsregierung das „Gesetz betreffend Stellvertretung des Reichspräsidenten im Falle seiner Verhinderung" und das „Gesetz über das Erlöschen des Amtes des Reichspräsidenten" verabschiedet[9]. Stellvertreter des Reichspräsidenten, so bestimmen diese Gesetze, soll der Reichskanzler sein, der bereits auch die Frage der Kostenaufwendungen für das Staatsbegräbnis hat klären lassen.

Noch einmal kommt Hitler am selben Tag mit dem Flugzeug nach Neudeck. Er tritt an das Totenbett und verharrt schweigend, den in ein schlichtes weißes Totenhemd gekleideten, mit gefalteten Händen und einem Rosenstrauß auf der Brust auf ein erhöhtes Kissen gebetteten Reichspräsidenten anblickend, etwa eine Viertelstunde. Offiziere, mit Stahlhelm, Trauerflor und gezogenem Degen, halten neben dem Bett die Ehrenwache. Ein Kranz von Wilhelm II. aus Doorn wird ins Totenzimmer getragen. Hitler sieht die Schleife mit der goldgestickten Kaiserkrone – und schweigt weiter. Meissner, von Hindenburg oft mit „Kindchen" angeredet, kann seine Tränen nicht unterdrücken.

Hitler, der ab sofort neben seinem Gehalt als Kanzler auch das Gehalt des Reichspräsidenten einschließlich der Aufwandsentschädigungen und des Dispositionsfonds des Reichspräsidenten in Anspruch nehmen kann, ist nun „Führer und Reichskanzler". Er läßt noch am 2. August die Reichswehr und unmittelbar danach auch die in den Ministerien tätige Beamtenschaft und die Angestellten auf sich vereidigen und erklärt, daß er die von Hindenburg für den Fall seines Todes geäußerten persönlichen Wünsche hinsichtlich seiner Beisetzung nicht erfüllen lassen werde. Betroffen muß die Familie zur Kenntnis nehmen, daß er den Wunsch Hindenburgs, wie seine Vorfahren und Eltern auf dem Neudecker Friedhof beigesetzt zu werden, nicht entspricht. Der Tote soll, so hat er angeordnet, seine „letzte Ruhe" im Ehrenmal von Tannenberg – zusammen mit seiner exhumierten Frau – finden. Otto Meissner, der damit rechnet, seine Position auf-

[9] Bereits im September 1933 hat Hitler geäußert, im Falle des Todes Hindenburgs die Ämter des Reichspräsidenten und des Reichskanzlers auf sich zu vereinigen und sich von da an als „Reichsführer" bezeichnen zu lassen. In der Nacht vom 3. zum 4. Januar 1941 sagte Hitler im Führerhauptquartier „Wolfsschanze": „Denkt euch: der Präsident Adolf Hitler und der Präsident Christian Weber" (ein einstiger Pferdehändler).

Aufruf der Kulturschaffenden

Berlin, 17. August.

Die unterzeichneten Persönlichkeiten richten folgenden Aufruf an die Öffentlichkeit:

Volksgenossen, Freunde!

Wir haben einen der Größten deutscher Geschichte zu Grabe geleitet. An seinem Sarge sprach der junge Führer des Reiches für uns alle und legte Bekenntnis ab für sich und den Zukunftswillen der Nation.

Wort und Leben setzte er zum Pfand für die Wiederaufrichtung unseres Volkes, das in Einheit und Ehre leben und Bürge des Friedens sein will, der die Völker verbindet. Wir glauben an diesen Führer, der unsern heißen Wunsch nach Eintracht erfüllt hat.

„Aufruf der Kulturschaffenden“ (Auszug): Zwei Wochen nach Hindenburgs Tod riefen namhafte Exponenten des deutschen Kulturlebens die Deutschen in der Presse auf, am 19. August 1934 bei der Volksabstimmung über das „Gesetz über das Staatsoberhaupt“ für die Vereinigung der Ämter des Reichskanzlers und des Reichspräsidenten zu stimmen. Unterzeichnet hatten diesen Aufruf unter anderem Wilhelm Furtwängler, Erich Heckel, Georg Kolbe, Emil Nolde und Richard Strauß. Und auch der Bildhauer Ernst Barlach und der Architekt Mies van der Rohe, die der Akademie der Künste zu Hindenburgs Lebzeit von sich aus den Rücken gekehrt hatten, um dem Ausschluß zuvorzukommen, biederten sich Hitler nach Hindenburgs Tod an: Auch sie hatten den Aufruf unterzeichnet.

geben zu müssen, muß bleiben und, wie schon bei Ebert und Hindenburg, von nun an sich Hitler als Staatssekretär in der neugeschaffenen „Präsidialkanzlei des Führers“ zur Verfügung stellen.

Während der Trauerfeier im Reichstag, bei der Uniformen das Bild bestimmen, spricht Hitler und rühmt die Verdienste des Toten. Sonderzüge bringen die aus allen Gegenden des Reiches und aus aller Welt zusammenströmenden Trauergäste nach Hohenstein, dem Bahnhof in der Nähe des Tannenberg-Denkmals. Nach der kirchlichen Einsegnung in Neudeck wird die von Pferden gezogene und von einer Kompanie Soldaten begleitete Lafette mit dem von der alten Reichskriegsflagge und Hindenburgs Degen bedeckten Sarg in der Nacht nach Tannenberg gebracht.

Als der Zug unter Führung eines Hauptmanns namens Kant Neudeck verlassen will, wird er von dem Bürgermeister des Ortes aufgehalten. Er erklärt, daß eine Leiche die Gemeindegrenzen nicht ohne Sondererlaubnis passieren dürfe, weshalb er bitte, die von ihm mitgebrachten Formulare an Ort und Stelle ordnungsgemäß auszufüllen. Da er, ein Bauer, selbst weder lesen noch schreiben kann, erledigt dies der Offizier. Der Bürgermeister tunkt den Daumen einer Hand in die Tinte, drückt ihn auf das ausgefüllte Formular und läßt den Trauerzug passieren.

Im Bereich des Tannenberg-Denkmals ist am Sonntag, den 5. August das gesamte Diplomatische Korps versammelt. Ausländische Trauergäste, Diplomaten aus aller Herren Länder, Militärs aller Ränge und Prominente jedweder Herkunft, uniformierte Funktionsträger der NSDAP und Militärformationen harren der bevorstehenden Feierlichkeiten ebenso wie Angehörige des deutschen Adels, unter denen sich auch ein Vertreter der Familie von Rappard befindet, aus der die 1871 verstorbene erste Verlobte Hindenburgs stammte. Der greise Generalfeldmarschall von Mackensen, General Ludendorff und der Kronprinz Wilhelm ziehen besonders die Blicke auf sich.

Nachdem Dohrmann, der evangelische Feldbischof der Wehrmacht, mit seiner Trauerpredigt am Ende ist, die er dem Wunsche Hindenburgs entsprechend unter das Wort „Sei getreu bis in den Tod, so will ich dir die Krone des Lebens geben“ gestellt hat, tritt Hitler – in brauner Uniform mit schwarzem Trauerflor am linken Arm – an das Pult. Als er das bereitgelegte

Manuskript mit seiner Trauerrede zur Hand nimmt, stellt er betroffen fest, daß sein Adjutant Julius Schaub irrtümlich einen falschen Text hinterlegt hat. Doch Hitler tut, als verlaufe alles planmäßig. Er hält – aus dem Stegreif – eine lange und exzellente Rede, die mit den Worten „Herr und Frau Oberst von Hindenburg! Verehrte Trauergäste! Generale, Offiziere und Soldaten der Wehrmacht!“ beginnt und die meisten Anwesenden tief beeindruckt. Jäh allerdings schrickt die fromme und betont gottesfürchtige Familie von Hindenburg zusammen, als er sie mit der heidnischen Wendung „Toter Feldherr, geh nun ein in Walhall!“ abschließt.

Nach rund zwei Stunden ist die ungewöhnlich aufwendige Trauerfeier beendet, sind Soldaten der verschiedenen Waffengattungen im Paradeschritt am Sarg vorbeiparadiert, das „Deutschland-Lied“ und das „Lied vom guten Kameraden“ erklungen und die historischen Leistungen des Toten – gegen dessen ausdrücklichen letzten Willen – noch einmal lebendig geworden.

Nichts ist seitdem mehr, wie es war[10]. Schon am Tage vor Hindenburgs Tod hatte Alfred Rosenberg, der von Hitler beauftragte Reichsleiter für die Überwachung der weltanschaulichen Erziehung der NSDAP, in sein Tagebuch geschrieben: „Die NSDAP hat frei Bahn erhalten, nun ihr Reich zu vollenden. Kostbare Zeit mußte vergehen, vieles konnte getan werden und wurde aus Sabotage unter Berufung auf Hindenburg unterlassen. Jetzt ist der Führer alleiniger Herr über Deutschland. Alle Voraussetzungen für den NS-Staat sind endlich vorhanden.“

Jetzt ist der Führer alleiniger Herr über Deutschland.

Si monumentum requiris, circumspice..

...Wenn du sein Denkmal suchst, blicke um dich. Wer dafür Hindenburg verantwortlich macht, verhunzt die Geschichte.

[10] Der Sarkophag Hindenburgs wurde 1944 auf Hitlers Weisung aus dem in Eile gesprengten Tannenberg-Denkmal zunächst nach Pillau in Ostpreußen an Bord des Kreuzers „Emden“ gebracht, von dort über Stettin nach Potsdam in die Gruft der „Garnisonskirche“ überführt und schließlich in einem Salzbergwerk in Thüringen deponiert. US-Einheiten, die Sachsen bis Juli 1945 besetzt hielten, holten die Sarkophage (auch den der 1921 verstorbenen Ehefrau Hindenburgs) aus dem Bergwerk. Eisenhower beauftragte General Lucius D. Clay, für die Überführung nach Westen Sorge zu tragen. Auf Befehl Clays wurde er in der Elisabeth-Kirche in Marburg/Lahn aufgebahrt, wo er sich noch heute befindet.

Anhang

Paul von Beneckendorff und von Hindenburg: Daten und Stationen

2. Oktober 1847	Paul Ludwig Hans Anton von Beneckendorff und von Hindenburg in Posen geboren
1859–1866	Kadett in Wahlstatt und (ab Ostern 1863) in Berlin
7. April 1866	Sekondeleutnant im 3. Garderegiment zu Fuß
1866	Feldzug gegen Österreich
1870/71	Bataillons- und Regimentsadjutant im deutsch-französischen Krieg
18. Januar 1871	Vertreter seines Regiments bei der Kaiserkrönung in Versailles
1873	Studium an der Kriegsakademie
1877	Generalstabsoffizier beim II. Armeekorps in Stettin
1878	Hauptmann im Großen Generalstab in Stettin
1879	2. Generalstabsoffizier

24. September 1879	Vermählung mit Gertrud Wilhelmine von Sperling
1881	Hauptmann und Generalstabsoffizier beim Stab der 1. Division in Königsberg
1884	Hauptmann und Kompaniechef im Infanterieregiment 58 in Fraustadt bei Posen
1885	Major im Großen Generalstab – in der Abteilung von Generalfeldmarschall Alfred Graf von Schlieffen – in Berlin, 1 A des III. Korps und Taktiklehrer an der Kriegsakademie
1. Januar 1887	Alfred Graf von Schlieffen, der Abteilungschef des Großen Generalstabes, Generalfeldmarschall Alfred Graf von Waldersee und Generalfeldmarschall Helmuth Graf von Moltke, attestieren dem Major Paul von Hindenburg, „schon jetzt zum Chef des Generalstabes“ geeignet zu sein
1889	Oberstleutnant und Abteilungsleiter im Kriegsministerium
1893	Oberst und Kommandeur des Infanterieregiments 91 in Oldenburg
1896	Generalmajor und Chef des Generalstabes des VIII. Armeekorps in Koblenz
1900	Generalleutnant und Kommandeur der 28. Division in Karlsruhe
1903	Kommandierender General des IV. Armeekorps in Magdeburg

März 1911	Auf persönlichen Wunsch Verabschiedung als General der Infanterie
22. August 1914	Berufung zum Armeeführer der 8. Armee im Osten
26. bis 29. August 1914:	Schlacht bei Tannenberg
1. November 1914	Oberbefehlshaber aller deutschen Streitkräfte im Osten
27. November 1914	Generalfeldmarschall
29. August 1916	Chef des Generalstabes des Feldheeres
9. November 1918	Erklärung gegenüber dem Kaiser, daß das Heer nicht mehr zu ihm halte und daß es „keine treuen Truppen mehr" gebe
10. November 1918	Autorisierung Wilhelm Groeners, Friedrich Ebert seitens der Armee ein „Bündnis" zur Aufrechterhaltung von Ordnung und Sicherheit nach dem Sturz der Monarchie anzubieten
8. Dezember 1918	Angebot an Friedrich Ebert, sich ihm und der Republik zur Verfügung zu stellen
2. Mai 1919	Abschiedsgesuch an den Reichspräsidenten Friedrich Ebert und Genehmigung des Gesuches
26. April 1925	Wahl zum Reichspräsidenten
10. April 1932	Erneute Wahl zum Reichspräsidenten
20. Januar 1926 bis 30. Januar 1933	Reichskanzler-Berufungen:

	20. 1. 1926 = Hans Luther	
	16. 5. 1926 = Wilhelm Marx	
	28. 6. 1928 = Hermann Müller	
	30. 3. 1930 = Heinrich Brüning	
	9. 10. 1931 = Heinrich Brüning	
	1. 6. 1932 = Franz von Papen	
	3. 12. 1932 = Kurt von Schleicher	
	30. 1. 1933 = Adolf Hitler	
2. August 1934	Tod auf Gut Neudeck. Beisetzung im Hindenburg-Turm des Tannenberg-Denkmals.	

Hindenburg war:
– Doktor h. c. aller vier Fakultäten der Universität Königsberg, Dr. h. c. der Rechts- und Staatswissenschaftlichen Fakultät der Universität Breslau, der Juristischen Fakultät der Universität Bonn, der Juristischen Fakultät Graz, Dr.-Ing. h. c. der Technischen Hochschule Danzig und sämtlicher Technischer Hochschulen Deutschlands und Dr. med. vet. h. c. der Tierärztlichen Hochschule Hannover
– Ehrenbürger der Universitäten Göttingen, Königsberg, Köln und Jena, der Technischen Hochschule Stuttgart und der Forstlichen Hochschule Eberwalde
– Ehrenbürger von 3 824 Städten und Gemeinden

Die Schulen, kommunalen und privaten Institute, Parkanlagen, Straßen, Schiffe usw., die den Namen „Hindenburg" führten, und die Orden und Ehrenzeichen, die Hindenburg im Laufe seines Lebens verliehen wurden, umfassen einen ganzen Katalog.

Hindenburgs politisches Testament vom 11. Mai 1934

Dem deutschen Volke und seinem Kanzler!

1919 schrieb ich in meinem Vermächtnis an das deutsche Volk:

„Wir waren am Ende!

Wie Siegfried unter dem hinterlistigen Speerwurf des grimmigen Hagen, so stürzte unsere ermattete Front; vergebens hatte sie versucht, aus dem versiegenden Quell der heimatlichen Kraft neues Leben zu trinken. Unsere Aufgabe war es nunmehr, das Dasein der übriggebliebenen Kräfte unseres Heeres für den späteren Aufbau unseres Vaterlandes zu retten. Die Gegenwart war verloren. So blieb nur die Hoffnung auf die Zukunft.

Heran an die Arbeit!

Ich verstehe den Gedanken an Weltflucht, der sich vieler Offiziere angesichts alles dessen, was ihnen lieb und teuer war, bemächtigte. Die Sehnsucht, ‚nichts mehr wissen zu wollen' von einer Welt, in der die aufgewühlten Leidenschaften den wahren Wertkern unseres Volkes bis zur Unkenntlichkeit entstellten, ist menschlich begreiflich und doch – ich muß es offen aussprechen, wie ich denke:

Kameraden der einst so großen, stolzen deutschen Armee! Könntet ihr vom Verzagen sprechen? Denkt an die Männer, die uns vor mehr als hundert Jahren ein innerlich neues Vaterland schufen. Ihre Religion war der Glaube an sich selbst und an die Heiligkeit ihrer Sache. Sie schufen das neue Vaterland, nicht es gründend auf eine uns wesensfremde Doktrinwut, sondern es aufbauend auf den Grundlagen freier Entwicklung des einzelnen in dem Rahmen und in der Verpflichtung des Gesamtwohles!

Diesen selben Weg wird auch Deutschland wieder gehen, wenn es nur erst einmal wieder zu gehen vermag.

Ich habe die feste Zuversicht, daß auch diesmal, wie in jenen Zeiten, der Zusammenhang mit unserer großen, reichen Vergangenheit gewahrt und, wo er vernichtet wurde, wiederhergestellt wird. Der alte deutsche Geist wird sich wieder durchsetzen, wenn auch erst nach schwersten Läuterungen in dem Glutofen von Leiden und Leidenschaften. Unsere Gegner kannten die Kraft dieses Geistes; sie bewunderten und haßten ihn in der Werktätigkeit des Friedens, sie staunten ihn an und fürchteten ihn auf den Schlachtfeldern des großen Krieges. Sie suchten unsere Stärke mit dem leeren Worte ‚Organisation' ihren Völkern begreiflich zu machen. Den Geist, der sich diese Hülle schuf, in ihr lebte und wirkte, den verschwiegen sie ihnen. Mit diesem Geiste und in ihm wollen wir aber aufs neue mutvoll wieder aufbauen. Deutschland, das Aufnahme- und Ausstrahlungszentrum so vieler unerschöpflicher Werte menschlicher Zivilisation und Kultur, wird so lange nicht zugrunde gehen, als es den Glauben behält an seine große weltgeschichtliche Sendung. Ich habe das sichere Vertrauen, daß es der Gedankentiefe und der Gedankenstärke der Besten unseres Vaterlandes gelingen wird, neue Ideen mit den kostbaren Schätzen der früheren Zeit zu verschmelzen und aus ihnen vereint dauernde Werte zu prägen, zum Heil unseres Vaterlandes. Das ist die felsenfeste Überzeugung, mit der ich die blutige Walstatt des Völkerkampfes verließ. Ich habe das Heldenringen meines Vaterlandes gesehen und glaube nie und nimmer mehr, daß es sein Todesringen gewesen ist.[1]

Gegenwärtig hat eine Sturmflut wilder politischer Leidenschaften und tönender Redensarten unsere ganze frühere staatliche Auffassung unter sich begraben, anscheinend alle heiligen Überlieferungen vernichtet. Aber diese Flut wird sich wieder verlaufen. Dann wird aus dem ewig bewegten Meere völkischen Lebens jener Felsen wieder auftauchen, an den sich einst die

[1] In seinem – einleitend erwähnten – „Vermächtnis an das deutsche Volk", das er in seinem 1919 erschienen Buch „Aus meinem Leben" veröffentlichte, folgen an dieser Stelle fünf Absätze, die er nicht in sein politisches Testament übernommen hat.

Hoffnung unserer Väter geklammert hat und auf dem fast vor einem halben Jahrhundert durch unsere Kraft des Vaterlandes Zukunft vertrauensvoll begründet wurde: das deutsche Kaisertum! Ist so erst der nationale Gedanke, das nationale Bewußtsein wieder erstanden, dann werden für uns aus dem großen Kriege, auf den kein Volk mit berechtigterem Stolz und reinerem Gewissen zurückblicken kann als das unsere, so lange es treu war, sowie auch aus dem bitteren Ernst der jetzigen Tage sittlich wertvolle Früchte reifen. Das Blut aller derer, die im Glauben an Deutschlands Größe gefallen sind, ist dann nicht vergeblich geflossen.

In dieser Zuversicht lege ich die Feder aus der Hand und baue fest auf Dich – Du deutsche Jugend!"

Diese Worte schrieb ich in dunkelster Stunde und in dem vermeintlichen Bewußtsein, am Abschluß eines Lebens im Dienste des Vaterlandes zu stehen. Das Schicksal hatte es anders über mich bestimmt. Im Frühjahr 1925 schlug es ein neues Kapital meines Lebens auf. Noch einmal sollte ich an dem Geschick meines Volkes mitwirken.

Nur meine feste Zuversicht zu Deutschlands unversiegbaren Quellen gab mir den Mut, die erste und zweite Wahl zum Reichspräsidenten anzunehmen.

Dieser felsenfeste Glaube verlieh mir auch die innere Kraft, mein schweres Amt unbeirrt durchzuführen. Der letzte Abschnitt meines Lebens ist zugleich der schwerste für mich gewesen. Viele haben mich in diesen wirren Zeiten nicht verstanden und nicht begriffen, daß meine einzige Sorge die war, das zerrissene und entmutigte deutsche Volk zur selbstbewußten Einigkeit zurückzuführen.

Ich begann und führte mein Amt in dem Bewußtsein, daß in der inneren und äußeren Politik eine entsagungsvolle Vorbereitungszeit notwendig war. Von der Osterbotschaft des Jahres 1925 an, in der ich die Nation zu Gottesfurcht und sozialer Gerechtigkeit, zu innerem Frieden und zur politischen Sauberkeit aufrief, bin ich nicht müde geworden, die innere Einheit des Volkes und die Selbstbesinnung auf seine besten Eigenschaften zu fördern. Dabei war mir bewußt, daß das Staatsgrundgesetz und die Regierungsform, welche die Nation sich in der Stunde großer Not und innerer Schwäche gegeben, nicht den wahren

Bedürfnissen und Eigenschaften unseres Volkes entspreche. Die Stunde mußte reifen, wo diese Erkenntnis Allgemeingut wurde. Daher schien es mir Pflicht, das Land durch das Tal äußerer Bedrückung und Entwürdigung, innerer Not und Selbstzerfleischung ohne Gefährdung seiner Existenz hindurchzuführen, bis diese Stunde anbrach.

Symbol und fester Halt für diesen Aufbau mußte die Hüterin dieses Staates, die Reichswehr, sein. In ihr mußten die altpreußischen Tugenden der selbstverständlichen Pflichttreue, der Einfachheit und Kameradschaft als festes Fundament des Staates ruhen.

Die deutsche Reichswehr hat nach dem Zusammenbruch die Fortsetzung der hohen Tradition der alten Armee in mustergültiger Art gepflegt.

Immer und zu allen Zeiten muß die Wehrmacht ein Instrument der obersten Staatsführung bleiben, das unberührt von allen innenpolitischen Entwicklungen seiner hohen Aufgabe der Verteidigung des Landes gerecht zu werden trachtet.

Wenn ich zu meinen Kameraden dort oben, mit denen ich auf so vielen Schlachtfeldern für die Größe und Ehre der Nation gefochten habe, zurückgekehrt sein werde, dann rufe ich der jungen Generation zu:

Zeigt Euch Eurer Vorfahren würdig und vergeßt nie, daß, wenn Ihr den Frieden und die Wohlfahrt Eurer Heimat sicherstellen wollt, Ihr bereit sein müßt, für diesen Frieden und die Ehre des Landes auch das Letzte herzugeben. Vergeßt nie, daß auch Euer Tun einmal Tradition wird.

All den Männern, die den Auf- und Ausbau der Reichswehr vollzogen haben, gilt der Dank des Feldmarschalls des Weltkrieges und ihres späteren Oberbefehlshabers.

Außenpolitisch hatte das deutsche Volk einen Passionsweg zu durchwandern. Ein furchtbarer Vertrag lastete auf ihm und drohte in seiner steigenden Auswirkung unsere Nation zum Zusammenbrechen zu bringen. Lange verstand die uns umgebende Welt nicht, daß Deutschland nicht nur um seiner selbst willen, sondern als der Fahnenträger abendländischer Kultur auch um Europas willen leben mußte.

Nur schrittweise, ohne einen übermächtigen Widerstand zu erwecken, waren daher die Fesseln, die uns umgaben, zu lockern.

Wenn manche meiner alten Kameraden die Zwangsläufigkeit dieses Weges damals nicht begriffen, so wird doch die Geschichte gerechter beurteilen, wie bitter, aber auch wie notwendig im Interesse der Aufrechterhaltung deutschen Lebens mancher von mir gezeichnete Staatsakt gewesen ist.

Im Gleichklang mit der wachsenden inneren Wiedergesundung und Erstarkung des deutschen Volkes konnte auf der Basis eigener nationaler Ehre und Würde eine fortschreitende und – so Gott will – segensreiche Mitarbeit in den ganz Europa bewegenden Fragen erstrebt, bzw. erzielt werden.

Ich danke der Vorsehung[2], daß sie mich an meinem Lebensabend die Stunde der Wiedererstarkung hat erleben lassen. Ich danke all denen, die in selbstloser Vaterlandsliebe an dem Werke des Wiederaufstiegs Deutschlands mitgearbeitet haben.

Mein Kanzler Adolf Hitler und seine Bewegung haben zu dem großen Ziele, das deutsche Volk über alle Standes- und Klassenunterschiede zur inneren Einheit zusammenzuführen, einen entscheidenden Schritt von historischer Tragweite getan. Ich weiß, daß vieles noch zu tun bleibt, und ich wünsche von Herzen, daß hinter dem Akt der nationalen Erhebung und des völkischen Zusammenschlusses der Akt der Versöhnung steht, der das ganze deutsche Vaterland umfaßt.

Ich scheide von meinem deutschen Volk in der festen Hoffnung, daß das, was ich im Jahre 1919 ersehnte, und was in langsamer Reife zu dem 30. Januar 1933 führte, zu voller Erfüllung und Vollendung der geschichtlichen Sendung unseres Volkes reifen wird.

In diesem festen Glauben an die Zukunft des Vaterlandes kann ich beruhigt meine Augen schließen.

Berlin, den 11. Mai 1934 — von Hindenburg.

[2] Diese Formulierung hat früh schon Skepsis wach werden lassen; denn die Vokabel „Vorsehung“ gehörte nicht eigentlich zu Hindenburgs mündlichem und schriftlichem Sprachgebrauch. Dagegen bildete sie eine von Hitler häufig gebrauchte und zum festen Bestandteil seiner „Weltanschauung“ gehörende Bezeichnung für die von ihm anerkannte und in besonderen Situationen beschworene „höchste Instanz“. – Der Wortlaut der hier folgenden vier Absätze ist hinsichtlich seiner Urheberschaft umstritten. Möglich erscheint, daß von Papen, der Hindenburgs Testament entwarf, Hitler irgendwie entgegenkommen wollte.

Am 26. November 1945 veröffentlichte die „Neue Zeitung" eine sogenannte „gekürzte Wiedergabe des Testaments", die dem offiziellen politischen Testament als Begleitschreiben Hindenburgs beigefügt und – vom Testament getrennt – ausdrücklich nicht zur Publikation bestimmt gewesen sei. Der Wortlaut:

Die Erfahrung hat mich gelehrt, daß unsere Nation, politisch noch schwach im Vergleich mit den anderen älteren Demokratien, ohne eine machtvolle und stete Führung allzu leicht zum Spielball ihrer Parteien und Ausbeuter wird. Die Wahl des Staatsoberhaupts und die Regierungsbildung wurden so oft zu Quellen großer Störungen und schändlichen Streites. Es würde ferner die Verletzung der gesunden Staatspolitik bedeuten, das Amt des Staatsoberhauptes mit dem des Regierungschefs in einer Person zu verquicken. Das gesetzgebende Organ muß immer von dem vollstreckenden getrennt bleiben. Es ist deshalb mein Wille, daß Deutschland nach meinem Tode wieder eine monarchische Regierungsform erhalte[3]. Das Haus Hohenzollern hat einen gesetzlichen Anspruch, der durch eine jahrhundertelange glorreiche Geschichte bestätigt wird, und bietet dadurch eine Garantie für die Erhaltung des Friedens, des Glückes und des Wohlergehens des deutschen Volkes der Zukunft.

[3] Hindenburgs militärischer Adjutant, Oberst von der Schulenberg, bezeichnete den Text als Fälschung. – Hindenburg hat die Wiederherstellung der Monarchie sicher als – nach seiner Auffassung – beste Staatsform für Deutschland (wie bereits von der NS-Zeitung *Völkischer Beobachter* vom 16. August 1934 publiziert) empfohlen, nicht jedoch gefordert. Daß er sich als „Statthalter" fühlte, hat er niemals abgestritten. Im Gegenteil. Er trug sich seit Ende der zwanziger Jahre sogar mit dem Gedanken, für sich (für diese Position) einen Nachfolger zu bestimmen. Admiral Scheer, der Hindenburg Ende 1928 in Berlin besuchte, überlieferte nach Aufzeichnungen Wilhelm Widenmanns von 1952, daß Hindenburg nach einem längeren Gespräch ein umfangreiches Schreiben aus seinem Schreibtisch hervorgeholt, es als sein „politisches Testament" bezeichnet und gesagt habe, daß er (den 1928 65jährigen) Scheer als seinen Nachfolger empfehle, solange die Monarchie nicht wieder in Deutschland eingeführt worden sei.

Quellen- und Literaturhinweise

Eine differenzierte Aufschlüsselung der **im Besitz der Familie von Hindenburg befindlichen Dokumente** erübrigt sich, da sie nicht allgemein zugänglich sind. Es handelt sich dabei unter anderem um Feldpostbriefe von Hindenburgs aus der Zeit des Ersten Weltkrieges an seine Frau, um genealogische Unterlange, um Denkschriften, Korrespondenzen verschiedenster Art (zum Beispiel mit Prinz Max von Baden, Prinz Leopold von Bayern, Julius Curtius, Friedrich Ebert, Wilhelm Groener, Prinz Heinrich, Oskar von Hindenburg, Adolf Hitler, Max Hoffmann, Erich Ludendorff, Hans Luther, August von Mackensen, Wilhelm Marx, Otto Meissner, Elard von Oldenburg-Januschau, Franz von Papen, Kurt von Schleicher, Hermann von Stein, Gustav Stresemann, Konrad von Studt und Kaiser Wilhelm II.), Korrespondenzen namhafter handelnder Zeitgenossen Hindenburgs, Gerichtsakten, Protokolle, besondere Zeitungsberichte, Kabinetts-Protokolle und Gesetzes- und Verordnungsentwürfe, Stellungnahmen zu Referentenentwürfen, Aufzeichnungen über besondere Begegnungen und Abkommenstexte.

Die einschlägigen **Nachlässe** unter anderem von Schleicher, von Hammerstei-Equordt, Max Hoffmann, Joachim von Stülpnagel, Fürst von Bülow und Gustav Bauer stehen der Forschung im Bundesarchiv Koblenz (und Bundesarchiv-Abt. Militärarchiv Freiburg; dazu: Das Bundesarchiv und seine Bestände. 1977) zur Verfügung. Entsprechend verhält es sich mit den (für das Bundesarchiv von Heinz Booms herausgegebenen) **Akten der Reichskanzlei der Weimarer Republik**: Das Kabinett Scheidemann (1919), bearb. von Schulze, H. – 1971; Das Kabinett Bauer (1919/20), bearb. von Golecki, A. – 1980; Das Kabinett Müller I. (1920), bearb. von Vogt, M. – 1971; Das Kabinett Fehrenbach (1920/21), bearb. von Wulf, P. – 1980; Die Kabinette Wirth I und II, 2 Bde., bearb. von Schulze-Bidlingmaier, I. – 1973; Das Kabinett Cuno (1922/23), bearb. von Harbeck, K. H. – 1968; Die Kabinette Stresemann I und II (1923), 2 Bde., bearb. von Erdmann, K.-D. und Vogt, M. – 1978; Die Kabinette Marx I und II (1923–1925), 2 Bde., bearb. von Abramowski, G. – 1973; Die Kabinette Luther I und II (1925/26), 2 Bde., bearb. von Minuth, K. H. – 1977; Die Kabinette Marx III und IV (1926–1928), 2 Bde., bearb. von Abramowski, G. – 1987; Das Kabinett Müller II (1928–1930), 2 Bde., bearb. von Vogt, M. – 1970; Das Kabinett Brüning I und II (1930–1932) Bd. 1: 30. 3. 1930 bis 28. 2. 1931, 1982; Bd. 2: 1. 3. 1931 bis 10. 10. 1931, bearb. von Koops, T. – 1982 und Das Kabinett Schleicher (1932/33), bearb. von Golecki, A. – 1986. Akten des Reichspräsidenten, der Reichskanzler, der Reichskanzlei und Reichsminister, Kabinetts-Protokolle und Redetexte des

Reichspräsidenten sind im Politischen Archiv des Auswärtigen Amtes in Bonn und im Institut für Zeitgeschichte in München (Nachlässe Wilhelm Groeners und Hans von Seeckts) für die Forschung archiviert. Reste der Dokumente des Museums „Großes Hauptquartier" befinden sich im Karl-Geib-Museum in Bad Kreuznach, Unterlagen des Königlich Bayerischen Kriegsministeriums im Bayerischen Hauptstaatsarchiv München und des Württembergischen Kriegsministeriums im Hauptstaatsarchiv Stuttgart.

Bei den Literaturhinweisen, die lediglich eine Auswahl aus der einschlägigen **Primär- und Sekundärliteratur** enthalten, werden die Verfasser (vom Vornamen nur der erste Buchstabe) und deren Werke in alphabetischer Reihenfolge genannt. Bei der Angabe der Erscheinungsjahre einzelner Titel wird darauf verzichtet, die jeweilige Auflage anzugeben. Zeitschriftenstudien werden nicht angeführt, Erscheinungsorte nicht genannt.

Abelshauser, W. (Hrsg.), Die Weimarer Republik als Wohlfahrtsstaat... 1987 – *Abelshauser*, W./*Faust*, A./*Petzina*, D. (Hrsg.), Deutsche Sozialgeschichte 1914–1945 ... 1985 – *Abendroth*, W., Sozialgeschichte der europäischen Arbeiterbewegung. 1970 – *Abraham*, D., The collaps of the Weimar Republic ... 1981 – *Albertin*, L., Liberalismus und Demokratie am Anfang der Weimarer Republik ... 1972 – *Ders. und Link*, W., Politische Parteien auf dem Weg zur parlamentarischen Demokratie in Deutschland. 1981 – *Annotierte Bibliographie* für die politische Bildung (Hrsg. Bundeszentrale für politische Bildung). 1981 ff. – *Archiv für Sozialgeschichte* (Bd. XXVI). 1986

Bach, J. A., Franz von Papen in der Weimarer Republik. Aktivitäten in Politik und Presse 1918–1932. 1977 – *Baden*, Prinz M. v., Erinnerungen und Dokumente (Hrsg. Mann, G.). 1968 – *Bahne*, S., Die KPD und das Ende von Weimar. Das Scheitern einer Politik 1933–1935. 1976 – *Bald*, D., Der deutsche Offizier. Sozial- und Bildungsgeschichte des deutschen Offizierskorps im 20. Jahrhundert. 1982 – *Balfour*, M., Kaiser Wilhelm II. und seine Zeit. 1973 – *Barriere*, M., Guillaume II et son temps. 1934 – *Bauer*, M., Der große Krieg in Feld und Heimat. 1921 – *Beale*, H., Theodore Roosevelt, Wilhelm II. und die deutsch amerikanischen Beziehungen. 1955 – *Beck*, D., Julius Leber. Sozialdemokrat zwischen Reform und Widerstand. 1983 – *Beckmann*, E., Der Dolchstoßprozeß. 1925 – *Bentinck*, N., Der Kaiser im Exil. 1921 – *Benz*, W., Staatsstreich gegen Preußen. 20. Juli 1932. 1982 – *Berg*, F. v., Als Chef des Geheimen Zivilkabinetts 1918 ... 1971 – *Berghahn*, V. R., Der Stahlhelm. Bund der Frontsoldaten 1918–1935. 1966 – *Ders.*, Der Tirpitz-Plan ... 1971 – *Bergsträsser*, L., Geschichte der politischen Parteien in Deutschland. 1952 – *Beseler*, D. v., Der Kaiser im englischen Urteil. 1932 – *Blaich*, F., Staat und Verbände in Deutschland zwischen 1871 und 1945. 1981 – *Ders.*, Der Schwarze Freitag. Inflation und Wirtschaftskrise. 1985 – *Bohrer*, K. H. (Hrsg.), Mythos und Moderne. 1983 – *Borchardt*, K., Grundriß der deutschen Wirtschaftsgeschichte. 1978 – *Borg*, D. R., The Old-Prussian Church and the Weimar Republic ... 1917–1927. 1984 – *Born*, K. E., Staat und Sozialpolitik seit Bismarcks Sturz ... 1957 – *Borsdorf*, U. (Hrsg.), Geschichte der deutschen Gewerkschaften von den Anfängen bis 1945. 1987 – *Boyens*, W. F., Die Geschichte der ländlichen Siedlung. 1959/1960 – *Bracher*, K. D., Die Auflösung der Weimarer Republik. 1957 – *Ders.*, Die Entstehung der Weimarer Verfassung. 1963 – *Ders.*, Deutschland zwischen Demokratie und Diktatur. 1964 – *Ders.*, Das deutsche Dilemma. Leidensweg der politischen Emanzipationen. 1971 – *Ders.*, Geschichte und Gewalt. Zur Politik im 20. Jahrhundert. 1981 – *Ders.*, Zeit der Ideologien. Eine Geschichte politischen Denkens im 20. Jahrhundert. 1984 – *Ders.*, Die totalitäre Erfahrung. 1987 – *Braun*, O., Von Weimar zu Hitler. 1979 –

Brauweiler, H. Generäle in der deutschen Republik. Groener, Schleicher, Seeckt. 1932 – *Brecht*, A. Vorspiel zum Schweigen: Das Ende der deutschen Republik. 1948 – *Brockhusen*, H. J. v., Der Weltkrieg und ein schlichtes Menschenleben. 1928 – *Broszat*, M., Die Machtergreifung. Der Aufstieg der NSDAP und die Zerstörung der Weimarer Republik. 1984 – *Brüning*, H., Memoiren 1918–1934. 1970 – *Bucher*, P., Der Reichswehrprozeß. Der Hochverrat der Ulmer Reichsoffiziere 1929/30. 1968 – *Buchheim*, K., Die Weimarer Republik. Das Deutsche Reich ohne Kaiser. 1981 – *Buchner*, M., Kaiser Wilhelm II., seine Weltanschauung und die deutschen Katholiken. 1929 – *Bülow*, B., Fürst, Denkwürdigkeiten (Hrsg. Stockhammern, F. v.). 1930 ff.

Cancik, H. (Hrsg.), Religions- und Geistesgeschichte der Weimarer Republik. 1982 – *Carsten*, F. L.. Reichswehr und Politik 1918–1933. 1964 – *Cecilie*, Kronprinzessin, Erinnerungen. 1930 – *Churchill*, W. S., Große Zeitgenossen, Wilhelm II. 1959 – *Cipolla*, C. M., Die Entwicklung der industriellen Gesellschaften. 1985 – *Conze*, W., Die Zeit Wilhelm II. und die Weimarer Republik. Deutsche Geschichte 1890–1933. 1964 – *Conze*, W./*Raupach*, H. (Hrsg.), Die Staats- und Wirtschaftskrise des Deutschen Reiches 1929–1933. 1967 – *Cowles*, K. Wilhelm der Kaiser ... 1967 – *Crone*, W., Das ist Ludendorff. 1937 – *Curtius*, J., Sechs Jahre Minister der deutschen Republik. 1948 – *Czech-Jochberg*, E., Paris oder Doorn. 1931

Damaschke, A., Ein Kampf um Sozialismus und Nation. 1935 – Das Land Oberost (bearb. von der Presse-Abt. Ober-Ost). 1917 – *Dederke*, K., Reich und Republik. Deutschland 1917–1933. 1984 – *Dellinghausen*, E. v., Im Dienste der Heimat. 1930 – *Denkwürdigkeiten* des Generalfeldmarschalls Alfred Graf von Waldersee (Hrsg. Meissner, H. O.). 1922 f. – *Diamond*, S. A., Herr Hitler. Amerikas Diplomaten. Washington und der Untergang Weimars. 1985 – *Die Entstehung des Youngplans*, dargestellt vom Reichsarchiv 1931–1933 (eingeleitet von Vogt, M.). 1970 – *Die deutsche Flotte* im Spannungsfeld der Politik 1848–1945 (Hrsg. vom Deutschen Marine-Institut und Militärgeschichtlichen Forschungsamt). 1985 – *Döring*, H., Der Weimarer Kreis. Studien zum politischen Bewußtsein verfassungstreuer Hochschullehrer in der Weimarer Republik. 1975 – *Döscher*, H. J., Das Auswärtige Amt im Dritten Reich. 1987 – *Dorpalen*, A., Hindenburg in der Geschichte der Weimarer Republik. 1966 – *Dowe*, D./*Klotzbach*, K. (Hrsg.), Programmatische Dokumente der deutschen Sozialdemokratie. 1984 – *Drakin*, J., Die Entstehung der Weimarer Republik. 1983 – *Dupeux*, L., „Nationalbolschewismus" in Deutschland 1919–1933 ... 1985 – *Duve*, F./*Kopitsch*, W., Weimar ist kein Argument oder: Brachten Radikale im öffentlichen Dienst Hitler an die Macht ... 1976

Ebert, F., Kämpfe und Ziele. 1927 – *Ekstein*, M., Theodor Heuss und die Weimarer Republik. 1969 – *Elben*, W., Das Problem der Kontinuität in der deutschen Revolution. Die Politik der Staatssekretäre und der militärischen Führung vom November 1918 bis Februar 1919. 1965 – *Elze*, W., Tannenberg. Das deutsche Heer von 1914. 1928 – *Endres*, F., Hindenburg, Reden, Briefe, Berichte. 1934 – *Entscheidungen des Reichsgerichts* in Strafsachen (Bd. 65). 1931 – *Epstein*, K., Mathias Erzberger und das Dilemma der deutschen Demokratie. 1962 – *Ders.*, Vom Kaiserreich zum Dritten Reich. Geschichte und Geschichtswissenschaft im 20. Jahrhundert ... (Hrsg. Pikart, E./Junker, D./Hufnagel, G.). 1972 – *Erdmann*, K. D., Die Weimarer Republik. Deutschland 1917–1933. 1980 – *Erdmann*, K. D./*Schulze*, H. (Hrsg.), Weimar, Selbstpreisgabe einer Demokratie. Eine Bilanz heute. 1984 – *Eschenburg*, T., Mathias Erzberger. Der große Mann des Parlamentarismus und der Finanzreform. 1973 – *Ders.*, Die Republik von Weimar. Beiträge zur Geschichte einer improvisierten Demokratie. 1984 – *Ders.*, Das Kaiserreich am Scheideweg. Bassermann, Bülow und der Block. 1929 – *Evans*, R. J., The German working class 1888–1933, The politics of everyday life. 1982 – *Eulenburg-Hertefeld*, Ph. Fürst zu, Erlebnisse an deutschen und fremden Höfen. 1934 – *Evans*, R. J./*Geary*, D., The German Unemployed. Experiences and consequences of mass unemployment from the Weimar Republik to the Third Reich. 1987 – *Eyck*, E., Das persönliche Regiment Wilhelm II. Politische Geschichte des deutschen Kaiserreiches von 1890 bis 1914. 1948

Faber du Faur, M., Macht und Ohnmacht. 1952 – *Falkenhayn*, E. v., Die Oberste Heeresleitung 1914–1916 in ihren wichtigsten Entschließungen. 1920 – *Falter*, J./*Lindenberg*, T./*Schumann*, S., Wahlen und Abstimmungen in der Weimarer Republik. Materialien zum Wahlverhalten 1919–1933. 1986 – *Faulenbach*, B., Ideologie des deutschen Weges. Die deutsche Geschichte in der Historiographie zwischen Kaiserreich und Nationalsozialismus. 1980 – *Fenske*, H., Bürokratie in Deutschland. Vom späten Kaiserreich bis zur Gegenwart. 1985 – *Finker*, K., Geschichte des Roten Frontkämpferbundes. 1871 – *Fischer*, F., Griff nach der Weltmacht. Die Kriegszielpolitik des kaiserlichen Deutschland 1914/1918. 1961 ff. – *Ders.*, Bündnis der Eliten. Zur Kontinuität der Machtsstrukturen in Deutschland 1871–1945. 1979 – *Fischer*, W., Deutsche Wirtschaftspolitik 1918–1945. 1968 – *Ders.*, Weltwirtschaftliche Rahmenbedingungen für die ökonomische und politische Entwicklung Europas 1919 bis 1939. 1980 – *Flaskamp*, J., Aufgaben und Wirkungen der Reichsbank in der Zeit des Dawes-Planes. 1986 – *Flechtheim*, O., Die KPD in der Weimarer Republik. 1986 – *Foch*, F., Erinnerungen. 1929 – *Foerster*, W., Hindenburg als Feldherr. 1934 – *Ders.*, Feldherr Ludendorff im Unglück. 1972 – *Francois-Poncet*, A., Als Botschafter in Berlin. 1949 – *Frauenholz*, E. v., Überblick über die Geschichte des Weltkrieges. 1926 – *Frentz*, H., Der unbekannte Ludendorff. 1972 – *Fricke*, D. (Hrsg.), Lexikon zur Parteiengeschichte. Die bürgerlichen und kleinbürgerlichen Parteien und Verbände in Deutschland (1789–1945), 4 Bde. 1983–1986 – *Fromm*, E., Arbeiter und Angestellte am Vorabend des Dritten Reiches ... 1983

Gaertner, F. v., Die Reichswehr in der Weimarer Republik. 1969 – *Ganghofer*, L., Bei Hindenburg und Mackensen. 1916 – *Gay*, Pl., Die Republik der Außenseiter. Geist und Kultur in der Weimarer Zeit. 1970 – *Gessler*, O., Reichswehrpolitik in der Weimarer Zeit. 1958 – *Gessner*, D., Agrardepression und Präsidialregierungen in Deutschland 1930–1933 ... 1977 – *Ders.*, Das Ende der Weimarer Republik. Fragen, Methoden und Ergebnisse interdisziplinärer Forschung. 1978 – *Geyer*, M., Aufrüstung und Sicherheit. Die Reichswehr in der Krise der Machtpolitik 1924–1936. 1980 – *Ders.*, Deutsche Rüstungspolitik 1860–1980. 1984 – *Glashagen*, W., Die Reparationspolitik Heinrich Brünings 1930–1931 ..., 2 Bde. 1980 – *Goebbels*, J., Vom Kaiserhof zur Reichskanzlei. 1934 – *Görlitz*, W., Hindenburg. Bonn 1953 – *Gollwitzer*, H., Geschichte des weltpolitischen Denkens. 1982 – *Goltz*, Graf v. d., Als politischer General im Osten. 1936 – *Goodspeed*, D. J., Ludendorff, Soldat, Diktator, Revolutionär. 1966 – *Gossweiler*, K., Kapital, Reichswehr und NSDAP 1919–1924. 1982 – *Grab*, W./*Schoeps*, J. (Hrsg.); Juden in der Weimarer Republik. 1986 – *Grainer*, G., Der Reichspräsident von Hindenburg. 1969 – *Graml*, H., Europa zwischen den Kriegen. 1969 – *Graner*, R., Die Staatsrechtslehre in der politischen Auseinandersetzung der Weimarer Republik. 1980 – *Grebing*, H., Geschichte der deutschen Arbeiterbewegung. 1966 – *Ders.*, Der „deutsche Sonderweg" in Europa. 1986 – *Groener*, W., Das Testament des Grafen Schlieffen. 1927 – *Ders.*, Lebenserinnerungen (Hrsg. Hiller-Gaertingen). 1957 – *Groener-Geyer*, General Groener, Soldat und Staatsmann. 1955 – *Grübler*, M., Die Spitzenverbände der Wirtschaft und das erste Kabinett Brüning ... 1982 – *Grube*, F./*Richter*, G., Die Weimarer Republik. 1983 – *Grunow*, A.,

Der Kaiser und die Kaiserstadt Berlin. 1970 – *Güth*, R., Die Marine des Deutschen Reiches 1919–1939. 1972 – *Gumbel*, E. J., Verschwörer. Zur Geschichte und Soziologie der deutschen nationalistischen Geheimbünde 1918–1924. 1979 – *Guth*, E. P., Der Loyalitätskonflikt des deutschen Offizierskorps in der Revolution von 1918–1920. 1983

Haeften, v., Hindenburg und Ludendorff als Feldherrn. 1937 – *Hänisch*, D., Sozialstrukturelle Bestimmungsgründe des Wahlverhaltens in der Weimarer Republik ... 1983 – *Hallgarten*, G. W. F., Imperialismus vor 1914 ..., 2 Bde. 1963 – *Hamann*, O., Deutsche Weltpolitik 1890–1912. 1925 – *Ders.*, Der neue Kurs. 1918 – *Hammerstein*, L. v., Kurt Freiherr von Hammerstein-Equord. o. J. – *Hannover*, H./*Hannover-Drück*, E., Politische Justiz 1918–1933. 1966 – *Hansen*, E. W., Reichswehr und Industrie. Rüstungswirtschaftliche Zusammenarbeit und wirtschaftspolitische Mobilmachungsvorbereitungen 1923–1932. 1978 – *Hardach*, G., Deutschland in der Weltwirtschaft 1870–1970. 1977 – *Hartung*, F., Deutsche Geschichte 1871–1919. 1952 – *Ders.*, Das persönliche Regiment Kaiser Wilhelm II. 1952 – *Haungs*, P., Reichspräsident und parlamentarische Kabinettsregierung ... 1969 – *Hauser*, O. (Hrsg.), Politische Parteien in Deutschland und Frankreich 1918–1939. 1969 – *Haupts*, L., Deutsche Friedenspolitik 1918–1919. Eine Alternative zur Machtpolitik des Ersten Weltkrieges? 1976 – *Hecker*, G., Walther Rathenau und sein Verhältnis zu Militär und Krieg. 1983 – *Hehl*, U. v., Wilhelm Marx 1893–1946. Eine politische Biographie. 1987 – *Heinemann*, U., Die verdrängte Niederlage. Politische Öffentlichkeit und Kriegsschuldfrage in der Weimarer Republik. 1983 – *Heinig*, K., Die große Ausrede von der erdolchten Front. 1920 – *Helbig*, H., Die Träger der Rapallo-Politik. 1958 – *Helfritz*, H., Wilhelm II. als Kaiser und König. 1954 – *Hentschel*, V., Deutsche Wirtschafts- und Sozialpolitik 1815–1945. 1980 – *Herzfeld*, H., Die Weimarer Republik. 1978 – *Hildebrand*, K., Das Deutsche Reich und die Sowjetunion im internationalen System 1918–1932. Legitimität oder Revolution? 1977 – *Ders.*, Vom Reich zum Weltreich. Hitler, NSDAP und koloniale Frage 1919–1945. 1969 – *Ders.*, Das Dritte Reich. 1987 – *Ders.* (Hrsg.), Die deutschen Verfassungen des 19. und 20. Jahrhunderts. 1985 – *Hillgruber*, A., Deutsche Großmacht- und Weltpolitik im 19. und 20. Jahrhundert. 1977 – *Ders.*, Die gescheiterte Großmacht. 1980 – *Ders.*, Die Last der Nation. 1984 – *Ders./Dülfer* (Hrsg.), *Ploetz*. Geschichte der Weltkriege. Mächte, Ereignisse, Entwicklungen 1900–1945. 1981 – *Hindenburg*, P. v., Aus meinem Leben. 1919 ff. – *Hindenburg-Denkmal* für das deutsche Volk ... 1922 – *Hindenburg*. Was er uns Deutschen ist. Eine Festgabe zum 80. Geburtstag (Hrsg. v. Loebell, F. W. v.). 1927 – *Hindenburg*, G. v., Hindenburg. Vom Kadetten zum Reichspräsidenten. 1935 – Hindenburg-Jahrbuch. 1926 – *Hindenburg*. Briefe, Reden und Berichte (Hrsg. Endres, F.). 1934 – *Hirsch*, F., Stresemann. Patriot und Europäer. 1964 – *Hitler*, A., Mein Kampf. 1925 ff. – *Höhne*, H., Die Machtergreifung. Deutschlands Weg in die Hitler-Diktatur. 1983 – *Hoegner*, W., Der politische Radikalismus in Deutschland 1919–1933. 1966 – *Hörster-Philipps*, U., Konservative Politik in der Endphase der Weimarer Republik. Die Regierung Franz von Papen. 1982 – *Hoffmann*, M., Aufzeichnungen, Kulturpolitik. 1939 – *Hohlfeld*, J., Deutsche Reichsgeschichte in Dokumenten 1949 bis 1934. 4 Bde. o. J. – *Höltje*, Chr., Die Weimarer Republik und das Ostlocarno-Problem 1919–1934. 1958 – *Hofmann*, W., Zwischen Rathaus und Reichskanzlei. Die Oberbürgermeister in der Kommunal- und Staatspolitik des Deutschen Reiches 1890–1933. 1974 – *Hubatsch*, W., Die Aera Tirpitz. Studien zur deutschen Marinepolitik. 1955 – *Ders.*, Hohenzollern in der deutschen Geschichte. 1961 – *Ders.*, Hindenburg und der Staat. Aus den Papieren des Generalfeldmarschalls und Reichspräsidenten von 1878 bis 1934. 1966 – *Huber*, E. R., Deutsche Verfassungsgeschichte seit 1789.

1984 – *Hürten*, H., Die Anfänge der Ära Seeckt. Militär- und Innenpolitik 1920–1922. 1979 – *Ilsemann*, S. v., Der Kaiser in Holland. Aufzeichnungen des letzten Flügeladjutanten. Kaiser Wilhelm II., Hrsg. Koeningswald, 2 Bde. 1967 f. – *Jackh*, E./*Schwarz*, W., Die Politik Deutschlands im Völkerbund. 1932 – *Jacobmeyer*, W. (Red.), Die deutsch-polnischen Beziehungen 1919–1932 ... 1985 – *Jäger*, W., Historische Forschung und politische Kultur in Deutschland. Die Debatte 1914–1980 über den Ausbruch des Ersten Weltkrieges. 1984 – *Jahresbibliographie*. Bibliothek für Zeitgeschichte. Weltkriegsbücherei Stuttgart ... 1986 – *James*, H., The German Slump. Politics and Economics 1924–1936. 1986 – *Janssen*, K. H., Der 30. Januar. Ein Report über den Tag, der die Welt veränderte. 1983 – *Jasper*, G., Der Schutz der Republik. Studien zur staatlichen Sicherung der Demokratie in der Weimarer Republik. 1963 – *Ders.*, Von Weimar zu Hitler 1930 bis 1933. 1968 – *Ders.*, Die gescheiterte Zähmung. Wege zur Machtergreifung Hitlers 1930–1934. 1986 – *Jonas*, E., Die Volkskonservativen 1928–1933. Entwicklung, Struktur, Standort und staatspolitische Zielsetzung. 1965 – *Junghans*, O., Ursprung und Lösung des Problems der nationalen Minderheiten. 1927

Kaack, H., Geschichte und Struktur des deutschen Parteienwesens. 1971 – *Kaiser Wilhelm II.*, Ereignisse und Gestalten aus den Jahren 1878 bis 1918. 1922 – *Ders.*, Aus meinem Leben. 1927 – *Ders.*, Meine Vorfahren. 1929 – *Ders.*, Ansprachen, Predigten und Trinksprüche (Hrsg. Johann, E.). 1966 – *Kessler*, H. Graf, Aus den Tagebüchern 1918–1937. (Hrsg. Pfeiffer-Belli, W. v.). 1961 – *Kindelberger*, Ch. P., Die Weltwirtschaftskrise 1929 bis 1939. 1984 – *Kluge*, U., Die deutsche Revolution 1918/19. Staat, Politik und Gesellschaft zwischen Weltkrieg und Kapp-Putsch. 1985 – *Knoll*, J. (Hrsg.), Konservativismus. 1974 – *Köhler*, H., Geschichte der Weimarer Republik. 1982 – *Kolb*, E., Die Weimarer Republik. 1984 – *Kracke*, F., Prinz und Kaiser. Kaiser Wilhelm II. im Urteil seiner Zeit. 1960 – *Kriegsministerium*, Die Rückführung des Ostheeres. 1936 – *Kriegsministerium*, Die Kriegführung an der Westfront 1918. 1944 – *Krockow*, Chr., Graf v., Scheiterhaufen. Größe und Elend des deutschen Geistes. 1983 – *Krüger*, P., Deutschland und die Reparationen 1918/19. 1973 – *Kuczynski*, J., Geschichte des Alltags des deutschen Volkes 1918 bis 1945. 1982 – *Kühnl*, R./*Mardach*, G., Die Zerstörung der Weimarer Republik. 1977 – *Kürenberg*, J. (eigentl. Joachim von Reichel), War alles falsch? Das Leben Kaiser Wilhelm II. 1952 – *Kuhn*, R., Die Vertrauenskrise der Justiz (1926–1928). Der Kampf um die „Republikanisierung" der Rechtspflege in der Weimarer Republik. 1983

Laqueur, W., Weimar. Die Kultur der Republik. 1976 – *Link*, W., Die amerikanische Stabilisierungspolitik in Deutschland 1921 bis 1932. 1970 – *Linke*, H. G., Deutsch-sowjetische Beziehungen bis Rapallo. 1970 – *Lücke*, E., 13. Juli 1931. Das Geheimnis der deutschen Bankenkrise. 1981 – *Ludendorff*, E., Urkunden der Obersten Heeresleitung über ihre Tätigkeit 1916 bis 1918. 1920 – *Ders.*, Meine Kriegserinnerungen. 1919 – *Ders.*, Dirne Kriegsgeschichte. o. J. – *Ludendorff*, M., Als ich Ludendorffs Frau war. 1929 – *Ludwig*, E., Hindenburg, Legenden und Wirklichkeit. 1962 – *Luther*, R., Politiker ohne Partei. 1960

Mand, G., Anekdoten um Hindenburg. 1936 – *Mann*, G., Wilhelm II. 1964 – *Marcks*, E., Paul von Hindenburg als Mensch, Staatsmann, Feldherr. 1932 – *Marcks*, E./*Eisenhart-Rothe*, E. v., Paul von Hindenburg. 1932 – *Maser*, W., Die Frühgeschichte der NSDAP. Hitlers Weg bis 1924. 1965 ff. – *Ders.*, Hitlers „Mein Kampf". Fahrplan eines Welteroberers. 1966 ff. – *Ders.*, Adolf Hitler. Legende – Mythos – Wirklichkeit. 1971 ff. – *Ders.*, Nürnberg. Tribunal der Sieger. 1977 ff. – *Ders.*, Hitlers Briefe und Notizen. Seine Weltanschauung in handschriftlichen Notizen. 1972 ff. – *Ders.*, Adolf Hitler. Das Ende der Führer-Legende. 1980 – *Ders.*, Das Regime, Alltag in Deutschland von 1933 bis 1945. 1983 ff. – *Ders.*,

Deutschland. Traum oder Trauma. Kein Requiem. 1984 – *Ders.*, Friedrich Ebert. Eine politische Biographie. 1987 – *Matthias*, E./*Morsey*, R. (Hrsg.), Das Ende der Parteien 1933. 1960 – *Materialien* betr. die Friedensverhandlungen in Versailles ... 1919 und 1920 – *Maurer*, I., Reichsfinanzen und Große Koalition. Zur Geschichte des Reichskabinetts Müller 1928 bis 1930. 1973 – *Maurer*, I./*Wengst*, U. (Hrsg.), Politik und Wirtschaft in der Krise 1930 bis 1932. Quellen zur Ära Brüning. 1980 – *Maxelon*, M.-O., Stresemann und Frankreich 1914 bis 1929. 1972 – *Meinecke*, F., Das Leben des Generalfeldmarschalls Hermann von Boyen. 2 Bde. 1896 ff. – *Ders.*, Politische Schriften und Reden (Hrsg. Kotowski, G.). 1958 – *Meissner*, O., Staatssekretär unter Ebert, Hindenburg und Hitler. 1950 – *Metzsch*, H. v., Hindenburg (Männer und Mächte). 1932 – *Michalka*, W./*Niedhart*, G. (Hrsg.), Die ungeliebte Republik. Dokumente zur Innen- und Außenpolitik Weimars 1913 bis 1933. 1986 – *Michalka*, W./*Marshall*, M. L. (Hrsg.), Gustav Stresemann. 1982 – *Mohler*, A., Die konservative Revolution in Deutschland 1918 bis 1932. 1972 – *Mommsen*, H./*Petzina*, D./*Weisbrod*, B. (Hrsg.), Industrielles System und politische Entwicklung in der Weimarer Republik ... 1974 – *Müller*, K.-J./*Opitz*, E., Militär und Militarismus in der Weimarer Republik ... 1978 – *Müller*, G. A. v., Regierte der Kaiser? Kriegstagebücher, Aufzeichnungen und Briefe (Hrsg. Görlitz, W.). 1965 – *Ders.*, Aufzeichnungen über die Ära Kaiser Wilhelms II. (Hrsg.) 1965 – *Müller*, H., Weimar. Die unvollendete Demokratie. 1987 – *Morsey*, R., Die deutsche Zentrumspartei 1919 bis 1932. 1985 – *Ders.*, Das Ermächtigungsgesetz vom 24. März 1933. 1968 – *Ders.*, (Bearb.), Protokolle der Reichstagsfraktion und des Fraktionsvorstandes der deutschen Zentrumspartei 1926 bis 1933. 1969 – *Ders.*, (Hrsg.), Wilhelm Marx/Heinrich Brüning. Reichstagsreden. 1974

Neumann, S., Die Parteien in der Weimarer Republik. 1965 – *Neusel*, W., Höchstrichterliche Strafgerichtsbarkeit in der Republik von Weimar. 1972 – *Niemann*, A., Kaiser und Revolution ... 1922 – *Ders.*, Hindenburg im deutschen Schicksal. 1933 – *Nolte*, E., Der Faschismus in seiner Epoche ... 1979 – *Nowak*, K., Evangelische Kirche und Weimarer Republik ... 1981 – *Nussbaum*, M., Wirtschaft und Staat in Deutschland während der Weimarer Republik. 1978

Olden, R., Hindenburg. 1948 – *Oldenburg-Januschau*, E. v., Erinnerungen. 1936 – *Opitz*, G., Der christlich-soziale Volksdienst. Versuch einer protestantischen Partei in der Weimarer Republik ... 1987 – *Ossietzky*, C. v., Rechenschaft. Publizistik aus den Jahren 1913 bis 1933. (Hrsg. Frei, B.). 1972 – *Overesch*, M./*Saal*, F., Die Weimarer Republik. Chronik deutscher Zeitgeschichte. Politik-Wirtschaft-Kultur. 1982

Palmer, A., Kaiser Wilhelm II. Glanz und Ende der preußischen Dynastie. 1982 – *Papen*, F. v., Der Wahrheit eine Gasse. 1952 – *Perry*, H.-J., Der Rußlandausschuß der deutschen Wirtschaft. Die deutsch-sowjetischen Wirtschaftsbeziehungen der Zwischenkriegszeit ... 1985 – *Plehwe*, F.-K. v., Reichskanzler Kurt von Schleicher. Weimars letzte Chance gegen Hitler. 1983 – *Phelan*, A. (Hrsg.), The Weimar Dilemma. Intellectuals in the Weimar Republic. 1985 – *Pohl*, K. H., Weimars Wirtschaft und die Außenpolitik der Republik 1924 bis 1926. 1979 – *Poldevin*, R., Die unruhige Großmacht. Deutschland und die Welt im 20. Jahrhundert. 1985 – *Prittwitz und Gaffron*, F. v., Zwischen Petersburg und Washington. 1952 – *Pross*, H., Die Zerstörung der deutschen Politik. Dokumente 1918 bis 1933. 1983 – *Pünder*, H., Politik in der Reichskanzlei. Aufzeichnungen aus den Jahren 1929–1932 (Hrsg. Vogelsang, Th.) 1961 – *Ders.*, Der Reichspräsident in der Weimarer Republik. 1961

Rakenius, G., Wilhelm Groener als erster Generalquartiermeister. Die Politik der Obersten Heeresleitung 1918/19. 1977 – *Rauscher*, A. (Hrsg.), Der soziale und politische Katholizismus. Entwicklungslinien in Deutschland 1803 bis 1963. 2 Bde. 1981 f. – *Recker*, M. L. (Hrsg.), Von der Konkurrenz zur Rivalität. Das britisch-deutsche Verhältnis in den Ländern der europäischen Peripherie 1919 bis 1933. 1986 – *Ringer*, F. K., Die Gelehrten. Der Niedergang der deutschen Mandarine 1890 bis 1933. 1983 – *Rittberger*, V. (Hrsg.), Wie die Republik der Diktatur erlag. 1983 – *Ritter*, G., Staatskunst und Kriegshandwerk. Die Herrschaft des deutschen Militarismus und die Katastrophe von 1918. 1968 – *Rohe*, K., Das Reichsbanner Schwarz Rot Gold. Ein Beitrag zur Geschichte und Struktur der politischen Kampfverbände zur Zeit der Weimarer Republik. 1966 – *Rosenberg*, A., Geschichte der Deutschen Republik. 1935 – *Ders.*, Entstehung der Weimarer Republik. 1981 – *Rosenfeld*, G., Sowjetunion und Deutschland 1922 bis 1933. 1984 – *Rosinski*, H., Die Deutsche Armee. 1970 – *Rühle*, G., Zeitgeist und Theater ... (1913 bis 1945). 3 Bde. 1973 f. – *Ruge*, W., Hindenburg, Porträt eines Militaristen. Berlin 1980

Salewski, M., Entwaffnung und Militärkontrolle in Deutschland 1919 bis 1927. 1966 – *Sauerbruch*, F., Das war mein Leben. 1951 – *Schaafhausen*, W., Hindenburg, Vater des Volkes. 1933 – *Schacht*, H., 1933. Wie eine Demokratie stirbt. 1968 – *Schanbacher*, E., Parlamentarische Wahlen und Wahlsystem in der Weimarer Republik ... 1982 – *Schenck*, E., Die Einstellung der deutschen Beamten zur Weimarer Republik. 1966 – *Schieder*, Th. (Hrsg.), Handbuch der europäischen Geschichte, Bd. 7 ... 1979 – *Schildt*, A., Militärdiktatur mit Massenbasis? Die Querfrontkonzeption der Reichswehrführung um General von Schleicher am Ende der Weimarer Republik. 1981 – *Schmidt-Pauli*, E. v., Das wahre Gesicht Wilhelm II. 1928 – *Schönhoven*, K., Die bayerische Volkspartei 1924 bis 1932. 1972 – *Schreiber*, G., Revisionismus und Weltmachtstreben. Marineführung und deutsch-italienische Beziehungen 1914 bis 1929 ... 1975 – *Schröter*, V., Die deutsche Industrie auf dem Weltmarkt 1929 bis 1933 ... 1984 – *Schüren*, U., Der Volksentscheid zur Fürstenenteignung 1926 ... 1978 – *Schulze*, H., Weimar. 1982 – *Ders.*, Otto Braun oder Preußens demokratische Sendung. 1977 – *Schwarz*, M., Bibliographisches Handbuch der Reichstage. 1965 – *Schwerin-Krosigk*, L. Graf v., Es begann in Deutschland. 1951 – *Ders.*, Staatsbankrott. Finanzpolitik des deutschen Reiches 1920 bis 1945. 1974 – *Ders.*, Memoiren. 1977 – *Seeckt*, H. v., Gedanken eines Soldaten. 1929 – *Severing*, K., Aus meinem Leben. 1950 – *Simon*, H. F., Reparation und Wiederaufbau. 1925 – *Smith*, A. J., In Preußen keine Pompadour. Wilhelm II. und die Gräfin Waldersee. 1965 – *Sontheimer*, K., Antidemokratisches Denken in der Weimarer Republik ... 1983 – *Specht*, A. v., Politische und wirtschaftliche Hintergründe der deutschen Inflation 1918 bis 1923. 1974 – *Stern*, C./*Winkler*, H. A. (Hrsg.), Wendepunkte deutscher Geschichte. 1979 – *Stern*, F., Das Scheitern liberaler Politik. Studien zur politischen Kultur Deutschlands im 19. und 20. Jahrhundert. 1972 – *Sternburg*, W. v. (Hrsg.), Die deutschen Kanzler. Von Bismarck bis Schmidt. 1985 – *Stürmer*, M., Das ruhelose Reich. Deutschland 1866 bis 1918. 1983 – *Ders.*, Das industrielle Deutschland. Von 1866 bis zur Gegenwart ... 1984 – *Ders.*, Die Weimarer Republik. 1985

Thaer, A. v., Generalstabsdienst an der Front und in der OHL. 1958

Uhle-Wettler, F., Höhe- und Wendepunkte deutscher Militärgeschichte. 1984

Verhandlungen der Verfassunggebenden Nationalversammlung. Stenogr. Berichte. 1919 ff. – Verhandlungen des Deutschen Reichstages 1920 bis 1933. 1920 ff. – *Völker*, K.-H., Die Entwicklung der milit. Luftfahrt in Deutschland 1920 bis 1933 ... 1962 – *Vogel*, H., Erlebnisse und Gespräche mit Hindenburg. 1935 – *Vogelsang*, Th., Reichswehr, Staat und NSDAP. Beiträge zur deutschen Geschichte 1930 bis 1932. 1962 – *Ders.*, Kurt von Schleicher. Ein General als Politiker. 1965 – *Volk*, L., Das Reichskonkordat vom 20. Juli 1933. 1972

Wagner, R., Hinter den Kulissen des Großen Hauptquartiers. 1931 – *Weber*, H., Hauptfeind Sozialdemokratie. Strategie und Taktik der KPD 1929 bis 1933. 1982 – *Ders.*, Kommunismus in Deutschland 1918 bis 1945. 1983 – *Wehler*, H.-U., Das deutsche Kaiserreich 1871 bis 1918. 1983 – *Weil*, B., General Doktor vom Staat. Zum Verhältnis von Militär und Politik zwischen 1919 und 1945. 1985 *Wertheimer*, R., Der Einfluß des Reichspräsidenten auf die Gestaltung der Reichsregierung. 1929 – *Westarp*, K. Graf v., Konservative Politik im letzten Jahrzehnt des Kaiserreiches. 2 Bde. 1935 – *Wette*, W., Gustav Noske. Eine politische Biographie. 1987 – *Ders.*, Ideologien, Propaganda und Innenpolitik als Voraussetzung der Kriegspolitik des Dritten Reiches. 1979 – *Wiedenfeld*, K., Zwischen Wirtschaft und Staat (Hrsg. Bülow, F. v.). 1960 – *Wilhelm II.* Erlebnisse und Gestalten. 1922 – *Willett*, K., Explosion der Mitte. Kunst und Politik 1917 bis 1933. 1981 – *Wilson.* Das staatsmännische Werk des Präsidenten in seinen Reden (Hrsg. Ahrens, G. v. und Brinkmann, C.). 1919 – *Winkler*, H. A. (Hrsg.), 'Organisierter Kapitalismus. Voraussetzungen und Anfänge. 1974 – *Ders.*, Die Sozialdemokratie und die Revolution 1918/1919. 1979 – *Witt*, P.-Ch., Friedrich Ebert. Parteiführer, Reichskanzler, Volksbeauftragter, Reichspräsident. 1987 – *Wohlfeil*, R./*Matuschka*, E. Graf v., Reichswehr und Republik (1918–1933). 1970 – *Wüest*, E., Der Vertrag von Versailles im Licht und Schatten der Kritik. 1962 – *Wunder*, B., Geschichte der Bürokratie in Deutschland. 1986

Ybarra, T. R., Hindenburg, seine drei Leben. 1931

Zapf, W., Wandlungen der deutschen Elite. Ein Zirkulationsmodell deutscher Führungsgruppen 1919 bis 1961. 1965 – *Zechlin*, E., Staatsstreichpläne Bismarcks und Wilhelms II. 1890 bis 1894. 1929 – *Zechlin*, W., Pressechef bei Ebert, Hindenburg und Kopf. 1956 – *Zemke*, H., Der Oberbefehlshaber Ost und das Schulwesen im Verwaltungsbereich Litauen während des Weltkrieges. 1936 – *Ziebura*, G., Weltwirtschaft und Weltpolitik 1922/24 bis 1931 ... 1984 – *Ders.*, (Hrsg.), Grundfragen der deutschen Außenpolitik seit 1871. 1975.

Verzeichnis der Abkürzungen

DDP	Deutsche Demokratische Partei, seit 28. Juli 1930: Deutsche Staatspartei
SPD	Sozialdemokratische Partei Deutschlands
Zentrum	Deutsche Zentrumspartei
BVP	Bayerische Volkspartei
DVP	Deutsche Volkspartei
NSDAP	Nationalsozialistische Deutsche Arbeiterpartei
DNVP	Deutschnationale Volkspartei
KPD	Kommunistische Partei Deutschlands
FVP	Freisinnige Volkspartei
DVFP	Deutschvölkische Freiheitspartei
SA	Sturmabteilung der NSDAP
SS	Schutzstaffel der NSDAP
A	Armee
AK	Armeekorps
AOK	Armee-Oberkommando
Br	Brigade
D	Division
GRAK	Garde-Reserve-Armeekorps
ID	Infanterie-Division
IR	Infanterie-Regiment
KD	Kavallerie-Division
LBr	Landwehr-Brigade
LD	Landwehr-Division
OHL	Oberste Heeresleitung
RAK	Reserve-Armeekorps
RID	Reserve-Infanterie-Division

Dienstgrade der Offiziere zur Zeit Hindenburgs:
Leutnant (Ltn.), Oberleutnant (O. Ltn.), Hauptmann (Hptm.), Major, Oberstleutnant, Oberst, Generalmajor, Generalleutnant, General der Infanterie (der Artillerie usw.), Generaloberst und Generalfeldmarschall.

Personenregister

Bildquellen

amw Pressedienst GmbH, München: S. 8
bildarchiv preussischer kulturbesitz, Berlin: S. 70, 136, 141, 333, 358
MAN – Deutscher Photo-Dienst, Berlin: S. 282
Archiv Familie von Hindenburg: S. 55, 61, 73, 113, 144, 190, 215, 236, 318, 316
„Reichspräsident Hindenburg“, hrsg. von der Hindenburgspende, Berlin 1927: S. 14, 18, 314